高职高专工学结合医药类规划教材

Marketing of Pharmaceuticals

医药市场营销

主　编　王麦成
副主编　陈传宣　陈志良　熊百妹
编　者　（以姓氏笔画为序）
王麦成　浙江医药高等专科学校
陈传宣　浙江医药高等专科学校
陈志良　浙江医药高等专科学校
赵　静　浙江医药高等专科学校
施能进　浙江医药高等专科学校
姜素芳　浙江医药高等专科学校
熊百妹　浙江医药高等专科学校

ZHEJIANG UNIVERSITY PRESS
浙江大学出版社

图书在版编目(CIP)数据

医药市场营销/王麦成主编. —杭州：浙江大学出版社，2012.8(2017.7 重印)

ISBN 978-7-308-10238-4

Ⅰ.①医… Ⅱ.①王… Ⅲ.①药品—市场营销学—高等职业教育—教材 Ⅳ.①F724.73

中国版本图书馆 CIP 数据核字（2012）第 156335 号

内容简介

本书秉承先进教学理念，结合营销前沿理论知识，按照学习习惯对内容进行编排。

本教材共分五部分，分别是：医药营销理念的领悟；医药市场分析；医药营销战略；医药营销策略；医院销售执行。每个部分都有多个项目，将项目细化成每个小任务供学生去完成，在完成任务的过程中掌握相关的知识，最后通过项目总结、项目检测、实训教学、参考文献等模块帮助学生总结经验，提升能力。

医药市场营销

王麦成　主编

策划编辑　阮海潮(ruanhc@zju.edu.cn)
责任编辑　何　瑜(wsheyu@163.com)
封面设计　春天书装工作室
出版发行　浙江大学出版社
(杭州市天目山路 148 号　邮政编码 310007)
(网址：http://www.zjupress.com)
排　　版　杭州中大图文设计有限公司
印　　刷　浙江云广印业有限公司
开　　本　787mm×1092mm　1/16
印　　张　18.25
字　　数　456 千
版 印 次　2012 年 8 月第 1 版　2017 年 7 月第 3 次印刷
书　　号　ISBN 978-7-308-10238-4
定　　价　39.00 元

总　序

近几年，医药高职高专教育发展势头迅猛，彰显出了强大的生命力和良好的发展趋势。《国家中长期教育改革和发展规划纲要(2010－2020年)》指出，要大力发展职业教育，培养创新型、实用型、复合型人才，培养学生适应社会和就业创业能力。高职教育培养生产、服务、管理等一线岗位的高端技能型人才，目标科学明确，满足适应了医药行业企业发展的迫切需要。而培养面向一线工作的高端技能型人才不仅要有扎实的理论基础，更要掌握熟练的实践操作技能，同时还应具备良好的职业素养和心理素质。

医药行业是涉及国民健康、社会稳定和经济发展的一个多学科先进技术和手段高度融合的高科技产业群体。医药类高职院校学生更应树立医药产品质量第一的安全意识、责任意识，更要着重强调培养学生钻研业务的研究能力、质量控制方面的职业知识及一专多能的职业能力。

为创新医药高职高专教育人才培养模式，探索职业岗位要求与专业教学有机结合的途径，浙江医药高等专科学校根据高端技能型人才培养的实际需要，以服务为宗旨，以就业为导向，依托宁波市服务型重点建设专业"医药产销人才培养专业群"的建设，推进教育教学改革，组织教学和实践经验丰富的相关教师及行业企业专家编写了一套体现医药高职高专教育教学理念的优质教材，贴近岗位、贴近学生、贴近教学。

本套教材具有以下几个特点：一是内容上强调需求。在内容的取舍上，根据医药学生就业岗位所需的基本知识技能和职业素养来选择和组织教材内容；二是方法上注重应用。教材力求表达简洁、概念明确、方法具体，基本技能可操作性强，让学生易于理解、掌握和实践。三是体例上实现创新。教材内容编排实现项目化，按照工学结合的教学模式，突出"案例导入"、"任务驱动"、"知识拓展"、"能力训练"等模块。

浙江医药高等专科学校作为教育部药品类专业教指委的核心院校，在医药高职高专教育中不断探索，不断前行，取得了一系列标志性的成果，教育质量不断提高，校企合作不断深入。本套教材是学校教师多年教学和实践经验的体现，教材体现了新的高职高专教育理念，满足了专业人才培养的需要。

姚文兵

《高职高专工学结合医药类规划教材》
编委会名单

前　　言

《医药市场营销》是在高等职业教育专业课程教学改革实践和前期教材建设的成果上提炼而成的，具有内容实用性强、案例新颖、职业教学特色鲜明、紧跟营销理论前沿并适应我国医药行业发展形势等特点。

本教材以工作任务为中心组织编写内容，目的是让学生通过完成工作任务来理解和构建相关的理论知识，同时附有实训项目以培养和锻炼实际的药品营销技能。《医药市场营销》以药品营销流程为线索，设计了五个部分的学习及练习内容：医药营销理念的领悟、医药市场分析、医药营销战略、医药营销策略、医院销售执行，并通过 14 个“项目”的 39 个“任务”来讲授药品市场营销最新理论和营销实战技巧；每个“项目”都按照医药营销岗位实际工作任务为载体设计的活动进行，实现营销理论与药品营销实践的一体化，同时培养学生创造性思维和创新能力。《医药市场营销》还附有课程标准和课程评估手册。

《医药市场营销》适合于全国医药高等职业技术学院的医药经济管理专业和药品类其他专业学生使用，同时也可作为医药行业的管理者、营销人员的参考书。

本教材在编写中参考了相关的书籍和资料，对书籍和资料的提供者，在此表示感谢。由于时间紧，编写任务重，同时编者水平有限，教材中难免会存在疏漏和不当之处，恳请各位同仁及读者批评指正，以期再版时作进一步的修正与完善。

王麦成

2012 年 7 月

前言

目 录

第四部分 医药营销策略 110

第一部分　医药营销理念的领悟

任务一　体验医药营销内涵

教学目标

【任务构架】

什么是市场营销→市场营销的核心概念→市场营销的功能和作用→医药市场营销的定义→医药市场营销的内涵

【参考学时】

2学时

【学习目标】

- 知识目标：掌握市场营销学核心概念和市场营销管理的基本程序，熟悉市场营销的功能和作用，理解医药市场营销的内涵。
- 能力目标：培养学生对医药营销的学习兴趣，能够运用市场营销学的核心概念分析基本的市场行为。

【问题导入】

苹果公司（Apple Inc.）的成功秘诀

当苹果公司的市值达到4600亿美元的时候，人们再一次发出惊叹，这个数字相当于欧洲生活水平最高的北欧四国之一瑞典一年的GDP值，相当于谷歌公司和微软公司市值的总和，相当于中国上市公司最大市值的中石油和工商银行市值的总和，相当于15个中国最大的民营企业华为公司。这一传奇，苹果公司就靠着苹果手机、苹果电脑等软硬件为主业挣下的家业，这个现象足以引起中国企业界的高度重视和思考。

然而，苹果公司的发展并不是一帆风顺的，产品开发及市场销售数度大起大落。苹果公司从10年前的低迷状态发展到今天的全面复兴，已成为一个标志性企业，其品牌实力部分来自公司创始人斯蒂夫·乔布斯10年前将公司从濒临破产挽救回来的传奇故事，而其最大的活力主要来自它的产品创新，公司多年来一直在世界最具创新力的公司中排名第一。从其1977年第一台个人计算机，1984年的鼠标驱动视窗，2001年的iPod，到当前推出的iPhone，苹果公司一直走在时代前列。苹果公司在高技术产业领域独树一帜，特别是能在用户中激发起宗教般的热情。

在市场营销管理哲学上，苹果公司坚持以企业为中心的观念，没有选择以消费者为中心。因此公司绝对不会因为顾客需求而设计产品，改良技术。iPhone就是个例子，移动电话已经普及了十几年,苹果都无动于衷,任凭消费者如何呐喊,苹果公司都不为所动,而iPhone的诞生只是因为苹果公司CEO斯蒂夫·乔布斯在与摩托罗拉的老板闲谈中受到了打击而愤然进军移动电话领域。苹果公司做到了:我们生产什么,消费者就购买什么。苹果公司每年的新品发布会上推出的产品只有一种,消费者无从选择。但是,苹果公司敢于这么做,也是因为苹果公司培养了一大批忠实的消费群体,经过30多年的发展,苹果凭借其出色的产品、良好的信誉、优越的售后服务等一系列手段,不断凝聚消费者。

苹果公司还具有独特的营销模式,在培养了大批忠实的粉丝后,苹果公司开始推行其"饥饿营销"的营销模式。每年在新品发布会之前,苹果公司都会放出口风,但是却又讳莫如深,闭口不谈,这就吊起了全世界粉丝的胃口,人们翘首以待,纷纷猜测其新功能、新外形,坊间所谓谍照、设计图也是不断横行,这更加剧了人们的好奇心,都想一睹为快。所以每年苹果公司新品发布会总会引来全世界的目光,这时乔布斯总是不紧不慢地登上台,在吊足了世界的胃口后,不经意间从后口袋里或是信封中掏出令人惊艳的新苹果。这就有了风雨中排队三天只为抢购全球第一台iPhone的场景。

苹果公司已经不是单纯地在卖产品,卖几个iPod、iPhone不可能使苹果公司如此辉煌,苹果公司也不仅仅卖服务,虽然苹果公司在2003年推出网上音乐商店iTunes的时候是业内第一家,而iTunes也使苹果公司赚得盆满钵满,但是后来的公司已经迎头赶上,所以苹果公司现在为人所称道的是:销售企业文化,苹果公司现在在卖的已经不是单纯的iPod,也不是网上的正版音乐,而是一种偏执创新、推崇精英的文化理念。苹果产品绝对不是市面上最先进的、最智能的,但却是最富含文化的。

苹果公司就是这样,不遵循常规,突破创新,细分市场,抓住消费者购物心理一步一步构筑起自己的iWorld,有人将2000—2010年称为i-Decade(苹果十年),苹果的成功是不可复制的,但它的经验是可以借鉴的。

问题:

1. 苹果公司成功背后的市场营销策略是什么?

2."营销"通常被定义为用来满足人们的需要和欲望,请问苹果公司究竟是仅仅反映了消费者对苹果产品的需求还是创造了消费者对iPod、iPhone的需求?

【知识链接】

一、市场营销的含义

什么是营销?许多人仅仅把营销看成是广告和促销。我们的确每天都被广告和促销所包围。但是,铺天盖地的电视广告、报纸宣传、网络推销、电话促销虽然使我们的生活受到很大影响,但这些可能仅仅只是营销的表面形式,远不是本质的东西。营销的实质,其实是潜藏在行为的背后。在市场无限喧嚣之幕后,营销的思想在起着原动力的作用。

在进入21世纪的今天,营销的思想发生了巨大的变化。对顾客的尊重和认同,是对社会民主化进程的顺应式回答。人与人之间相互尊重和需要理解,是营销活动的基础。营销不能被理解成单向的"劝说与推销",而已经表现为双向或多向的交流与互动。营销活动,起源于理解,终结于合作。

销售只是发生在产品生产出来之后，而在此之前，营销的“庞大冰山”早就在水下运行了。营销人员需要对这个社会、现实、人们进行调研并把握重要的信息，科学评估消费者的需求和市场发展的趋势，做出是否进行市场投入的判断。

真正的营销人员，其实是具备一定市场思想的人们。不能进行市场化思考，就很难真正进入市场。当然也就谈不上对顾客产生影响，因而也就是营销活动失去了活力。

在市场经济条件下，市场是一切经济活动的集中体现。从生产企业到消费者个人，无不与市场有着千丝万缕的联系。市场是所有企业从事生产经营活动的出发点和归宿，是不同国家、地区、行业的生产者相互联系和竞争的载体。

市场营销是企业整体活动的中心环节，又是评判企业生产经营活动成功与失败的决定因素。因此，企业必须不断地研究市场，认识市场，进而适应市场和驾驭市场。

市场营销学是来源于企业的市场营销实践又作用于企业的市场营销实践的科学。它在20世纪初期起源于美国。第二次世界大战后的20世纪50年代，现代营销理论进一步形成，其基本内容有：①市场分析与研究；②营销对象及其选择；③企业营销战略与营销策略等。现代营销学的基本特征是其综合性与实践性。

关于市场营销的含义，著名现代营销学家、美国西北大学教授菲利浦·科特勒指出：“市场营销是与市场有关的人类活动，市场营销意味着和市场打交道，为了满足人类需要和欲望，去实现潜在交换。”“市场营销是一种社会过程：个人和团体通过创造以及与别人交换产品和价值来满足其需要和欲望。”科特勒的这个定义把市场营销定义为企业的活动，其目的在于满足目标顾客的需要，以此实现本企业的目标。这是一个微观层次的定义。

美国市场营销协会（AMA）定义委员会在1960年给市场营销下的定义是：“市场营销是引导货物和劳务从生产者流转到消费者或用户所进行的一切企业活动。”由此，我们可以从以下几个方面理解市场营销的含义：

第一，市场营销分为宏观和微观两个层次。宏观市场营销是反映社会的经济活动，其目的是满足社会需要，实现社会目标。它由三部分构成：①国家、企业和政府三个参加者；②资源和产品两个市场；③资源、货物、劳务、货币及信息五个流程。微观市场营销是一种企业的经济活动过程，它是根据目标顾客的要求，生产适销对路的产品，从生产者流转到目标顾客，其目的在于满足目标顾客的需要，实现企业的目标。

第二，市场营销与推销、销售的含义不同。市场营销包括市场研究、产品开发、定价、促销、服务等一系列经营活动。而推销、销售仅是企业营销活动的一个环节或部分，是市场营销的职能之一，不是最重要的职能。

第三，市场营销的内涵随社会经济的发展而不断变化和扩充。第二次世界大战前的几十年只强调推销和销售，今天，市场营销已发展为系列化的经营过程，随着企业营销实践的发展而不断丰富其内涵。

第四，市场营销活动的核心是交换，但其范围不仅限于商品交换的流通过程，也包括产前和产后的活动。产品的市场营销活动往往比产品的流通过程要长。现代社会的交易范围很广泛，已突破了时间和空间的壁垒，形成了普遍联系的市场体系。

二、市场营销的核心概念

市场营销作为一种复杂、连续、综合的社会和管理过程，是基于下列核心概念的运用之上的（见图1-1），只有准确地把握和运用市场营销的核心概念，才能深刻认识市场营销的本质。

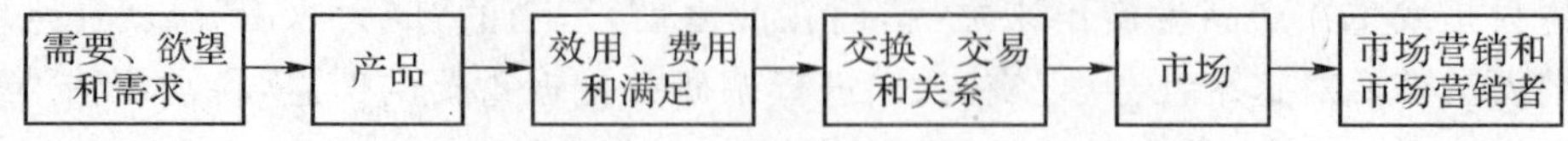

图 1-1　市场营销的流程

1. 需要、欲望和需求

消费者的需要、欲望和需求是市场营销的出发点。满足消费者的需要、欲望和需求是市场营销活动的目的。需要——既包括物质的、生理的需要，也包括精神的、心理的需要，具有多元化、层次化、个性化、发展化的特性，营销者只能通过营销活动对人的需要施加影响和引导，而不能凭主观臆想加以创造。欲望——人的需要是有限的，而人的欲望是无限的，强烈的欲望能激励人的主动购买行为。需求——是指人们对某个产品有购买欲望且有支付能力。

2. 产品

产品泛指满足人的特定需要和欲望的商品和劳务。人们在选择购买产品的同时，实际上也在满足着某种愿望和利益。作为营销者如果只研究和介绍产品本身，忽视对消费者利益的服务，就会犯“市场营销近视症”而失去市场。

3. 效用、费用和满足

在诸多产品的购买选择中，消费者总是根据多项标准去选择提供最大效用的产品作为购买目标。效用最大化是消费者选择产品的首要原则。效用的评价，既取决于厂商所提供的产品使用的实际效用，也取决于消费者进行的效用对比评价。消费者的购买决策是建立在效用与费用双项满足的基础之上的，其购买决策的基本原则是选择用最少的货币支出换取最大效用的产品或服务。

4. 交换、交易和关系

交换是指以提供某种产品作为回报而从他人换取所需要产品的行为。人们只有通过市场交换产品时才存在市场营销。交换发生的基本条件是：交易双方互为满意的有价值的物品及双方满意的交换条件（价格、地点、时间、运输及结算方式等）。

5. 市场

市场营销视市场为与卖者相对应的各类买者的总和。对市场的界定因人而异。消费者视市场为买卖双方聚集交易的场所，如百货商店、专卖店、摊群市场等。卖者构成行业，买者构成市场（见图 1-2）。

沟通
商品或服务
货币
行业（卖方的总和）
市场（买方的总和）
反馈

图 1-2　简单的市场营销系统模型

6. 市场营销与市场营销者

市场营销是指人与市场有关的一切活动，它是一个社会管理过程。市场营销也是一种生存的思想与智慧，营销活动展开的过程，也是思想的实践过程。

市场营销者是指服务于目标客户市场同时又面临竞争者的组织。市场营销者的营销活动是在多种力量影响下进行的，既是营销活动的主导力量，又受各种外部力量的制约（见图 1-3）。

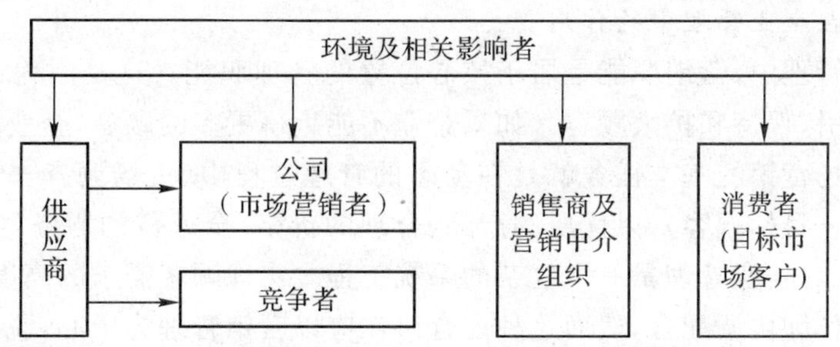

图 1-3　市场营销系统的主要行为者及其影响力量

三、市场营销的功能与作用

1. 市场营销的功能

(1)交换功能　市场营销当然体现着交换关系。在交换过程中，产品的所有权发生转移，买主主体需要对购买什么、向谁购买、购买数量、购买时间等进行选择；而卖主主体需要确定目标市场，努力促销并实施售后服务等。

(2)物流功能　营销活动必然包含对物流的研究，其中包括货物的运输和存储。它是实现商品交换的前提和必要条件。

(3)分等功能　市场对产品按照一定的质量、规格、等级进行整理分类等。这也是市场交换中的标准化过程。

(4)融资功能　这已是西方国家批发商和某些代理商的主要职能，即零售商从独立供货商进货，通常不必立即付清货款，有一定的信用赊销期限。独立批发商通过这种商业信用方式，向广大中小零售商提供财务援助。

(5)风险功能　在市场营销过程中商品可能被损坏，可能不被市场需要或成为非时尚产品而卖不出去，不得不对产品进行削价出售。如果用户对产品质量不满意，还要实行包退包换。这就是产品的制造商和批发商所要承担的市场风险。

(6)信息功能　在市场营销过程中，批发商和零售商比制造商更为接近购买者，因此，他们更了解市场情况，更具有提供信息的职能：一方面向制造商提供用户需要哪些产品的信息和建议；另一方面向零售商提供新产品的说明，提出竞争价格的建议。

2. 市场营销的社会作用

营销面对整个世界。市场营销是涉及千家万户的经济活动。通过市场营销活动要实现以下社会作用：

第一，产品的地点效用，即沟通产销两地，使消费者能在适当的地方买到适合的商品。

第二，产品的时间效用，即沟通生产者与消费者时间上的差异，使新产品能尽快被消费者认知，使消费者及时买到适当的产品。

第三，产品的占有效用，即市场营销使商品从所有者手中过渡到消费者手中。

第四，产品的形式效用，即制造商通过销售商提供的“地点效用”、“时间效用”和“占有效用”市场信息，了解消费者对产品的功能及外形等需求，按照需求生产适销对路的产品。

市场营销的社会作用说明，市场营销是联结社会需要与企业反应的中间环节，是企业用以把消费者需要的市场机会变成企业盈利机会的基本方法。但是，企业发挥市场营销的作用如何，与企业自主权和经济责任大小密切相关，也同生产与营销的体制的紧密程度密切相关。

3. 市场营销在企业管理中的作用

在现代企业管理中，营销职能是居于核心位置的管理职能。这是因为：第一，企业经营的主要任务是吸引、保持和扩大顾客。如果企业不能赢得更多的顾客，企业就失去了存在的价值和意义。市场营销的基本任务就是在动态的管理过程中(市场调查——市场定位——生产——销售——目标顾客)，以优质的产品、合理的价格、全方位的服务，实现顾客满意的利益和需求。第二，企业管理是一个复杂的系统工程。实现顾客需求的高度满意，必须有职能部门的通力合作和协调配合，然而这种配合协作应以营销管理为中心，脱离营销宗旨和任务的生产管理、财务管理和人力资源管理，无论其管理效益多高，也没有实际意义。第三，企业经营管理的基本任务是认识和研究目标市场的顾客需求，在此基础上将企业各种资源优化组合，提供能充分满足顾客欲望和需求的产品或服务。市场营销正是实现市场需求与企业经营有效联结的基本功能。与其相比，生产管理、人力资源管理均属于辅助职能，必须围绕着提高市场管理能力而展开。第四，市场营销管理实质上是顾客需求管理，是企业由内至外、内外结合的管理。企业能否赢得顾客，是衡量企业绩效和竞争地位的首要标准，失去了顾客便失去了企业的生命力。与营销管理相对而言，生产管理、财务管理、人事管理均属于企业内部各种要素的职能管理，它们必须服务于营销管理这个中心，否则，便失去其管理的实际意义。

四、医药市场营销的概念

医药营销是市场营销活动的一个特殊领域，它既有市场营销活动的共性，也必然具备自己的个性特征。

1. 医药营销的定义

根据市场营销学原理，认真研究医药市场的发展变化，围绕市场需求和医药科技的发展，在国家有关法律的指导下为市场提供适合的产品，制定价格，采用高效的渠道和促销方式，向合适的顾客销售产品，以取得良好的企业经济效益和社会效益。

2. 医药营销的内涵

(1)以人性研究为起点，更加注重人文关怀。

(2)以生命关注为首，提倡更加人性化的市场服务。

(3)更加注重情感服务，注重与消费者的交流，强调一对一的医药服务。

3. 医药市场营销学

通过对医药市场的研究与系统分析，探索医药市场发展的趋势与规律，为一切医药市场工作者提供理论指导的学问。

五、市场营销管理概述

企业确立正确的营销思想，仅是获得营销成功的先决条件之一，企业的营销成功要通过营销的管理来落实正确的营销观念。所谓企业营销管理，是指企业把科学的管理技术和方法用于对市场营销的管理，通过营销的管理系统(包括营销情报、营销策划、营销组织和营销控制四个系统)发现、分析、选择和利用市场营销机会，以实现企业任务和预期目标的过程。

1. 营销管理的基本任务

市场上的需求状态是不断变化的，具有 8 种典型的需求状态，不同的需求状态应实施不同的营销管理(见表 1-1)。营销管理的任务，就是针对市场上各种不同的需求情况，采取不同的营销方式来适应市场需求的变化，以取得预期的营销结果。

表 1-1　不同市场状态的营销管理

市场需求状态	营销类型	应改变的状态
负需求	改变营销	正需求
无需求	刺激营销	有需求
潜在(隐)需求	开发营销	实际需求
下降需求	再营销	恢复需求
不规则需求	同步营销	适应需求
充分需求	保持营销	维持需求
溢余需求	减少营销	降低需求
有害需求	反营销	消灭需求

2. 营销管理的具体程序

(1)分析市场机会　市场机会是指市场上存在的未被满足的消费需求。在当今的时代，没有一家公司可以依赖目前的市场和产品而绵延不绝，长盛不衰的。所以，任何企业都必须不断地寻找、发现和分析新的市场机会，为企业的生存和发展寻找出路。

①发掘市场机会：企业可以通过系统化或非正式化的方法来随时注意获取市场情报，寻找新的市场机会，以产生许多市场开发的新构想。

发现市场机会，一是可以在现有市场上挖掘潜力，指导现有的产品进一步渗透到现有的目标市场上去，扩大销售量；二是可以在现有的产品无潜力可挖的情况下，以现有的产品开发新的市场；三是在市场开发无潜力可挖时，考虑进行新产品开发；四是当产品开发也已潜力不大时，可根据自身资源条件考虑多元化经营，在多种经营中寻求新的的市场机会。目前美国的烟草跨国公司菲利浦·莫里斯公司的非烟产业实现的利润已占到利润总额的 60%以上。

②评估市场机会：在发掘市场机会后，进行市场机会的鉴别是营销成功的重要前提。要使市场机会变成企业的机会，必须与企业的目标相一致。同时企业还必须具有利用该市场机会的能力。如果市场机会与企业目标不一致，或企业暂时无能力开发，则是不适宜的市场机会。因此评估好与企业目标相匹配的市场机会，是正确制定企业经营战略的一个关键环节。上海烟草集团公司成立几年来，注重“以烟为主，多种经营”的市场开发，他们建立并注重发挥多种经营评估机构的作用，大大减少了烟外产业的经营决策的失误，烟外产业及商业环节实现利润已接近全部利润的 50%。

(2)选择目标市场　在发现和评估市场机会中，往往会产生出许多新的市场开发构想。企业要做的文章是如何从若干好的构想意见中遴选出最符合企业目标与开发能力的一项作为开发任务。这需要做四个步骤的事情：

①市场需要衡量与预测：就是对市场开发的现状与未来的前景做严密的估计。每个企业都希望进入前景良好的市场。由于影响未来市场的因素很多，所以这种预测相当困难。这对企业是很大的挑战，必须做好。

②市场细分:假若企业对市场开发的预测很一致,企业还必须进行市场细分的工作。经营者要通过"地理变数"、"人口变数"、"心理变数"、"行为变数"来细分市场。

③选择目标市场:细分后的市场各有不同的需求,企业要选择其中的一个或几个进行经营。

④市场定位:企业一旦选定目标市场,就要研究如何在目标市场上进行产品的市场定位,即勾画产品形象,为自己的产品确定一个合适的市场位置。

(3)拟定市场营销组合　企业制订出产品开发定位计划后,便可开始策划市场营销组合的细节。

市场营销组合是企业针对确定的目标市场,综合运用各种可能的营销手段,组合成一个系统化的整体策略,以便达到企业的经营目标。市场营销的手段有几十种之多,麦卡锡把这些手段归为四个因素,简称"4P'S",即产品、价格、分销和促销。

①产品:代表企业提供给目标市场的货物或服务的组合,包括产品的品牌、包装、品质、服务以及产品组合等内容。

②价格:代表消费者为获得该产品所付出的金额,包括制定零售价、批发价、折扣和信用条件等。

③分销:代表企业为使产品送达目标顾客手中所采取的各种活动,包括发挥批发商和零售商的作用等。

④促销:代表企业为宣传其产品优点及说服目标顾客购买所采取的各种活动,包括广告、人员推销、营业推广及公共关系等。

(4)组织、执行和控制市场营销　为了贯彻落实营销工作,必须设立一个营销组织,由营销经理负责组织实施。营销经理(主管厂长)的任务:一是协调所有营销人员的工作;二是与财务、生产、研究与开发、采购和人事主管密切配合,同舟共济;三是善于督导、激励、考核、培训下属,检查任务执行情况。

在市场营销计划落实中,常常会发生许多意想不到的情况,企业需要以控制行动来保证市场营销目标的实现。

市场营销控制有三种类型:

①年度计划控制:其任务是确保企业能完成年度计划所规定的销售额、利润和其他目标。为此,第一,必须在营销年度计划中设定每月、每季的明确目标;第二,必须采用能衡量市场实际成效和进度的方法;第三,必须找出执行计划中存在严重偏差的原因;第四,必须及时解决问题,消除目标与成效间的差距,可能需要改进计划执行方式,甚至改变原订的目标。

②利润控制:企业必须定期分析不同产品、顾客群、批零渠道上的实际获利情况。尽管企业的会计系统很少能真正及时反映出营销活动的盈利情况,但营销主管还是要想尽办法完成或超额完成利润计划任务。

③策略控制:由于市场营销的内外环境是不断变化的,企业的目标、计划和策略有极易过时的可能性,很多企业都因没有注意瞬息万变的市场变化而招致困境。因此,企业需定期检查市场营销环境、策略、系统运行、组织功能等情况,以加强实施控制。为此需要通过企业营销四大系统——营销情报、营销策划、营销组织和营销控制系统的彼此关联、密切合作的工作,来实行计划执行过程中的及时控制。

市场营销的理论基础

企业的市场营销活动是直接的市场经济行为，必然要受到市场经济规律的支配与制约。市场经济规律是在市场经济发展过程中共同的普遍起作用的东西，反映着经济现象发生变化的内在的本质的联系。市场经济的主要规律包括：价值规律、供求规律、竞争规律、按比例发展规律、周期波动规律等。企业的市场营销工作，顺应这些规律就能顺利开展，违背这些规律则必然受到惩罚。

市场营销作为一门科学，其理论基础主要有商品供求理论、商品价值实现理论、竞争理论和“社会人”理论。

一、商品供求理论

市场是供给方和需求方的统一体。市场供给是指一定时期一定价格水平下某种商品的市场供给量，它反映生产者的经济行为。市场需求是指一定时期一定价格水平下某种商品的市场需求量，它反映消费者的经济行为。在商品交换过程中，供给、需求、价格始终相互联系、相互影响、相互制约（见图 1-4）。

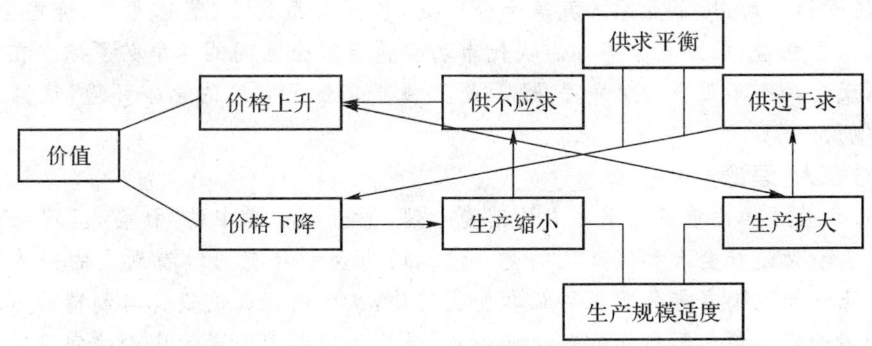

图 1-4　市场作用的机制

图 1-4 概括地反映了价格变化、供求变化、生产规模变化三者之间的内在联系。从其中任何一点出发，都能得到一个现实的有机循环过程。

供求间的矛盾始终是存在的，即使是供求相互平衡的市场，也存在暂时的和局部的不平衡。因此，供求规律是市场营销的重要的理论基础。

二、商品价值实现理论

产品价值实现问题是社会再生产的关键问题。商品的价格能否得到实现，要看在市场上能否顺利地销售出去。市场营销就是解决产品的价值实现问题。

在商品经济条件下，商品为交换而产生。然而并非所有的产品都能实现由产品向货币的转化。市场正是为企业产品向商品价值的“惊险跳跃”提供场所，如果这“惊险的一跳”不成功，那么摔伤的不是商品本身，而是制造它们的企业。

在商品向货币转化过程中，通常存在以下几种情况：

(1)虚拟转化和实际转化　商品只有在市场上实现了价值形态的转化，才是成功的实际转化。虚拟转化只是商品从生产厂家转移到批发环节，并没有被消费者买走，它们并没有真正进入消费领域，因此商品的价值没有真正实现。在生产经营中，商品的滞销和积压是虚拟转化的表现，生产厂家应采取措施减少虚拟转化。

(2)慢速转化和快速转化　商品向货币转化的快慢，是指商品从生产领域向消费领域转移的时间间隔的长短，时间间隔长，表示转化慢；时间间隔短，表明转化快。商品转化速度的快慢反映着商品是否畅销，也反映着生产与消费的中间环节是否通畅，它影响着企业资金周转的速度。加速这一过程，能够加速企业资金周转，增加企业利润。

(3)部分转化与全部转化　部分转化是仅有一部分产品从生产领域进入消费领域，而其余的产品还在消费领域之外。停留在消费领域之外的产品是不能产生价值，并且影响企业的经济效益。

现代市场营销学是实现商品价值的理论。商品价值的实现取决于把消费者的利益看得高于一切。从这个理论观点出发，企业的利益不是通过生产和推销产品获得的，而是通过满足消费者的需要获得的。

三、竞争理论

竞争是市场经济的必然现象。从竞争对象来看，买方市场条件下主要是卖者之间的竞争，在竞争中吸引顾客，争夺销路。还有买卖之间的竞争，他们讨价还价，分利必得。市场经济发展的程度不同，竞争的形式有所不同。

在市场营销活动中，企业间的竞争十分广泛，包括商品竞争、信息竞争、价格竞争、分销渠道竞争、广告竞争、服务竞争等等。现代市场营销要求企业间的竞争必须建立在公平合理的基础上，反对采取不正当的竞争手段，为此必须建立公平有序的竞争环境，认真执行有关的竞争法规。

四、“社会人”理论

现代市场营销学注重研究消费者的消费心理，把行为科学中的“社会人”观点引入市场营销中，把人看做是社会人和经济人的复合体。因为企业只有同时看到人的经济性和社会性，才能真正认识到消费者的需求特征和变化规律，从而使产品的设计与制造同市场需求相一致，使产品的更新换代同市场的变化相一致，最终形成以消费者为中心的完整的市场营销活动。

现代市场营销从“社会人”的观点出发，奉行的原则是：把争取消费者作为企业的最高目标；爱自己的消费者而非爱自己的产品；不追求企业生产方面的特权而发展市场方面的优势；生产消费者愿意购买的产品而非容易生产的产品；经常从消费者的立场来检验和确定企业的经营方针与策略，等等。

把微观经济学的基本理论和原理引申到市场营销活动中所确立的市场营销工作范围，已从流通领域扩大到了消费领域，进而又扩大到了生产领域。

【能力培养与训练】

1.训练营

让每位学生选择2～3个自己感兴趣的、有代表性的医药商品，分析营销是如何影响消费者生活方式的。

2.训练目的

通过训练培养学生的医药营销兴趣，会用医药营销的核心概念和原理分析简单的医药市场行为。

3. 训练要求

每位同学通过调研，收集资料，最后制作成 PPT，进行讨论和交流。

任务二 更新医药营销理念

教学目标

【任务构架】

市场营销观念的演变→不同市场营销观念的对比→市场营销的最新进展和前沿观念→医药营销理念的形成。

【参考学时】

2 学时

【学习目标】

- 知识目标：了解市场营销观念的发展过程，熟悉最新的医药营销理念，掌握不同市场营销观念所具备的特征。
- 能力目标：能够区别不同营销观念下的市场特征和营销策略，树立正确的医药营销理念。

【问题导入】

珍宝岛药业的“立体学术营销”

珍宝岛药业打造海陆空联合式的“立体学术营销”，其实是在扩展产品的深度、广度和厚度，既掌握高端市场，又最终让产品能够沉得下去，从而使得注射用血塞通上、中、下游市场通吃。

1. 背景

基本药物制度的全面覆盖实施带来的是基层医药市场的跨越式增长。基层市场加速放量，使注射用三七制剂作为基本药物目录中治疗心脑血管疾病的主要品种，面临巨大的政策机遇。据悉，2009 年，我国心血管病药物市场规模达到 983 亿元，2007—2009 年年均复合增长率为 21.94%，高于整个医院用药年平均复合增长率(18.27%)，尤其是中高端市场增长迅速。

作为在心脑血管中药制剂前 5 强的三七类制剂是最具有市场潜力的品种之一。但这类产品虽临床应用多年，却尚无系统循证医学学术理论体系。注射用血塞通产品高端市场竞争激烈，产品差异化学术观点的支撑和宣传是加大医院开发率、提高医生和患者认可度的重要保证，珍宝岛药业前期有一定基础，但总体不足。

2. 创意

跳出以往学术营销的框架，珍宝岛药业通过高端、低端立体学术营销组合策略，打造了一套“专业化立体学术推广”模式，从而推动处方药产品品牌销量的快速提升。

开展多中心临床试验、挖掘产品新的临床学术观点，并通过系列推广打造珍宝岛药业学术领导者，无注射用血塞通三七制剂学术领导者品牌地位。

在专业杂志通过平面广告、有奖征文活动、高端专业学术媒体软性学术报道等实现高空学术支持体系，为各级学术会议、活动提供高端学术支持，解决产品学术认识，树立前沿学术品牌形象。

参加（国际级、国家级、省级）专业学术会议，承办各级学会专业学术会议，进一步确立权威学术形象。

以大型“临床安全使用”公益培训、基层医疗机构学术会议等向各级医疗机构临床专家、医生宣传企业实力、产品优势、临床应用等信息，解决认知认可、正确使用的问题，建立处方习惯，树立企业和主导产品品牌形象。

3. 执行

在血塞通产品学术研究中挖掘出新的宣传点和理论，确定新的学术观点，形成专家共识，占领学术制高点。同时，加大高低端专业学术媒体宣传和市场活动相结合，解决上至高端医院的专家、教授、医生，下抵乡镇的普通村医对珍宝岛注射用血塞通学术品牌的认知认可，增强产品综合竞争能力。

通过在《中华老年心血管病杂志》、《中华内科杂志》、《中西医结合心脑血管病杂志》上续发主导产品形象宣传平面广告，合作开展有奖征文活动，收集产品学术论文，为学术推广提供学术依据，助力学术推广，打造重点产品高端学术品牌形象。

以参加、承办国际级、国家级、省级专业学术会议并召开卫星会、邀请专家进行学术宣传讲解形式，并不断完善企业专家资源库。通过专业学术会议扩大企业、产品的学术影响力。

针对商业公司 VIP 客户、重点医院院长或学科带头人全年开展珍宝岛文化之旅 35 场，接待 VIP 专家现场指导和学术研讨近 1000 人。针对二级以上医院科室专家、医生召开区域学术会议、科室会、院内会。同时各级学术会议与高端学术宣传策略相结合，做好宣传推广的承接、落实工作。

大力开展“核心基药产品”基层医疗机构科学使用学术会议和大型“临床安全使用”公益培训，借助基层专业媒体宣传与会议联动实现推广落地。

4. 效果

打造立体式学术营销组合战略：多中心临床试验＋新临床学术观点共识＋高空学术宣传＋专业学术会议学术品牌宣传＋专家学术代言＋全面高端低端各级学术会议承接＋大型“临床安全使用”公益培训＋品牌提示礼品＋国家继续医学教育项目，使得省级医院开发率迅速提高，重点省份重点目标医院开发率达 80%。全年召开基层医疗机构学术会议 1000 场，培训基层医疗机构医生 20000 名。由此，基层医疗机构对珍宝岛和注射用血塞通知晓率、认可率大幅提升，开发和销量均翻番。主导产品年度销量增长率达 120%。分公司学术会议完成指标考核 95% 以上，参会客户满意率 90%，极大地提高了企业学术形象和产品学术地位。（摘自中国网中医安徽频道）

问题：

1. 珍宝岛药业的市场营销理念有何创新？

2. 结合目前的医药行业形势分析珍宝岛药业打造立体式学术营销组合战略的立足点。

【知识链接】

一、营销观念的发展

营销观念是贯穿于整个营销工作的指导思想，它也反映出一个企业的经营态度和经营方式。企业的市场营销活动可以在不同的指导思想下进行，即不同的营销观念决定着企业从事怎样的营销活动。一般认为，生产观念、产品观念、推销观念、市场观念、社会观念是具有代表性的不同的企业营销观念。市场营销观念的产生和发展大体经历了以下几个阶段：

1. 生产观念

生产观念产生于19世纪末20世纪初。由于社会生产力水平还比较低，商品供不应求，市场经济呈卖方市场状态。正是这种市场状态，导致了生产观念的流行，表现为企业生产什么产品，市场上就销售什么产品。在这种营销观念指导下，企业的经营重点是努力提高生产效率，增加产量，降低成本，生产出让消费者买得到和买得起的产品。因此，生产观念也称为“生产中心论”。

生产观念是指导企业营销活动最古老的观念。曾经是美国汽车大王的亨利·福特为了千方百计地增加T型车的生产，采取流水线的作业方式，以扩大市场占有率，至于消费者对汽车款式、颜色等主观偏好，它全然不顾，车的颜色一律是黑色。这就形成了企业只关心生产而不关心市场的营销观念。我国卷烟市场在80年代初期也曾出现过不尊重消费者偏好，对产品强行搭配出售的情况，也是一种只顾卖产品，不顾消费者需求的生产观念。

2. 产品观念

产品观念认为，产品销售情况不好是因为产品不好，消费者喜欢质量优、性能好和有特色的产品。只要企业致力于制造出好的产品，就不愁挣不到钱。“酒香不怕巷子深”是这种观念的形象说明。企业总是在生产更好的产品上下工夫，却常出现顾客“不识货”不买账的情况。由于这个原因导致企业失败，就是因为这种生产观念仍是从自我出发，孤芳自赏，使产品改良和创新处于“闭门造车”状态。

3. 推销观念

“二战”后，资本主义工业化大发展，社会产品日益增多，市场上许多商品开始供过于求。企业为了在竞争中立于不败之地，纷纷重视推销工作，如：组建推销组织，培训推销人员，研究推销术，大力进行广告宣传等，以诱导消费者购买产品。这种营销观念是“我们会做什么，就努力去推销什么”。

由生产观念、产品观念转变为推销观念，是企业经营指导思想上的一大变化，但这种变化没有摆脱“以生产为中心”、“以产定销”的范畴。前者强调生产产品，后者强调推销产品。所不同的是生产观念是等顾客上门，而推销观念是加强对产品的宣传。

4. 市场营销观念

这是买方市场条件下以消费者为中心的营销观念。这种观念认为，实现企业目标的关键是切实掌握目标消费者的需要和愿望，并以消费者需求为中心集中企业的一切资源和力量，设计、生产适销对路的产品，安排适当的市场营销组合，采取比竞争者更有效的策略，满足消费者的需求，取得利润。

市场营销观念与推销观念的根本不同是：推销观念以现有产品（即卖主）为中心，以推销和销售促进为手段，刺激销售，从而达到扩大销售、取得利润的目的。市场营销观念是以企业的目标顾客（即买主）及其需要为中心，并且以集中企业的一切资源和力量、适当安排市场营销组合为手段，从而达到满足目标顾客的需要、扩大销售、实现企业目标的目的。

可见，市场营销观念把推销观念的逻辑彻底颠倒过来了，不是生产出什么就卖什么，而是首先发现和了解消费者的需要，消费者需要什么就生产什么、销售什么。消费者需求在整个市场营销中始终处于中心地位。它是一种以顾客的需要和欲望为导向的经营哲学，是企业经营思想的一次重大飞跃。

5. 社会营销观念

这种经营思想是对市场营销观念的重要补充和完善。基本内容是：企业提供产品不仅要符合消费者的需要与欲望，而且要符合消费者和社会的长远利益。企业要关心与增进社会福利。强调要将企业利润、消费需要、社会利益三个方面统一起来。

社会营销观念出现于20世纪70年代，它的提出一方面是基于"在一个环境恶化、爆炸性人口增长、全球性通货膨胀和忽视社会服务的时候，单纯的市场营销观念是否合适"这样的认识，另一方面也是基于对广泛兴起的以保护消费者利益为宗旨的消费主义运动的反思。他们认为，单纯的市场营销观念提高了人们对需求满足的期望和敏感，导致了满足眼前消费需要与长远的社会福利之间的矛盾，导致产品过早陈旧，环境污染更加严重，也损害和浪费了一部分物质资源。正是在这种背景下，人们又提出了社会营销观念。

二、新旧市场营销观念的特征对比

市场营销观念是随着社会经济的发展和市场形势的变化而发展变化的，因此每一个市场营销观念的产生都有其独特的市场特征，新旧市场营销观念比较如表1-2所示。

表1-2　新旧市场营销观念的对比

营销观念		市场特征	出发点	手　段	策　略	目　标
旧观念	生产观念	供不应求	生产	提高产量、降低成本	以产定销	增加生产、取得利润
	产品观念	供不应求	产品	提高质量、增加功能	经高质取胜	提高质量、获得利润
	推销观念	生产能力过剩	销售	推销与促销	以多销取胜	扩大销售、获得利润
新观念	市场营销观念	买方市场	顾客需求	整体市场营销	以比竞争者更、有效地满足顾客需要取胜	满足需要、获取利益
	社会营销观念	买方市场	顾客需要、社会利益	整体市场营销	以满足顾客需要和社会利益取胜	满足顾客需要、增进社会利益、获得经济效益

三、营销观念的新发展

进入21世纪，随着国际形势的变化，市场营销理论得到了进一步的发展，出现了许多新型的营销观念。

1. 竞争观念

竞争观念最初是由加拿大产业市场营销研究协会主席兰·戈登教授在1986年提出的。其主要含义是：企业要在竞争中处于有利地位，必须首先识别那些未被竞争者所满足的市场需求，或是还未被充分提及的市场需求，然后，在盈利或符合企业目标的前提下，使企业营销活动积极参与市场竞争，采取合理合法的竞争手段，以适销的产品、合理的价格、优良的服务、及时准确的信息、有效的促销措施和良好的信誉，争夺消费者，争夺市场，争得效益。

2. 大市场营销观念

美国人科特勒提出这个观念，定义为：为了成功地进入特定市场，并在那里从事业务经营活动，在策略上施用经济的、心理的、政治的和公共关系的手段，以获得外国或地方各有关方面的合作与支持。这里所讲的特定市场，主要是指贸易壁垒很高的封闭型或保护型的市场，在这种市场上，已经存在的参与者和批准者往往会设置种种障碍，使得那些能够提供类似产品，甚至能够提供更好的产品和服务的企业也难以进入，无法开展经营业务。

大市场营销观念发展了市场营销观念和社会营销观念：一是在企业与外部环境关系上，突破了被动适应观点，认为企业不仅可以通过自身的努力来影响，而且可以控制和改变某些外部因素，使之向有利于自己的方向转化。二是在企业与市场和目标顾客的关系上，突破了过去那种简单发现、单纯适应与满足的做法，认为应该打开产品通道，积极引导市场和消费，创造目标顾客需要。三是在市场营销手段和策略上，在原有的市场营销组合中，又加进了政治手段和公共关系两种重要手段，从而更好地保证了市场营销活动的有效性。

3. 关系营销观念

关系营销观念最早由美国营销专家巴巴拉·本德·杰克逊于1985年提出。这个观念的提出是各种社会因素共同作用的结果（见表1-3）。首先，20世纪80年代末以来，企业面临的市场环境发生了很大变化，由于物质产品供给剧增，市场竞争激烈，在这种情况下，谁与顾客建立稳定的交易关系，谁就能拥有更多的未来销售机会。其次，企业从经济利益出发，认识到市场营销不仅要争取新顾客，而且要保持老顾客，因为保持老顾客所花费的支出比争取新顾客要少得多。因此，关系营销在实践中逐渐被认同和加以运用。其基本含义是：企业要与顾客、经销商创造更亲密的工作关系和相互依赖的关系，从而发展双方的连续性交往，以提高品牌忠诚度，巩固和扩大市场销售。

表1-3　关系营销与传统的交易营销的区别

项　目	交易营销	关系营销
适合的顾客	眼光短浅和低转换成本的顾客	具有长远眼光和高转换成本的顾客
核心概念	交易、你买我卖	建立与顾客之间的长期关系
企业的着眼点	近期利益	长远利益
企业与顾客的关系	不牢固，如果竞争者用较低的价格、较高的技术解决顾客问题，关系可能会中止	比较牢固，竞争者很难破坏企业与顾客的关系
对价格的看法	是主要的竞争手段	不是主要的竞争手段
企业强调的重点	市场占有率	顾客回头率、顾客忠诚度
营销管理追求的目标	单纯交易的利润最大化	追求与对方互利最佳化
市场风险	大	小
了解对方的文化背景	没有必要	非常必要
最终结果	未超出“营销渠道”的范围	超出“营销渠道”的范畴，可能成为战略伙伴，发展成为营销网络

四、医药营销理念的形成

作为中国医药企业，其市场营销理念，必须符合社会主义制度和市场经济两个方面的要求。归纳社会主义市场营销的理念是：在国家宏观指导下，以用户为中心，向市场提供尽可能多的适销对路的商品和服务，满足国家、社会和消费者的需要，企业在满足市场需要中取得最好的经济效益。

上述指导思想在产销关系上，集中体现为以需定产，具体表现为十二大理念：

(1)全局理念　企业在市场营销过程中要正确处理企业利益与社会利益的关系，当发生冲突时，要自觉服从社会需要，从而符合国民经济有计划按比例发展的客观要求。

(2)用户理念　指企业营销活动以满足消费者需求为中心。企业产品只有得到消费者的承认，其价值才能得到实现。要以用户需要作为营销活动的出发点；要按照用户需要组织市场营销；要以用户是否满意作为衡量营销活动的标准。由于用户需要是不断变化的，企业必须研究市场变化，保证消费者需求得到满足。

(3)法制理念　企业在市场营销中要严格执行国家的法律、法令、条例，并学会运用法律武器维护企业的正当权益。

(4)效益理念　企业在营销活动中要把讲求效益作为出发点和归宿。用尽可能少的劳动占用和劳动消费，提供尽可能多的符合社会需要的产品，使企业得到适当的利润。

(5)竞争理念　企业在市场营销中要敢于竞争和善于竞争。敢于竞争是指企业要有自立意识，不畏强手，敢打敢胜。善于竞争是指企业要充分了解本企业的优势和不足，注意扬长避短。既要参与省内竞争、国内竞争，还要有参与国际市场竞争的勇气和力量。

(6)战略理念　企业在市场营销中要高瞻远瞩，审时度势，立足现实，放眼未来。企业要通过研究和制定市场营销战略，注重开发未来的市场，创造和满足新的需求。

(7)人才理念　企业在市场营销中要注重人才的培养、选拔和使用。要做到适人适职，用当其才，并实行全员培训，重视人才开发。

(8)信息理念　企业在市场营销中，要注重市场信息的搜集、整理和使用，要在组织上、措施上保证信息的来源广泛、渠道畅通、加工整理准确适用。

(9)时效理念　企业在市场营销中要注重节约时间，讲求效率。当今社会"时间就是金钱，效率就是生命"。必须学会争时间，抢速度，以快取胜，不失时机地抓住战机，不断开辟新的市场。

(10)创新理念　企业营销工作中应不断有所突破，有所创新。随着人们消费水平的提高，对企业提出更高的要求。要用新观念指导经营，用新方式搞活市场，用新策略应付竞争，用新产品和新服务满足消费者需要。

(11)风险理念　企业在营销中要敢于承担风险。由于市场形势千变万化，企业在营销中存在很大的不确定性，有很多未知数，可能成功，也可能失败。企业营销活动无不需要具有一定的冒险精神。祸福总是相依的，冒险精神同成功后的效益往往成正比。要把冒险精神建立在对企业内部条件和外部环境全面分析研究的基础之上。

(12)开放理念　企业在市场营销活动中要经常与外界交流信息，不断吸收外界的新思想、新知识和新经验。开放营销是要敢于到外省、外国去占领市场。在开放营销中发挥出自己的优势，以扩大市场占有率和提高经济效益。

【能力培养与训练】

1. 训练营

将学生分为5人一组，对于演变的营销观念，寻找一个恰当的案例来说明该营销观念的各种特征，每个同学负责一个案例。

2. 训练目的

通过训练能够使学生深刻理解营销观念的发展和形成过程，以及不同营销观念之间的区别。

3. 训练要求

5人一组形成调研报告，并制作PPT。

【项目总结】

- 营销是一种智慧，一种思想。
- 营销主要是理解顾客。
- 市场主要是顾客的需求。
- 进行医药营销，必须考虑国情因素。
- 医药营销人员应具备相关的产品知识及营销技能。

【项目检测】

一、单选题

1. 自古至今许多经营者奉行“好酒不怕巷子深”的经商之道，这种市场营销管理哲学属于　（　　）

A. 推销观念　　B. 产品观念
C. 生产观念　　D. 市场营销观念

2. 市场营销活动的核心是　（　　）

A. 交换　　B. 产品　　C. 渠道　　D. 价格

3. 以下几种市场营销管理哲学中，可能导致营销近视症的是　（　　）

A. 推销观念　　B. 产品观念
C. 生产观念　　D. 市场营销观念

4. 市场营销认为市场是　（　　）

A. 买者与卖者的总和　　B. 买卖双方聚集交易的场所
C. 买者的总和　　D. 卖者的总和

5. 修正药业近年来高举“良心药、放心药”的旗帜，纷纷推出新产品，其所奉行的市场营销管理哲学是　（　　）

A. 推销观念　　B. 生产观念　　C. 市场营销观念　　D. 社会营销观念

二、简答题

1. 营销的实质是什么？
2. 什么是医药市场营销？
3. 怎样理解市场营销观念的发展？在发展逻辑中能体会到什么变化？

4. 医药营销的理念有哪些?

5. 你认为一个优秀的医药营销人员应该具备哪些素质?

6. 医药销售人员的作用体现在哪里?

7. 如何有效激励医药销售人员?

【实训教学】

角色扮演,自我营销

1. 实训目的

通过实训,要求学生定位医药销售人员的角色,锻炼自我表达和展现能力,培养医药营销的兴趣。

2. 实训内容

(1)设定医院拜访客户、学术会议推广、公司营销例会、公司年会、医院药房、药店销售等场景。

(2)设置医药销售人员、患者、医院科室主任、主治医生、住院部医生、门诊医生、学术会议演讲者、公司销售经理等角色。

(2)确定每个场景的自我营销目的。

(3)进行角色演练和自我营销。

3. 实训准备

学生事先选择一个场景,然后调研该场景所涉及的人员角色分工,明确每个角色的职责和行为,准备和收集各个场景所需具备的道具。

4. 实训材料

各个场景所涉及的道具,各人物角色的职责。

5. 实训步骤

第一步:设定涉及医药营销的各种场景。

第二步:根据场景设定经典的人物角色。

第三步:确定每个场景的自我营销目的。

第四步:每位同学选择一种场景和人物角色。

第五步:调研和学习该场景下的人物角色的职责和行为。

第六步:进行角色演练和自我营销。

第七步:在不同的角色上进行轮换和体验。

第八步:进行体会和心得大讨论。

第九步:撰写实训总结。

6. 实训成果

角色演练实训总结。

【参考文献】

王麦成. 医药市场营销实务. 郑州:河南科学技术出版社,2007

(王麦成　施能进)

第二部分　医药市场分析

项目一　医药市场营销环境分析

任务一　对医药市场营销环境的认识

教学目标

【任务构架】

医药市场营销环境的概念与特征→医药市场营销环境的分类→研究医药市场营销环境的意义。

【参考学时】

2 学时

【学习目标】

- 知识目标：掌握医药市场营销环境的定义；熟悉医药市场营销环境的分类；了解医药市场营销环境分析的意义。
- 能力目标：学会根据医药市场营销环境的相关分类，进行医药市场营销环境的分类归纳。

【问题导入】

对当前医药市场营销环境第三终端的分析

市场营销环境是指企业借以寻找市场机会和密切监视可能受到的威胁的场所，它由可能影响企业有效地为目标市场服务的能力的外部所有行动者和力量组成。企业与环境是对立统一的关系，能动地适应环境是企业市场营销成功的关键。

医药市场营销环境的药品销售终端——第三终端，按业界的分法一般可分为一、二、三类，每一类终端的存在都由其市场需求作为支撑。再往下延伸，每一类终端还可细分。原来通常的理解是：中国医药市场份额的构成是处方市场占 85%，OTC 占 15%，现在这个分法有了新的变化：第一终端占 50%左右，第二终端和第三终端分到了另一半蛋糕。但这只是从全国来讲，地区差异仍然存在。第二终端主要由连锁、药超、单店三部分组成。其中连锁药店占据着第二终端的主要份额，一般以城市为根据地，消费人群主要为城市居民，最大的一块OTC消费份额——医保消费基本上由连锁药店控制。也正因为其占据着市场的主要资源，所以进入门槛很高，其获利手段已不再只是赚药品的进销差价，而更多地来自营业外的收入(进场费、广告费、年庆促销费等)。从另一方面看，这其实也是工业产能过剩带来的恶果。产品多了，货架就成了市场稀缺资源。但连锁同样有一个趋势值得制药企业关注，那就是贴牌生产和代理品种。连锁企业的这些趋势，将逼迫制药企业调整现有的产品策略、价格策略以及促销策略。药超的业务形态类似于商业队伍中的调拨公司，“以品牌产品取势，以高利品种取利”。药超给工业企业最大的挑战是零售价格的维护，求利手段与连锁差不多，营业外收入同样也占据了它的利润大头。对国内大多数中小型制药企业来讲，真正必须予以关注的是第三终端，因为第三终端的市场需求与这些企业的产品结构最相吻合。第三终端的价值需求如何？应该用哪种营销手段？这是企业必须慎重对待的关键问题。这其中有一个问题值得大家去思考：第三终端为什么能占据那么大的市场份额？在市场营销环境中，第三终端还有一些第二终端无法比拟的优势。一是排他性销售，不像药店，往往一个品类有几个甚至十几个品牌同柜竞争；二是强制性消费，第三终端的消费者没有对药品的选择机会，而在药店，他可以比较品牌、价格、甚至有效期；三是第三终端进场就等于销售，很少有退换货问题，这个优势是由前面两个消费特征衍生出来的。

问题：

1. 你如何理解第三终端的优势？

2. 你认为医药市场营销环境对医药企业有何重要意义？

【知识链接】

一、医药市场营销环境的概念与特征

医药市场营销环境是泛指一切影响和制约医药企业市场营销决策和实施的内、外部因素和条件的总和。医药市场营销环境由微观环境和宏观环境构成。

要正确开展医药企业市场营销活动，企业必须认真研究影响、制约企业生存和发展的一切市场营销环境，把握市场营销环境的规律性。医药市场营销环境具有以下特征：

(1)客观性　医药企业总是在特定的社会、市场环境中生存、发展的。这种环境并不以营销者的意志为转移，具有强制性与不可控制性的特点。也就是说，企业营销管理者虽然能认识、利用营销环境，但无法摆脱环境的制约，也无法控制营销环境，如企业不可能改变国家的政策法令和社会的风俗习惯，也不能阻止人口的增减和老化等。

(2)多变性　构成市场营销环境的因素总是处在变动之中，而且变化有大、小、快、慢之别。如人口、社会文化和自然因素的变化相对较小、较慢；而科技、经济、政治与法律因素的变化则相对较大、较快。这就要求企业把研究营销环境作为一项经常性的工作。

(3)差异性　不同的国家或地域，人口、经济、政治、文化存在很大差异性，企业营销活动必然面对这种环境的差异性，制定不同的营销策略；而且同样一种环境因素，对不同企业的影响也是不同的，别人的成功经验不能简单复制或照搬，要根据自己企业所处的内外环境条件因时、因地、因事、因人制宜，走自己成功之路。

(4)相关性　是指各环境因素间的相互影响和相互制约。这种相关性表现在两个方面：

其一,某一环境因素的变化会引起其他因素的互动变化,其二,企业营销活动受多种环境因素的共同制约。企业的营销活动不仅仅受单一环境因素的影响,而是受多个环境因素共同制约的。如企业的产品开发,就要受制于国家环保政策、技术标准、消费者需求特点、竞争者产品、替代品等多种因素的制约。

(5)可利用性　营销环境的客观性决定了企业既不能创造环境,也不能阻止环境的变化。但是企业可以根据环境因素的变化来主动调整内部可控因素的调整,如产品策略、价格策略、广告促销策略等去适应不断变化的市场营销环境,以获得成功机会。

二、医药市场营销环境的分类

医药市场营销环境分为医药市场微观营销环境和医药市场宏观营销环境两大类。

医药市场微观营销环境是指与企业紧密相连、直接影响企业营销能力和效率的各种力量和因素的总和,它包括企业自身、供应商、营销中介、消费者、竞争者及社会公众,它们与企业形成了协作、服务、竞争与监督的关系。由于这些环境因素对企业的营销活动有着直接的影响,所以又称直接营销环境。

医药市场宏观营销环境是指企业无法直接控制的因素,是通过影响微观环境来影响企业营销能力和效率的一系列巨大的社会因素,它包括政治法律环境、人口环境、经济环境、科技环境、自然环境及社会文化环境等。由于这些环境因素对企业的营销活动起着间接的影响,所以又称间接营销环境。

微观市场营销环境和宏观市场营销环境之间不是并列关系,而是主从关系。微观市场营销环境受制于宏观市场营销环境,微观市场营销环境中的所有因素均受到宏观市场营销环境中各种力量和因素的影响。

三、研究医药市场营销环境的意义

医药企业的营销活动离不开对市场需求的科学研究和对市场信息变化的及时掌握,而随着市场竞争的加剧,市场的不稳定性、复杂性、多变性和不规则性将更为剧烈。因此医药企业要在动荡的市场中取得营销效果,就必须对医药市场营销环境作出正确的分析与判断。这对于加强和改善企业竞争力、提高企业经营效益、避免经营风险具有重要的意义。

1.研究医药市场营销环境是企业市场营销活动的基础

医药企业的生产经营活动离不开社会的、经济的、技术的环境,社会生产力水平,医药科学技术的变化趋势,社会经济管理体制如医药保险制度的改变和药品分类管理办法等,都会直接与间接地影响着医药企业。医药企业都须认真调查与分析经营环境,抓住有利机会,避开可能障碍,动态地适应社会经济变化的要求,及时调整市场营销战略与策略,使企业的生产经营活动与国家医药事业发展的要求相协调、相适应,实现企业生存与发展的目标。

2.研究医药市场营销环境有利于企业发现新的营销机会

把握市场机会可以使企业取得竞争优势和差别利益或扭转所处的不利地位。企业市场营销的潜在机会和潜在威胁同时存在,且可能相互转化。好的机会如没有把握住,优势就可能转化为劣势;同时,威胁也可能转化为有利因素,从而使企业获得新生。企业营销管理人员的任务就在于勇于面对市场各种挑战,善于发现机会并把握机会,化解和克服威胁。

3. 分析和研究医药市场营销环境是企业市场营销决策科学化的前提

医药企业的生产经营活动由于其产品的特殊性而受到更多环境因素的制约，因此，医药企业营销战略与策略的制定比生产一般商品企业受到更多的环境因素制约，只有对企业的市场营销环境进行深入调查、整理分类、研究和分析，才能为企业科学正确地做出营销决策、制定医药营销战略提供保障。企业营销活动受制于客观环境因素，必须与所处的营销环境相适应。

【知识拓展】

环境不确定性分析

不确定性意指在没有获得足够的、有关环境因素的信息情况下必须做出决策，而决策人很难估计外部环境变化。有许多环境因素会对企业产生影响，其影响可能并不明显。企业必须面对这一现实并处理好环境不确定性，方能保持其高效率。环境不确定性增加了企业各种经营决策的风险，使企业很难计算与各种战略选择方案有关的成本。

企业试图通过分析使某些不确定因素有一定的参考价值，力求将许多环境影响减少到使人们能够理解和可操作的程度。企业面临的环境不尽相同，不同环境所呈现出的不确定性也有高低之分。美国学者邓肯认为，应该从两个维度来确定企业所面临的环境不确定性：一是企业所面临环境的动态性，二是企业所面临环境的复杂性。①环境简单或复杂的程度。复杂性程度可用组织环境中的要素数量和种类来表示。在一个复杂性环境中，有多个外部因素对组织产生影响。通常外部因素越少，环境复杂性越低，不确定性越小。②事件的稳定或不稳(即动态)程度，即组织环境中的变动是稳定的还是不稳定的。它不仅取决于环境中各构成因素是否发生变化，而且还与这种变化的可预见性有关。环境条件越多变和越复杂，环境的不确定性越大。环境条件的多变性意指变化的速度和频率。由以上两个程度形成了一个四种环境状况的评估环境不确定性的框架。两种程度组成的四种环境状况：简单与稳定状况、复杂与稳定状况、简单与不稳定状况、复杂与不稳定状况。据此分析企业环境的不确定性状况。

【能力培养与训练】

1. 训练营

组织学生到当地的医药公司、医药生产企业、OTC药店等单位，了解各企业环境因素。

2. 训练目的

通过训练进一步巩固学生对医药市场环境的理解和认识，掌握医药市场环境的分析对企业的重要性。

3. 训练要求

在教师指导下选择相关题目和企业，分组进行调研、收集资料，撰写相关企业分析报告。

任务二　医药市场营销环境

教学目标

【任务构架】

医药市场微观营销环境→医药市场宏观营销环境。

【参考学时】

2 学时

【学习目标】

- 知识目标：掌握医药市场营销环境包含的内容；熟悉每个环境的分析要点。
- 能力目标：熟练应用所学知识在实践中加以运用；学会根据医药市场营销环境的内容分析企业的内部和外部营销环境。

【问题导入】

德仁堂退出医保

作为药店经营十大主流业态之一，医保店曾经是药店的"香饽饽"。新医改后医保扩容，带来的是药店医保药品销售业务的提升，但利润微薄，于是医保药店相继开发非药品业务已是常态。2012 年，随着越来越多的城市医保定点药店被贴上了禁售非药品的标签，药店面临要么继续经营医保药品，要么选择放弃。

成都市医保局规定：从 2011 年 7 月 31 日起，成都市医疗定点机构和定点零售药店将不再允许摆放和销售日用品、主副食品等非药品类商品，违规者将取消其定点资格。由于定点药店的协议服务期限为 2 年，若因销售非药品被取消资格及"下一年度的协议"，那就意味着药店将有 4 年时间被拒之医保定点的门外。此举一出，当地医保定点药店纷纷撤掉相关品种，迎接相关部门的专项检查。

成都市最大的医药连锁药店德仁堂在综合考量之后，选择旗下 12 家医保定点药店放弃医保定点资格。药店主动取消医保定点资格在国内尚属首例，在业内引起轰动。这是第一次由药店自己申请撤销医保定点资格。撤销医保，显然不是企业愿意看到的结果，但是，过于严苛的医保政策阻断了药店的多元盈利途径，于是放弃医保定点资格就成了药店的现实选择。而多元化发展，满足顾客日益增长的多元需求，确是药店经营必须思考的战略定位。德仁堂放弃医保定点资格事件凸显了政策与现实之间的困境，突围就成了药店的必然选择。不仅是德仁堂，未来成都可能还会有更多的医保店放弃医保定点资格，进入市场公平竞争的多元化领域开疆拓土，推动企业向前发展。

问题：

1. 你认为德仁堂退出医保定点资格最主要的原因是什么？

2. 你如何理解政策因素对医药企业的影响？

【知识链接】

一、医药市场微观营销环境

医药市场微观营销环境是指与企业紧密相连、直接影响企业营销能力和效率的各种力量和因素的总和,主要包括企业自身、供应商、营销中介、消费者、竞争者及社会公众。

1.医药企业内部环境

医药市场微观营销环境中的第一力量是企业内部环境,包括企业的组织结构、人员、资金与设备、企业文化等因素。企业为开展营销活动,必须依赖于各部门的配合和支持,即必须进行制造、采购、研究与开发、财务、市场营销等业务活动。企业的管理者必须整合所有资源,有效地集中并合理利用所有的人力、物力、财力及信息,才有可能实现共同的企业营销目标。

2.供应商

供应商泛指向企业提供所需各类资源和服务的企业或个人。供应商所提供的资源包括原材料、零配件、设备、能源、劳务等。供应商与药品经营企业的关系是一种生产协作关系,两者配合密切与否对企业营销活动的成果将会产生很大的影响,这种影响主要体现在以下几个方面:

(1)供货的及时性和稳定性　合格的原辅包装材料的供应保证,是药品生产和营销的前提。现在市场经济中,药品市场需求千变万化,药品经营企业必须针对瞬息万变的市场及时调整计划,而这一调整又需要供应商及时提供相应资源的支持,否则这一调整只是一句空话。药品经营企业为了在时间上和连续性上保证得到适当的资源,就应该和供应商保持良好的关系。

(2)供货的质量水平　药品供应商提供的生产资料的质量将会直接影响到药品本身的质量,从而影响到药品的销售。当然,供货的质量还包括各种服务的支持,尤其是一些制药机器设备的供应,如果没有配套的服务如安装、调试、零部件供应等,药品生产就没有保障,药品营销就会陷入被动状态。

(3)供货的价格水平　供应物资的价格水平直接影响到药品的成本和利润,最终影响到药品在市场上的竞争能力。这就意味着企业在营销中应密切注意供货价格的变化趋势,特别要密切注意对构成药品关键部分的材料价格的变化,使企业应变自如,不至于措手不及。

药品企业为了协调与供应商的关系,应力争做到以下几方面:

①遵循“双赢原则”:即通过互惠互利的交易,双方均为胜利者。企业和供应商虽有竞争的关系,但更应该是合作伙伴。因此,药品经营企业应注意建立长期、稳定的合作供应链,使外部交易成本下降,避免两败俱伤。

②加强与供应商的信息沟通:企业应及时将自身的经营状况、产品调整情况、企业对供应货物的要求(价格、供货时间、质量标准等)与供应商进行沟通,以便协调双方的立场。

③对供应商进行分类管理:企业应根据供应商所供应货物的重要程度、稀缺程度、供应量大小、信誉状况、在供应商中的地位以及地理位置、交通运输状况等划分为不同等级,以便重点协调,兼顾一般。

④提高选择供应商的自由度:企业若过分依赖一个或几个供应商,会导致供应商任何的细微变化都将影响企业的正常经营运作,也会加大供应商对原料或药品价格的操控能力,从

而增加企业的经营风险。为此，药品生产经营企业应建立多个供应渠道来增加选择上的自由度，使企业始终处于有利位置。

⑤保持供应商的相对稳定：药品生产 GMP 管理要求相对固定的原料、辅料及包装材料供应商，以保证药品质量相对稳定。

3.药品营销中介

药品营销中介是指企业将药品卖到患者手中这一过程中为企业融通资金、销售产品给最终购买者提供各种有利于营销服务的企业或个人。药品营销中介包括中间商、实体分配公司、营销服务机构（调研公司、广告公司、咨询公司）、金融中介机构（银行、信托公司、保险公司）等。它们是企业进行营销活动不可缺少的中间环节，企业的营销活动需要它们的协助才能顺利进行。

(1)药品中间商　是指介于生产者与消费者之间专门从事药品流通活动的经济组织，包括零售商、批发商和代理商，如药店、连锁药店、药材公司、医药公司及代理机构。对药品生产企业而言，若把供应商比作上游企业，那么中间商就是下游企业。目前药品市场供大于求，竞争日趋激烈，协调好与中间商的关系更为重要。代理商不拥有商品所有权，专门介绍客户或与客户磋商交易合同。

(2)配送机构　包括药品的运输和储存。企业应结合自身药品的特点，在综合考虑储存和运输的费用、安全性、速度等因素后，选择最适宜的药品物流公司。把储运工作交由专业的现代化物流企业完成，可以提高效率、降低经营成本。

(3)营销服务机构　是帮助药品经营企业寻找目标客户和帮助企业促销药品的机构，主要有市场调研机构、广告公司、传播媒介公司、市场营销咨询机构等。大多数药品经营企业要借助这些服务机构来开展销售活动。药品经营企业在选择这些机构时，需对它们所提供的服务、质量、创造力等方面进行评估，并定期考核其业绩。

(4)金融机构　又称财务中介机构，是指那些协助厂商融资或保障货物购销储运风险的机构，如信托公司、保险公司和银行等部门。为保证融资渠道畅通，企业应根据金融机构提供的服务条件进行选择，在综合权衡、选择后，还要注意与其保持友好合作的关系。

4.顾客

顾客是企业服务的对象，也是营销活动的出发点和归宿，通常是指用户、消费者或者说就是企业的目标市场。主要包括所有出于直接使用目的而购买企业产品或服务以及为再加工或再销售目的而购买本企业产品或服务的个体和组织。按照客户及其购买目的的不同可将其分为五类：

(1)消费者市场　指为满足个人或家庭健康及预防、治疗疾病需要而购买药品或服务的市场。

(2)生产者市场　指为了赚取利润或达到其他目的购买商品和服务来生产其他产品和服务的市场。

(3)中间商市场　指为了转卖从而获取利润而购买药品和服务的批发商、零售商所构成的市场。

(4)非盈利组织市场　指为了提供公共服务和履行政府职责而购买产品或服务的政府机构。

(5)国际市场　指国外买主包括国外的消费者、生产者、中间商和政府机构。

医药企业的营销人员应根据不同顾客的需要，提供不同的药品，并分析和掌握患者的变化趋势，确定不同的营销策略。医药企业生产的药品，必须保证质量，有治疗效果，不良反应小，临床医师愿意采用，有患者使用才能销售出去。药品生产企业和药品经营企业必须认识到顾客需求是企业生产经营活动的出发点。企业的一切活动都必须紧紧围绕患者这一中心来展开。

5. 社会公众

社会公众是指对企业实现其目标具有实际的或潜在的利害关系或影响的任何团体或个人，主要包括以下各群体。

(1)融资公众　指关心和影响企业融通资金能力的各种金融组织和社会集团，如银行、投资公司、证券、保险业等。

(2)媒介公众　指那些联系企业与外界的传播媒体，主要指报纸、杂志、广播、电视、网络等。

(3)政府公众　指负责管理企业业务、经营活动的有关政府机构。对于药品企业来说由食品药品监督管理局颁发药品生产或经营许可证、GMP、GSP 证等，此外还有环保局、工商行政管理局、物价局、税务局等机构。

(4)群众团体　指各种保护消费者权益组织、环境保护组织及少数民族组织等，如消费者协会、绿色和平组织。

(5)地方公众　指企业周围的居民和团体组织，它们对企业的态度会影响企业的营销活动。

(6)企业内部公众　指企业内部从上到下的组织成员，包括股东、管理人员、职工等。处理好内部公众关系，增强凝聚力是建设和谐社会的前提。

社会公众对企业的存在和发展产生巨大的影响，对企业的各项营销活动既可能产生积极的推动作用，也可能产生消极的妨碍作用。因此，企业必须密切关注各类公众的态度，运用公共关系手段加强与各种公众的交流和沟通，主动处理好同公众的关系，树立企业的良好形象，打造优秀品牌。

二、医药市场宏观营销环境

医药市场宏观营销环境是指企业无法直接控制的因素，是通过影响微观环境来影响企业营销能力和效率的一系列社会因素，它包括政治法律环境、人口环境、经济环境、科技环境、自然环境及社会文化环境等。宏观环境通过微观环境因素对企业营销活动或提供机会或造成威胁而发生作用，它是企业不可控因素。企业及其微观环境的参与者，无不处在宏观环境中。

1. 人口环境

人口是构成市场的第一位因素。市场是由有购买欲望同时又有支付能力的人构成的，人口的多少直接影响市场的潜在容量。在人均消费水平一定的情况下，人口数量越多，市场需求规模就越大。而人口的规模和增长率、人口的地理分布、受教育程度及家庭状况等人口特性会对市场格局产生深刻影响，并直接影响着企业的市场营销活动。

(1)人口规模　人口规模也就是总人口的多少，是影响需求的一个决定性因素。人口多，人口数量增长快是我国人口环境的重要特点。目前，中国已被视为世界最大的潜在市场，一方面是人口基数大，另一方面人口增长快。

(2)人口结构 包括人口的自然结构和社会结构。前者包括如性别结构、年龄结构;后者包括如民族结构、职业结构、受教育程度等。

由于性别、年龄、民族、职业、教育程度不同的消费者,在收入、生活阅历、价值观以及风俗习惯等方面存在差异,必然产生不同的消费需求,从而形成具有差异性的消费群体。传宗接代、养儿防老、望子成龙的传统观念导致不同的市场需求;男女不同的性别心理和社会角色对消费行为有直接影响。随着社会经济的发展,科学技术的进步,生活条件和医疗条件的改善,平均寿命大大延长,人口老龄化是当今世界发展的必然趋势,用于老年人的治疗性药品、预防保健用品、营养品的市场潜力很大。

(3)人口分布 消费需求与人口分布具有紧密关系。人口密度及人口流动量的多少,使不同地区的市场需求呈现明显的区域特征。由于地理差异,人们的消费习惯和消费行为也呈现明显的区域性特征。

(4)家庭类型 家庭是社会的细胞,也是商品采购和消费的基本单位。一个市场拥有家庭单位和家庭平均成员的多少,以及家庭组成状况等,对市场消费需求的潜量和需求结构,都有十分重要的影响。如晚婚、生育少、离婚率高、单亲家庭、独身家庭等都表现出不同的消费习惯和购买行为。

2.经济环境

经济环境主要指影响消费者购买力及支出模式的诸因素。在人口因素既定的情况下,市场需求规模与社会购买力水平成正比关系,它直接或间接地受到消费者收入、消费者支出模式、储蓄和信贷等经济因素的影响。

(1)经济发展状况 医药市场营销活动要受到一个国家或地区经济发展状况的制约,在经济全球化的条件下,国际经济形势也是企业营销活动的重要影响因素。

(2)消费者收入水平变化 消费者收入水平决定了购买力的大小,它是分析市场规模大小的一个不可忽视的因素。消费者收入水平的高低制约了消费者支出的多少和支出模式的不同,从而影响了市场规模的大小和不同产品或服务市场的需求状况。消费者收入主要包括:消费者个人工资、奖金、津贴、股息、红利、租金、退休金、馈赠等方面。要区别可支配收入和随意可支配收入,个人可支配收入指在个人总收入中扣除税金后,消费者真正可用于消费的部分,它是影响消费者购买力水平和消费支出结构的决定性因素。个人随意可支配收入是在个人可支配收入中减去消费者用于购买食品、支付房租及其他必需品的固定支出所剩下的那部分收入,一般还要扣除稳定的储蓄。用于购买非必需品如保健品、奢侈品及文化、娱乐、智力投资等的消费主要受它的限制。另外,企业还要注意分析消费者实际收入的变化,区分货币收入与实际收入。货币收入是指消费者所获得的货币总量,而实际收入是指所获得的能购买商品的实际货币数量。实际收入受通货膨胀、失业率及税收等因素影响。如果通货膨胀上升,税收提高,实际收入就会下降。除了分析研究消费者的平均收入外,企业还应了解不同社会阶层、不同地区、不同职业的收入和收入增长率的差别,深入认识各个细分市场的购买力分布。

(3)消费者支出模式 消费者支出模式指消费者各种消费支出的比例关系,社会经济的发展、收入水平的变化等因素直接影响了社会消费支出模式。因此企业营销人员必须注意这种收入与消费支出模式之间的关系。

(4)消费者储蓄和信贷情况的变化 消费者的支出及购买力不仅受其收入水平的影响,

还受消费者储蓄及信贷的影响。一般说来,储蓄意味着推迟了的购买力,储蓄额越大,当期购买力越低,而对以后的市场供给造成压力。与储蓄相反,消费信贷是一种预支的购买能力,它使消费者能够凭信用取得商品使用权在先,按期归还贷款在后。消费信贷有短期赊销、分期付款和信用卡信贷等多种形式。发达的商业信贷使消费者将以后的消费提前了,对当前社会购买是一种刺激和扩大。影响消费者储蓄和信贷的主要因素有利率、通货膨胀率、消费观念、收入水平等。我国现阶段社会保障体制不够完善,子女教育费用高、看病贵、养老等诸多因素使得人们把钱储存起来,超前消费、消费信贷的观念远不如发达国家。关注和研究居民储蓄和信贷的变化,有利于科学地预测市场需求规模和结构的变化,捕捉新的市场机会。

3.自然环境

自然环境是人类最基本的活动空间和物质来源,自然环境的变化与人类活动休戚相关。营销管理者应注意自然环境面临的难题和趋势,如很多资源短缺、环境污染严重、能源成本上升等。

(1)自然资源短缺　地球上的自然资源可分为三大类:无限供给的、有限但可再生的(如森林、粮食等)和有限不可再生的(如石油、煤和各种矿物)。原先认为取之不尽、用之不竭的无限资源,如空气、水等在世界许多大城市出现污染和短缺。汽车尾气、工业烟囱粉尘使得天空经常是灰蒙蒙的,仰望蓝天白云成为一种奢望。我国北方缺水日益严重,国家不得不投巨资搞南水北调工程。由于现代工业无限度地索取和利用,导致矿产、森林、能源、耕地等资源日益枯竭。自然资源短缺,使很多企业将面临电力、燃料及原材料价格大涨,生产成本大幅度上升的威胁。但另一方面,又迫使企业研究节能,更合理地利用资源的方法和开发新的资源或代用品,这又为企业提供了营销机会。

(2)自然环境受到严重污染　随着工业化和城市化的发展,环境污染程度日益严重。人类面临资源枯竭、海洋污染、河流污染、土壤沙化、酸雨、温室效应、物种灭绝和臭氧层破坏等一系列资源生态环境危机。企业营销战略中实行生态营销、绿色营销等,都是维护全社会的长期利益和为了子孙后代所必然要求的。

(3)人类社会应走可持续发展的道路　可持续发展指经济发展应建立在资源可持续利用的基础上,符合生态环境所允许的程度,既能满足当代的发展需求,又不对后代生存和发展构成危害。从世界范围看,环境保护意识和市场营销观念相结合所形成的绿色市场营销观念正成为新世纪市场营销的新主流。

4.科学技术环境

科学技术是人类在长期实践活动中所积累的经验、知识和技能的总结,是社会生产力中最活跃的因素。科学技术是第一生产力,科技的发展对经济发展有巨大的影响,不仅直接影响企业内部的生产和经营,还同时与其他环境因素互相依赖、互相作用,给企业的营销活动带来新的机会,同时也带来威胁。

(1)新技术是一种"创造性的毁灭力量"　21世纪是高科技继续发展的新世纪,高新技术群继续不断地深入发展,微电子技术、电子计算机技术、原子能技术和生物技术在整个经济结构中的含量急剧上升,新技术革命进入了加速发展的新阶段。新技术也使一些旧行业受到冲击甚至被无情地淘汰。例如,一种新技术的应用,可以为企业创造一个明星产品,产生巨大的经济效益,也可以迫使企业的一种原先成功的传统产品,不得不退出市场。传统中药丸、散、膏、丹等剂型相当大部分已经被滴丸、胶囊、控释剂、缓释剂等新技术、新剂型取代。

(2)新技术革命有利于企业改善经营管理　新技术的出现能提高劳动生产率，从而降低生产成本。其次，新技术的出现能改变企业管理的手段，如电脑、传真机等新技术成果就广泛应用于企业管理中，提高了管理效率。各种信息系统的建立极大地提高了企业对瞬息万变的市场反应速度和对新机会捕捉的能力。

(3)新技术影响消费者的购物习惯　随着网络技术的发展，消费者轻轻松松在家购物已经不是梦想。“网上营销”是现代电子技术高度发展带来的营销方式的重大变革，即借助网络、电脑通讯和数字交互式媒体的共同作用来实现营销目标。新技术的出现，会影响零售业态的结构和消费者的消费偏好。如电脑管理、条形码技术导致了自动售货、电视购物、网上购物等方式的出现，从而影响了零售业结构与消费者偏好。

(4)加大拥有自主知识产权的药品研发　加大拥有自主知识产权的药品研发是改变我国创新药物远远落后于发达国家的根本出路。

5.政治法律环境

政治法律环境主要指制约和影响企业营销活动的政府的方针政策、法律制度及公众团体等。在任何社会制度中，企业的营销活动都必然受到政治与法律环境的强制约束。

(1)政治环境　我国的政治环境包括政治制度、政党、国家的方针政策、政治气氛等，党和国家的方针政策规定了国民经济的发展方向和发展速度，它的正确与否决定了社会生产力的发展状况，也关系到社会购买力的提高和市场消费需求的增长。企业应该根据政府在各个时期的方针政策相应地调整自己的市场营销策略和企业的经营方向，预见政府可能的行动，争取政府的优惠条件，把握新政策带来的发展机遇，回避不利因素以取得生产经营的主动权。例如，医药企业为了应对加入 WTO 后更加激烈的市场竞争局面，必须加强营销创新，提高开拓市场的能力。在新药研发方面遵守知识产权保护有关法律法规，要有强烈的质量意识和品牌意识，要不断提高药品质量，按照国际先进 GMP 标准组织生产，尽快建立健全的国际认证质量保障体系，运用多种形式树立我国药品的国际形象。

(2)法律环境　市场经济是法制经济，我国政府非常重视法制建设，法令、法规、条例特别是有关经济的法律法规不断出台。例如，《公司法》、《反不正当竞争法》、《税收法》、《广告法》、《商标法》、《价格法》、《药品管理法》、《药品管理法实施条例》、《药品注册管理办法》、《进口药品管理办法》等，都为市场经济保持健康稳定的发展提供了可靠的保障。企业研究并熟悉法律环境，既保证自身严格依法管理和经营，也可运用法律手段保障自身的权益。

(3)公众利益集团　是指为了维护某一部分社会成员的利益而成立的旨在影响立法、政策和舆论的各种公众组织，如消费者协会、老年协会、旅游者俱乐部、环境保护组织等等。这些利益集团不是官方组织，不具强制性，但随着社会的进步，这样的公众团体不仅越来越多，而且在社会经济生活中的地位越来越重要。这些公众组织的活动会对企业的营销活动产生一定的影响。

6.社会文化环境

社会文化主要指一个国家、地区的民族特征、价值观念、生活方式、风俗习惯、宗教信仰、伦理道德、教育水平、语言文字等的总和。社会文化对企业营销的影响是多层次、全方位、渗透性的，消费者的任何欲望和购买行为都深深地印有文化的烙印。

(1)价值观念　是指人们在长期社会生活中形成的对各种事物的普遍态度和看法，如生活准则、处世态度等。价值观是最深沉的核心文化，有高度的连续性，不会轻易改变，它决定了消费者的生活方式和价值取向。企业营销者应分析自己的市场营销活动将涉及哪些层次的文化因素，灵活地采取相应的策略。具有300年历史的中国老字号同仁堂药店，作为中国医药界一块“金字招牌”，其经久不衰的奥秘来自于遵循诚实经商、信誉为本的原则，树立“同修仁德，济世养生”的企业精神，坚守“炮制虽繁必不敢省人工，品位虽贵必不敢减物力”的古训。

(2)教育水平　受教育程度不仅影响劳动者收入水平，而且影响着消费者对商品的鉴别力，影响消费者心理、购买的理性程度和消费结构，从而影响着企业营销策略的制定和实施。一般来讲，教育水平高的地区，消费者对商品的鉴别力强，容易接受广告宣传，容易接受新产品，购买的理性程度高。北京、上海、广州等中心城市，价格高、疗效好的新特药以及进口药、合资企业药品销量较大，西部欠发达地区价格低廉的普药销量大。

(3)风俗习惯　消费习俗在饮食、服饰、居住、婚丧、节日、人情往来等方面都表现出独特的心理特征和行为方式。古老的图腾文化渗透到现代文化中，形成各种风俗习惯和禁忌，进而形成特别的消费习惯。例如作为中国国粹之一的中医药，在西方国家却受到冷落，中药只能作为保健食品在市场上出售。在国内销量非常大的中西药组成的复方如维C银翘片更是惨遭封杀。含有虎骨、犀牛角等成分的传统中药也因为世界动物保护而停止生产和使用。

(4)宗教信仰　宗教信仰能左右人们的意志和行为，尤其在生产力低下、人们对自然现象和社会现象迷惑不解的时期，这种追求容易带着盲目崇拜的宗教色彩。沿袭下来的宗教色彩，逐渐形成一种模式，影响人们的消费行为。现在是经济全球化，国际营销是跨国界、跨文化的活动，不同国家宗教信仰对其影响很大。

消费者物价指数

消费者物价指数(Consumer Price Index，CPI)，是根据与居民生活有关的产品及劳务价格统计出来的物价变动指标。CPI表示对普通家庭的支出来说，购买具有代表性的一组商品，在今天要比过去某一时间多花费多少，通常作为观察通货膨胀水平的重要指标。

CPI的计算公式是

CPI＝(一组固定商品按当期价格计算的价值/一组固定商品按基期价格计算的价值)×100

采用的是固定权数按加权算术平均指数公式计算，即 $\overline{K}=\sum KW/\sum W$，式中，$W$ 为固定权数，K 为各种销售量的个体指数。

中国CPI构成和各部分比重，2011年最新调整为食品(31.79%)、烟酒及用品(3.49%)、居住(17.22%)、交通通讯(9.95%)、医疗保健个人用品(9.64%)、衣着(8.52%)、家庭设备及维修服务(5.64%)、娱乐教育文化用品及服务(13.75%)。从2011年1月起，我国CPI开始计算以2010年为对比基期的价格指数序列。

CPI是一个滞后性的数据，但它往往是市场经济活动与政府货币政策的一个重要参考指标。CPI稳定、就业充分及GDP增长往往是最重要的社会经济目标。

【能力培养与训练】

1. 训练营

由教师提供某医药企业的相关资料，组织学生对其微观环境因素和宏观环境因素进行讨论。

2. 训练目的

通过训练进一步巩固学生对医药公司市场营销环境的理解，掌握医药企业市场环境的主要内容。

3. 训练要求

在教师指导下选择相关内容，分组进行深入的调研、收集资料，撰写相关企业市场营销环境分析报告。

任务三　医药市场营销环境分析模型及对策

教学目标

【任务构架】

威胁与机会的分析评价→企业营销对机会和威胁的对策。

【参考学时】

2 学时

【学习目标】

- 知识目标：掌握医药市场营销环境的 SWOT 分析法；熟悉企业应对机会和威胁的对策。
- 能力目标：熟练应用 SWOT 分析法来分析医药市场营销环境；学会根据分析结果制定营销策略。

【问题导入】

凯美纳——中国自主研发的重大突破

2011 年 8 月 12 日，浙江某药业公司独立开发的小分子靶向抗肿瘤一类新药——盐酸埃克替尼（凯美纳）正式上市。这是“十一五”期间我国在新药研发上获得的重大突破。靶向抗癌药，长期以来被认为是最昂贵的国外专利药。目前，凯美纳已拥有中国、美国和国际专利，这标志着小分子靶向抗癌药完全依赖进口的日子将成为历史。

据有关介绍，这是我国自主研制成功的第一个靶向抗癌新药，其第一个适应证是晚期非小细胞肺癌。该药业公司董事长说，目前，国际市场上同类药易瑞沙的价格是 550 元/片，特罗凯则要 660 元/片，一名肺癌患者每月的医药费就要近 2 万元，负担很重，而新药凯美纳在国内自主研发，又得到国家的大力支持，有明显的价格优势，可以让更多的患者用得起。这一创新药是几名海归博士前后耗时 10 年潜心研究而成。在研制过程中，为了把研究好的药物化学合成放大，几位博士拎着化学药品辗转于远郊的化工厂。临床试验时，为了能让国内的大医院接受这个不知名的新药，几位博士又吃了数不清的闭门羹……在不懈的努力下，2009 年，凯美纳终于进入Ⅲ期临床试验，全国 27 家知名医院参与Ⅲ期临床试验研究。研究首次采用国外进口专利药作为对照，进行规范的双盲研究，客观地比较凯美纳对晚期肺癌患者的疗效和安全性。

凯美纳项目先后获得国家科技部的创新基金、“863 计划”、重大新药创制专项和省、市“十一五”重大专项的支持，它是以表皮生长因子受体激酶为靶标的新一代靶向抗癌药。据报道，凯美纳顺利上市，其价格将大大低于进口同类产品。

问题：

1. 凯美纳面临何种机会和威胁？

2. 企业如何才能成功地将药品推向市场？

【知识链接】

一、威胁与机会的分析评价

医药市场营销环境通过对企业构成威胁或提供机会而影响企业营销工作，所以企业必须对营销环境进行分析，按照环境提供的条件、要求及其发展变化的趋势来制定营销战略。在进行环境分析的时候，由于构成环境的因素很多，涉及的范围广，企业面对威胁程度不同和市场机会吸引力不同需要通过环境分析来评估威胁与机会。

1. 环境威胁矩阵分析

对环境威胁的分析，一般着眼于两个方面：一是分析威胁的潜在严重性，即影响程度；二是分析威胁出现的可能性，即出现概率。威胁分析矩阵如图 2-1 所示。

（Ⅰ）关键性的威胁：会严重危害公司利益且出现可能性大，应准备应变计划。

（Ⅱ）（Ⅲ）：不需准备应变计划，但需密切关注，可能发展成严重威胁。

（Ⅳ）：威胁较小，不加理会。

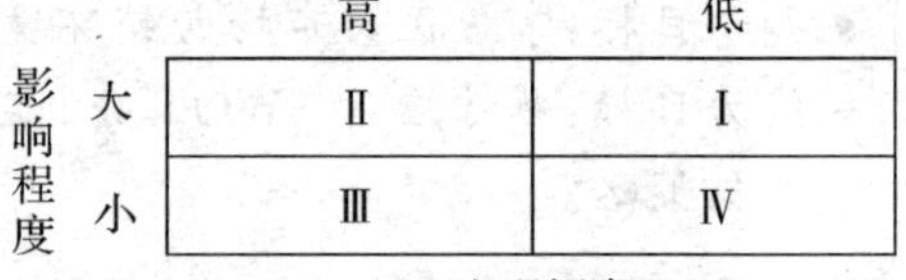

图 2-1 威胁分析矩阵

对于第Ⅰ象限的威胁，企业应处于高度警惕状态，并制定相应的措施，尽量避免损失或者使损失降低到最小，因为它的潜在严重性和出现的概率均很高。对于第Ⅱ、Ⅲ象限的威胁，企业也不应该掉以轻心，要给予充分的重视，制定好应变方案。对于第Ⅳ象限的威胁，企业不必过于担心但应注意其变化，若有向其他象限转移趋势时应制定对策。

2. 市场机会分析

机会分析主要考虑其潜在的吸引力（盈利性）和成功的可能性（企业优势）大小。机会潜在利润-企业成功概率矩阵如图 2-2 所示。

机会潜在利润 \ 企业成功概率	高	低
高	Ⅱ	Ⅰ
低	Ⅲ	Ⅳ

图 2-2 机会潜在利润-企业成功概率矩阵

图 2-2 中第Ⅱ象限的环境机会，属于机会潜在利润和企业成功概率都高的状态，有极大可能为企业带来巨额利润，企业应把握机会，全力去发展。第Ⅰ象限的环境机会，属于机会潜在利润高和成功概念低的环境条件，企业应设法改善自身的不利

条件，使第Ⅰ象限的环境机会逐步移到第Ⅱ象限而成为有利的环境机会。第Ⅲ象限的环境机会，属于机会潜在吸引力低和成功概率高的环境机会，许多企业对这种环境往往不够重视，对中小企业来说，应不失时机地捕捉这样的机会。第Ⅳ象限的环境机会，属于机会潜在吸引力低和成功概率低的环境条件，企业可积极改善自身条件，静观市场变化趋势，随时准备利用其转瞬即逝的机会。

3. 综合环境分析

企业内外情况是相互联系的，将外部环境所提供的有利条件（机会）和不利条件（威胁）与企业内部条件形成的优势与劣势结合起来分析，有利于制定出正确的经营战略。

SWOT 方格分析法（见表 2-1）是取"优势"（strength）、"弱势"（weakness）、"机会"（opportunity）、"威胁"（threat）的第一个字母构成。SWOT 方格分析法形成了四种可以选择的战略：SO 战略——利用企业内部的长处去抓住外部机会；WO 战略——利用外部机会来改进企业内部弱点；ST 战略——利用企业长处去避免或减轻外来的威胁；WT 战略——直接克服内部弱点和避免外来的威胁。

表 2-1　SWOT 方格分析法

企业内部因素 / 企业外部因素	长处 (S)	弱点 (W)
机会(O)	SO 战略	WO 战略
威胁(T)	ST 战略	WT 战略

二、企业营销对机会和威胁的对策

1. 环境威胁

可选用以下几种对策：

(1)反攻策略　即试着限制或扭转不利因素的发展，通过法律诉讼等方式，促使政府通过某种法令或政策等保护自身合法权益不受侵犯，改变环境的威胁。

(2)缓解策略　即通过改变营销策略，以缓解环境威胁的程度。由于环境因素对企业营销形成一定的威胁，并且这一威胁后果不可避免，此时，缓解策略就是对付威胁的策略之一。

(3)转移策略　转移到其他市场或行业。例如烟草行业面对全球反吸烟的浪潮，可供选择的对策有三种，一是反攻，即试图扭转不利因素的发展，如西方国家的烟草公司曾疏通议员，企望通过允许人们在公共场所吸烟的法令；二是缓解，即通过调整市场营销组合来改善环境，如烟草公司大力宣传在公共场所设立单独吸烟区；三是转移，即转移到其他经济效益好的行业，如烟草公司实行多元化经营，逐步增加非烟产业投入，适当减少烟草业务。又比如在广告审批、政策打压、舆论讨伐的不利环境下，药品广告投放效果大打折扣，制药企业的投入日益谨慎。对比 2005 年央视招标会上医药行业的风光和激情，2006 年参与投标的制药企业数量和投标金额大幅减少，制药业在未来几年的药品广告会更加保守。静待行业的回暖和市场的复苏，再加大药品广告投入才是明智的选择。

2. 市场机会

企业在分析市场环境时一般采用矩阵法分析、评价营销环境，可能出现四种不同的结果（见图 2-3）。

对市场机会的分析，还必须深入分析机会的性质，以便企业寻找对自身发展最有利的市场机会。

		威胁水平 低	威胁水平 高
机会水平	高	理想业务	冒险业务
机会水平	低	成熟业务	困难业务

图 2-3　环境分析综合评价

(1)环境市场机会与企业市场机会　对不同企业而言，环境机会并非都是最佳机会，只有理想业务和成熟业务才是最适宜的机会。

(2)行业市场机会与边缘市场机会　企业通常都有其特定的经营领域，所谓边缘市场机会即出现于不同行业之间的交叉与结合部分的市场机会。一般说来，进入边缘市场机会的业务难度要大于行业市场机会的业务。但这种边缘地带，有时会存在市场空隙，某些企业也可以在这样的舞台上发挥自身的优势。

(3)目前市场机会与未来市场机会　企业既要注意发现目前环境变化中的市场机会，更要面对未来，发现和把握未来的市场机会，走可持续发展的道路。

(4)全面的机会与局部的机会　市场有大小之分，全面和局部之别，如国际市场、全国性市场就是全面的机会，对各个企业都有普遍意义，因为它反映环境变化的一种普遍趋势；局部的机会对进入特定市场的企业有特殊意义，因为它意味着这个市场的变化有别于其他市场的趋势。

3. 市场营销对策

在环境分析与评价的基础上，企业对威胁与机会水平不等的各种营销业务，要分别采取不同的对策。

(1)对理想业务　应看到机会难得，甚至转瞬即逝，必须抓住机遇，迅速行动，否则，丧失战机，将后悔莫及。

(2)对冒险业务　面对高利润与高风险，既不宜盲目冒进，也不应迟疑不决，坐失良机，应全面分析自身的优势与劣势，扬长避短，创造条件，争取突破性的发展。

(3)对成熟业务　机会与威胁处于较低水平，可作为企业的常规业务，用以维持企业的正常运转，并为开展理想业务和冒险业务准备必要的条件。

(4)对困难业务　要么是努力改变环境，走出困境或减轻威胁，要么是立即转移，摆脱无法扭转的困境。例如，第三终端市场和农村市场的开发是医药行业近年来的又一大营销热点，在城市市场相对饱和、竞争日益残酷的形势下，众多制药企业将战略重心转移到了包括城市周边市场、城市社区健康中心、农村医院、药店、卫生院在内的第三终端市场。温家宝总理在十届人大四次会议上所作的政府工作报告中首先将建设社会主义新农村提高到战略高度。随着国家“新型农村合作医疗保障制度”的实施和“两网”(农村药品监督网和供应网)建设等政府有关“三农”新政策的不断推进和深入，对农村市场的开发更成为许多企业的重中之重。

【知识拓展】

SWOT 分析法

SWOT 分析法(也称 TOWS 分析法、道斯矩阵)即态势分析法，20 世纪 80 年代初由美国旧金山大学管理学教授韦里克提出，经常被用于企业战略制定、竞争对手分析等场合。SWOT 分析法根据企业自身的既定内在条件进行分析，找出企业的优势、劣势及核心竞争力之所在。其中,S代表优势(strength),W代表弱势(weakness),O代表机会(opportunity),T代表威胁(threat),其中,S、W是内部因素,O、T是外部因素。按照企业竞争战略的完整概念,战略应是一个企业“能够做的”(即组织的强项和弱项)和“可能做的”(即环境的机会和威胁)之间的有机组合。

SWOT分析基本步骤为:

(1)分析企业的内部优势、弱点,既可以相对企业目标而言的,也可以相对竞争对手而言的。

(2)分析企业面临的外部机会与威胁,可能来自于与竞争无关的外环境因素的变化,也可能来自竞争对手力量与因素变化,或两者兼有,但关键性的外部机会与威胁应予以确认。

(3)将外部机会和威胁与企业内部优势和弱点进行匹配,形成可行的战略。

SWOT分析法表现为构造SWOT结构矩阵,并对矩阵的不同区域赋予不同分析意义;其次在内容上,SWOT分析法的主要理论基础也强调从结构分析入手对企业的外部环境和内部资源进行分析。另外,早在SWOT诞生之前的20世纪60年代,就已经有人提出过SWOT分析中涉及的内部优势、弱点,外部机会、威胁这些变化因素,但只是孤立地对它们加以分析。SWOT分析法的重要贡献就在于用系统的思想将这些似乎独立的因素相互匹配起来进行综合分析,使得企业战略计划的制订更加科学全面。

近来,SWOT分析法已被应用在许多领域上,如学校的自我分析、个人的能力自我分析等方面,尤其成为战略管理和竞争情报的重要分析工具。分析直观、使用简单是它的重要优点。即使没有精确的数据支持和更专业化的分析工具,也可以得出有说服力的结论。但是,正是这种直观和简单,使得SWOT不可避免地带有精度不够的缺陷。在使用SWOT方法时要注意方法的局限性,在罗列作为判断依据的事实时,要尽量真实、客观、精确,并提供一定的定量数据以弥补SWOT定性分析的不足,构造高层定性分析的基础。

【能力培养与训练】

1. 训练营

由教师提供某一种(类)医药产品或某医药企业资料,组织学生对该种(类)产品或企业存在的机会和面临的风险进行讨论。

2. 训练目的

通过训练进一步巩固学生对医药企业或医药产品市场营销环境分析方法的掌握,学会运用所学知识进行实际分析。

3. 训练要求

在教师指导下选择相关内容,分组进行深入的调研、收集资料,撰写分析报告。

【项目总结】

• 医药市场营销环境是泛指一切影响和制约医药企业市场营销决策和实施的内、外部因素和条件的总和。

• 医药市场营销环境由微观环境和宏观环境构成,对医药营销活动有重大的影响。

• 医药市场营销环境分析有环境威胁矩阵分析法、市场机会分析法和综合环境分析法。在环境分析与评价的基础上,企业要分别采取不同的对策。

【项目检测】

一、选择题(含多选)

1. 下列属于医药市场营销环境的宏观环境因素的有 (　　)

A. 公众　B. 代理中间商　C. 企业　D. 人口

2. 下列属于医药市场营销环境的微观环境因素的有 (　　)

A. 人口　B. 购买力　C. 公众　D. 自然环境

3. 同企业内部因素相比,市场营销环境具有以下特点 (　　)

A. 不可控性　B. 变化性　C. 相对稳定性　D. 关联性

4. 对于市场机会,必须深入分析机会的性质,以便企业寻找对自身发展最有利的市场机会,包括对什么的分析 (　　)

A. 环境市场机会　B. 企业市场机会　C. 行业市场机会　D. 未来市场机会

5. 利用环境威胁矩阵对环境威胁的分析,一般着眼于哪方面进行分析 (　　)

A. 影响程度　B. 出现概率　C. 威胁种类　D. 威胁数量

二、简答题

1. 医药市场营销环境有哪些特点?分析市场营销环境意义何在?

2. 医药市场微观营销环境由哪些方面构成?竞争者、消费者会对企业营销活动产生何种影响?

3. 医药市场宏观营销环境包括哪些因素?各因素对医药企业影响有何不同?

4. 结合我国医药行业实际说明政策法律环境因素对整个医药营销活动的重要影响。

5. 医药市场营销环境分析方法有哪些?用某一种方法分析一个医药营销案例。

【实训教学】

医药市场营销环境

1. 实训目的

通过实训,要求学生能够理解医药行业的主要市场营销环境因素,并针对具体的企业或产品运用相关方法进行系统的环境因素分析。

2. 实训内容

(1)医药行业的宏观环境因素;

(2)企业或产品的微观环境因素;

(3)运用 SWOT 方法进行分析。

3. 实训准备

学生先收集医药行业的宏观环境因素,再选择收集某一个产品或企业方面的资料。

4. 实训材料

行业及企业或产品方面的相关资料。

5. 实训步骤

第一步:列出医药行业的宏观营销环境因素。

第二步:列出影响企业的微观营销环境因素。

第三步:再分析宏观和微观环境因素中影响某一产品或企业的主要因素,并列出各要素带来的机会和可能的风险。

第四步：运用 SWOT 分析法进行环境因素分析。

第五步：根据 SWOT 分析结论，得出企业或产品的环境分析报告，作为企业营销决策的依据。

6. 实训成果

医药环境分析报告。

【参考文献】

[1]张平淡，艾凤仪. 医药营销：观察与思考. 北京：中国经济出版社，2008

[2]顾海. 医药市场营销学. 北京：人民卫生出版社，2006

[3]侯胜田. 医药营销案例点评. 北京：中国医药科技出版社，2007

[4]万后芬. 市场营销教程. 北京：高等教育出版社，2007

[5]郭毅. 市场营销——中国本土管理案例丛书. 北京：清华大学出版社，2006

[6]中国营销传播网. http://www.emkt.com.cn

（陈传宣）

项目二　医药消费者分析

任务一　医药消费者购买行为模式

教学目标

【任务构架】

消费者购买行为模式→医药消费者购买心理过程。

【参考学时】

2 学时

【学习目标】

- 知识目标：掌握医药消费者购买行为模式；熟悉医药消费者购买心理过程。
- 能力目标：熟练应用医药消费者购买行为模式分析消费者的购买行为；学会根据消费者购买心理过程理论，做好药品消费者消费过程中的引导和服务。

【问题导入】

香港京都念慈菴枇杷膏成功进军内地市场

枇杷膏市场是目前内地市场中令人瞩目的一个巨大的新兴市场，随着经济的迅猛发展，全球大气受到了前所未有的污染，人们的呼吸系统受到各种有害病菌物质的腐蚀，导致多种咽喉、肺部疾病的产生。而枇杷膏以其口味和膏体等特点，完全取代了过去人们以糖浆来治疗保健的方式，如何把香港京都念慈菴枇杷膏引入内地市场？通过综合市场调研得出以他人之短扬我之长，打出了百年品牌、细分市场、科学分型的差异牌。

首先利用老品牌这块无价之宝做宣传，“百年老字号信赖念菴堂”、“国人用国药，要用就用念菴堂”，“香港老字号——念菴堂”的宣传语来激发人们的民族热情，渲染气氛；其次，科学分型目标人群，将产品分成四种剂型，即青少年型、烟民型、女性型、老年型，有利于患者对号购买，更体现了念菴堂对消费者周到细致的关怀；第三，“清咽毒，洗肺毒，不咳不喘好舒服”为宣传广告语；第四，对产品功效进行宣传，三大特点，即治标—清咽、治本—洗肺、不同人群科学分型；五大功能即止咳、化痰、平喘、洗肺；五大优势，15秒起效、30分钟化痰、24小时清肺、洗肺、润肺、6天彻底激活肺脾肾。

在市场操作启动期采用空中宣传与地面宣传相结合。电视、报纸、活动单页进行高密度的广告宣传。地面以免费品尝、科普咨询活动为由头促使购买；成长期：报纸电台宣传，但次数可减少，配合社区活动，医药超市和药店销售做好相关售后服务；巩固期：力求淡化销售，体现服务至上的理念。在营销过程中各个药店派驻专业销售员，要求能从医学角度讲清楚呼吸道疾病病理知识，服务热情、口齿伶俐，能感染患者，从而达成销售。

在2006年深圳药交会会场中，念菴堂枇杷膏展厅销售现场成了会场最闪亮的一道风景，在大会期间成为药交会的一个焦点。初战告捷预示着念菴堂大举进军内地枇杷膏市场的时机已到。

问题：

你认为香港京都念慈菴枇杷膏是如何影响消费者的？

【知识链接】

一、消费者购买行为模式

企业只有满足消费者的需求才能够取得相应的利润。对消费者购买各阶段行为的分析研究，是企业取得经营成功的重要前提。

消费者买什么？在哪里买的？如何购买？花多少钱购买？什么时候买的？为什么要买？营销人员可以通过研究消费者实际购买行为而了解他们买什么，在哪里买的，买了多少。消费者购买行为中的为什么是一个非常复杂并难以轻易得出答案的问题。人的行为是受心理活动支配的，消费者行为也同样是受自身心理活动支配的。消费者的行为是受某种心理活动所支配的，心理学认为，刺激—反应是一切心理现象产生的方式。刺激是指刺激物施于有机体上的影响；反应，是指对作用于有机体上刺激的回答。没有刺激就没有反应，也就没有心理现象。对于消费者购买行为的研究，关键在于研究营销刺激与消费者反应之间的关系。

从营销学的角度来看，刺激包括营销刺激和其他刺激。营销刺激是指企业在营销活动中所运用的各种刺激物，如产品、价格、促销等刺激物。其他刺激包括经济的、技术的、政治的以及文化的刺激。购买过程是从购买者的某种需要开始的，消费者的需要是由各种刺激因素引起的(见图2-4)。

外部刺激	
营销刺激	外部刺激
产品 价格 渠道 促销	经济的 技术的 政治的 文化的

购买者"黑箱"	
购买者的特征	购买者的决策过程
文化 社会 个人 心理	需求确认 收集信息 评价方案 购买决定 购买后行为

购买者的反应
购买者的决策
产品选择 经销商选择 购买时机 购买数量

图 2-4　购买者行为模式

医药营销人员要关注的是，消费者对公司可能采取的不同营销活动的反应如何？消费者对不同的产品特征、价格和广告宣传反应如何？营销人员想了解刺激如何在消费者的黑箱中转变成特定的反应，一方面购买者的特性影响他或她对刺激的理解与反应，另一方面，购买者的决策过程本身也影响购买者的行为。

二、医药消费者购买心理过程

消费者购买决策过程由需求确认、收集信息、评价方案、购买决定和购买后行为五个阶段构成（见图 2-5）。

1. 需求确认

对于医药营销人员而言，其首要的任务就是要知道医药消费者需要什么样的产品和服务？消费者产生对药品的需要源于多种原因。在医药消费市场中，最常看到的购买行为是消费者在生病之后，才会产生购买某种药品的需要。而这种需要同其他商品相比较具有突发性和不可预见性。而对于某种慢性病患者，因为治疗需要长期用药，则会产生对某种药品的经常性需要。另一种情况是消费者没有重视自身已经存在的某种疾病，认为没有用药的需要，也不会产生对某种药品进行了解的需要。然而，一旦了解之后则会产生无意识需要。

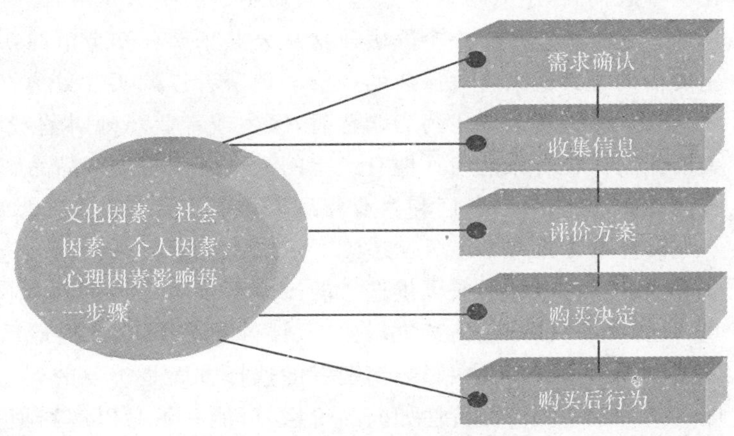

图 2-5　消费者购买心理过程

医药市场营销人员的一个重要目标就是要让消费者认识到，他们现在的状况和他们想要的状况之间存在着不平衡。通过对消费者的消费偏好进行调查，企业可以根据消费者的需求来定制产品和服务，并通过各种营销方式如广告和促销等对消费者进行刺激。当有人有尚未实现的需求，并知道某一特定的商品或服务能满足其需求时，企业营销人员应注意识别引起消费者某种需要和兴趣的环境，注意了解那些与本企业的产品有关联的驱动力的因素以及消费者对某种产品的需要强度。要善于安排诱因，促使消费者对企业产品产生强烈的需要并转化为现实的需求。

对于医药市场的常见的突发性购买行为，由于受医生及有关专家的影响较大，企业需要在平时做好企业产品的宣传工作，尤其需要通过医疗专家的强大影响力来影响消费者；而对于经常性购买行为，消费者对这类药品的品牌、效能、价格都非常熟悉，医药营销人员不仅要确保药品优良的产品质量、合理的价格、稳定的药品供应渠道及良好的售后服务，还必须通过不同的方式不断地对消费者进行强化和吸引，比如通过药品广告宣传、药品营业推广等营销方式，保持和吸引现有及潜在顾客对本产品的注意，从而促使消费者经常购买及改变潜在消费者的购买行为。

2.收集信息

在确认了需求之后，消费者要收集能满足他们需要的各种可供选择的相关信息。信息收集可以从内部或外部以及内外部同时进行。内部信息收集是回忆记忆中原有信息的过程，这种信息在很大程度上是来源于消费者以前购买某产品的经验。外部信息收集是从外部的环境中收集信息的过程，其中又分为非营销控制的和营销控制的信息源。非营销控制的信息源与营销人员对产品的促销无关，一般包括个人来源（家庭、朋友、同事、熟人）、个人经验（如试用某一产品）、公共来源（大众传播媒体、消费者评审组织等）等。例如，当消费者在药店购买药品时，他们购买药品决策在很大程度上是听取医生和执业药师的建议，尤其对于药店非处方药的购买，绝大多数消费者在开始使用非处方药时是来自于执业药师的推荐。营销控制信息源来自于营销人员对产品的促销活动。营销控制信息源包括媒体广告（收音机、报纸、电视、杂志广告）、促销（竞赛、演示、奖励等）、推销员以及产品包装与标签等。在一项消费者购买非处方药的调查中，得出了药品标签信息是决定他们第一次购买非处方药的关键因素。

个人进行外部信息收集的范围取决于他或她对风险的预期、对产品或服务的知识、先前的经验以及对产品或服务感兴趣的程度。通常随着对购买风险的预期的增加，消费者会扩大收集范围，并考虑更多的可供选择的品牌。信息的来源因不同的商品种类和消费者而变化。一般而言，个人信息来源起着对做出购买决策是否合理进行评价的作用，其他信息来源一般只起告知作用。一个医生通常从公共来源获知上市的新药，然而决定是否临床使用，则主要借助于其他医生对该药的评价。消费者在购买非处方药品时，由于缺乏相应的专业知识，在医院、诊所或零售药店购药时，医生或专业药师对消费者购买药品种类和数量具有重要的作用。也有可能向其他有经验的人员咨询有关产品品牌、价格、性能等资料。对于非处方药品的购买，零售药店和企业药品广告宣传具有很大的影响。

3.评价方案

在获得信息和形成可供选择的产品组合后，消费者会利用记忆中的和从外界获得的信息对已经获得的产品信息进行比较、评价和选择后，才会最后做出购买的决策。医药营销人员需要知道哪些特性在影响消费者的选择方面是重要的，是一种因素还是几种因素共同影响。某种单一的产品特性如药品价格，可能并不足以解释消费者的选择理由。需要注意的是，企业认为最重要的因素可能对消费者而言并不一定是重要的因素。例如，对于某种保健产品，也许企业认为重要的产品功效对消费者而言只是参考因素，而价格才是最重要的因素。

消费者对备选产品进行分析、比较与评价，其目的是为了买到心中所期望的产品，但在评估过程中,会因为消费者的不同期望以及不同的产品特点而进行不同的选择。

药品作为一种特殊的商品,药品消费者一般从以下几个方面进行评价:

(1)药品属性　即药品能够满足消费者需要的特性。例如药品的有效性、安全性、携带的便利性和服用的方便性等,都是药品消费者感兴趣的药品属性。需要注意的是并不是药品的所有属性在消费者的心目中都同等重要。医药市场营销人员应着重分析本企业产品具备哪些属性,以及不同类型的消费者分别对哪些属性感兴趣,以便进行市场细分并对不同需求的消费者提供具有不同属性的产品。

(2)属性权重　即药品消费者对药品有关属性所赋予的不同重要性程度。产品的显著属性不一定是重要的属性,因为消费者更关心的是产品属性的重要性而不是产品的显著属性。消费者被问及如何考虑某一药品属性时立刻想到的属性,叫做药品的显著属性。有些显著属性可能被消费者遗忘,而一旦被提及,消费者就会认识到它的重要性。市场营销人员应更多地关心属性权重,努力找出消费者对各种产品属性的重要性程度。

(3)品牌信念　品牌信念是消费者通过各种信息渠道和个人的购买、使用经验,对某一特定产品品牌的总的看法。由于消费者个人经验及知觉的选择性等因素的影响,药品消费者的药品品牌信念也可能会与药品的真实属性不一致。

(4)效用函数　所谓效用函数是指消费者期望能从产品中获得的满足随着每一属性的差异程度而变化的关系。效用函数表明消费者要求该效用属性达到何种水平他才会接受。药品效用函数即描述药品消费者所期望的药品满足感随药品属性的不同而有所变化的函数关系。每一个消费者对产品的每一属性都有一个效用函数,由于每个药品消费者所关注的因素及重要性的差异而形成对同一种产品产生不同的效用。

药品消费者在进行药品购买方案评价时,主要在药品有效性、安全性、药品价格及国家药品政策等方面进行权衡,最终决定购买何种药品。

4.购买决定

医药消费者经过方案评价后,就会形成对某种药品品牌的偏好和购买倾向。在一般情况下,消费者就会按照购买倾向购买自己心目中期望的产品。但是,在购买倾向与购买决定之间,还受到他人的态度和意外情境因素的影响,甚至会改变自己的主意(见图 2-6)。

他人的态度是影响购买决定与实际购买行为的因素之一。此因素取决于消费者与影响人的关系的密切程度、反对程度和消费者对别人的态度。这些人包括家庭成员、直接相关群体、医生、药品零售人员等,如果是家庭中的重要成员,其态度的影响程度就大;如果是一般的同事、朋友等,其态度的影响程度就小。如果与他们关系密切的人坚决反对购买,那么消费者就很可能改变购买意向。

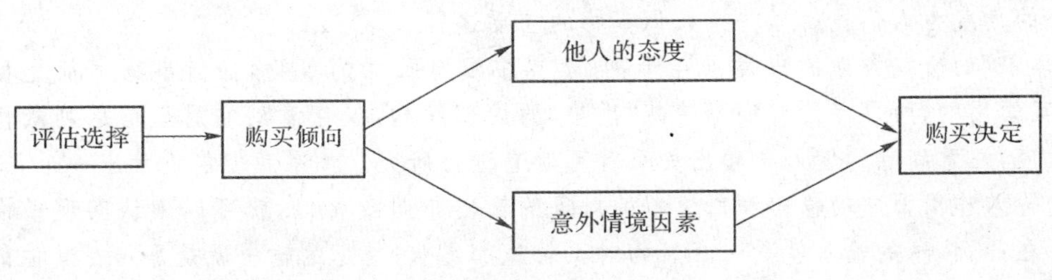

图 2-6　影响购买决定的因素

意外情境因素是指某些非预期的意外事件影响购买决定的因素。如家庭收入出现较大的变化、涨价等因素。意外情境因素是消费者推迟、修正、放弃某一药品购买行为的影响因素之一。由于意外情况导致未来不可知的因素，购买行为是购买意向与未知因素相互作用的结果。医药市场营销人员应该了解那些有可能使消费者改变购买决定与行为的因素，进而采取措施来减少消费者的可觉察风险。

5.购买后行为

消费者购买某种产品是期望从某种产品中得到所期望的结果。这种期望的实现程度会决定消费者对购买行为是否满意。药品消费者在购买某种药品并使用了一段时间后，会产生某种程度的满意感和不满意感，进而采取一些使市场营销人员感兴趣的买后行为。什么因素决定了消费者在购买时感到满意还是不满意？答案就在于消费者期望和产品的被觉察到的可能性之间的关系。如果产品未达到消费者的期望，消费者就会失望；如果达到了消费者的期望，消费者就会满意；如果超出了消费者的期望，消费者就会感到惊喜。

如果消费者感到满意或很满意，他们就很可能下次继续购买这种品牌的药品，并向其他人宣传该产品的优点。如果消费者感到不满意或很不满意，他们就很可能下次不再购买这种品牌的药品，并可能向其他人宣传该产品的缺点。因而市场营销人员应采取有效措施尽量减少购买者买后不满意的程度。需要注意的是，消费者的期望基于他们从销售商、朋友及其他来源处获得的信息，如果销售者夸大了产品的性能，消费者的期望就不会得到满足，必然导致不满意。期望和性能之间的差异越大，消费者的不满程度就会越高，因而销售者应诚实的宣传产品，以减少或消除消费者的不满。

研究和了解消费者的需要及其购买过程，是市场营销成功的基础。医药市场营销人员通过了解消费者如何经历识别需求、寻找信息、评价方案、决定购买和购后感觉及行为的全过程，就可以获得许多有助于满足消费者需要的有用信息；通过了解购买过程的各种参与者及其对购买行为的影响，对于制定正确的营销策略具有重要的作用。

【知识拓展】

黑箱理论

所谓“黑箱”，就是指那些既不能打开，又不能从外部直接观察其内部状态的系统，比如人们的大脑只能通过信息的输入输出来确定其结构和参数。黑箱是我们未知的世界，也是我们要探知的世界。如何了解未知的黑箱呢？我们只能在不直接影响原有客体黑箱内部结构、要素和机制的前提下通过观察黑箱中“输入”、“输出”的变量，得出关于黑箱内部情况的推理，寻找、发现其内部规律，实现对黑箱的控制。这种研究方法叫做黑箱方法。黑箱方法从综合的角度为人们提供了一条认识事物的重要途径。

“黑箱”的研究方法的出发点在于：自然界中没有孤立的事物，任何事物间都是相互联系、相互作用的，所以即使我们不清楚“黑箱”的内部结构，仅注意到它对于信息刺激作出如何的反应，注意到它的输入—输出关系就可对它进行研究。如果我们能设计出一个系统，在同样的输入作用下它的输出和所模拟的对象的输出相同或相似，就可以确认实现了模拟的目标。在此，信息的输入就是一个事物对黑箱施加影响；信息的输出就是黑箱对其他的事物的反作用。

黑箱理论在市场推销场合有着广泛的运用。广义推销是指推销主动发起者，采用一定的技巧传递有关信息，刺激推销对象使其接受并实施推销内容的活动与过程。推销人员、推销对象、推销客体是现代推销活动中的三个基本要素。对推销人员来说，推销客体的质量、价格及销售状况都是显而易见的“白箱”；而推销对象的心理活动和购买欲望则是难以把握的“购买者黑箱”。只有打开黑箱，推销活动才能顺利开展。顾客的购买行为其实是在寻求“净价值最大化”（得到的价值包括形象价值、人员价值、服务价值与产品价值等，付出的成本则包括金钱、时间、精力，甚至包括心理成本。价值与成本之间的差价就是所谓的净价值）。解剖“购买者黑箱”的前提就是要了解顾客所追求的净价值。“购买者黑箱”由两部分组成：一是购买者特征，不同的消费者在文化、社会、个人、心理等属性上有自己的特征，它会影响购买者对外界刺激的反应；二是购买者的决策过程，不同的消费者在确认问题、收集信息、评估方案、做出决策的过程中有不同的表现，会影响购买者的最终决定。打开黑箱需要掌握影响不同购买者决策的各种因素，而这些因素往往是由顾客的文化心理决定的。

【能力培养与训练】

1.训练营

组织学生到当地的药店等单位，现场调查了解药品消费者购买药品的心理过程。

2.训练目的

通过训练进一步巩固学生对药品消费者购买药品的心理过程的理解和认识，掌握消费者黑箱理论，并能运用所学知识分析消费者购买药品的每个心理过程。

3.训练要求

在教师指导下选择相关药品和企业，分组进行现场调研、收集资料，撰写相关分析报告。

任务二　医药消费者购买行为的影响因素及类型

教学目标

【任务构架】

影响医药消费者购买行为的主要因素→医药消费者购买行为的基本内容→医药消费者购买角色结构→医药消费者购买行为类型。

【参考学时】

2 学时

【学习目标】

- 知识目标：掌握影响医药消费者购买行为的主要因素及医药消费者购买角色结构；熟悉医药消费者购买行为的基本内容。
- 能力目标：熟练应用医药消费者购买角色结构分析消费者的购买行为；学会分析影响医药消费者购买行为的主要因素。

【问题导入】

芬必得止痛药的情感化过程

长久以来中国人对待疼痛和止痛的固有观念，以及市场上各种各样的本土产品和中药贴膏已经在这个变化莫测的市场上为一个西药止痛药的成功树立了很难逾越的障碍。在复杂的市场环境下，芬必得抓住了“情感化”这个突破口，最终成长为中美史克旗下最大的止痛药品牌。

尽管芬必得在广告中以唤起对疼痛的关注为主，而实际上消费者仍然对使用止痛药有很大的抗拒心理，通常止痛药会和强副作用联系在一起。消费者心里普遍存在的观点是“忍痛”和对止痛及止痛药知识的匮乏，成为芬必得必须解决的问题。药品的特性决定了其品牌的高度理性化，消费者对它们没有情感付出。芬必得率先进入了情感沟通领域。在产品和情感层面上满足消费者的心理需求：芬必得定位为“有效安全缓解日常生活中各种疼痛”；从消费者忍痛的事实出发，发展出一个强有力的消费者利益点，即“无需忍痛”，并定制了全新的主题广告“庄泳篇”，选用游泳世界冠军庄泳作为品牌代言人，选取她与丈夫温馨的生活片断，以一个冠军和妻子的口吻带出“芬必得帮助我对付成功背后的疼痛，使我无需忍痛”的概念，树立芬必得“止痛专家”的形象。如何进一步加强品牌内涵也是需要解决的问题。调研发现在关节炎和肌肉劳损患者中有很大市场潜力，如何吸引这一群消费者进行尝试。以两条新的主题广告“刘小光篇”为主，加强芬必得作为家庭用止痛药的定位，并在缓解肌肉骨骼疼痛和关节炎方面进行拓展，进一步吸引试用和扩大市场潜力。从情感入手描述父子之间和夫妻之间相互关怀，并最后落到“无需忍痛”的利益点。同时发布了以平面广告为主辅以广播广告专门针对痛经。随着市场上的竞争品牌同样日趋成熟，如何才能延续芬必得品牌的优势？调研发现消费者变得越来越复杂，对待疼痛已经开始采取一种相对主动的态度，但对于究竟疼痛由何而来，人们并不太关心。疼痛已超越了其简单的生理上的痛苦和不适，而是会给心理上带来压力，影响到情绪这些感情层面的因素。建立强有力的情感关系就成为芬必得此次新尝试的突破口。2000 年初，芬必得最终找到一个将疼痛与止痛最好结合的切入点，将产品利益提升到精神层面：创造一个“无痛世界”的概念——当你没有疼痛困扰时，你存在于一个无痛世界，在这个世界上，你可以尽情享受自由自在的快乐。

问题：

芬必得品牌如何建立起了与消费者之间的联系？

【知识链接】

一、影响医药消费者购买行为的主要因素

消费者的购买行为主要受到购买者、产品、销售者及购买情景四类因素的影响。购买者因素是指购买者自身的因素，购买者的购买行为受到文化、社会、个人及心理等方面的影响（见图 2-7）。产品的质量、特点、款式和价格以及售后服务等与产品有关的因素称为产品因素。企业的知名度与信誉等、企业营销策略等对消费者的购买决策有着重要的影响。与购买决策有关的各种情景因素，如消费潮流、购买现场环境、购买气氛的感染等也会影响消费者的购买行为。

1. 文化因素

文化、亚文化和社会阶层等文化因素，对消费者的行为具有最广泛和最深远的影响，这种影响在当前的消费行为中的作用越来越明显。医药营销人员必须了解个人的文化和与之

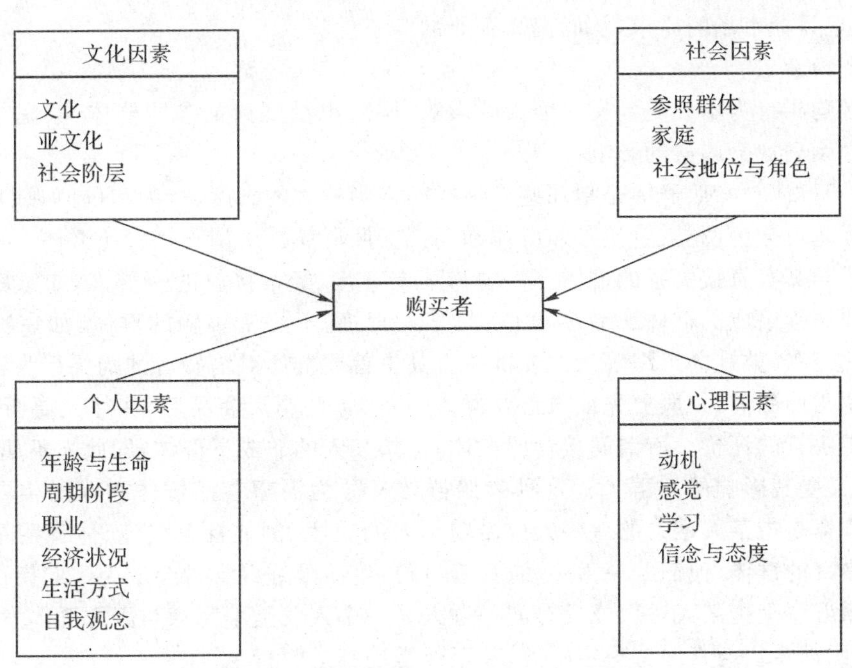

图 2-7　影响购买者行为的主要因素

相伴的价值观，以及亚文化和社会阶层如何影响人们的购买行为。

文化是一个社会精神财富的结晶，其内容包括价值观念、伦理道德、风俗习惯、宗教信仰、言语文字等，它是影响人们需求和行为的重要因素。由于人类生活在一定的社会环境中，他们在该社会文化中自然地学习以致形成一套独特的价值观、信念、态度、风俗习惯与行为准则。由于人的行为大部分是在后天学来的，从人们的价值观到日常生活方式都是在一定文化环境中形成的，任何人都是在一定的社会文化环境中生活，不同的社会文化环境产生了消费者购买行为的差异。不同文化背景下的生活方式和信念差异主要表现在：文化价值观、文化习俗、产品需求感觉及使用习惯、产品偏好、生理差异等方面。其中文化价值观是影响不同文化背景的消费行为的一个主要因素，文化习俗反映了在特定文化环境下消费者的常规思考与行为模式。

每一文化都包含着若干亚文化群体，亚文化能为其团体成员提供更为具体的认同感，它们特定的认同感和社会影响力将各成员联系在一起，使这一群体有特定的价值观、生活格调与行为方式。亚文化对人们的生活习惯如饮食、衣着、娱乐等有更直接的影响。一般主要有四种亚文化群体：民族群体、宗教群体、种族群体和地理区域群体。

社会阶层是指一个社会中具有相对同质性和持久性的群体，它是按等级排列的，每一阶层的成员具有类似的价值观、兴趣爱好和行为方式。一切人类社会都存在着社会阶层。社会阶层主要根据职业、财富及受教育程度等因素划分。由于不同的社会阶层在其生活方式、价值观念、消费习惯等方面存在明显的差异，因而从市场营销学的角度来分析、划分社会阶层对于研究消费者行为具有重要的意义。企业可以根据消费者所处的社会阶层考察该阶层的职业、受教育程度、收入来源状况等因素，确定企业的市场定位，制定相应的营销策略。如开发出适合某阶层需要的产品，建立不同类型的企业以便更有力地吸引目标市场的消费者，采用不同阶层最易接触的广告媒体，制定出符合不同社会阶层的经济状况及心理状况的价格等等，满足目标市场的需求，从而提高企业的竞争优势。

2.社会因素

消费者购买行为不仅受到文化因素的影响，同时也受到诸如参照群体、家庭、社会角色与地位等一系列社会因素的影响。

(1)参照群体　参照群体是指那些直接或间接影响人的态度、行为和价值观的群体。

参照群体可分为两类：直接参照群体和间接参照群体。所谓直接参照群体，是指某人所属的群体或与其有直接关系的群体。其中与某人直接、经常接触的一群人，如家庭成员、朋友、同事、邻居等组成的群体为首要群体；与某人直接、不经常接触的群体，如宗教组织、学会、职业协会和各类社会组织等为次要群体。其中首要群体对消费者的购买行为影响最大，消费者在购买商品前，一般要先征求首要群体的意见，在购买商品后，往往又要听取首要群体对其购买决策的评价。所谓间接参照群体，是指某人的非成员群体，即此人不属于群体中的成员，但又受其影响的一群人。这种参照群体又分为渴望参照群体和非渴望参照群体。渴望参照群体是指某人推崇的一些人或希望加入的集团，例如社会名流、体育明星、影视明星就是其崇拜的群体，他们的一举一动、穿着打扮、生活爱好等常常会成为人们模仿的对象。非渴望参照群体是指某人讨厌或反对的一群人。一个人总是不愿意与厌恶群体发生任何联系，在各方面都希望与其保持一定距离，甚至经常反其道而行之。

参照群体对人们的消费行为的影响主要表现在几个方面：

①生活方式的影响：参照群体向人们展示新的行为和生活方式，这就容易使消费者产生羡慕和模仿。

②行为态度的影响：参照群体独特的处世行为方式，影响着人们的自我观念，使人们认为自己是属于该群体的成员，从而对人们的态度产生影响。

③信息沟通的影响：由于信息来源的相同、信息内容的类似性影响到消费者对产品的认识，从而影响消费者的购买行为。

企业应重视各参照群体的影响作用，找出自己目标市场的参照群体，搞清它们是如何影响消费者的购买行为，应通过何种促销方式才能有效地推销自己的产品。研究分析参照群体在药品消费行为中的影响，可以研究两类重要的群体关系：医患关系及患者自发组织的非正式组织。医患关系就是医生和患者组成的一种特殊的群体关系。由于药品消费的特殊性，医生对患者的药品消费行为具有重要的影响作用。另一种群体关系，如一些特殊病症患者自发组成的类似“癌症康复俱乐部”、“糖尿病之友”等群体对消费行为的影响。这些组织会定期举行活动，让那些既受病症痛苦折磨煎熬又受世俗偏见困扰的人们有机会在一起，互相鼓励以提高战胜病魔的勇气，互相交流用药体会，互相推荐甚至相伴购买特殊药品或器械。由于同病相怜，他们相互交流时更容易引起共鸣，因而相互之间的影响会很大。

医药企业在市场营销过程中必须充分重视消费者的相关群体对其购买行为的影响。药品生产经营者可以根据医患关系及患者自发组织的非正式组织对消费行为的影响，出资组织参与由医学专家参与的各种活动，宣传有关医学、药学的最新动态，组织参与各种医药协会、康复俱乐部等组织的活动。

(2)家庭　家庭是社会组织的一个基本单位，也是消费者的首要参照群体之一，对消费者购买行为有着重要影响。对很多消费者来说，家庭是最重要的社会组织，它强烈地影响着人们的价值观、人生态度、自我观念以及购买行为。一般人受家庭的影响来自两个方面：一个是受父母的影响，另一个来自自己的配偶和子女的影响。市场营销学主要从家庭结构与成员之间的关系、家庭经济收支状况、家庭生命周期等方面研究家庭对个人购买行为的影响。

家庭结构和规模会影响那些直接以家庭为基本消费单位的商品销售，如商品住房、汽车、电冰箱、空调器等。在一个家庭内部，每个家庭成员对购买决策所起的作用不同，这主要取决于家庭的权威类型和产品的种类。从社会学的家庭消费角色分工理论，可以把家庭分为五类：丈夫决定型、妻子决定型、共同决定型、独立支配型和子女决定型。一般而言，对于厨房用具、清洁用品、食物、化妆品、备用药品等商品，妻子的影响力较大；对于汽车、摩托车等机械设备，电视、音响等家用电器，烟、酒等商品，丈夫的影响力较大；住房、度假、家具、子女上学等商品的消费往往由夫妻二人共同决定。夫妻二人共同购买决策权的大小取决于多种因素，如各地的生活习惯、妇女就业状况、双方工资及教育水平、家庭内部的劳动分工以及产品种类等。孩子在家庭购买决策中的影响力也不容忽视，尤其是中国的独生子女在家庭中受重视的程度越来越高，随着孩子的成长、知识的增加和经济上的独立，他们在家庭购买决策中的权力逐渐增大。

家庭生命周期对消费者行为有非常重要的影响。社会上的家庭类型虽各不相同，但是在家庭发展的各个阶段却存在许多共同的消费特点。消费者研究领域，常根据婚姻、年龄及子女状况等把家庭划分为七个阶段：单身阶段、新婚阶段、满巢阶段一、满巢阶段二、满巢阶段三、空巢阶段、鳏寡阶段。在不同阶段，同一消费者及家庭的购买力、兴趣及消费偏好会有很大的不同。

单身阶段：由于年轻且单身，几乎没有经济负担，常常是新消费观念的带头人，娱乐导向型消费。

新婚阶段：指从结婚开始到生育后代之前，属于年轻无子女家庭。由于没有其他经济负担，加上双方父母的经济资助，因此经济条件比最近的将来较好、购买力强，对耐用品、大件商品的欲望强烈。

满巢阶段一：指年轻夫妻，有6岁以下子女的阶段。此阶段是购买家庭用品的高峰期，夫妻不满足现有经济状况，消费较多的儿童产品，并注意家庭储蓄。

满巢阶段二：指年轻夫妻，有6岁以上未成年子女的阶段。此阶段家庭经济状况较好，受广告及其他市场营销刺激较少，大多属于理智型消费，注重商品消费的档次及品牌，注重子女的教育投资。

满巢段三：指年长的夫妇与尚未独立的成年子女居住的阶段。此阶段经济状况较好，夫妇双方及子女皆有工作，属于理智型消费，注重家庭储蓄。

空巢阶段：指年长的夫妇与子女结婚另立门户阶段。此阶段前期收入较高，家庭消费多为老年用品，如医疗保健用品。娱乐及服务性消费支出增加，后期由于退休，收入减少。

鳏寡阶段：指单身老人独身阶段。此阶段收入锐减，特别注重情感需要及安全保障。

医药营销人员可以根据家庭生命周期不同阶段的不同消费行为特点，制定相应的营销策略。如在满巢阶段，家庭生活的消费以小孩为重心，孩子的教育、医药消费成为家庭的最大支出项目。在这一阶段中，对医药企业有利的儿童药品市场容量大。而且出于年轻父母对独生子女的爱护，加上经济条件普遍较好，药品消费倾向于药品效果好、作用快、副作用小、服用方便，而对药品价格等因素相对关注较少。生产经营儿童药品的企业应该走品牌发展战略才能较好地占领该市场。而在空巢阶段及鳏寡阶段，由于夫妇年龄的增大，各种疾病的产生，使得消费者更注重医疗保健的消费，由于具有较好的经济条件，使消费者能够承受较多的药品消费支出，因而深入研究中老年消费者的心理及消费行为，开发出适合中老年消费的药品，制定出适合的营销策略是医药营销人员的主要任务之一。

(3)社会地位与角色　每个人在其一生中会参与许多群体，如家庭、俱乐部及其他各种组织等。一个人在不同群体中会有不同的位置。每个人在各个群体中的位置可用角色和地位来确定。每一个角色都将在某种程度上影响其购买行为。每一角色都伴随着一种地位，这一地位反映了社会对他的总评价。而地位标志又随着不同阶层和地理区域而有所变化。一个人在各个群体中的不同社会地位都会影响其购买行为。人们常常购买某些具有地位标志的商品来表明他们的社会地位。因而对营销人员而言，必须弄清哪些产品有变成地位标志的可能性，以便采取相应的市场营销组合打入新市场或提高原有市场占有率。营销人员应注意地位标志会随阶层和地理位置的不同而有差异。

3.个人因素

消费者购买决策也受其个人因素的影响，所谓个人因素包括消费者的个性特征、年龄、性别、职业、经济状况、生活方式和自我观念等。

个性特征，指一个人在个体生活过程中形成的对现实产生稳定的态度，以及与之相适应的行为习惯的心理特征。个性特征是一个人特有的心理特征，是在一定的家庭环境和社会环境中长期形成的，它导致一个人对其所处环境的相对一致和持续不断的反应。个性特征一般包括态度、意志、情绪和理智四个方面。个性特征对消费者的购买行为有重要影响，如大胆自信的个性特征勇于尝试新产品，而胆小自卑的心理对新产品持观望态度。

消费者的年龄也会对其消费行为产生重要影响。消费者在购买食品、服装、汽车、家具和娱乐等方面会随年龄的变化而不断地发生变化。就药品及保健品消费而言，在婴幼儿阶段，儿童药品的消费占主导地位，而在中老年阶段，预防和保健治疗药品占据重要地位。

男性和女性的性别差异导致他们有不同的需求。有很多产品是按照性别来区分的，如保健品与化妆品、服装，同时由于男性与女性社会和经济角色的差异，他们的购买决策也有差异，研究表明，女性和男性对购物地点的选择有相似之处，对购物环境、产品价格、商品质量有着相似的要求。然而，男性和女性的购物感觉存在差异。

一个人的职业及经济状况也会影响其消费行为模式。工人、农民、学生、教师、企业家等，对同一商品会产生不同的偏好。消费者的经济状况如收入水平、稳定性、储蓄状况、可支配收入等，会严重影响到消费者的消费行为。

生活方式是指一个人在社会上所表现的有关其活动、兴趣和看法的生活模式。来自不同的文化背景、社会阶层，甚至来自相同的职业，也有可能具有不同的生活方式。企业在制定营销组合策略时，必须理解促销产品与品牌和生活方式之间的关系。对医药营销人员而言，只有研究药品品牌与具有不同生活方式的各群体之间的相互关系，才有可能吸引相关生活方式下的消费者的注意和购买。

自我观念也称自我感觉，是指消费者如何看待自己，或者别人如何看待自己的心理图画。

每一个人都会自认为自己是属于什么类型的人，或认为别人会把自己看做是属于什么类型的人，因而在行为上表现出应与自己的身份相符。自我观念包括态度、感觉、信念和自我评价。人们通过自我观念形成他们的身份，而他们的身份又产生了与之一致的行为。人类的行为在很大程度上取决于自我观念，通过影响消费者认为的某一商品或服务与自己相关的程度，营销人员能够影响消费者购买某一品牌的动机。自我观念有助于解释个人的感觉与消费行为之间的关系。营销人员所塑造的产品形象必须与市场消费者的自我形象相符，消费者才会购买该产品。

4.心理因素

消费者购买行为要受动机、感觉、学习以及信念和态度等主要心理因素的影响。

(1)动机　需要是一种个体感到欠缺的状态在人脑中的反映。人在一生中不同阶段具有许多不同的需要，既有生理的需要，如饥饿、口渴等，也有心理需要，如尊重需要等。大部分需要在一定时间内并不会达到促使个体采取行动的程度，只有当这种需要达到足够强度时，这种需要才会变成动机。动机是一种升华到足够强度的需要，它能够及时引导人们去探求满足需要的目标。换句话说，动机是使人采取行动满足某种需要的驱动力量。

心理学家曾提出许多人类动机理论，其中最著名的是美国心理学家亚伯拉罕·马斯洛的需要层次论，该理论对营销人员分析消费者的购买行为具有重要的参考作用。该理论认为，人是有欲望的动物，需要什么取决于已经有了什么，只有尚未被满足的需要才影响人的行为，亦即已满足的需要不再是一种动因。人的需要是以层次的形式出现的，按其重要程度，由低级需要逐渐向上发展到高级需要，依次为生理需要、安全需要、社会需要、自尊需要和自我实现需要。只有低层次需要被满足后，较高层次的需要才会出现并要求得到满足。

按照马斯洛的需要层次论，药品需要是属于安全需要。消费者由于生病或者为了预防疾病的发生而购买药品，消费者消费行为的目的是为了身体健康，然而由于药品消费的特殊性，消费什么药品、消费多少等并不只受消费需要的影响，还受其他影响因素的制约，比如国家政策因素、医生的影响等。

(2)感觉　感觉是影响个人购买行为的重要心理因素。心理学认为，感觉是人对各个事物的个别属性的反映。实际上，感觉是我们怎样看待周围的世界以及怎样认识我们在做出购买决策时需要什么帮助。一个产生购买动机的消费者，如何行动则受其对刺激物的知觉程度的影响。人们对于刺激物的理解是通过感觉进行的，即通过视、听、嗅、味、触五种感官对刺激物的反应，将感觉到的材料通过大脑分析与综合，从而得到知觉。所谓知觉是指个人选择、组织并解释信息的投入，以便创造一个有意义的过程，它是对客观事物的各个部分和属性的整体反映。它不仅取决于刺激物的特征，而且依赖于刺激物同周围环境的关系以及个人所处的状况。任何外界事物都会通过每一个人的感觉器官在大脑中留下印象，处于相同的激励状态和目标情况下的两个人，由于个体差异，每一个人的感觉器官的感觉能力是不同的，其行为可能大不一样，这是因为人们要经历三种知觉过程，即选择性注意、选择性曲解和选择性记忆，也就是心理学上的知觉的选择性。

根据知觉的选择性原理，医药营销人员要通过改变药品的形状、颜色、功效、味道、剂型、成分、包装等有别于其他药品的特性与方式以及改变价格、广告、数量等促销方式来刺激潜在消费者，以加深消费者的印象而促使消费者购买。

(3)学习　几乎所有的消费行为都来源于学习。学习是指通过经验或实践改变行为的过程。要直接观察学习是非常困难的，但是通过观察一个人的行为可以推断出学习是何时发生的。如，某个消费者在某医药杂志上看到了某一种新型的胃药，如果该消费者在看到该消息的当天就去药店购买了这种药品，就表明该消费者已经对这种药品有了一定的了解。

一个人的学习是通过驱使力、刺激物、诱因、反应和强化的相互影响而产生的。人们要行动就得学习。由于市场营销环境不断变化，新产品、新品牌不断涌现，消费者必须经过多方收集有关信息之后，才能做出购买决策。学习分为经验上的学习和概念上的学习。经验上的学习发生在某个经验改变了你的行为的时候。

(4)信念和态度　信念和态度是影响消费者购买行为的心理因素之一。信念是指一个人对某些事物所持有的看法。信念是建立在知识、信任或传闻的基础之上的。消费者容易形成对某一产品的性能的一套信念，然后在这套信念的基础之上形成产品的品牌形象。人们对商品所具有的信念可能是来自于实际经验，也可能来自于个人的理解，也有可能含有感情色彩因素。态度是指一个人对某些事物或观念长期持有的好与坏的认识上的评价、情感上的感受和行动倾向。人们常把对事物的种种态度，归纳为心理上的喜欢和不喜欢两大类。根据喜欢的程度不同，可以划分为不同的消费偏好。

通过行为和学习，人们获得了自己的信念和态度，而信念和态度又反过来影响人们的购买行为。销售者应关注人们头脑中对其产品或服务所持有的信念，即本企业产品和品牌的形象。人们根据自己的信念做出行动，态度能使人们对相似的事物产生相当一致的行为。一个人的态度呈现为稳定一致的模式，改变一种态度就需要在其他态度方面作重大调整。

二、医药消费者购买行为的基本内容

医药消费者购买行为结构分析主要围绕“4W1H”来进行。“4W1H”是指：Who(何人购买)、Where(何地购买)、What(购买什么)、When(何时购买)、How(如何购买)。

1.何人购买

行动者是谁？谁是我们的消费者？药品营销人员需要了解特定药品的购买者情况，如消费者年龄、收入、职业、受教育程度等。购买者和购买决策者是谁？

2.何地购买

行动者在哪里？消费者在什么地方购买？由于国家对药品实行分类管理制度，使得我国药品消费者购买药品的地点主要在医院和药店。

消费者在医院购买的药品一般以处方药为主，消费者购买药品主要听从医生的指导，以服从型消费为主。消费者购买的药品品种与数量受到医生及当地《基本医疗保险目录》的限制。药品营销者通过做好对医院和医生的推广宣传来影响消费者，必须使药品进入当地政府的医保目录。

消费者在药店购买的药品一般以非处方药(OTC药品)为主，OTC药品是消费者可以完全自主消费的药品，同普通商品无异。药品营销者在做OTC药品市场时，可以采用一些普通消费品做市场时的方法，通过大量的药品广告宣传和企业公关行为，来提高企业和产品的品牌知名度。通过药品的外观设计、颜色、包装，通过药店的选择、药店的地理位置、药品柜台的布置，通过提高药店销售人员的服务水平等方面吸引消费者。

3.购买什么

行动者要什么？消费者的关注点在哪里？在了解消费者购买什么药品时，不仅要回答企业目标顾客最想得到怎么样的产品和服务，更重要的是药品营销人员要知道消费者在购买药品时所关心的重点是什么。不同的消费者在购买同一类药品时所关心的内容不可能完全相同，有的消费者关注药品品牌，有的消费者关注药品疗效，有的消费者关注药品价格等。

药品营销人员根据各种情况把药品与消费者的需要结合起来，充分满足消费者的需求。

4. 何时购买

行动者何时买？是在过去、现在还是未来？何时购买主要从两个方面来分析：一是购买时机的选择。消费者的购买时机不仅受到消费者需求的紧迫性及市场行情等因素的影响，也与消费者的作息时间及售卖者的销售时间有关。二是购买的频率和数量的确定。消费者多长时间购买一次？一次购买的数量会是多少？了解消费者的购买频率和数量，可以进一步了解消费者的消费类型。

消费者的药品消费，主要是突发性购买，什么时候生病什么时候吃药，要预测某一个具体消费者何时购买药品是不容易的。因而购买时机的考虑对于具体的消费者而言是不现实的，但从医药市场总体上考察，药品消费具有季节性消费特征。有时在药品营销过程中会因为某些疾病的发生具有时间上或季节上的规律性而产生旺淡季之分。了解药品消费者购买药品时可能存在的时间性规律，药品营销者就可以把握最佳的销售时机，从而扩大药品销售。

5. 如何购买

行动者如何买？消费者的购买方式既有现场购买、邮购、预购等，也可以采用现金购买、信用卡购买、支票方式购买等。药品营销者要根据这些方式的不同进行产品设计、价格决策等。

三、医药消费者购买角色结构

在分析了影响药品消费者购买行为的影响因素及购买行动角色结构之后，药品营销人员需要仔细地确定目标决策者，因为在决策过程中，不同的人扮演不同的角色，而且购买角色是可以改变的。

人们在购买决策过程中可能扮演不同的角色，包括：

(1)发起者　即首先提出或有意向购买某一产品或服务的人。

(2)影响者　即其看法或建议对最终决策具有一定影响的人。

(3)决策者　即对是否买、为何买、如何买、何处买等购买决策做出完全或部分最后决定的人。

(4)购买者　即实际采购人。

(5)使用者　即实际消费或使用产品或服务的人。

四、医药消费者购买行为类型

消费者购买决策随其购买行为类型的不同而变化。对于较为复杂和花钱多的决策，购买者需要进行反复权衡和众多人的参与决策。根据参与者的介入程度和品牌间的差异程度，可将消费者购买行为分为四种类型。

1. 复杂的购买行为

在购买价格较高的商品、偶尔购买的商品、有风险的且又非常有意义的商品时，消费者对不同品牌的商品需要有大量的学习，广泛了解产品性能、特点，从而对产品产生某种看法，最后决定是否购买。对于这种复杂购买行为，药品营销者应想方设法帮助消费者了解产品性能、产品优势及其给购买者带来的利益，从而影响购买者的最终决策。

2. 习惯性的购买行为

在购买价格一般的商品、经常购买的商品、品牌差异小的商品时，消费者不需要花时间进行选择，也不需要经过收集信息、评价产品特点等复杂过程，消费者只是通过被动的学习来接收信息，而后产生购买行为。消费者有可能做出评价，也可能不做出评价。药品营销者可以用价格优惠、电视广告、独特包装等方式鼓励消费者试用其产品。

3.寻求多样化的购买行为

消费者对那些产品品牌差异明显，但又不愿意花较长时间来选择和评价，而是通过不断变换所购商品的品牌的购买行为，称为寻求多样化的购买行为。针对这种购买行为类型药品营销者可采用销售促进和占据有利货架位置等办法，保障药品供应，刺激消费者购买。

4.减少失调的购买行为

在购买对那些产品品牌差异不大，不经常购买且购买时又有一定风险的商品时，消费者一般通过产品、价格、便利性等方面的比较采取购买行为。消费者购买商品后，有时会产生有些不协调或不够满意的感觉，但在使用过程中，会通过了解更多的商品信息、寻求种种理由来减轻、化解这种不协调的感觉，以证明自己的购买决策是正确的。对于这种购买行为类型，药品营销者应注意运用价格策略和人员推销策略，选择最佳销售地点，并向消费者提供有关产品评价的信息，使其在购买后相信自己做了正确的决策。

群体理论

群体是指两个以上的人，为了达到共同的目标，以一定的方式联系在一起活动的人群。群体有其自身的特点：成员有共同的目标；成员对群体有认同感和归属感；群体内有结构，有共同的价值观等。群体的价值和力量在于其成员思想和行为上的一致性，而这种一致性取决于群体规范的特殊性和标准化的程度。群体规范具有维持群体、评价和导向成员思想和行为以及限制成员思想和行为的功能。在群体中，与正式规范同时存在的还有非正式规范。当非正式规范与正式规范一致时，人们往往按照非正式规范行为。群体规范对个体行为的制约表现为服从和从众。群体规范通过内化—外化的机制影响个体思想和行为的变化。

群体通常可分为正式群体和非正式群体。正式群体是指由组织结构确定的、职务分配很明确的群体，常见的正式群体有命令型群体和任务型群体两种。在任何正式群体中都存在非正式群体。非正式群体是指成员为了满足个体需要，以感情为基础自然结合形成的多样的、不定型的群体。非正式群体是既没有正式结构，也不是由组织确定的联盟，它们是个体为了满足社会交往的需要在工作和生活环境中自然形成的。常见的非正式群体有利益型群体和友谊型群体两种。

【能力培养与训练】

1.训练营

组织学生到当地的药店、医药公司、医院等单位，现场调查了解影响药品消费者购买的主要因素以及购买角色等内容。

2.训练目的

通过训练进一步巩固学生对药品消费者购买药品的影响因素的理解和认识，掌握药品消费者角色结构理论。

3. 训练要求

在教师指导下选择相关药品和企业，分组进行现场调研、收集资料，撰写相关分析报告。

【项目总结】

• 刺激—反应是一切心理现象产生的方式。没有刺激就没有反应，也就没有心理现象。对于消费者购买行为的研究，关键在于研究营销刺激与消费者反应之间的关系。

• 消费者购买决策过程由需求确认、收集信息、评价方案、购买决定和购买后行为五个阶段构成。研究和了解消费者的需要及其购买过程，是市场营销成功的基础。医药市场营销人员通过了解消费者如何经历识别需求、寻找信息、评价方案、决定购买和购买后感觉及行为的全过程，对于了解购买过程的各种参与者及其对购买行为的影响，制定正确的营销策略具有重要的作用。

• 消费者的购买行为主要受到购买者、产品、销售者及购买情景四类因素的影响。而从购买者本身来说，消费者的购买决策受到文化、社会、个人和心理因素的影响。文化、亚文化和社会阶层等文化因素，对消费者的行为具有最广泛和最深远的影响，这种影响在当前的消费行为中的作用越来越明显。

• 医药消费者购买行动结构分析主要围绕“4W1H”来进行。“4W1H”是指：Who（何人购买）、Where（何地购买）、What（购买什么）、When（何时购买）、How（如何购买）。医药消费者购买角色结构研究影响药品消费者购买行为的各种购买行动角色，药品营销人员需要仔细地确定目标决策者不同的人扮演不同的角色。人们在购买决策过程中可能扮演不同的角色，包括发起者、影响者、决策者、购买者、使用者。

【项目检测】

一、选择题（含多选）

1. 消费者购买决策过程的第一阶段是　（　　）

A. 收集信息　B. 评价方案　C. 确认需求　D. 决定购买

2. 从消费者心理角度看，消费者购买行为主要受（　　）等方面因素影响。

A. 需要与动机　B. 年龄和性格　C. 消费者收入水平　D. 信念与态度

3. 以认真分析、仔细比较为主要特征的购买行为属于　（　　）

A. 冲动型　B. 理智型　C. 不定型　D. 品牌竞争者

4. 参与消费购买决策过程的角色有　（　　）

A. 发起者　B. 影响者　C. 决策者　D. 购买者　E. 使用者

5. 影响医药消费者购买行为的主要因素有　（　　）

A. 文化因素　B. 社会因素　C. 个人因素　D. 心理因素

二、简答题

1. 结合医药市场实际，分析影响消费者行为的主要因素有哪些？

2. 医药消费者购买行为决策过程包括哪些阶段？

3. 研究消费者的购买行为与类型，对于医药企业制定营销策略有何作用？

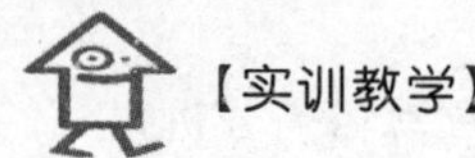

【实训教学】

医药消费者分析

1. 实训目的

通过实训,要求学生能够理解医药消费者的购买过程及影响因素,并掌握如何影响和分析医药消费者。

2. 实训内容

(1)影响医药消费者购买药品的因素;

(2)医药消费者购买药品角色。

3. 实训准备

学生先收集某一类药品,再选择几个药店进行实地调查。

4. 实训材料

行业及企业或产品方面的相关材料。

5. 实训步骤

第一步:列出医药消费者购买药品影响因素。

第二步:分析医药消费者购买药品角色。

第三步:实地调查消费者购买药品的具体过程。

第四步:得出影响医药消费者购买药品因素的分析报告。

6. 实训成果

医药消费者消费分析报告。

【参考文献】

[1][美]崔西著,王有天、彭伟译. 销售中的心理学. 北京:中国人民大学出版社,2007

[2]顾海. 医药市场营销学. 北京:人民卫生出版社,2006

[3]侯胜田. 医药营销案例点评. 北京:中国医药科技出版社,2007

[4]万后芬. 市场营销教程. 北京:高等教育出版社,2007

[5]郭毅. 市场营销——中国本土管理案例丛书. 北京:清华大学出版社,2006

[6]中国营销传播网. http://www.emkt.com.cn

[7]中国教学案例网. http://www.cctc.net.cn/

(陈传宣)

项目三　医药竞争者分析

任务一　识别医药竞争者

教学目标

【任务构架】

发现医药竞争者→分析医药竞争者→确定医药企业竞争对象和对策。

【参考学时】

2 学时

【学习目标】

- 知识目标：掌握如何发现竞争者；熟悉如何分析竞争者；了解确定竞争对象和对策。
- 能力目标：能在实践中熟练应用发现竞争者的知识；学会分析竞争者，能看懂企业竞争对策。

【问题导入】

珍视明滴眼液的成功

在上海、北京、广州等一类城市，珍视明被年轻消费者视为低端产品。2005 年，珍视明成为唯一成功入选《中国药典(2005 版)》的滴眼液产品。在新版药典中，珍视明滴眼液更名为"珍视明牌四味珍层冰硼滴眼液"，拥有"珍视明"商标，并成为国家教委指定的青少年防近视产品。随着滴眼液市场的快速扩大，竞争日趋激烈。一方面，以曼秀雷敦、正大福瑞达为代表的外资、合资企业凭借着高超的营销技术，一入市就以高价格、高利润、强势推广的营销策略，快速蚕食着国内滴眼液市场；另一方面，以潜江制药为代表的国内企业则不断以新概念产品冲击传统的市场格局。中药滴眼液的市场份额不断萎缩，由于受金融危机的影响，很多制药企业对市场前景感到担忧。滴眼液行业几大巨头博士伦福瑞达、曼秀雷敦制药、仁和闪亮纷纷发力，加大了广告投放及渠道促销力度，对珍视明滴眼液销售造成了一定的压力。

珍视明的"防治假性近视"功能，是市场占有率相近的几个竞争品牌所没有的，暂时没有产品能够跟进竞争。调查发现，珍视明的主要购买者是 15～35 岁的人群。为此，珍视明通过一系列活动实现信息的有效传播，传达到主要目标市场和人群中，进一步加强了消费者对珍视明的信任，逐步培养起消费者的品牌忠诚；为建立消费者对珍视明的知名度，提升品牌认知和好感奠定了基础。同时围绕珍视明滴眼液的核心消费者(学生人群)，整合捐赠活动、大学生广告节、药店超级团队大赛、线上等传播活动，从而产生合力提升销售。通过反复诉求，强化珍视明滴眼液所具有的明目去翳、清热解痉之功效，使消费者需求与品牌直接对接，一旦出现最主观的症状或感觉，就能首先联想到珍视明，更有力地影响购买决策。通过开展一系列不间断的活动传播，珍视明滴眼液在2009年竞争异常激烈的滴眼液市场中，销售额从2008年的1亿多元上升到2009年的2亿多元。

问题：

珍视明滴眼液和竞争对手采取了何种不同策略？

【知识链接】

一、发现医药竞争者

医药竞争者一般是指那些与本企业提供的产品或服务相类似，并且有相似目标顾客和相似价格的企业。

通常，识别医药企业竞争对手看起来似乎是企业的一项简单任务。但是，企业的竞争者范围是极其广泛的，如果不能正确地识别，就会患上“竞争者近视症”。企业更有可能“葬送”在其潜在竞争对手的手里，而不是现有竞争对手。企业应当有长远的眼光，从行业结构和市场的角度识别竞争对手。

从行业方面来看，行业指一组提供一种或一类密切替代产品的企业群。密切替代产品是指具有高度需求交叉弹性的产品。如果一种产品价格上涨，就会引起另一种替代产品的需求增加。企业要想在整个产业中处于有利地位，就必须全面了解本产业的竞争模式，以确定自己的竞争者的范围。行业分析最常用的分析工具是迈克尔·波特的行业竞争力分析模型。

从市场方面来看，竞争对手不仅仅局限于某一行业内，而是那些试图满足相同顾客需求，或服务于同一顾客群的企业，甚至还有那些满足消费者不同需求的企业。根据这一观点，从需求角度看，竞争者可以分为愿望竞争者(提供不同产品以满足不同需求的竞争者)、属类竞争者(以不同的产品满足同一种需求的竞争对手)、形式竞争者(生产同种产品但不同规格、型号、式样的竞争者)和品牌竞争者(产品形式相同，且规格、型号、样式也相同，但拥有不同品牌的竞争对手)。

识别医药竞争者的关键，是从产业和市场两方面将产品细分和市场细分结合起来综合考虑。如果某品牌试图进入其他细分市场，就需要估计各个细分市场的规模、现有竞争者的市场份额，以及它们当前的实力、目标和战略，掌握每个细分市场提出的不同竞争问题和市场营销机会。

二、分析医药竞争者

1.分析医药竞争者的目标

确定了企业的竞争者之后，还要进一步搞清每个竞争者在市场上的追求目标是什么，每个竞争者行为的动力是什么。可以假设，所有竞争者努力追求的都是利润的极大化并据此采取行动。但是，各个企业对短期利润或长期利润的侧重不同。有些企业追求的是“满意”的利润而不是“最大”的利润，只要达到既定的利润目标就满意了，即使其他策略能赢得更多的利润它们也不予考虑。

每个医药竞争者都有侧重点不同的目标组合，如获利能力、市场份额、现金流量、技术领先和服务领先等等。企业要了解每个竞争者的重点目标是什么，才能正确估计它们对不同的竞争行为将如何反应。

2. 判断医药竞争者战略

竞争对手会采取什么样的竞争战略，可以通过迈克尔·波特的三种基本竞争战略来判断。是通过有效的途径，实现成本降低，以实现竞争优势的战略成本领先战略；还是设法使自己的产品或服务有别于其他企业，在行业中起别具一格的经营特色，从而在竞争中取得有利地位的差异化战略；还是企业将经营范围集中于业内某一有限的细分市场，使企业有限的资源得以充分发挥效力，在某一局部超过其他竞争对手，从而赢得竞争优势的集中战略。

各企业采取的战略越相似，它们之间的竞争就越激烈。在多数行业中，根据所采取的主要战略的不同，可将竞争者划分为不同的战略群体。企业需要估计竞争者的优势及劣势，了解竞争者执行各种既定战略是否达到了预期目标。如果发现竞争者的主要经营思想有某种不符合实际的错误观念，企业就可利用对手这一劣势，出其不意，攻其不备。

竞争者能否执行和实现战略目标取决于利用资源的能力，因而需要评估竞争者的优势与劣势。

3. 估计医药竞争者的反应

估计竞争者在遇到攻击时可能采取什么行动和作出何种反应，有助于企业正确地选择攻击的对象、因素和力度，实现每一次竞争行动的预期目标。竞争者的反应可以受它对各种假设的影响，也可以受到它的经营指导思想、企业文化以及某些起主导作用的信念的影响，还可能受其心理状态的影响。

(1)从容不迫型竞争者。这类竞争者对其他企业的某一攻击行动采取漫不经心的态度，或不迅速反应，或反应不强烈。它可能深信顾客的忠诚，也可能待机行动，或仅因为反应迟钝，还可能缺乏反击的能力。

(2)选择型竞争者。这类竞争者只对某些类型的攻击作出反应，而对其他类型的攻击则无动于衷。它可能对降价作出反应，以证明自己在这方面的抗衡能力，阻止对手降价策略的进一步实施。但对对手增加广告费用的行为，它们可能不在意，相信这对自己没多大的威胁。

(3)凶猛型竞争者。这类竞争者对向其所拥有的领域所发动的任何进攻都会作出迅速而强烈的反应。这类竞争者多属实力强大的企业，这类竞争者意在警告其他企业最好停止任何攻击，对它的任何攻击都将徒劳无益，以使其他公司轻易不敢发动攻击。

(4)随机型竞争者。这类竞争者对某一攻击行动的反应不可预知，对竞争攻击的反应具有随机性，有无反应和反应强弱无法根据其以往的情况加以预测。它可能采取反击行动，也可能不采取反击行动。

三、确定医药企业竞争对象和对策

企业明确了主要竞争者并分析了竞争者的优势、劣势和反应模式之后，就要决定谁是自己的竞争者，要采取什么样的对策：进攻谁、回避谁，可根据情况做出决定。

(1)竞争者的强弱。多数企业认为应以较弱的竞争者为进攻目标，因为这可以节省时间和资源，事半功倍，但是获利较少，反之，有些企业认为应以较强的竞争者为进攻目标，因为这可以提高自己的竞争能力并且获利较大，而且即使强者也总会有劣势。

(2)竞争者与本企业的相似程度。多数企业主张与相近似的竞争者展开竞争，但同时要注意避免摧毁相近似的竞争者，因为其结果可能对自己反而更为不利。

(3)竞争者表现的好坏。有时竞争者的存在对企业是必要的和有益的。竞争者可能有助于增加市场总需求，可分担市场开发和产品开发的成本，并有助于使新技术合法，但是，企业并不是把所有的竞争者都看成是有益的，因为每个行业中的竞争通常都有表现良好和具破坏性的两种类型。

【知识拓展】

迈克尔·波特五力分析模型简介

五力分析模型是迈克尔·波特(Michael Porter)于20世纪80年代初提出的，用于竞争战略的分析，可以有效地分析客户的竞争环境。五力分别是：供应商的议价能力、购买者的议价能力、潜在竞争者进入的能力、替代品的替代能力、行业内竞争者现在的竞争能力。五种力量的不同组合变化最终影响行业利润潜力变化。五种力量模型将大量不同的因素汇集在一个简便的模型中，以此分析一个行业的基本竞争态势。一种可行战略的提出首先应该包括确认并评价这五种力量，不同力量的特性和重要性因行业和公司的不同而变化，根据上面对于五种竞争力量的讨论，企业可以采取尽可能地将自身的经营与竞争力量隔绝开来、努力从自身利益需要出发影响行业竞争规则、先占领有利的市场地位再发起进攻性竞争行动等手段来对付这五种竞争力量，以增强自己的市场地位与竞争实力。

关于五力分析模型的实践运用一直存在许多争论，目前较为一致的看法是该模型更多是一种理论思考工具，而非可以实际操作的战略工具。

【能力培养与训练】

1. 训练营

组织学生到当地的医药公司、医药生产企业、OTC药店等单位，向企业员工了解他们对企业竞争者的认识。

2. 训练目的

通过训练进一步巩固学生对企业竞争者的识别的方法，让学生认识到识别竞争者对企业的重要性。

3. 训练要求

在教师指导下分组进行调研，撰写讨论心得。

任务二　分析医药企业竞争战略

教学目标

【任务构架】

分析医药企业竞争基本战略→分析医药企业竞争地位战略。

【参考学时】

2学时

【学习目标】

- 知识目标：掌握医药企业竞争基本战略分析和医药企业竞争地位战略内容；熟悉每个战略的分析要点。
- 能力目标：能在实践中熟练应用所学知识；学会根据企业竞争基本战略分析和医药企业竞争地位战略分析的内容分析企业的战略。

【问题导入】

多肽药物将引爆医药行业研发新方向

连续三年来，舒泰神、翰宇药业两公司销售毛利率稳定，分别处于88%和75%左右的水平，营业利润增长率也均在50%以上。在战略性新兴产业的生物制药行业里，主营多肽蛋白药物的舒泰神、翰宇药业是典型代表。两公司的多肽蛋白类药物品种虽然不多，但已成为各自业绩增长的驱动力。相关研究认为，类似具有可靠需求的生物制药企业，在中长期具有深度增长潜力。

2011年前三季，舒泰神和翰宇药业在医药行业毛利率排名中分别处于第3位和第15位，净利润增长率分别列居第33位和第27位，舒泰神实现净利润5818.90万元，同比增长52.71%；翰宇药业实现净利润5064.36万元，同比增长66.42%。业绩报告显示，舒泰神系列产品中，主打药品苏肽生占营收比重超过80%，前三季实现销售收入1.13亿元，同比增长55.12%，另一产品舒泰清虽然占营收比较小，但增长迅速，两产品毛利率分别达92.04%和68.51%。而翰宇药业的多肽药物制剂占营收比约95%，毛利率高达77.76%，多肽原料药和客户肽(为客户定制的各种多肽类产品)占比则较小。在医药行业业绩增长普遍放缓的趋势中，舒泰神、翰宇药业两公司销售毛利率稳定增长实属难能可贵。

舒泰神、翰宇药业两公司销售稳定增长的背后，离不开政策的扶持。生物医药产业"十二五"规划和重大新药创制专项，也对多肽药物给予重点扶持。多肽是以氨基酸为原料，通过化学方法或生物技术方法来合成的药物，适用于糖尿病、艾滋病等多种重大疾病，行业发展前景被广泛看好。A股药企中专做多肽蛋白药物的公司并不多。现在全球有500～600个进入临床研究的多肽药物，占新药比例约30%，未来1/3的新药可能是多肽药物。多肽疫苗、抗肿瘤多肽、细胞因子模拟肽、抗菌性活性肽等，都将是多肽药物的研发方向。预计未来该产品国内市场年均增速可达30%，舒泰神年内有望覆盖1500家医院，其用于神经损伤修复的苏肽产品目前的市场占有率约50%，其舒泰清产品则有望2012年在OTC渠道铺开销售，成为重要利润来源。而翰宇药业的胸腺五肽在进入多个省份医保目录后，有望实现超预期增长，其首仿药品特利加压素有望在2012年随着中标省份的增多实现销售过亿元，推动公司业绩快速增长。

目前，许多国内药企开始加大多肽药物的研发，据了解，未来2～3年内，国内多肽行业主要依靠老品种，未来5年内，仿制能力和速度将决定企业的盈利情况。原料药资源的垄断及制剂技术，则是限制后来者进入行业的重要门槛。

问题：

1. 你认为舒泰神、翰宇药业能否成为行业的领导者？

2. 你认为舒泰神、翰宇药业如何应对新进入者？

【知识链接】

一、分析医药企业竞争基本战略

1. 总成本领先战略

总成本领先战略是指企业通过有效途径降低成本，使企业的成本低于竞争对手，甚至是同行业中最低的,从而获取竞争优势的一种战略。

总成本领先战略适用于:市场需求价格弹性越大,成本领先战略效果越好;产品生产标准化,便于制造,工艺过程精简;行业中产品差异度较小,价格成为竞争的焦点。

要实施总成本领先战略,企业必须做到提高管理水平、实施规模经营,提高市场占有率、提高技术水平。

2.差异化竞争战略

差异化竞争战略是指企业发扬自身差别优势之长,创造出个性突出的产品或服务,比同行竞争者能更有效地满足目标顾客的需求。该战略力图使自己的产品/服务有别于竞争对手,在行业中形成别具一格的经营特色。

企业实行差异化战略必须具备:

(1)独特性　企业比竞争者拥有独特的、明显的有利条件。无论是产品特色、营销战略、服务水平,还是技术水平都是竞争者暂时不具备的,保持这种有利地位,从而使企业在竞争中能暂时独占鳌头。但当竞争者奋起直追,也拥有某方面的独特性后,差异化即会减弱。

(2)创新能力　企业在硬技术和软技术开发上具有很强的创新能力。硬技术的创新使企业产品不断推陈出新,以技术领先,保证企业的差异化;软技术的开发和运用,保证企业高效营运,也是竞争者难以模仿和比拟的,如麦德龙公司、沃尔玛公司的管理系统,就各具特色,同行是难以抗衡的。

(3)营销能力　企业的营销战略、策略和方法手段别具一格。与竞争者相比,有独到的创意,对市场的适应能力和应变能力都很强,也是保持企业差异化的重要方面。

需要注意的是企业实施差异化战略,可以在产品的设计、工艺、品牌、规格和服务等方面进行创新。但另一方面,差异化战略可能带来成本增加以及市场细分过窄等风险而使企业自身处于不利地位。

3.集中化竞争战略

集中化竞争战略,也称市场"聚焦"战略,是指企业将目标市场集中于行业内某个有限的细分市场,充分发挥有限的资源,在局部市场中赶超竞争对手,赢得竞争优势。

集中化竞争战略的适用范围:一般而言,资源限制较为明显的企业往往采取这一战略。集中化竞争战略是指企业将目标市场锁定在某一个或几个较小的细分市场,实行专业化经营,走小而精、小而专的道路。

实行集中化竞争战略的关键在于企业拥有的产品或技术能满足某一特定目标市场的需求,企业在这一特定细分市场上有能力取得极大市场占有率,成为小市场中的小巨人,在充分挖掘特定目标市场需求后有拓展能力。但是集中化竞争战略风险也比较大,一旦市场发生变化,细分市场需求的变化以及强大竞争者的进入,会使这类企业面临灭顶之灾。

二、分析医药企业竞争地位战略

1.医药市场领导者战略

医药市场领导者战略是指其产品在医药行业同类产品的市场上市场占有率最高的企业。医药市场领导者企业的行为在行业市场中有举足轻重的作用,处于主导地位。医药市场领导者的地位是在市场竞争中自然形成的。

医药市场领导者通常选择的总体战略有三种。

(1)扩大市场需求量　处于市场主导地位的领先企业,其营销战略首先是扩大总市场,即增加总体产品需求数量。通常可以运用三条途径。

①发现新的用户：通过发现新用户来扩大市场需求量，其产品必须具有能够吸引新的使用者，增加购买者数量的竞争潜力。可以运用三种有效策略寻找到新的使用者：第一，市场渗透策略；第二，市场开发策略；第三，地理扩展策略。

②开辟产品的新用途：通过开辟产品的新用途扩大市场需求量。市场领导者企业往往最有能力根据市场需求动态，为自己的产品寻找和开辟新的用途。

③增加用户的使用量：通过说服产品使用者增加使用量也是扩大市场需求量的有效途径。说服产品的使用者增加使用量的办法有许多，但最常用的是三种方法：第一，促使消费者在更多的场合使用该产品；第二，增加使用产品的频率；第三，增加每次消费的使用量。

(2)保持现有市场份额　医药市场领导者企业必须防备竞争对手的进攻和挑战，保护企业现有的市场阵地。最佳的战略方案是不断创新，以壮大自己的实力，还应抓住竞争对手的弱点主动出击。当市场领先者不准备或不具备条件组织或发起进攻时，至少也应使用防御力量，坚守重要的市场阵地。防御战略的目标是使市场领先者在某些事关企业领导地位的重大机会或威胁中采取最佳的战略决策。可以选择以下几种防御战略：

①阵地防御：市场领先者在其现有的市场周围建造一些牢固的防卫工事，以各种有效战略、战术防止竞争对手侵入自己的市场阵地。这是一种静态的、被动的防御，也是最基本的防御形式。

②侧翼防御：市场领先者建立一些作为防御的辅助性基地，用以保卫自己较弱的侧翼，防止竞争对手乘虚而入。对挑战者的侧翼进攻要准确判断，改变营销战略战术。

③先发制人防御：在竞争对手尚未动作之前，先主动攻击，并挫败竞争对手，在竞争中掌握主动地位。具体做法是当某一竞争者的市场占有率达到对本企业可能形成威胁的某一危险高度时，就主动出击，对它发动攻击，必要时还需采取连续不断的正面攻击。

④反攻防御：面对竞争对手发动的降价或促销攻势，主动反攻入侵者的主要市场阵地。可实行正面回击战略，也可以向进攻者实行“侧翼包抄”或“钳形攻势”以切断进攻者的后路。

⑤运动防御：市场领先者把自己的势力范围扩展到新的领域中去，而这些新扩展的领域可能成为未来防御和进攻的中心。市场扩展可通过两种方式实现：市场扩大化和市场多角化。

⑥收缩防御：市场领先者逐步放弃某些对企业不重要的、疲软的市场，把力量集中用于主要的、能获取较高收益的市场。

(3)提高市场占有率　医药市场领导者实施这一战略是设法通过提高企业的市场占有率来增加收益、保持自身成长和市场主导地位。企业在确定自己是否以提高市场占有率为主要努力方向时应考虑：是否引发反垄断行为；经营成本是否提高；采取的营销策略是否准确。

2.医药市场挑战者战略

医药市场挑战者是指那些相对于市场领先者来说在行业中处于第二、第三和以后位次的企业。处于次要地位的企业如果选择“挑战”战略，向市场领先者发起挑战，首先必须确定自己的策略目标和挑战对象，然后选择适当的进攻策略。

(1)确定战略目标和挑战对象　大多数医药市场挑战者的战略目标是提高市场占有率，进而达到提高投资收益率和利润率的目标。

医药市场挑战者在明确战略目标时，必须确定谁是主要竞争对手。一般说来，医药市场挑战者可以选择下列几种类型的攻击目标：

①攻击市场领先者：这是一种既有风险又具潜在价值的战略，一旦成功，挑战者企业的市场地位将会发生根本性的改变，因此颇具吸引力。企业采用这一战略时，应十分谨慎，周密策划以提高成功的可能性。

②攻击与自身实力相当的企业：抓住有利时机，向那些势均力敌的企业发动进攻，把竞争对手的顾客吸引过来，夺取它们的市场份额，壮大自己的市场。这种战略风险小，若几番出师大捷或胜多败少的话，可以对市场领先者造成威胁，甚至有可能改变企业的市场地位。

③攻击实力较弱的企业：当某些中、小企业出现经营困难时，可以通过兼并、收购等方式，夺取这些企业的市场份额，以壮大自身的实力和扩大市场占有率。

(2)选择进攻策略

①正面进攻：市场挑战者集中优势兵力向竞争对手的主要市场阵地正面发动进攻，即进攻竞争对手的强项而不是它的弱点。采用此战略需要进攻者在提供的产品(或劳务)、广告、价格等主要方面大大超过竞争对手，才有可能成功，否则采取这种进攻战略必定失败。为了确保正面进攻的成功，进攻者需要有超过竞争对手的实力和优势。

②侧翼进攻：市场挑战者集中优势力量攻击竞争对手的弱点。此战略进攻者可采取“声东击西”的做法，佯攻正面，实际攻击侧面或背面，使竞争对手措手不及。具体可采取两种策略：第一种地理性侧翼进攻，即在某一地理范围内针对竞争者力量薄弱的地区市场发动进攻，第二种细分性侧翼进攻，即寻找还未被领导者企业覆盖的商品和服务的细分市场迅速填空补缺。

③围堵进攻：市场挑战者开展全方位、大规模的进攻策略。市场挑战者必须拥有优于竞争对手的资源，能向市场提供比竞争对手更多的质量更优、价格更廉的产品，并确信围堵计划能顺利完成时，可采用围堵进攻策略。

④迂回进攻：市场挑战者完全避开竞争对手现有的市场阵地而迂回进攻。具体做法有三种：第一，实行产品多角化经营，发展某些与现有产品具有不同关联度的产品；第二，实行市场多角化经营，把现有产品打入新市场；第三，发展新技术产品，取代技术落后的产品。

⑤游击进攻：以小型的、间断性的进攻干扰对方，使竞争对手的士气衰落，不断削弱其力量。向较大竞争对手市场的某些角落发动游击式的促销或价格攻势，逐渐削弱对手的实力。游击进攻战略的特点是不能倚仗某个个别战役的结果决出战局的最终胜负。

3. 医药市场追随者战略

医药市场跟随者是指安于次要地位，不热衷于挑战的企业。在大多数情况下，企业更愿意采用市场跟随者战略。医药市场跟随者战略的主要特征是安于次要地位，在“和平共处”的状态下求得尽可能多的收益。医药市场跟随者的任务是确定一个不致引起竞争性报复的跟随战略，在不同的情形下有自己的策略组合和实施方案。要求必须懂得如何稳定自己的目标市场，保持现有顾客，并努力争取新的消费者或用户；必须设法创造独有的优势，给自己的目标市场带来如地点、服务、融资等某些特有的利益；还必须尽力降低成本并提供较高质量的产品和保证较高的服务质量，提防挑战者的攻击，因为市场跟随者的位置是挑战者的首选攻击目标。

医药市场跟随者战略的基本类型有以下三种：

(1)紧密跟随　战略突出“仿效”和“低调”。跟随企业在各个细分市场和市场营销组合，尽可能仿效领导者，以至于有时会使人感到这种跟随者好像是挑战者，但是它从不激进地冒犯领导者的领地，在刺激市场方面保持“低调”，避免与领先者发生直接冲突。有些甚至被看成是靠拾取主导者的残余谋生的寄生者。

(2)距离跟随　战略突出在“合适地保持距离”。跟随企业在市场的主要方面，如目标市场、产品创新与开发、价格水平和分销渠道等方面都追随领先者，但仍与领先者保持若干差异，以形成明显的距离。对领先者既不构成威胁，又因跟随者各自占有很小的市场份额而使领先者免受独占之指责。采取距离跟随策略的企业，可以通过兼并同行业中的一些小企业而发展壮大自己的实力。

(3)选择跟随　战略突出在“追随和创新并举”。跟随者在某些方面紧跟领先者，而在另一些方面又别出心裁。这类企业不是盲目跟随，而是择优跟随，在对自己有明显利益时追随领先者，在跟随的同时还不断地发挥自己的创造性，但一般不与领先者进行直接竞争。采取这类战略的跟随者之中有些可能发展成为挑战者。

4. 医药市场补缺者战略

医药市场补缺者是指那些致力于被大企业忽略或者不感兴趣的细分市场提供产品或服务的企业，它们往往通过专业化经营，以特色产品或服务在细分市场中获取最大限度的收益。通常一个具备一定的发展性和盈利性较为理想且不为大竞争者重视，企业有提供独特价值的资源与能力的时候可以进入补缺者市场。市场补缺者具有创造补缺市场、扩大补缺市场、保护补缺市场的任务。

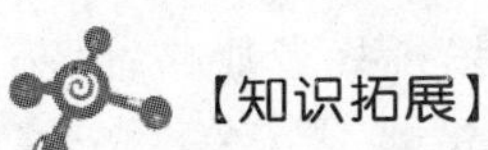

竞争战略之父——迈克尔·波特

迈克尔·波特(Michael E. Porter)是当今全球第一战略权威，被誉为“竞争战略之父”，是现代最伟大的商业思想家之一。他 32 岁即获哈佛商学院终身教授之职，是当今世界上竞争战略和竞争力方面公认的权威。

迈克尔·波特博士获得的崇高地位缘于他所提出的“五种竞争力量”和“三种竞争战略”的理论观点。作为国际商学领域最备受推崇的大师之一，迈克尔·波特博士至今已出版了 17 本书及 70 多篇文章，其中，《竞争战略》一书已经再版了 63 次，并被译为 17 种文字；另一本著作《竞争优势》至今也已再版 32 次。迈克尔·波特的三部经典著作《竞争战略》、《竞争优势》、《国家竞争优势》被称为竞争三部曲。

迈克尔·波特对竞争情有独钟，他的第一部广为流传的著作是 1980 年出版的《竞争战略》，这本书改变了 CEO 的战略思维。作者在书中总结出了五种竞争力：分别是行业中现有对手之间的竞争和紧张状态、来自市场中新生力量的威胁、替代的商品或服务、供应商的还价能力以及消费者的还价能力，这就是著名的“五力模型”。在激烈的商业竞争之中，只有灵活运用战略才能胜出，书中迈克尔·波特为商界人士提供了三种卓有成效的战略，它们是成本优势战略、差异化战略和缝隙市场战略。公司应视具体情况和自身特点来选择战略方针，同时还应该考虑连接产品或者供给的系列信道，波特首次将这种信道称为价值链，他在每一条价值链上区分出内部后勤、生产或供给、外部物流及配送、市场营销及售后服务等五种主要的活动，而每一项活动都伴随着各自的派生活动，每一家公司的价值链相应地融入一个更为广阔的价值体系。

【能力培养与训练】

1. 训练营

由教师提供某一种(类)医药产品或某医药企业资料,组织学生对该种(类)产品或企业的竞争状况以及竞争战略进行讨论。

2. 训练目的

学生通过训练进一步巩固对医药竞争者战略的分析。

3. 训练要求

在教师指导下选择相关内容,分组进行深入的讨论,撰写相关分析报告。

【项目总结】

• 医药竞争者一般是指那些与本企业提供的产品或服务相类似,并且有相似目标顾客和相似价格的企业。识别医药竞争者的关键,是从产业和市场两方面将产品细分和市场细分结合起来综合考虑。

• 分析医药竞争者要分析医药竞争者的目标、判断医药竞争者战略、估计医药竞争者的反应,并在此基础上确定医药企业竞争对象和对策。

• 分析医药企业竞争基本战略包括:总成本领先战略、差异化竞争战略、集中化竞争战略,每种战略有其不同的适用范围。

• 分析医药企业竞争地位战略包括:医药市场领导者战略、医药市场挑战者战略、医药市场追随者战略、医药市场补缺者战略。实施不同战略需要采用不同的策略。

【项目检测】

一、选择题(含多选)

1. 一个企业若要识别其竞争者,通常可以从以下哪几方面进行 ( )

A. 产业和市场　B. 分销渠道　C. 目标和战略　D. 销售利润

2. 下列属于迈克尔·波特五力分析模型的内容有 ( )

A. 供应商的议价能力　B. 购买者的议价能力

C. 潜在竞争者进入的能力　D. 行业内竞争者现在的竞争能力

3. 分析医药企业竞争基本战略要从( )进行分析。

A. 总成本领先战略　B. 差异化竞争战略

C. 集中化竞争战略　D. 医药市场追随者战略

4. 医药市场领导者通常选择的总体战略有 ( )

A. 扩大市场需求量　B. 保持现有市场份额

C. 提高市场占有率　D. 低成本战略

5. 医药市场追随者通常选择的总体战略有 ( )

A. 紧密跟随　B. 距离跟随　C. 低成本跟随　D. 选择跟随

二、简答题

1. 如何发现医药竞争者?

2. 医药竞争者要从哪几个方面来分析？

3. 医药企业竞争基本战略有几种，各自的适用范围是什么？

4. 医药企业竞争地位战略包括哪几种？每种战略各有何特点？

【实训教学】

医药竞争者分析

1. 实训目的

通过实训，要求学生能够分析医药竞争者，并针对具体的企业或产品运用分析方法进行竞争者分析。

2. 实训内容

(1)识别医药竞争者；

(2)分析识别医药竞争者战略。

3. 实训准备

学生先收集医药行业某一企业或产品的资料，再选择分析某一个产品或企业方面的竞争战略。

4. 实训材料

行业及企业或产品方面的相关资料。

5. 实训步骤

第一步：分析选定的某企业或产品。

第二步：识别医药竞争者。

第三步：再分析医药企业或产品的战略。

第四步：根据分析结论，得出企业或产品的分析报告。

6. 实训成果

医药竞争者分析报告。

【参考文献】

[1][美]迈克尔·波特著. 陈小悦译. 竞争优势. 北京：华夏出版社，1997

[2]顾海. 医药市场营销学. 北京：人民卫生出版社，2006

[3]甘华鸣. 营销经理工作手册. 北京：中国国际广播出版社，2000

[4]万后芬. 市场营销教程. 北京：高等教育出版社，2007

[5]郭毅. 市场营销——中国本土管理案例丛书. 北京：清华大学出版社，2006

（陈传宣）

项目四 医药市场信息管理

任务一 医药市场信息系统

教学目标

【任务构架】

医药市场信息系统的基本内容→医药市场信息系统的建立→医药市场信息系统的构成。

【参考学时】

2 学时

【学习目标】

- 知识目标:掌握医药市场信息系统的基本内容;熟悉医药市场信息系统的构成;了解医药市场信息系统建立的原则和步骤。
- 能力目标:在实践中熟练应用医药市场信息系统。

【问题导入】

九芝堂的营销管理信息系统

中国著名老字号湖南九芝堂股份有限公司是国家重点中药企业,多年来公司的经济效益取得了显著的增长,跻身于全国中药行业十强之列。

九芝堂营销管理信息系统囊括了业务管理、仓库管理、账务管理、客户管理、领导查询、费用管理、计划管理、系统管理等八大子系统,基本涵盖了营销业务领域的方方面面,实现了以事务为基础,以客户为中心,确保账账相符,账实一致的营销管理指导思想。业务管理以对发货单、发票、结算单、往来凭证的流水线式管理为基础,以客户、产品、仓库、业务员、销售机构、销售区域六大要素的组合报表为延伸,以应收账款管理为核心,使三者有机构成;仓库管理的基本事务是各仓库的单据管理,同时通过发货、收料与业务方面紧密相连,通过入库、领料、残损与账务联成一体;账务管理是业务和仓库管理流程的审结者,它调入业务和仓库基本数据来产生产成品账、销售账和销售利润账,还要通过与业务方面的对账来发现和规范业务管理;客户管理在建立全面标准化的客户档案的基础上,保证了客户作为最重要业务资源的有效性、可管理性和可指导性、制约业务的特性;领导查询可以调取领导最为关心的营销信息对比和排比表,实时清晰地了解业务进展情况;费用管理按照品牌、业务员和科目将各项费用细分,同时也与业务的实际发生情况进行挂钩;计划管理则从计划和综合报表(台账等)两个角度,在综合采集业务数据的基础上自动生成。

九芝堂营销管理信息系统通过周密细致的客户分析可以使业务会计将注意力集中

在20%能带来80%效益的客户上，从而对业务进行指导和监督、审核。通过实时的库存管理，可以有效地对库存进行控制，从而减少库存损失，减少不合理的库存占用资金，盘活和提高资金的周转率。通过进销存财一体化，数据的透明性和一致性将确保各部门对账的顺畅，减少错误和摩擦，提高工作效率。通过数据的安全性控制可以将过于集中的营销管理职能适当地分离出去，从而减少内勤部工作压力，提高内勤部的综合战斗力。通过各类报表(尤其是综合报表和当天的账龄分析表)，可以有效发挥营销中心的指导和监督、审核职能，将一些更严格的管理规则应用到业务实践中去，通过管理产生效益。

基于这套营销模式的以下营销管理系统：严格的客户管理机制，严密的安全体系结构，方便快捷的操作方式，丰富实用的统计报表，进、销、存、财一体化的流程控制，工作效率在发货单、发票、结算单等单据登账时比原系统提高30多倍。系统安全特性使整个系统在安全方面有了很大的提高，使业务、财务、仓库迅速、准确对账，将财务部对账的时间减少一半，使业务管理部门大大强化对业务员、客户的业务监督、审核职能。在仓库管理中，系统采用了电话拨号方式，当仓库每进出一批货物时，都及时通过电话拨号与总部进行通信，数据交流、处理业务，使仓库库存能及时、真实地反映，使营销管理人员能有效对库存进行控制。

问题：

1. 九芝堂的营销管理信息系统能够发挥作用的条件有哪些？

2. 你如何看待医药营销管理信息系统？

【知识链接】

一、医药市场信息系统的基本内容

1. 医药市场信息系统的概念

医药市场信息是在一定时间和条件下，与医药市场营销活动相关的各种消息、情报和数据资料等的总称。其反映医药市场营销动态，包括消费者心理、竞争态势、市场供求状况等，是医药企业了解医药市场发展变化的趋势、提供能够满足市场需求的医药产品和服务的重要依据。

医药市场信息系统的作用在于它能通过对信息的原始收集、系统整理、严谨分析、客观评价及合理分配，最终为医药企业整体的管理和决策提供相应的服务。医药市场信息系统是在人、计算机设备、网络、程序构成等元素的相互作用下结合的信息处理系统。

2. 医药市场信息系统的意义

在现代营销观念下，医药企业的任务是通过顾客需要与欲望的满足来达到企业的目标。而要实现这一目标必须要有良好的市场规划与控制作业，而这一切又是以信息为必要条件。

建立市场信息系统的重要意义在于能够满足以下几个方面变化的需要：

(1)从地区市场营销发展到全国乃至国际市场营销　随着企业市场区域的扩大，企业管理部门更需要在有限时间内获得更多信息，以利于提高管理效率。

(2)从满足顾客普通的需求发展到满足顾客更高层次的需求　随着消费者生活水平的提高，消费需求层次提高，购买动机受心理性需求的影响越来越大，对商品的选择也越来越挑剔。企业营销者很难预测顾客对不同特色、款式和其他产品属性的需求，因此，需要求助对市场信息系统的研究。

(3)从价格竞争发展到非价格竞争　随着CI(企业形象)策略、产品差异化策略、广告多媒体运用以及各种产品促销活动的增加，企业管理者相应地需要有关这些市场营销手段效果的信息。

(4)企业从集中的、单一的经营发展到分权化的多种经营　许多大企业出现分权化经营趋势，如连锁店、分公司等，为使分散于各处的信息能及时迅速收集起来，并能及早注意警告信号，有效地控制营销计划，必然要更多地依据信息系统的作用。

3. 医药市场信息系统的功能

(1)数据的收集和录入　数据的收集与录入是信息系统的首要任务与基本功能，也是整个企业信息系统的基础。信息系统对这一功能的基本要求是：收集手段要方便、易行和完善；要有正确的校验功能；获得的数据要确保正确、及时，还得有足够的抵制破坏和抗外界干扰的能力等。

(2)数据的存储　数据的存储功能是信息系统进行数据处理的前提。目前往往以文件系统或数据库系统的方式将数据存储起来。对信息系统的数据存贮功能的基本要求是：能够快速"存"、"取"和检索，存放的信息既要保证其使用方便，又要保证安全。

(3)数据传输　数据传输就是数据通讯。它的任务是将信息从一个部门传送到另一个部门或者从一个子系统传送到另一个子系统，以实现信息系统对信息的收集和使用。

(4)数据处理(或称数据加工)　数据处理是信息系统最基本的功能。只有经过数据处理或加工之后的信息才能提供给各级管理人员使用。

(5)数据输出　经过加工处理后的数据可以根据不同部门的需要，采用不同的形式和模式进行输出。为了方便管理人员，要求信息系统的数据输出应该是易读、易懂、直观醒目。

二、医药市场信息系统的建立

1. 医药市场信息系统建立的原则

随着市场经济的发展和企业管理模式的现代化，企业建立以计算机系统为中心的信息系统势在必行。企业市场信息系统的建立应遵循以下原则：

(1)统一性、整体性原则　医药企业的市场信息系统必须把企业的市场活动作为一个整体，疏通企业内部之间的关系，兼顾企业的现实和未来发展，且要做到内外统一、微观与宏观统一、当前需要与长远需要统一、信息交流的形式与传递语言统一。

(2)简明性、适当性原则　企业加工处理和传输市场信息应尽量简明扼要，信息的处理过程应尽可能避免繁杂的手续，信息的筛选优化应以适当为标准。这样才能缩短信息流通时间，提高信息利用的效率。

(3)有效性原则　企业市场营销信息必须能够反映和满足企业市场营销活动的需要，适应企业经营管理和市场营销决策的要求。因此，市场信息系统要通过鉴别，剔除无效或不适用的信息，选取有效、适用的信息。

2. 医药市场信息系统建立的步骤

建立市场信息系统，一般分为三个步骤：

(1)系统分析　根据系统目标进行调查、分析，提出系统的模型。

(2)系统设计　根据以上分析，确定系统结构，确定子系统和系统模型、设计代码、输入和输出文件格式、信息的分类和储存方式、系统流程图等。

(3)系统实施　包括程序设计、程序和系统的调试、编写技术文件、系统转换及系统评价等内容。

三、医药市场信息系统的构成

医药市场信息系统由四个主要子系统组成:医药企业内部报告系统、医药市场情报系统、医药市场研究系统、医药市场分析系统。

1. 医药企业内部报告系统

医药企业依靠内部报告系统提供订单、销售额、价格、存货水平、账款收支等信息。通过分析这些信息,企业负责人能够发现有利于企业发展的重要机会和问题。内部报告系统是反映企业内部目前的相关信息情况,是市场信息系统中最根本的子系统。

(1)订单—发货—收款循环　是内部报告系统的核心部分。企业将营销代表、经销商和购买者的订单情况收集,销售部门准备发票副本数份,分送到各有关部门,如果存货短缺的项目则留待以后交付,存货饱和项目则附上运货清单和账目清单,同时要将清单副本分送至各有关部门。

(2)销售报告要准确、及时　企业需要对近期的销售情况做及时准确地统计。在实际的市场竞争中,一个企业必须对它近期的销售情况了如指掌,这样才能准确地做出下期的生产分配计划,从而在激烈的竞争中立于不败的地位、获得更多的利益。

(3)建立有效的数据档案　部分人会以为建立有效的数据即在产生购买行为的人群中建立各种各样的数据档案。

2. 医药市场情报系统

内部报告系统提供了发生交易行为后的一系列数据,而市场情报系统则是为企业营销管理人员提供产品交易前的发生数据。市场情报系统中信息的来源是多样化的:通过阅读书籍报刊、网络查询,与顾客、各营销职能部门(供应商、分销商或其他同性质公司等)的交流等方式都可以获得关于营销环境发展的有效信息。几种常用获取情报的方法:

(1)充分利用最前线的销售人员　各大医药企业中营销人员是获取市场情报最及时最准确的人群。营销人员是一个企业的“眼睛和耳朵”。领导者不仅要让营销人员为公司创造“看得见”的利润,还要让营销人员为公司创造“看不见”的利润,获取及时有效的市场情报就是“看不见”的利润中的一种。只有两种利润合理权衡,企业才能走可持续发展的道路。企业营销管理人员要树立一种观念:营销人员是情报来源最重要的群体。

(2)企业要通过多种渠道收集市场情报　这里可分为从内部收集和从外部收集:内部收集,企业要经常收集下线经销环节的重要情报。这里所说的下线经销环节主要指总经销商、分经销商、终端经销商(零售商)及其他中间商。外部收集,企业要购买和本企业同性质的产品以了解竞争者。比如参加商场的展销会,阅览竞争者出版的刊物,在网络上查询竞争者产品的信息,与竞争企业的下线环节的工作人员交流,收集竞争者的广告等。

(3)企业可以搜集和传送现有的市场情报　现在已经出现信息资源公司,它们主要生存的方法是出售相关企业的资料,这样的公司可能会储存着我们需要而自己搜集整理又很麻烦的市场情报。那么,企业可以通过向这样的信息公司购买本企业所需要的市场情报。另外,更多的市场情报是通过平时的搜集资料和相互传送资料获得的。其资料来源主要有:企业内部资料、互联网资料、期刊和书籍、政府出版物、商业资料等。

3. 医药市场研究系统

一个企业在运行过程中往往会遇到一些特殊的市场现象，针对特殊现象收集相关原始资料，对这些原始资料加以整理、分析、研究，总结出市场调研报告以供企业使用。原始资料收集过程主要是市场调研部门做好市场调查，消费者偏好测定，销售量、销售分布分析，广告评估等工作。所以该系统主要是搜集、分析、总结市场营销管理人员在制定企业营销计划和决策时所需的各种大量信息资料。

4. 医药市场分析系统

医药市场分析系统首先通过软件与硬件的支持，运用先进科学的分析技术，帮助企业营销人员分析错综复杂的数据信息，然后制定出有利于企业决策的优化程序。最后达到改善经营或取得最佳经营效益的目的。

【知识拓展】

客户关系管理

CRM(Customer Relationship Management)即客户关系管理。从字面上来看，是指企业用 CRM 来管理与客户之间的关系。通常所指的 CRM，是指用计算机自动化分析销售、市场营销、客户服务以及应用支持等流程的软件系统。它的目标是缩减销售周期和销售成本、增加收入、寻找扩展业务所需的新的市场和渠道以及提高客户的价值、满意度、盈利性和忠实度。CRM 要求以客户为中心的企业文化来支持有效的市场营销、销售与服务流程。

医药行业建立 CRM 信息系统包括基础设置、市场营销、渠道管理、销售管理、服务管理、决策支持、电子商务与呼叫中心这八大模块。目前，国内外的软件商大多可以为医药企业提供 CRM 系统的商业软件，如国外的 Siebel、Or-acle、Dendrite 等公司，其中 Siebel 公司编制的适合制药行业独特需求的多渠道电子商务软件 ePharma 使上海罗氏制药有限公司在 2001 年成功实施了 CRM 系统。

医药企业 CRM 平台建设的立足点要着眼于：客户管理、经销商管理、销售人员管理、消费市场管理、竞争对手管理进行。客户关系管理系统在医药企业中的应用应该是有的放矢的，具体可针对以上客户、经销商、销售人员、消费市场及竞争对手加强数据收集，实现客户资源统一化、药品流向清晰化、销售过程规范化、销售过程精确化、市场活动精细化及决策支持科学化，从而达到整合客户资源、改善渠道管理、建立客户忠诚度的最终目的。

【能力培养与训练】

1. 训练营

组织学生到当地的药店、医药企业等单位，现场调查了解企业的营销信息管理系统。

2. 训练目的

通过训练进一步深化学生对医药营销信息系统的理解和认识，掌握医药营销信息系统所包括的基本内容，并能体会医药营销信息系统在企业营销管理活动中的重要性。

3. 训练要求

在教师指导下选择相关药品和企业，分组进行现场实地调研并收集相关资料，撰写相关分析报告。

任务二　医药市场调查技术与能力形成

教学目标

【任务构架】

医药市场调查的概念及作用→医药市场调查的内容设计→医药市场调查的要求→医药市场调查的类型设计→医药市场调查的方法→医药市场调查问卷的设计。

【参考学时】

2 学时

【学习目标】

- 知识目标：掌握医药市场调查的方法、医药市场调查问卷的设计；熟悉医药市场调查的概念、内容、步骤等。
- 能力目标：熟练应用医药市场调查的方法，能够自行设计简单的调查问卷，能根据设计进行医药市场调查。

【问题导入】

仲景六味地黄丸差异化的形成

作为一种绵延千年的古方中药，六味地黄丸涉及各个层面消费者，但购买和使用的主体仍然是以老年人和中年人为主且选择产品时更倾向于老牌子和当地品牌。作为一种同方同名异牌异厂的传统中药，目前在全国约有 300 多家企业在生产六味地黄丸，而各竞争品牌的销售方式大致雷同，大多采用自然销售和临床医院销售的方法，在宣传策略上基本无大的区别。

宛西制药在调查中了解到消费者对六味地黄丸的功效了解并不像人们所认为的那样系统和全面，而仅仅是浅层次的了解。一般人认识就是补肾、治腰痛等，但六味地黄丸深层次的功效非常广泛，特别是对各种老年慢性病有着极好的治疗辅助作用，在各种疾病治疗中配合使用六味地黄丸效果非常好，几乎是百病通用之药，而目前市场所有的六味地黄丸还没有一家企业在引导消费者深入了解六味地黄丸深层次的功效。企业就从此处入手以辅药(辅助用药)第一品牌的定位来强化仲景六味地黄丸的特色和差异，重点从产品本身挖掘新的东西来吸引消费者，制造一样的六味地黄丸、不一样的效果的市场氛围。经过仔细分析挖掘制定了三大核心内涵，形成仲景六味地黄丸的系统特点，即能够区别于同类产品又能够很好地设置市场壁垒，保护自己不被同类产品利用和打压。保健功能：仲景六味地黄丸具备所有六味地黄丸的功效和保健作用。中级治疗辅助功能：定位辅药第一品牌，强调仲景六味地黄丸的选材与加工工艺的不同成为辅助配合治疗各种疾病药物中首选的品牌。超级直接治疗功能：强调仲景六味地黄丸具有别的品牌所无法比拟的功能，其现代化的加工中药工艺、八百里伏牛山天然药库造就仲景六味地黄丸虽是传统中药，但效果却远远高于常规产品，对常见老年性顽固性疾病有着相当良好的辅助治疗作用。

而理论支持从正宗(以医圣张仲景来确立仲景六味地黄丸是正宗的六味地黄丸)、

地道(突出八百里天然药库)、疗效(药材好药效才好)三大辅助卖点来充实、解释原有药材好、药才好的卖点,使消费者对药材好在哪里而有非常清晰的认识,强化突出仲景六味地黄丸显著的疗效和选材不同,终于将仲景六味地黄丸的差异点形成系统。

问题:

你认为宛西制药如何通过调查形成仲景六味地黄丸的差异?

【知识链接】

一、医药市场调查的概念及作用

医药市场调查是指在市场营销观念的指导下,以满足医药产品消费者需求为中心,运用科学的方法搜集、记录、整理、分析和研究有关医药市场各种基本状况及其影响因素的信息资料,并提出解决特定的医药市场营销问题建议的过程。其最终目的是为医药企业制定正确的市场营销决策提供依据。

医药市场调查的作用体现在以下几方面:

1. 选准目标市场

由于医药商品的特殊性,使医药企业的市场调查显得非常重要。医药企业在生产之前就应该充分了解自己所要占领的消费者市场是哪一个,而不是等药品生产出来以后才去了解消费者的需求是什么。市场的需求对医药企业来说是一个目标和导向。市场调查可以使企业认清医药市场的特征,把握市场的变化形式,帮助企业选准市场并且进一步地开拓市场。

2. 了解市场供求状况

按照商品的供求状况,可以将市场分为买方市场和卖方市场。简单地说就是在商品供不应求的情况之下,市场便由卖方主导;在商品供过于求的时候,市场就变为由买方主导了。能够占领卖方市场应该是所有企业都想达到的目标,因为处在卖方市场时,产品的销售几乎不成问题。所以调查一种药品在市场上是不是受到消费者的欢迎,还是已经有众多的竞争者。市场上目前所有的产品是不是还有什么不足的、可以改进的地方,消费者对这种改进会不会很感兴趣,都是企业必须考虑的问题。市场调查可以帮助企业了解这些问题。

3. 引导和促进产品的生产和研发

企业的产品不止一种,消费者对每种产品的反应也不一样,那么企业生产什么样的产品,以什么样的产品为主导,应该生产多少量,应该研发什么样的新产品,这些问题都应该从市场需求上找到答案,根据市场的反馈来主导产品的生产就不会给企业将来的销售带来巨大的困难,同时也是企业慢慢步入良性循环轨道的开始,是企业长期发展所必须遵循的规则。

二、医药市场调查的内容设计

1. 医药市场环境因素的调查

医药市场的环境因素包括一切与医药企业营销活动有关的政治、经济、科学、社会等环境因素。这些相关因素的变化,时刻影响着医药行业的市场供求变化,不可将之忽略。

2. 医药市场的供求状况调查

不同时期,市场的供求状况会发生变化,只有掌握了市场的需求与消费者的消费趋势,

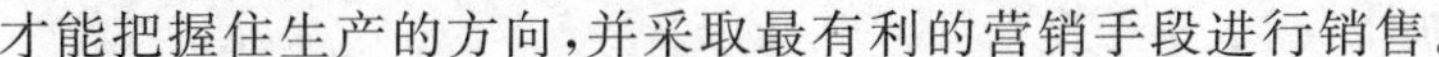

才能把握住生产的方向，并采取最有利的营销手段进行销售。

3. 医药产品的调查

包括调查各类药品的新用途、新包装、新疗效等，分析消费者的消费方向及趋势的变化等等，用以指导产品的生产和销售。

4. 竞争状况调查

知己知彼才能在市场竞争中把握先机。要了解竞争对手的产品像了解自己的产品一样，才能针对竞争对手，制订出相应的生产计划和销售计划。

5. 对医药消费者的调查

调查医生的处方习惯，医院的进货渠道和方式，消费者的购药心理等，并分析影响这些方面的因素，都是医药企业需随时掌握的重要信息。

6. 销售活动和销售方式的调查

在制定企业营销政策之前，应先了解市场上现有的销售方式，并分析其优劣，才能制定出适合企业自己的营销模式，同时也避免了在执行销售计划时出现预料之外的状况，打乱企业的销售计划。

三、医药市场调查的要求

1. 真实性

医药市场调查需要真实、客观地反映医药市场状况，调查人员必须对医药市场调查的重要性有深刻的理解和认识，务必保证调查所得的相关资料真实、可用，只有这样市场调查才能体现它的作用。如果调查所得的资料缺乏真实性，对于企业来说，不仅仅是调查的结果失去了意义，有时甚至会让企业制定出错误的计划。

2. 时效性

市场变幻莫测，而市场调查所得资料往往是在企业进行下一步行动之前的信息，必须及时。如错过了最佳的时机，往往也就失去了调查的意义。

3. 针对性

企业所做的每一次市场调查都应有其不同的目标，有的是为了新品上市，有的是为了消化库存，有的是为了老品更新等等，每一次调查也应该有不同的侧重，才能真正达到调查的目的。

四、医药市场调查的类型设计

1. 探测性调查

在医药企业对出现的问题不明确，无法确定需要调查什么内容或调查内容模糊时，为尽早发现问题，确定调查重点的一种调查。

2. 描述性调查

描述性市场调查是指对所研究的市场现象的客观实际情况搜集、整理、分析资料，反映现象的表现，是对企业出现的问题已有了初步了解情况下的正式调查。内容包括市场潜力调查、市场占有率调查、销售分析、销售策略和药品研究等。

3. 因果性调查

因果性调查是为了研究市场现象与影响因素之间客观存在的联系而进行的市场调查，是在描述性市场调查的基础上，对影响市场现象的各种因素进行研究分析，进一步说明市场如何发生变化，以及发生变化的原因。

4. 预测性调查

预测性市场调查是对市场未来情况所做的调查研究。这类市场调查事实上是调查研究方法在市场预测中的应用。它将进一步说明市场现象的将来。这种调查具有较高的实用价值，有着特别重要的意义。

五、医药市场调查的步骤

1. 准备阶段

准备阶段的主要内容包括确定调查任务、设计调查方案和组建调查队伍。

确定市场调查任务是提出问题和解决问题的前提，决定着市场调查的内容、方法、对象、范围等，是企业发起市场调查的第一个准备阶段，也是明确整个市场调查活动的第一步。

设计调查方案就包括要明确市场调查的目的，设计市场调查的项目，规定市场调查的空间与时间，规定市场调查的对象和确定市场调查的方法。这些内容都是在市场调查进行之前必须明确的。明确了这些关键问题，一个市场调查计划就基本上完成了。

最后就是要组建调查队伍，调查人员的选择要从多方面的综合素质加以考虑，在选择了合适的人员之后，还应该对该调查小组的成员进行必要的培训，增强其工作能力和团队意识。

2. 市场调查搜集资料阶段

在整个市场调查工作中，搜集资料是一个现场的实施过程，工作量大，接触面广，情况复杂问题多，这就对市场调查小组的成员提出了较高的要求，要在克服所有困难的基础上，力求获得真实、准确、可靠的第一手资料，否则整个市场调查都失去了意义。

3. 市场调查的研究阶段

市场调查的研究阶段就是要将搜集回来的资料进行整理、统计、分析，将原始资料中不真实、不完整的资料剔除，将保留下来的第一手资料进行统计和分析。这个阶段是出成果的阶段，但也是需要认真细致的工作阶段。

4. 市场调查的总结阶段

这个阶段是调查报告的形成阶段，在经历了之前大量的工作之后，将所有资料加以分析，得出结论，提出解决问题的方法，完成市场调查的最终目的。

在市场调查中，每个阶段的工作都是相互关联的，任何一个阶段都不能出错，否则可能导致整个调查行为的失败。

六、医药市场调查的方法

1. 观察法

观察法是指观察者根据研究市场问题的某种需要，有目的、有计划地搜集市场资料。观察法是通过观察直接获取所需信息的方法，但它又必须是系统的、全面的，应遵循客观性、全面性和深入持久性的原则。例如，某药店想了解一周客流的变化情况，就可以安排调查人员在药店的入口处和停车场观察不同时间顾客人数变化情况；想了解顾客进入药店后的行进方向，就可以在店内天花板上安装摄像机，记录顾客行进路线。

2. 访问法

访问法指用提出问题征求答案的方式，向消费者和有关人员搜集医药市场资料的方法。

(1)面谈访问法　调查人员直接面对被调查者了解情况而获得资料。优点是提问的方式和深度可以灵活掌握,对不清楚的问题可以当面解释或补充,所得资料比较准确,搜集率高。缺点是调查成本高,对调查者的素质要求高,调查效果不稳定。

(2)电话访问法　按拟好的提纲,通过电话向被调查者征求意见。优点是搜集资料快。缺点是受通话时间限制,无法询问较复杂的问题。

(3)邮寄调查法　将设计好的调查表或问卷通过邮寄的方式,送到被调查者手中,请被调查者填写后在规定的日期内寄回。优点是调查面广,调查成本低,调查结果较为客观。缺点是回收率低,调查表的回收期较长,容易产生理解偏差。

3.实验法

实验法起源于自然科学的实践法,它是指在给定的实验条件下,在一定的市场范围内观察经济现象中自变量与因变量之间的变动关系,并做出相应的分析判断,为预测和决策提供依据的一种方法。

4.抽样调查法

抽样调查是调查组织在进行市场调查工作中经常用到的一种调查方法,也是市场调查方法中非常重要的一种方法。它是指从调查对象(总体)中抽取部分对象(样本)进行调查的方法。抽样调查分为随机调查和非随机调查两大类。

七、医药市场调查问卷的设计

问卷调查已经成为现代社会进行各种调查最常用的方法,在各种调查中具有广泛用途,发挥着重要的作用。

1.设计调查问卷的基本要求

(1)突出重点　提出的问题应能反映市场调查目的,重点突出,简单易懂,切勿模棱两可,并避免列入与调查主题无关的问题。

(2)提问方式合理　提问的方式能激发被调查者的兴趣,使之乐于回答,避免出现使被调查者容易产生反感的问题。

(3)难易适中　提出问题时要考虑到被调查者的文化水平层次,应尽量避免使用过分专业的术语。

(4)便于统计　问卷问题的设计,要有利于调查后的统计和整理。

(5)明确目的　调查表中明确说明调查的目的、要求和回答的方式等有关事项。

(6)注意问题顺序排列　问题与答案的合理顺序,在问卷调查中是不可忽视的。一般应按问题的性质和类别排列;应按问题的难易程度排列,把容易回答的问题放在前面;应按问题的时间顺序排列;按被调查者的心理承受能力排列,把一些敏感的问题放在后面。

总之,市场调查问卷的设计要求可归纳为必要性、可行性、准确性、客观性和艺术性。

2.问卷的基本结构

(1)封面　有的调查机构会设计封面,有的为了提高效率则不用封面。封面的内容主要说明市场调查的主办单位、组织和个人身份、调查的目的和意义、调查的内容、对被调查者的希望和要求等等。

(2)指导语　问卷中的指导语,是调查者指导被调查者正确填写问卷的说明。它集中对问卷的填答方法、要求、注意事项等加以总的说明。

(3)问题和答案　根据问卷调查中问答形式的不同,可以分为封闭式问题和开放式问题。封闭式问题是调查者提出问题时将问题的一切可能出现的答案全部列出，由被调查者从中选出一个或者几个选项作为自己的答案。开放式问题是调查者提出问题后由被调查者根据客观事实自由填写答案。

(4)结束语　放在问卷最后。一方面向被调查者表示诚恳的感谢，另一方面还应该向被调查者征询对市场调查问卷的意见和想法。

3.调查问卷中的问题形式

(1)封闭式提问法　封闭式提问法是事先设计好对问题的答案，被调查人员能从中选择答案。这种提问方式便于统计，但答案的伸缩性较小，略微显得呆板。封闭式问题的形式主要有以下几种：

①是非题：即被调查者对所提问题用"是"或"否"、"有"或"无"、"大"或"小"、"同意"或"不同意"等来回答。

例如：您使用过减肥药品吗？□是　□否

这种提问方式简单明了，便于统计，但不能反映被调查者意见的程度差别，使中立者的意见偏向一方，影响调查的真实性。

②多选题：即一个问题可以选择两个或两个以上的答案，特别适宜于购买动机的调查。

例如：您使用保健药品的主要原因是：

□增加食欲　□延缓衰老　□增加抵抗力　□改善睡眠　□朋友推荐　□其他

多项选择要注意列出所有可能的答案，但又不至于过多过分散，要抓住被调查者感兴趣的主要问题。

③顺序题：即由被调查者根据自己的观点和看法，对所列出的事项定出先后顺序。

例如：您选择消炎药品时，请对下列因素的重视程度作出评价，从高到低，在"□"中填上1,2,3……

□价格高低　□治疗效果　□使用方便程度　□产品信誉　□包装

④评判题：即要求被调查者表明对某个问题的态度，一般应用于对同质问题的程度研究。

例如：您认为三精柴连口服液的价格如何？　□偏高　□略高　□适中　□偏低　□太低

(2)开放式提问法　开放式提问是被调查者用自己的语言表达方式对问题进行回答。在一份调查表中，开放式命题不宜过多，这是因为开放式问题回答的难度大，也不易统计。开放式提问可使被调查者自由地、几乎完全不受任何限制地回答问题，因而易于获得有价值的信息。

网络调查

网络调查，又称在线调查，是指通过互联网及其调查系统把传统的调查、分析方法在线化、智能化。其构成包括三个部分：客户、调查系统、参与人群。在互联网上针对特定营销环境进行简单调查设计、收集资料和初步分析。

随着信息技术的发展，电脑和网络越来越频繁地出现在人们的眼前，渐渐地在人们的生活中占据了一个很重要的地位。通过网络的市场调查方式极大地扩大了我们做市场调查的人群数及地域度，让更多的人能够参与到该市场调查的活动中来，既节省了人力、物力，还能够使该调查数据更符合现今的市场状况。

网络调查有两种方式，一种是直接收集一手资料，如问卷调查、专家访谈、电话调查等；另一种是间接地收集二手资料，如报纸、杂志、电台、调查报告等现成资料。网上市场调查的实施可以充分利用 Internet 作为信息沟通渠道的开放性、自由性、平等性、广泛性和直接性的特性，使得网上市场调查具有及时性和共享性、便捷性和低费用、交互性和充分性、可靠性和客观性、无时空地域限制等特征。网络调查的适用范围很广，将成为 21 世纪应用领域最广泛的主流调查方法之一，既适于个案调查，也适于统计调查。

【能力培养与训练】

1. 训练营

组织学生到当地的药店、医药企业等单位，现场调查了解企业的营销信息管理系统。

2. 训练目的

通过训练进一步深化学生对医药营销信息系统的理解和认识，掌握医药营销信息系统所包括的基本内容，并能体会医药营销信息系统在企业营销管理活动中的重要性。

3. 训练要求

在教师指导下选择相关药品和企业，分组进行现场实地调研并收集相关资料，撰写相关分析报告。

任务三　医药市场预测能力的培养与形成

教学目标

【任务构架】

医药市场预测的内容→医药市场预测的步骤→医药市场预测的方法。

【参考学时】

2 学时

【学习目标】

- 知识目标：掌握医药市场预测的内容；熟悉医药市场预测的方法；了解医药市场预测的步骤。
- 能力目标：熟练应用医药市场预测的方法，能够根据所学知识进行医药市场预测。

【问题导入】

人口老龄化，医药企业面临商机

人口老龄化是指总人口中因年轻人口数量减少，年长人口数量增加而导致老年人口比例相应增长的动态过程。国际上通行的标准是：当一个国家或地区 60 岁以上老年人口占人口总数的 10%，或 65 岁以上的老年人口占人口总数的 7%，就意味着这个国家或地区已进入老龄化社会。

2011 年 6 月 22 日，国家统计局公布第六次全国人口普查数据：全国总人口已达

13.7亿，其中60岁及以上人口占13.26%，较2000年上升2.93个百分点；65岁及以上人口占8.87%，较2000年上升6.29个百分点；与1999—2000年对比，60岁以上和65岁以上的人口比例分别上升了1.77个和1.45个百分点，从这些数据可以看出，我国已经进入老龄化社会，并呈现加速增长趋势，预计到2015年我国老年人总数将突破2亿、2025年将超过3亿、到2045年将达到4亿人。

随着年龄的增长，人体各项生理功能逐渐降低，患病几率也逐渐增高。在人一生中，大约80%的医药消费是在最后20年产生的，在医药市场，老龄化人口医药消费占了医药消费总额的50%以上。据调查，我国老龄健康人口(无重大脏器疾病)占老龄总人口的20%～25%，约82%的老龄化人口均患有慢性疾病。老龄化人口所患疾病大多是慢性非传染性疾病，且所患疾病常不止一种而是两种或两种以上，甚至有的患者多达七八种之多。老龄化人口所患疾病多为冠心病、高血压、高血脂、脑血管疾病、恶性肿瘤、糖尿病、抑郁症等，这些疾病都具有疗程长、费用大、难以痊愈等特点。

随着经济的发展和人们观念的变化，降脂减肥、维生素、提高免疫力等保健品越来越受到老年人的欢迎。但是我国的医疗保健品市场发展并不规范，很多保健品还存在一些缺点，需要国家规范保健品市场，同时医药企业加大科研力度，开发出更多高品质的医疗保健品。

问题：

1. 你如何理解人口老龄化给医药行业带来的变化？

2. 人口老龄化会给哪些企业带来何种商机？

【知识链接】

一、医药市场预测的内容

1. 医药市场预测的概念和作用

医药市场预测是在市场调查的基础上展开的，是对未来市场的预计和估计。它运用逻辑学、数学和统计学等知识，对影响医药市场供求变化的各种因素进行调查研究，分析和预见发展趋势，掌握医药市场供求变化的规律，为制订营销计划提供有效的依据。

医药市场预测的作用主要有以下几个方面：

(1)医药市场预测为制订科学的企业计划提供可靠依据　医药企业在制订企业计划时，除依据国家政策外，还必须考虑社会、市场和用户的需求，这就要求企业进行市场预测并根据市场需求的变化及时调整医药企业的营销计划。

(2)医药市场预测是提高经济效益的必要条件　根据医药市场预测结果进行市场营销活动，大大减少了盲目性，增强了自觉性，给市场营销部门或企业带来较高的经济效益，促进了商品流通，满足了消费者的需求。

(3)医药市场预测对企业生产的合理化起促进作用　为企业生产提供准确的、全面的、系统的市场预测数据，大大减少了生产无目的性，增强了自觉有序性和可行性。

(4)医药市场预测能够促进和满足消费者的需求。

2. 医药市场预测的分类

市场预测的种类很多，它可以按各种标志加以划分。目前比较常用的几种市场预测分类标志有:按市场预测的空间范围分类、按市场预测的方法性质分类、按市场预测的商品对象分类、按市场预测期长短分类。

(1)按市场预测的空间范围分类　分为宏观市场预测、微观市场预测。

①宏观市场预测:在医药行业内宏观市场预测即医药市场范围整体需求的发展变化及趋势的预测。宏观市场预测以国民经济总体平衡,合理分配各种资源等为目的,为国民经济宏观决策提供必要的可靠依据。

②微观市场预测:从空间范围来看是以省、市、自治区或某一经济区域为总体的医药市场预测。比如预测某一经济区域一年后抗感冒药品的生产总量和需求总量,两者之间进行对比分析,从而调整该地区抗感冒药品的生产结构,避免医药企业不必要的损失浪费。微观市场预测的主要作用在于满足某地区的生产和市场营销需求的需要。

③目标企业市场预测:这种预测是针对一个具体的企业的,它的预测范围相对较小,预测的程序和内容比较具体、详细。比如某企业必须及时地对它的主打产品已经占领的市场和计划占领的市场变化趋势进行预测,以巩固已占领市场和开拓未来市场;某医药企业也可以具体地预测某销售地区它所生产的同类药品总需求的数量、质量、价格等,为该企业根据市场的变化安排生产和营销活动提供准确、具体的市场信息。

(2)按市场预测的方法性质分类　分为定性市场预测、定量市场预测、量性结合市场预测。

①定性市场预测:根据预测者对市场的观察了解及分析,利用其实践经验和主观判断对市场的未来变化趋势做出预测。这种预测方法的结果主要是由预测者的经验和主观判断决定的,所以此方法对预测者本身的素质要求是非常高的。

②定量市场预测:以大量的历史资料数据为主要依据,利用数学模型、统计分析等方法,推算和估量未来市场的变化和趋势,这些预测主要是在数量上的预测,比如需求量和供给量的预测就可以用此方法。

③量性结合市场预测:这种方法是结合上面两种方法对未来市场进行科学的预测。它结合了以上两种方法的优点。

(3)按市场预测的商品对象分类　在医药行业中可分为单项药品预测、类别药品预测、药品总量预测。

①单项药品预测:指对某种具体的药品生产或营销需求的预测。比如企业可以对六味地黄丸在湖南地区未来一年的需求量进行预测。

②类别药品预测:是按药品类别预测其需求量或生产量等,比如对感冒用药类药品做市场预测。类别药品预测主要是为了分析药品需求的结构,以合理地组织各类药品生产和经营活动。

③药品总量预测:药品总量预测一般是指对药品生产总量或消费需求总量所做的市场预测。比如对所有医药企业的各种药品做相关预测。

(4)按市场预测期长短分类　分为短期市场预测、近期市场预测、中期市场预测、长期市场预测。

①短期市场预测:一般是以季度、月或周为时间单位,根据市场变化所做出的市场预测,以此为近期的一个季度、月或周计划的制订和执行提供依据。

②近期市场预测:一般是以一年为时间单位,根据市场变化所做出的市场预测,用以编

制生产企业购进原材料计划及生产计划，编制企业营销计划等。

③中期市场预测：一般是以1～5年的某时间段为单位，根据市场变化所做出的市场预测，用来分析研究医药市场未来的发展趋势，研究市场发展变化规律。

④长期市场预测：一般是以5年以上某时间段为单位，根据市场变化所做出的市场预测，为编制企业营销战略规划提供依据。

3. 医药市场预测的内容

市场预测的核心内容是市场供应量和需求量。而市场的供应量和需求量并不是孤独地存在于市场中的，它们也受各种各样的因素的影响和制约。所以市场预测的内容包括了市场生产量、需求量和各种影响因素。

(1)生产量预测　生产量即我们所说的供应量，它是实现市场需求的物质基础。生产商必须生产出适合市场需求数量和结构的产品，才能实现市场生产量和需求量的平衡，达到供需最优化。生产量的预测，主要是对产品的数量、品种及其发展变化趋势进行预测。生产预测既可以进行宏观预测，也可以进行微观预测；既可以进行单项产品预测，也可以进行类别产品预测。这些都取决于企业预测的目标所在。

(2)需求量预测　市场需求量又称市场容量，它指的是某一时间、地点内，一定的购买者在市场上具有货币支付能力的需求总量。市场需求量的预测不管在哪种类型的预测中都是一项核心内容，它是对某商品在未来市场上的需求总量的预测。影响医药市场需求的因素有两个方面：一方面是可控制因素，如药品的性能、价格、包装、质量、企业销售方式、宣传方式等，这些是一个企业可控制的因素，我们也称为企业市场营销组合。

(3)几种影响供应量和需求量的因素的预测

①药品价格预测：药品价格对于消费者来说是一个非常敏感的因素。企业可以根据市场的供求关系及价格涨幅情况来预测商品的价格。

②市场占有率预测：市场占有率是指某企业生产(销售)的商品在该种商品的生产(销售)总量中所占的比例。一般而言，同一类型的药品会有许多医药企业生产销售，所以一个企业要对它的市场占有率进行预测，了解本企业在该行业中所处的地位，及时调整生产营销策略，达到利益最大化。

③药品生命周期预测：药品生命周期是指药品投入市场到被市场淘汰所经历的时间。不同的药品它的生命周期是不一样的，同一类型的药品在不同企业的包装经营下周期也是不一样的。一般来说，一个生命周期分为投入期、成长期、成熟期、衰退期。企业要根据具体的情况预测药品总的生命周期，也要预测各个时期的分配情况，从而制定出不同阶段的市场策略和营销措施。

④新技术发展预测：科学技术是不断发展的，有了相应的科学技术，医药行业也会不断生产出新的医药商品，用它来为人类服务。大型医药企业也会预测国家甚至国际科学技术发展方向，调整企业药品研究方向。还有很多市场预测的内容，如商品资源预测、购买力预测、国际市场预测等等。

二、医药市场预测的步骤

为了成功地完成市场预测，预测者必须对预测的过程加以组织部署，按照预测工作的客观规律，有计划地完成市场预测的各项工作任务。每个具体预测的步骤都是不相同的，但是它们的主要步骤是共同的。

1. 准备阶段

(1)明确预测的目的　明确预测的目的是市场预测的首要内容。我们必须弄清楚为什么要进行这次市场预测,完成这次市场预测需要哪些信息。在明确预测目标时我们也要做些初步的计划,比如预测人员的分工、资金的预算、预测期的估计等。

(2)收集整理资料,分析资料信息　在市场预测中,无论是定性市场预测还是定量市场预测,都不可能是没有根据的或者只凭主观想象的,市场预测必须是以大量的、有效的、各方面的资料为依据,对有用信息进行分析,找出客观规律,利用相关预测方法得出预测信息。可以这么说,一项预测结果的准确程度,很大程度上取决于是否收集到大量可靠、有效的信息资料。各种资料可以分为历史资料、现实资料、经验资料。

在收集好预测所需的资料后,我们要对这些资料加以整理。根据预测的目的、市场现象的自身特点,对各种资料进行分组分类,使收集的资料系统化、条理化,成为反映市场总体现象特征的资料。经过加工整理的资料才能满足市场预测的需要。整理完预测资料后,我们还必须对这些资料进行严谨周密的分析,主要是分析研究市场现象及各种影响因素是否存在相关性;还要对市场现象及各种影响因素的发展变化规律和特点进行分析;在分析中可以看到各种市场现象及各种影响因素所反映出的变动规律都不相同,存在相互关联的市场现象和各种影响因素的表现也不相同。根据市场现象及各种影响因素的具体特点,才能选择恰当的市场预测方法。

(3)选择市场预测方法　市场预测的方法是非常多的,在下面我们会做详细的介绍。对于一个特定的市场预测,当然要选择一个特定的市场预测方法。怎么选择最佳预测方法呢?要根据对资料分析后的结果来选择适当的预测方法,才能正确地描述市场现象的客观发展规律,发挥各种预测方法的特点和优势,这样对市场的未来趋势才能做出可靠的预测。

2. 实施阶段

(1)进行预测　运用所选用的预测方法进行目标预测,根据相关的数据模型和数学统计方法我们可以计算出市场预测值。这是预测值的初步结果。

(2)预测误差分析　在实施阶段第一步的预测值是一个通过科学方法计算出来的估计值,这和实际结果之间是存在误差的,而且误差是不可避免的。不过我们可以运用各种方法使误差不断缩小。当确定误差值后,如误差值过大,则需放弃预测结果,如误差值在预测研究范围内,则预测结果可以采纳。

(3)及时作预测报告　当预测方法及预测值被采纳后,要及时作预测报告。报告内容一般包括预测目的、内容、方法以及预测依据、预测评估、预测值、误差分析等。

3. 跟踪阶段

当预测报告完成,预测开始实施后,预测者要不断对市场实际情况进行跟踪,验证预测方案是否符合实际市场,及时发现问题,出现问题要及时进行修正,当市场现象或这种影响因素发生巨大变化时,有必要甚至要改变预测方法,重新建立预测模型,这样不断地跟踪实际市场变化,才能使预测值更加准确。在跟踪阶段我们要及时发现问题,总结问题,积累信息,为以后的预测准备历史资料。

三、医药市场预测的方法

医药市场预测的方法,一个是定性市场预测法,另一个是定量市场预测法。定性市场预测法主要依据预测者对市场情况的掌握了解和对未来市场变化的估计,依靠预测者的经验和他们的综合分析能力和主观判断能力，对市场未来的变化趋势做出预测。定量预测法主要依据大量的资料信息，对收集来的资料信息加以整理分析，然后运用科学的预算模型和数学统计方法计算出预测值。

1.定性市场预测法

(1)经验判断法　也叫意见调查法。一个企业的营销管理人员和业务代表通过日常的工作，掌握着大量的历史资料和现实资料，他们对市场需求的变化最熟悉，也最敏感。对他们的意见进行调查并加以集中分析整理，可以对市场未来的情况做出预测。经验判断法的重点在于企业各方面的人员在根据预测目的提出意见过程中，需要考虑多方面的因素。

(2)专家意见调查法　专家意见调查法是目前应用比较广泛的预测方法，主要是调查业内权威人员和具有专长的工作者，然后进行预测。专家意见调查法有两种形式：专家会议法和德尔菲法。

①专家会议法：是预测者邀请和召集业内专家，明确预测目的，发放相关信息资料，通过会议形式收集、综合专家们的意见和建议，对预测目标做出合理估计。运用专家会议法应按照以下步骤进行：

第一，邀请业内专家参加会议，同时告知本次会议讨论的具体内容，发放已准备好的背景资料。邀请的专家范围和专家人数由组织者决定，一般以能解决问题为标准。

第二，召开专家会议，专家结合会议组织者提供的资料，充分发表各自的见解，会议组织者负责专人记录专家意见。在会议过程中主持人只是简单做会议介绍和贯穿会议议程，不可以发表主观看法，以免主持人的观点影响专家考虑问题的角度和范围。

第三，组织者组织预测专家一起根据讨论的情况制定预测模型，然后进行统计分析，最后做出预测结果。

专家会议法适用于缺少历史资料和时效性要求较高的市场预测，这种方法的优点在于能够集思广益、费用低、时间短、应用灵活方便。

②德尔菲法：德尔菲法是20世纪40年代末由兰德公司创立的，目前也是各企业经常采用的预测方法之一。德尔菲法主要采用背靠背的通信方式进行，首先和专家会议法一样通知各专家本次预测的目的，发放相关信息资料，同时随资料一起发放预先设计好的调查表，各专家认真填写调查表，所有专家完成调查表后由组织者统一收集，组织者综合整理各专家的意见，然后将整理后的意见反馈给各专家，各专家对整理后的信息资料根据自己的见解进行修改，再由组织者统一收集，综合整理。这样反复几次，直至所有专家的意见基本一致，最后通过科学计算得出预测值。德尔菲法的优点在于，各专家发表意见时不受任何心理干扰；预测值是综合所有专家的意见取得的，能够发挥集体智慧；应用面广，费用低。

(3)消费者意见法　在这里我们也可称患者意见法，这种方法主要是预测者直接听取患者的意见，或者是观察某地区人群中潜在患者的生活习惯。采用健康讲座、展销会等形式收集消费者或者潜在消费者意见，然后再进行市场预测，制定营销模式。目前许多保健用品商就是用这样的方法进行预测的。

定性市场预测法虽然有诸多优点，但并不是完美的，它主要是依靠预测者的主观判断，缺乏客观依据，预测方法不够严谨，在预测过程中可能会出现一些主观判断失误。

2.定量市场预测法

(1)简单算术平均法和加权平均法　简单算术平均法是将预测期前各时期的数据总和，

再求算术平均数，以平均数作为下期预测值。

加权平均法是根据以后信息资料的重要性的不同，分别给各个信息资料不同的权数，再以加权算术平均数作为预测值的方法。

(2)比例推算预测法　比例推算预测法是根据预测对象与某已知数据间的比例关系来推测预测对象的预测值。这种方法要求预测者了解到实际生活中许多数据实际是存在比例关系的，如城市环境与市民健康存在比例关系，人均消费水平和人均收入存在比例关系，销售额和人口数量存在比例关系等等。

市场预测的基本要素

要做好预测，必须把握预测的四个基本要素：

信息：信息是客观事物特性和变化的表征和反映，存在于各类载体，是预测的主要工作对象、工作基础和成果反映。

方法：方法是指在预测过程中进行质和量的分析时所采用的各种手段。预测的方法根据不同的标准可以分成不同的类别，按照预测结果属性可以分为定性预测和定量预测，按照预测时间长短的不同，可以分为长期预测、中期预测和短期预测。按照方法本身，更可以分成众多的类别，最基本的是模型预测和非模型预测。

分析：分析是根据有关理论所进行的思维研究活动。根据预测方法得出预测结论之后，还必须进行两个方面的分析：一是在理论上要分析预测结果是否符合经济理论和统计分析的条件；二是在实践上对预测误差进行精确性分析，并对预测结果的可靠性进行评价。

判断：对预测结果采用与否，或对预测结果依据相关经济和市场动态所作的修正需要判断，同时对信息资料、预测方法的选择也需要判断。判断是预测技术中重要的因素。

【能力培养与训练】

1. 训练营

组织学生通过报刊、网络等资料查找某一产品的市场信息，根据所学知识进行市场预测，并到当地医药企业进行走访调查，并和预测情况进行比较。

2. 训练目的

通过训练进一步深化学生对医药营销预测的理解和认识，掌握医药营销预测的基本内容，并能进行基本的医药营销预测。

3. 训练要求

在教师指导下选择相关药品和企业，分组进行现场实地调研并收集相关资料，撰写相关分析报告。

【项目总结】

- 医药市场信息系统是在人、计算机设备、网络、程序构成等元素的相互作用下构成的信息处理系统；医药市场信息系统的构成：内部报告系统、医药市场情报系统、医药市场调研系统、医药市场分析决策系统。

- 医药市场调查是指通过科学的方法和手段，系统地、客观地收集、整理和分析研究与医药市场有关的信息，提出结论与建议，为企业制定市场营销战略提供参考依据，包括对医药市场环境、供求状况、医药产品、竞争状况、销售活动、消费者等因素的调查。

• 医药市场调查分为探测性调查、描述性调查、因果性调查和预测性调查，并简单介绍了医药市场调查的步骤；医药市场调查的方法有观察法、访问法和实验法。

• 医药市场预测是运用逻辑学、数学和统计学等知识，对影响医药市场供求变化的各种因素进行调查研究并分析和预见发展趋势，掌握医药市场供求变化规律，为制订营销计划提供有效的依据。医药市场预测有定性市场预测法和定量市场预测法及量性综合市场预测法。

【项目检测】

一、选择题(含多选)

1. 按市场预测的空间范围分类，可分为 （　　）

A. 宏观市场预测　B. 微观市场预测　C. 定量市场预测法　D. 定性市场预测法

2. 医药市场信息系统由（　　）几项构成。

A. 医药企业内部报告系统　B. 医药市场情报系统

C. 医药市场研究系统　D. 医药市场分析系统

3. 医药市场调查的方法有 （　　）

A. 观察法　B. 访问法　C. 实验法　D. 抽样调查

4. 市场预测的核心内容是市场 （　　）

A. 供应量　B. 需求量　C. 生产量　D. 药品销售价格

5. 德尔菲法是一种 （　　）

A. 经验判断法　B. 专家意见调查法　C. 定量市场预测法　D. 定性市场预测法

二、简答题

1. 结合医药市场的实际，分析营销消费者行为的主要因素有哪些？

2. 医药消费者购买行为决策过程包括哪些阶段？

【实训教学】

医药市场调查

1. 实训目的

通过实训，要求学生能够设计医药市场调查问卷，进行医药市场调查，撰写医药市场调查报告。

2. 实训内容

(1)医药市场调查设计。

(2)医药市场调查方法。

(3)医药市场调查报告撰写。

3. 实训准备

学生先收集医药行业或企业、产品的相关资料，再进行分析并确定调查对象。

4. 实训材料

行业及企业或产品方面的相关资料。

5. 实训步骤

第一步:确定医药市场调查目的。

第二步:选择医药市场调查对象。

第三步:设计调查问卷。

第四步:选择调查方法。

第五步:进行实地调研。

第六步:整理调查资料。

第五步:撰写医药市场调查报告。

6. 实训成果

医药市场调查分析报告。

【参考文献】

[1]郑方华. 营销策划. 北京:机械工业出版社,2008

[2]顾海. 医药市场营销学. 北京:人民卫生出版社,2006

[3]侯胜田. 医药营销案例点评. 北京:中国医药科技出版社,2007

[4]万后芬. 市场营销教程. 北京:高等教育出版社,2007

[5]周雪梅. 营销策划实训. 北京:中国人民大学出版社,2009

[6]中国营销传播网. http://www.emkt.com.cn/

[7]中国教学案例网. http://www.cctc.net.cn/

（陈传宣）

第三部分　医药营销战略

项目一　进行市场细分

任务一　医药市场细分的依据

教学目标

【任务构架】

医药市场细分的概念→医药市场细分的形成过程→医药市场细分的意义→医药市场细分的理论依据。

【参考学时】

2 学时

【学习目标】

- 知识目标：掌握医药市场细分的理论依据，了解医药市场细分的概念及形成过程；熟悉医药市场细分的形成过程。
- 能力目标：在实践中熟练应用医药市场细分的定义；学会根据医药市场细分定义和分类依据，进行医药产品的细分。

【问题导入】

初元差异化目标市场营销战略

市场总在重复着“高利润一更多进入者一更多竞争一惨烈竞争到血流遍地”的故事，这时，聪明的战略家会避开激烈竞争的“红海”，转而开拓差异化的“蓝海”市场。比如，初元。

2008 年，保健品行业出现了几个现象：第一，行业业绩整体持续滑坡。除了一线品牌脑白金、黄金搭档销量攀升外，老牌的金日、昂立、鹰牌等品牌都出现不同程度的销售滑坡。典型的现象就是：商超保健品的专柜品种少了，专柜小了，光顾的消费者少了。传统保健品“真正的冬天”似乎刚刚来临：在一个消费日趋理性的年代，“可有可无”的产品最终会被淘汰出局。第二，以专柜化、系列化的自用保健品悄悄兴起，一个专柜，一个品牌，一个导购，全系列产品，每天花费不到一元钱，预示着由理性主导的自用市场慢慢抬头。第三，全国大广告开战的新品稀缺。

初元，专为患者设计！

江中制药借助对中国礼品市场的深度解剖，寻找到一个空白的礼品市场——“看患者，送初元”！定位——聚焦空白市场，抢占市场先机。2007年，一项针对探病市场的研究发现，消费者在给患者送礼过程中存在着几种需求：一是面子，二是对患者有帮助，三是安全。其中第一种需求已经获得了极大的满足，脑白金、黄金搭档、金日洋参、安利蛋白粉、深海鱼油等就是处于这个区间的品牌阵营；第二类帮助患者缓解病情、恢复身体的需求也有阿胶、血尔等品牌；第三类安全的需求主要由各类食品占领，如核桃粉、蜂蜜等。江中进一步的深访中发现，满足“安全的需求”对应的是一个价格低廉、品种繁多的竞争市场，价格区间为50～100元，同质化严重，进入机会几乎没有；满足面子的需求市场，现有品牌众多，以保健品居多，名气大、价格合理，进入的可能性也非常小；而满足“对患者有帮助的需求”则是一个相对的“空白”，原因之一是已有品牌不够强势，之二是这些品牌在消费者头脑中和患者的对应度不高，进入的机会非常大。

能否把消费者头脑中已有的对患者有帮助的需求“亮”出来，用一个品牌一个清晰的定位牢牢占领探病品类第一的位置？一个对患者康复有暗示和联想的名字在几百个名字中脱颖而出——初元。就是它，一个生病的人最想要的就是恢复元气，回到原来健康的样子。取名的同时，江中开始了新产品的研发，针对患者手术伤口愈合以及衰弱病体康复推出了两款产品。

调研发现，探病送礼的单次购买价格在181～200元之间的占33%，141～160元的占14%。探病礼品购买者年龄在25～35岁之间的占48%。这些花费相对高的人对礼品的追求除包装必须具备拿得出手、制作精美的特点外，还必须有适合患者的特性。江中运用金、红作为送礼产品的主打色，术后为金，病后为红，初元醒目地位于包装正中，高档简洁的设计配合包装背面的图解，有效传递了初元的定位。

初元的实质是什么？是适合患者使用的产品。由于探病市场先天存在着送的人不吃，吃的人不送的现状，推广策略从礼品突围。广告传播的第一个任务是抢占送患者的位置，因此广告篇围绕适合患者展开送礼理由创意，从患者的不同需求出发，有的人需要伤口愈合，有的人需要补充营养，初元针对不同患者推出不同产品，帮助患者早日康复。因此，初元是专为患者设计的营养品。

问题：

1. 描述哪些人为初元保健品的购买人群？

2. 初元在确定其购买人群前，进行了哪些相关的调查研究？

【知识链接】

一、医药市场细分的概念

“市场”一词对不同的人有不同的理解。市场的本意是指买卖双方用以聚集和交换商品及劳务的具体场所。对经济学家而言，市场是指从事商品和服务交易的买方和卖方。如药品市场包括卖方，如各制药企业、医药公司等，以及所有购买药品的消费者。而站在营销人员的角度来看，市场是指产品或服务的实际或潜在的购买者。

由于购买者的数量众多、地理位置分散，而且他们的需要和购买习惯等方面也各不相同，企业在满足不同市场的能力方面也存在差异，企业认识到他们不可能满足整个市场的需要，或者至少不能以同一种方式吸引所有的购买者。每个企业都必须找到它最适合满足的市场，因而必须进行市场细分。在市场内，市场细分是指根据市场中消费者的不同需求特点、购买行为和习惯等因素，将总体市场划分为若干相似的消费者群体。

从一个极端来讲，我们可以把世界上的每个人和每个组织定义为一个细分市场，因为每个人和组织都是不同的。从另一个极端来讲，我们可以把整个医药消费者市场定义为一个大的细分市场，把产业市场定义为另一个大的细分市场。所有的人有一些类似的特征和需求，所有的组织也是如此。

二、医药市场细分的形成过程

市场细分是由美国市场营销学家温德尔·斯密斯(Wendell R. Smith)于1956年提出的一个概念，这一概念的形成和出现经历了三个阶段。

1. 大规模营销阶段

市场经济国家在工业化初期，由于物资短缺，生产观念在企业中颇为流行，企业纷纷实行大规模市场营销，即大量生产某种产品，并通过众多的渠道大量推销产品给所有的购买者，试图用这一产品来吸引市场上所有的购买者。大规模营销的依据是通过大批量营销能最大限度地降低成本和价格，从而创造最大的潜在市场。

【知识拓展】

邦迪创可贴诞生记

20世纪初，美国强生公司的一名员工将粗硬纱布和绷带黏合在一起，发明了一种外科轻微创伤用快速止血产品，公司将其命名为邦迪。这种具有弹性的纺织物与橡皮膏胶黏剂组成的长条形胶布，迅速风靡全球，成为强生起家的基石。

2. 产品多样化营销阶段

从20世纪20年代开始，由于科学技术的进步、科学管理和大规模生产的推广应用，美国及其他西方国家企业产品产量迅速增加，市场出现了商品供过于求，卖主之间竞争日趋激烈。产品供过于求，使产品价格下跌，企业利润减少。由于同一行业中各企业的产品大体相似，所以卖主不能完全控制产品销售价格，于是，一些企业开始认识到产品差异的潜在价值，实行产品多样化营销，即企业生产销售两种或两种以上的，具有不同特色、式样、质量、型号的产品。产品多样化营销的依据是消费者的品位不同，而且随着时间的变化而变化。

3. 目标市场营销阶段

到了20世纪50年代，买方市场的严峻形势使得许多企业开始认识和接受现代市场营销观念。他们开始实行目标市场营销，即先识别各个不同的购买者群，将市场细分为若干分市场，选择其中一个或几个分市场作为目标市场，进行市场定位，开发适销对路的产品并制定相应的市场营销组合，集中力量为目标市场服务，满足目标市场的顾客需求。

随着医药科学技术的不断发展，企业能向社会生产销售更多的药品种类和数量的同时，也带来了更为激烈的竞争。在医药产品普遍供大于求、面临生存压力的情况下，医药企业必须进行市场细分。医药市场细分，是指根据医药市场中消费者的不同需求特点、购买行为和习惯等因素，将医药总体市场划分为若干相似的消费者群的过程。

医药市场营销人员通过市场细分把医药消费者按相同的需求进行分类，并且分析每类的特征和购买行为，这样就可以提高市场营销的针对性。细分为市场营销人员提供信息，帮助他们设计市场营销组合以满足一个或多个细分市场的特点和要求，医药企业要运用市场细分原则，针对消费者的不同需求，开发新品种、新剂型、开拓市场，真正满足消费者的需求。通过市场细分在满足医药消费者的需求的同时达到组织的目标。

三、医药市场细分的意义

医药市场细分是以消费者的需求差异来进行分类，而不是以药品来进行分类，通过划分不同的消费者群来细分市场，每个消费者群形成一个细分市场，每一个细分市场具有相似或相同的需求特征，不仅使企业从关注产品的角度转到关注消费者，而且也可以为企业选定目标市场，制定适宜的营销方案起重要作用。一般而言，医药市场细分有以下几个方面的作用：

1. 有利于企业发现新的市场

通过医药市场细分，医药营销人员不仅可以了解整个医药市场的总的情况，还可以较为具体地了解每一个细分的医药市场的实际购买量、潜在购买量、购买者满足的程度及市场竞争状况，便于企业比较、发现市场机会。企业可以根据市场竞争状况和企业的实际情况，着眼于市场前景广阔、能充分发挥自身优势、竞争对手又未引起重视或者竞争对手较弱的细分市场，使企业的资源与能力能得到最有效的运用，从而能迅速取得市场的优势地位。

2. 有利于提高企业竞争能力

市场细分有利于提高企业的适应能力和应变能力，要求企业不断地了解消费者的需求状况，在激烈的市场竞争中，根据消费者的需求变化情况及竞争对手的状况，不断调整企业市场营销策略。满足未被其他企业引起重视或被大企业忽视的消费者需求，充分发挥企业的优势使企业取得竞争优势，提高企业的竞争能力。

3. 有利于企业制定适宜的营销策略

通过市场细分，将市场分为不同的细分市场，企业选择一个或几个细分市场作为企业的目标市场。企业不断地研究、分析市场，了解不同细分市场的消费者的需求特征、购买行为、购买习惯等，然后根据不同的细分市场的不同对象和特点，生产出适销对路的产品，制定不同的营销策略，既有利于企业发挥自身优势满足目标市场，又能取得较好的经济效益。

四、医药市场细分的理论依据

识别偏好细分市场可以帮助我们更好地了解消费者需求的异质性。一般有三种市场偏好模式，即同质偏好、分散偏好和集群偏好。同质偏好是指所有消费者有大致相同偏好的市场。同质偏好市场中消费者的需求大致相同。在同质偏好情况下，企业推出一种产品就可满足消费者的需求，企业竞争的重点在产品的价格。分散偏好是指消费者的偏好都不相同的市场。分散偏好市场中消费者的需求都不相同。在分散偏好情况下，企业只推出一种产品难以满足所有消费者的需要，必须生产出多种不同的产品来满足消费者的需要。集群偏好是指整个市场可以分为多个不同的分市场，每个分市场具有相同的消费者偏好。分散偏好和集群偏好就是所指的异质市场，异质市场的竞争重点在于市场定位。

企业的资源限制和有效的市场竞争是市场细分的外在强制条件。企业由于资源和能力的限制因素,使得企业不可能向市场提供所有的产品满足市场所有的消费者需求。在激烈的市场竞争中,企业必须进行市场细分,选择目标市场,进行市场定位,集中资源有效地服务目标市场,从而取得企业竞争优势。

【能力培养与训练】

1. 训练营

组织学生到OTC药店、大型超市,了解药品、保健品的市场细分情况。

2. 训练目的

通过训练进一步巩固学生对市场细分的理解和认识,掌握市场细分的标准。

3. 训练要求

在教师指导下选题,分组收集资料,撰写××产品市场细分报告

任务二　市场细分的标准

教学目标

【任务构架】

消费者市场细分标准→生产资料市场细分标准。

【参考学时】

2学时

【学习目标】

- 知识目标:掌握医药消费者市场细分标准的四个标准,了解生产资料市场细分标准的三种方法。
- 能力目标:熟练应用消费者市场细分标准,进行医药产品的细分。

【问题导入】

感冒药:细分市场,突出特色

20多年以来,感冒药市场一直是跨国公司和国内制药企业硝烟弥漫的战场,原因在于这块市场实在过于庞大。据了解,目前中国几千家药企中有很大的比例都在做感冒药,市面上的感冒药品种多达百余种。每年各家企业花费在推广感冒药的广告费用,更是高达数十亿元。

目前在零售药店中,抗感冒药销售额约占药品零售总额的15%,是继保健品类(31.3%)之后销售额最大的药品。来自中国非处方药协会的一组统计数据显示,目前在中国常见病症的自我诊疗比例中最高的就是感冒,占常见病症的89.6%。如果以北京OTC市场中感冒药的消费占总量的28%来计算,全国感冒药市场有近50亿元人民币的销售额。

感冒药市场的另一个特点是比较成熟,市场份额向知名品牌集中。一组统计数据显示,感冒药市场前5位品牌一直保持着稳定,其中包括3个外资品牌——新康泰克、泰诺和日夜百服宁,以及两个国产品牌——白加黑和感康。中美史克的新康泰克,曾经

宣传过其独特的缓释技术——药品有效成分可以在12个小时内得到释放，随后将感冒药市场进一步细分，推出康泰克清，专门对付重症感冒患者，专门对付感冒发烧，可以有效缓解因感冒引起的发热、头痛、四肢酸痛等症状的感冒新药。白加黑把产品定位于虽然得了感冒但还需坚持学习和工作的人群——因为白加黑不会让服用者犯困。当初借康泰克因PPA事件退出江湖的机会，太太药业也曾挟资金优势大力推出正源丹，市场细分为对弱体质人群——老人、妇女和孩子具有提高抵抗力的功效。但是在投入了大量宣传费用以后，远远没有达到销售预期。针对冬季儿童感冒的高发季节，除"百服宁"、"儿童泰诺"等少数药品外，儿童用感冒药品种匮乏，尤其是国产儿童用药更是凤毛麟角。

问题：

1. 查找国内销售前五位感冒药的市场细分维度分别是什么？

2. 根据您的调查研究，假如要开发一个儿童感冒药，请你描述其市场细分和产品的关键诉求点？

【知识链接】

面对整个消费市场，采用什么标准来对市场进行分类对于能否有效地划分细分市场，充分发挥市场细分的作用起着关键的影响。市场的标准就是影响消费需求差异性的因素，只有掌握好市场细分的标准才能有效进行市场细分。由于影响医药消费者市场与医药生产者市场的因素不同，划分两类市场的标准也不同。下面分医药消费者市场和医药生产者市场分别介绍。

一、医药消费者市场细分的标准

医药消费者市场细分的标准主要有地理变量、人口变量、心理变量和行为变量等。

1. 地理细分

所谓地理细分，就是企业按照消费者所在的地理位置以及其他地理变量(包括城市农村、地形气候、交通运输等)来细分医药消费者市场。

地理细分的主要理论根据是：处在不同地理位置的消费者对企业的产品各有不同的需要和偏好，他们对企业所采取的市场营销战略，对企业的产品价格、分销渠道、广告宣传等市场营销措施也各有不同的反应。由于各地的水土风情各异，人们的体质、饮食习惯不同，流行病学方面的特点也不同，致使各地的患者人数差异较多，因而对药品需求的差异也较大。例如，由于城乡居民的收入和基本医疗保险制度的差别，造成了城乡居民对药品需求的差异，一般而言，城市居民对营养保健滋补类用品、新药特药、进口药的需求较多，而广大的农村对普药、中草药、中成药的需求相对较多。一些地方病、传染病及突发性疾病与气候、环境、生活方式紧密相关。地理因素也会影响到潜在的市场容量和成本费用。

2. 人口细分

所谓人口细分，就是企业按照人口变量(包括年龄、性别、收入、职业、教育、家庭规模、家庭生命周期阶段、宗教、种族、国籍等)来细分医药消费者市场。人口变量是细分医药消费者市场的重要变量，其主要原因不仅在于消费者的欲望、偏好、购买频率等与人口变量具有紧密的联系，还在于人口变量比其他类型的变量更容易衡量。

企业按照年龄来细分市场，可以根据不同的年龄分成不同的市场。企业不惜花费众多的时间来研究不同年龄细分市场的需求特征。按照医药消费者的年龄来细分，医药消费者市场可以分为老年人医药市场、成人医药市场和儿童医药市场等。

一些产品如衣物、化妆品、个人护理物品、杂志、珠宝和鞋子的营销人员通常是按照性别进行市场细分。由于男性和女性的生理特点差异，对药品的需求以及购买行为也有着明显的差别。

收入是一个用于市场细分的重要指标，许多市场是通过收入水平细分的，如房地产、衣物、汽车和食物。收入水平会影响消费者的需求并决定他们的购买能力。由于人们收入、职业等因素的不同，对药品的消费观念、用药习惯、用药结构等也会产生重要的影响。收入较高的消费者，在选择药品时更多地考虑药品疗效，而对价格较少关注。收入较低的消费者，在选择药品时更多地考虑药品价格，而对药效的要求不如收入较高的消费者。在制定药品营销策略时，必须考虑收入因素的差异。

按人口因素如性别、年龄和收入通常不能有效地解释为什么消费者的购买行为差异很大。通常相同年龄和性别的消费者在消费方式上的差异是由于他们处于家庭生命周期的不同阶段。家庭生命周期又是由年龄、婚姻状况和有无子女等多种因素决定的一系列阶段，因而在使用人口因素细分医药消费者市场时，要注意结合人口细分的多个因素（如户主年龄、家庭人数、收入水平、教育水平等人口变量）。

3.心理细分

所谓心理细分，就是按照消费者的社会阶层、生活方式、个性特征等心理变量将消费者细分为不同的消费者市场。

在现实生活中，为什么会发现那些收入、职业、年龄相同或相似的消费者呈现出不同的消费行为？是因为消费者的欲望、需要和购买行为不仅受到人口变量的影响，而且受到心理变量的影响。年龄、性别、收入、家庭生命周期和其他人口因素对于市场细分具有重要的作用，但是依靠人口变量不能完全实现市场细分，还必须进行心理细分。

社会阶层会直接影响到人们对汽车、衣服、家具、娱乐、读书习惯和零售商的偏好。企业为特定的阶层设计产品或服务。

生活方式是人们生活和花费时间及金钱的模式，可根据消费者不同的生活方式划分出各种明显的细分市场。来自相同的亚文化群、社会阶层、职业的人们可能各有不同的生活方式。生活方式不同的消费者对商品有着不同的需要，一个消费者的生活方式一旦发生变化，他就会产生新的需要。生活方式是影响消费者的欲望和需要的一个重要因素。在现代市场营销实践中，有越来越多的企业按照消费者的不同的生活方式来细分消费者市场，来设计不同的产品，进行不同的市场促销。例如，目前市场上的减肥、美容、养颜产品的设计和营销策略，就是针对25～40岁的白领女性生活方式、经济收入等方面的差异来设计的。

企业还可以按照消费者不同的个性来细分消费者市场。通过广告宣传，试图赋予其产品与某些消费者的个性相似的品牌个性，树立品牌形象。例如，在众多的药品消费者中，有些注重药品功效，有些追求新颖时尚，有些关心价格，有些选择用药的便利等呈现出与众不同的消费个性。医药生产经营者应开发出使这些个性不同的消费者感兴趣的药品，从而促进药品销售。

4.行为细分

所谓行为细分，就是企业按照消费者购买或使用某种产品的时机、消费者所追求的利益、使用者情况、消费者对某种产品的使用率、消费者对品牌（或商店）的忠诚度、消费者对产品的态度等行为变量来细分消费者市场。

(1)时机细分　根据消费者产生需要、购买或使用产品的时机，可将消费者区分开来。在现代市场营销实践中，许多企业往往通过时机细分，试图扩大消费者使用本企业的产品的范围。

(2)利益细分　指按照消费者对所购买的产品追求的不同利益来细分市场。不同的消费者有不同的购买动机、追求不同的利益。这种方法首先要了解消费者对有关产品追求的主要利益是什么，追求各种利益的各是什么类型的人，该种类商品或服务提供了什么利益。企业可根据自己的条件选择其中某一个追求某种利益的消费者群为目标市场，设计和生产出适合目标市场需要的产品，并且用适当的广告媒体和广告词，把这种产品的信息传达给追求这种利益的消费者群。

【知识拓展】

云南白药牙膏——插位于日化和药品间的“擦边球”

调研显示：中国90%的成年人都有不同程度的口腔问题。无论是专业数据显示还是调研发现，随着饮食习惯的改变(麻、辣、烫)和工作压力的增大，成年人大多有口腔溃疡、牙龈肿痛、出血、萎缩等口腔问题。而这些口腔“小问题”虽然不足以去医院，但大多困扰了人们的情绪，有快速解决的心理和生理需求；传统牙膏解决的大多是牙齿的问题，是防蛀和清洁的问题。云南白药以牙膏为载体，跳出普通牙膏阵营，不让云南白药牙膏姓“牙”，而是作为一支“口腔全能膏”，能综合解决成年人口腔问题，给大众带来真正口腔健康的、真正意义上的“非传统牙膏”，创出了一个区别于传统牙膏的新品类。

(3)使用率细分　许多商品的市场还可以按照消费者对某种产品的使用率即购买或消费的产品数量进行市场细分。如未使用者、初次使用者、少量使用者、中量使用者、大量使用者等。大量使用者往往在实际和潜在购买者总数中所占的比重不大，但他们所消费的商品数量在商品消费总量中所占的比重却很大。根据使用率进行细分，市场营销人员能够将精力集中在大量使用者上，或者针对不同的细分市场制定多种营销组合。

(4)忠诚度细分　企业还可以按照消费者对品牌(或商店)的忠诚度来细分消费者市场。品牌忠诚是指由于价格、质量等诸多因素的原因，使消费者对某一品牌的产品情有独钟，形成偏爱并长期地购买这一品牌产品的行为。提高品牌的忠诚度，对于一个企业的生存与发展，扩大市场占有率极其重要。

现将市场细分常用标准归纳于表3-1中。

表3-1　市场细分常用标准

细分标准	具体因素
地理细分	国别、气候、城乡、环境、密度
人口细分	年龄、职业、性别、教育、家庭结构、宗教、收入、种族
心理细分	生活方式、偏好、性格、个人兴趣、对各种营销的敏感程度
行为细分	购买时机、忠诚度、追求的利益、使用者情况、使用频率

二、医药产业市场细分的标准

医药消费者市场的细分变量大多可用于细分生产者市场，如追求利益、使用者情况、使用程度等。不过,由于生产者与消费者在购买动机与行为上存在差别,所以除了消费者市场细分标准外,医药产业市场的常用变量还有最终用户、用户规模、行业特点等。

1. 按购买产品的最终用途细分

医药工业品购买者购买产品一般都是供再加工使用,对所购买产品通常有特定的要求。企业可将要求大体相同的购买者集合成群,并据此设计出不同的营销组合策略。

2. 按购买者的经营规模细分

购买者经营规模的大小决定其购买能力的大小。企业可以针对购买者的规模大小来细分市场,并根据购买者的规模不同采用不同的营销组合策略。

3. 按购买者的购买状况细分

工业品购买者购买的主要方式包括直接重购、修正重购及新购。不同购买方式的采购程度、决策过程各不相同,因而可根据购买者的购买状况将整体市场细分为不同的子市场。

4. 按用户的地理位置细分

每个国家或地区在一定程度上受自然资源、气候条件和历史传统等因素的影响,形成若干医药产业区,例如浙江台州化学原材料园区、杭州生物产业园区等。这就决定了生产资料市场往往比消费品市场在区域上更为集中,地理位置因此成为细分生产资料市场的重要标准。企业按用户的地理位置细分市场,选择客户较为集中的地区作为目标,有利于节省推销人员往返于不同客户之间的时间,而且可以合理规划运输路线,节约运输费用,也能更加充分地利用销售力量,降低推销成本。

【能力培养与训练】

1. 训练营

以小组为单位,收集云南白药牙膏的全程策划文案,讨论该产品市场细分的标准是什么。

2. 训练目的

通过小组讨论进一步巩固学生对市场细分标准的理解和认识,掌握市场细分的方法。

3. 训练要求

每小组选出代表,阐述该产品市场细分的标准。

任务三　医药市场细分的程序

教学目标

【任务构架】

医药市场细分的七个步骤。

【参考学时】

2 学时

【学习目标】

- 知识目标:掌握医药市场细分的七个步骤。
- 能力目标:熟练应用医药市场细分的七个步骤,进行医药产品的细分。

【问题导入】

品牌药品细分市场

参考知名度、销售额等指标，我们会发现一个有趣的品牌集中现象：每一个细分市场都有3～4个主品牌占据着领先位置。普通医生和患者进行处方选择和购药选择时也基本以这几个品牌为主，如慢性咽炎品牌中的慢严舒柠、吴太咽炎片；紧急避孕品牌中的毓婷、后定诺；滴眼液品牌中的润洁、珍视明、曼秀雷敦和闪亮；足癣OTC中的达克宁、兰美抒、999皮炎平；中药抗癌注射液中的康艾、康莱特、艾迪；妇科炎症口服中药品牌中的妇科千金片、花红片和金鸡胶囊。

上述"处方习惯"或"品牌忠诚"现象都隐藏着品牌营销的真谛。美国学者杰格迪什·谢斯称之为"三法则"。他认为，几乎所有的成熟市场都具有一个相同的市场结构，即处于行业核心位置的只有三个最主要的企业，它们提供范围广泛的产品和服务，有效地控制了大多数细分市场。特劳特等人更是极端地提出"二元法则"，即从长远来看，每个市场都会呈现"只有两匹马竞赛"的格局，并拿出可口可乐和百事可乐作为例子。在中国彩电市场、空调市场、手机市场、饮料市场、大型连锁企业，"三法则"已经非常明显。

"三法则"可以延伸表述为：在一个细分市场中，随着市场竞争的深化，将会逐渐呈现"三法则"效应，在某个细分市场，3～4个少数品牌往往拥有大量的忠诚消费者，占据整个市场50%以上的份额。为什么会这样？其核心的秘密在于消费者心智。

每个人的脑海里都有一个简短的选项列表，先是"首选"、"备选"，如果都没有，那就随便从其余的几十种品牌中选择一个。也就是说，无法进入前三，被选中的机会就不是三分之一，而是几十分之一了。因此，品牌策划和传播的核心工作就是在消费者心中，通过切分市场、加大传播、渠道终端拦截，去抢位置、占座位，形成一种首选、次选或备选。只有这样，才能在面对千万个个体消费者时保证品牌的地位、市场份额和利润。

问题：

假如您公司生产产品的目标顾客与案例中所述相似，如何进行市场细分？请对该市场细分程序进行描述。

【知识链接】

一、医药市场细分的程序

美国市场学家麦卡锡提出细分市场的一整套程序，这一程序包括七个步骤。

1.选定产品市场范围，即确定进入什么行业、生产什么产品

医药产品市场范围应以顾客的需求，而不是产品本身特性来确定。例如，某一医药公司打算进入生物制药行业，若只考虑产品特征，该公司可能认为产品的对象是高收入顾客，但从市场需求角度看，低收入者也可能是潜在顾客。

2.列举潜在顾客的基本需求

比如，公司可以通过调查，了解潜在消费者对前述生物医药产品的基本需求，这些需求可能包括价格低廉、质量可靠等。

3.了解不同潜在顾客的不同要求

对于列举出来的基本需求，不同顾客强调的侧重点可能会存在差异。比如，价格低廉、质量可靠是所有顾客共同强调的，但有的用户可能特别重视医药产品的疗效，另外一类用户则对购买方便性、是否有副作用等有很高的要求。通过这种差异比较，不同的顾客群体即可初步被识别出来。

4. 抽掉潜在顾客的共同要求，而以特殊需求作为细分标准

上述所列消费者的共同要求固然重要，但不能作为市场细分的基础。如价格低廉、质量可靠是每位用户的要求，就不能作为细分市场的标准，因而应该剔除。感冒药市场细分也是一样，疗效好、副作用低等都会是所有感冒患者的共同要求，因而不能作为细分市场的标准列出。

5. 根据潜在顾客基本需求上的差异方面，将其划分为不同的群体或子市场，并赋予每一子市场一定的名称

例如，感冒药生产公司常把患者分为治疗效果好、治疗效率高、副作用低等多个子市场，并据此采用不同的营销策略。

6. 进一步分析每一细分市场需求与购买行为特点，并分析其原因，以便在此基础上决定是否可以对这些细分出来的市场进行合并，或作进一步细分

7. 估计每一细分市场的规模，即在调查基础上，估计每一细分市场的顾客数量、购买频率、平均每次的购买数量等，并对细分市场上产品竞争状况及发展趋势作出分析

二、医药市场细分的方法

医药营销人员可以根据各种不同的营销标准进行市场细分，然而由于各医药企业经营的产品、企业的经营能力等方面的差异，因而市场细分的方法有所不同，这种差异主要表现在细分的标准内容、标准数量、标准的难易程度等方面。一般而言有以下几种方法：

1. 单变量细分法

对某些通用性较大的、挑选性不强的产品，可以按照其中一个影响消费者最大的因素。如在人口变量中，可以选择不同的年龄范围来细分不同年龄的消费者，按年龄细分为不同的细分市场。在医药消费者市场中，根据年龄变量，可将药品市场分为老年药品市场、成人药品市场和儿童药品市场。也可运用收入将消费者按照不同的收入水平划分为不同的细分市场，将相同收入水平的消费者划为同一个细分市场。

2. 双变量细分法

选用两个指标来细分市场。由于顾客的需求较为复杂，需要运用两个指标来进行分析，才能更准确地区分不同的市场特点。如不同年龄范围的消费者，因生理或心理的原因对许多消费品都有不同的要求。同一年龄范围的消费者，因收入或性别等其他因素的不同也会产生需求的差异。

3. 综合变量细分法

选用三个及以上指标来细分市场。在细分市场时，需要根据变量的重要性来确定顺序，在细分的过程中，不断地进行比较并选择细分市场，直至选出最终的市场。

【项目总结】

• 不同的企业在市场细分时，应采用不同的标准，要根据企业的实力和产品的特征来确定自己的细分标准。

• 尽量少用或不用那些难以度量测定的细分因素。选用细分标准时，要求以这些细分因素划分后的各个子市场的规模、购买力等基本情况是可以测量的，并与其他子市场有明显的差异。

• 细分后的各个子市场是企业的营销辐射能力能够到达的，消费者能接触到企业的产品和营销努力。

• 市场细分子市场应该是值得企业为之设计专门的有效营销方案的尽可能大的同质消费者群体。

【项目检测】

一、单选题

1. 哈药六厂护彤感冒药的市场细分标准是 （ ）

A. 心理细分 B. 人口细分 C. 行为细分 D. 地理细分

2. 瑞年氨基酸片“上海流行送瑞年，江苏、浙江流行送瑞年”其市场细分标准是 （ ）

A. 心理细分 B. 人口细分 C. 行为细分 D. 地理细分

3. 提出细分市场的一整套程序，这一程序包括七个步骤的是 （ ）

A. 麦卡锡 B. 科特勒 C. 特劳特 D. 波特

4. 医药产业市场的常用变量不包括 （ ）

A. 最终用户 B. 用户规模 C. 行业特点 D. 产品结构

5. 以下不属于人口细分变量的是 （ ）

A. 年龄 B. 经济收入 C. 教育层次 D. 性格特点

二、简答题

1. 初元产品的细分标准是什么？细分程序是什么？

2. 云南白药药膏产品的细分标准是什么？细分程序是什么？

【实训教学】

市场细分

1. 实训目的

通过实训，要求学生能够知晓市场细分的标准，掌握市场细分的概念、依据、原则和方法。

2. 实训内容

(1)确定进入什么行业，生产什么产品。

(2)找到细分标准。

(3)评估细分标准。

3. 实训准备

学生先收集背景行业在产品品牌、产品卖点、产品包装、服务等方面情况的资料。

4. 实训材料

背景行业方面的相关资料。

5. 实训步骤

第一步：选定产品市场范围，即确定进入什么行业，生产什么产品。

第二步：列举潜在顾客的基本需求。

第三步：了解不同潜在用户的不同要求。

第四步：抽掉潜在顾客的共同要求，而以特殊需求作为细分标准。

第五步：将其划分为不同的群体或子市场，并赋予每一子市场一定的名称。

第六步：进行细分市场的描述。

第七步：评估细分规模。

6. 实训成果

市场细分报告。

【参考文献】

[1]黄海力，朱翠红. 市场营销实务. 北京：经济科学出版社，2010

[2]魏玉芝. 市场营销实训项目教程. 北京：清华大学出版社，2011

（陈志良）

项目二 目标市场的选择和市场定位

任务一 医药目标市场的选择标准

教学目标

【任务构架】

医药目标市场的概念→评估医药目标市场的因素→医药目标市场选择的方式→企业进入目标市场营销策略→制约目标市场策略选择的因素。

【参考学时】

2 学时

【学习目标】

- 知识目标：了解医药目标市场的概念，掌握目标市场策略；弄清影响目标市场选择的因素。
- 能力目标：在实践中熟练应用医药目标市场的三种策略；弄清目标市场选择的因素并能够结合企业实际进行目标市场的选择。

【问题导入】

江中抢占儿童助消化用药市场

2003 年年底，江中药业股份有限公司（以下简称江中公司）在对儿童助消化药市场进行全面研究分析后，决定实施战略细分，推出儿童装江中牌健胃消食片，以对江中牌健胃消食片（日常助消化药领导品牌）的儿童用药市场进行防御。2003 年 4 月，山东省的百年老厂宏济堂，在中央电视台六套等媒体，投放了神方牌小儿消食片的一条新广告片。需要补充说明的是，此时的江中健胃消食片，横跨成人、儿童助消化药两个市场。由于这两个市场在消费者、竞争者各方面均存在一定的差异，对成人而言，江中健胃消食片主要解决“胃胀、腹胀”问题，而对于儿童，则主要解决“孩子不吃饭”（儿童厌食）的问题，所以江中公司针对成人和儿童市场，分别进行不同的广告诉求，其中针对儿童市场的广告是“孩子不吃饭，请用江中牌健胃消食片”。不难看出宏济堂此次行动的用意——直接针对江中健胃消食片，细分其儿童市场。江中公司对此极为重视，因为神方小儿消食片直接细分的儿童市场，是江中健胃消食片的核心市场之一，而江中健胃消食片又是江中公司最主要的利润来源。何况，作为山东的强势地方品牌，选择央视这样一个全国性媒体，也体现了其欲进军全国的企图。不难想象，这条宣战式的广告片在江中公司上下引起了怎样的轩然大波。

通过对江中信息部门提供的各类情报进行分析研究，咨询公司提交了题为《如何抵御神方小儿消食片》的研究报告，其主旨是建议处于领导地位的江中健胃消食片，运用财力法则，实施封锁竞争。江中公司依此方案进行了实施：在宏济堂的大本营山东、安徽、河南等地，加大江中健胃消食片的推广力度，其中电视广告投放量增加到3倍，并进行大规模、长时间的江中健胃消食片的“买一赠一”活动，以期通过综合措施打压其销量，断其现金流的方式阻止其向全国扩张。

同时，咨询公司提出后续方案，建议江中公司借此契机，主动细分市场，加快儿童专用助消化药品的上市，趁儿童助消化药市场的竞争尚不激烈，尚无竞品占据消费者的心智，全力将新品推向全国市场，使自己成为儿童助消化药这个新品类的代表品牌，从而巩固其市场主导权。细分一个市场有许多办法。然而，并不是所有的细分都是有效的，其中企业最容易陷入的细分误区是开拓一个消费者心智中根本不存在的细分市场，而这些细分概念根本不符合消费者的已有认知和经验。

江中公司确定实施“儿童助消化药”细分战略后，开始调动一切元素来制造细分品类的差异，并让消费者充分地感受到差异，包括产品、包装、口味等，以期尽快从原市场中分化出去，成为一个独立的品类市场。简而言之，更好体现“儿童专属性”，从而更好地满足该细分市场不断发展的需求是成功的基础。

儿童装江中健胃消食片的广告首先要做的，就是开拓这个品类，广告需反复告知消费者，“专给儿童用的，解决孩子不吃饭问题”，从而吸引目标消费群不断尝试和购买，使儿童装江中健胃消食片成为消费者心智中该品类的第一。

问题：

1. 江中健胃消食片目标人群是什么？

2. 江中健胃消食片选择目标人群考虑了哪些影响因素？

【知识链接】

医药企业在对整体市场做出必要的细分之后，总要选择某一个或几个细分市场作为自己的目标市场，从而制定有针对性的市场操作计划。市场细分和目标市场的选择既有联系又有区别，市场细分是目标市场选择的基础和前提。如果说细分市场是一把手术刀的话，那么确定目标市场就是用利润天平去称量细分市场。在进行医药市场细分后，接下来就是选择企业的目标市场。但并非所有的医药细分市场对本企业都有吸引力，各个细分市场和各个目标之间是否存在着矛盾，企业资源、能力能否满足该细分市场。需要对细分市场进行评估，才能正确选择目标市场。

一、医药目标市场的概念

医药目标市场，是指医药企业在市场细分的基础上，依据企业资源和经营条件所选定的以相应的医药产品或服务去满足其需要的那一个或几个细分市场。

为什么要选择医药目标市场呢？

(1)并非所有的医药细分市场对各企业都具备足够的吸引力，必须是能发挥企业现有人力、物力资源等优势的细分市场，才能作为企业的目标市场。

(2)企业资源的有限性。企业没有足够的人力、物力、资金来追求太大的目标，也没有任何企业能满足整个医药市场的需求。

(3)各个细分市场和各个目标之间存在着某种矛盾。如果同时去满足它们，将造成企业效益的下降，并使企业在竞争中居于劣势地位。

(4)企业发展战略具有一定的阶段性。企业在不同的发展阶段，在战略方向的选择上会有所取舍。

所以，通过对医药市场的细分，结合医药企业自身的特点，优化企业经营资源，才能使企业确定相对有利的医药目标市场，从而使企业的计划和任务得以实现。

二、评估医药目标市场

市场细分揭示了企业所面临的市场细分的机会，企业需要对各细分市场进行评估，以决定选择一个或几个细分市场作为企业的目标市场。企业在评估不同的细分市场时，需要考虑以下三个因素：

1.细分市场的规模和增长程度

在选择目标市场时，企业必须首先收集并分析各类细分市场的规模及增长速度。企业只对有适当规模和增长特征的市场感兴趣。有一定的购买力，有足够的潜在需求量，才能带来一定的销售量，从而给企业带来一定的经济效益。一般而言，大公司具有丰富的资源及较强的能力，会选择具有较大规模且增长较快的细分市场；而中小公司由于资源与能力的限制，则会避免选择那些具有较大规模的细分市场，而选择与公司资源与能力相匹配的细分市场。

2.细分市场的结构吸引力

一个细分市场，尽管具有合适的规模与增长速度，但还不一定具有结构吸引力。从市场结构的角度考虑，有几个因素会对细分市场的长期吸引力产生重要影响。如果细分市场内存在众多的、强大的竞争者，市场竞争就会很激烈，市场的吸引力就会降低。许多现在的或潜在的替代品会限制细分市场内价格和利润的增长。如果细分市场内的消费者具有较强的议价能力会导致市场的激烈竞争；如果市场上存在很强的供应商，能够提价或者降低产品或服务的质量，或减少供应数量，则该市场的吸引程度也会降低。

3.企业的目标和资源

即使某个细分市场既具有合适的规模与增长速度，又具有结构上的吸引力，企业还必须与其目标和资源联系起来。企业选择目标市场，还必须符合企业的长远目标，必须考虑企业自身是否拥有在该市场获胜所需要的资源和能力。

三、医药目标市场选择的方式

公司在对不同细分市场进行评估后，可考虑五种目标市场模式(见图 3-1)。

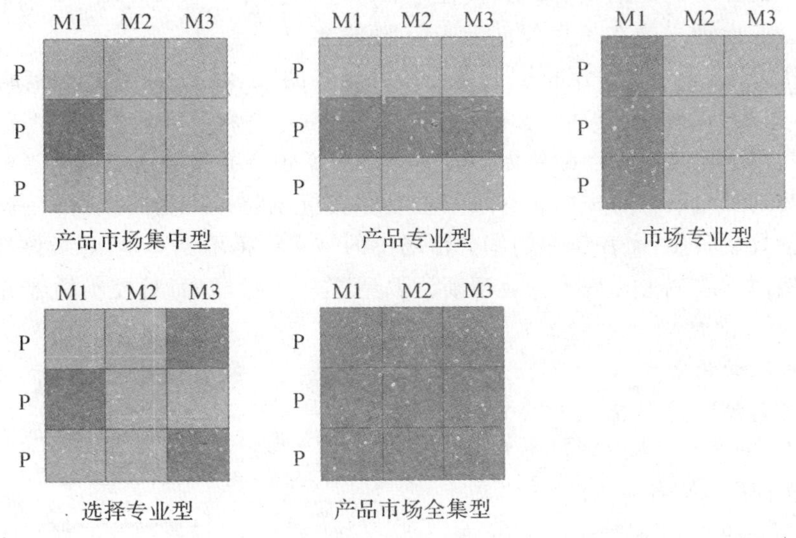

图 3-1　五种目标市场模式

1. 产品市场集中型

企业选择一个细分市场，实行密集性市场营销。企业只生产一种产品，供应一个顾客群。通过密集营销，企业更加了解该细分市场的需要，使企业集中力量，在一个分市场上有较高的市场占有率，可在该细分市场建立巩固的市场地位。但是，由于目标市场狭窄，一旦市场情况不好，或者出现强大的竞争对手，企业就会面临极大的风险。

2. 产品专业型

企业生产一种产品，向各类细分市场销售。这种模式有利于企业发挥自身的生产技术优势，使企业在某种产品方面树立起很高的声誉，尽管可以分散一定的风险，但是一旦面临技术变化，如出现新的技术则会带来风险。

3. 市场专业型

企业生产多种产品，专门满足某个细分市场的各种需要。通过市场专业型，企业可以分散风险，并在顾客中树立良好的声誉。

4. 选择专业型

企业选择若干分市场为目标市场，其中每个分市场都能提供有吸引力的市场机会，但是若干个细分市场之间很少或根本没有联系。这是一种多元化的企业经营模式，可以较好地分散企业风险。

5. 产品市场全集型

企业生产多种或一种产品，满足市场上所有顾客群体的各种需求。

四、企业进入目标市场营销策略

1. 无差异市场营销策略

无差异市场营销策略是指企业在市场细分之后，不考虑细分市场的差异性，而只注重子市场的共性，对整个市场只提供一种产品（见图 3-2）。

图 3-2 无差异市场营销策略

企业的产品针对的是消费者的共同需求而不是不同需求。企业设计出能在最大程度上吸引购买者的产品及营销方案，力求在一定程度上满足尽可能多的顾客的需求。这种策略的优点是产品的品种、规格、款式简单，有利于标准化与大规模生产，有利于降低生产、存货、运输、研究、促销等成本费用。但是单一产品要以同样的方式广泛销售并受到所有购买者的欢迎几乎是不可能的。特别是当同行业中如果有几家企业都实行无差异市场营销时，在较大的子市场中的竞争将会日益激烈，而在较小的细分市场中的需求将得不到满足，导致该细分市场内的竞争异常激烈而利润减少。许多企业逐渐认识到这一问题，因而对较小的细分市场也越来越感兴趣。

2. 差异市场营销策略

差异市场营销策略是指企业决定同时以几个细分市场为目标，为每个目标市场分别设计产品和营销方案（见图 3-3）。企业希望在每个细分市场中通过不同的产品和营销策略来提高消费者对公司及其产品系列的整体认同。企业还希望获得更多的忠诚顾客，因为该企业的产品和营销策略能更好地满足每个细分市场的愿望。差异市场营销会使企业的生产成本和市场营销费用（如销售产品改进成本、生产成本、管理费用、促销成本等）增加，因而企业在决定实行差异化营销策略时，必须权衡成本与利润的增长幅度。

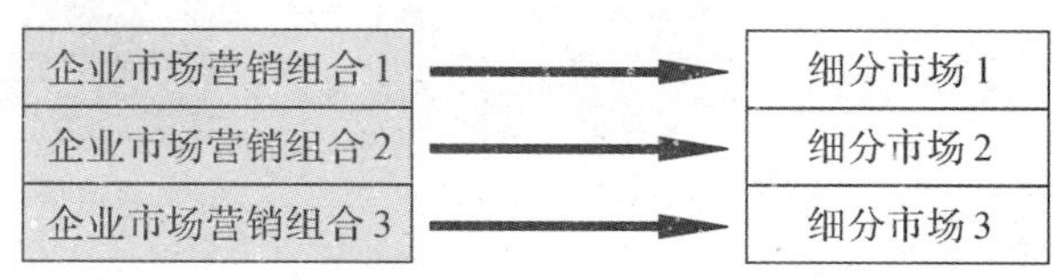

图 3-3 差异市场营销策略

3. 集中市场营销策略

集中市场营销是指企业集中所有力量，以一个或少数几个性质相似的细分市场作为目标市场，试图在较少的细分市场上占有较大的市场占有率（见图 3-4）。根据这种策略，企业将放弃一个大市场中的小份额，而去争取一个或几个细分市场中的大份额。实行集中市场营销的企业，一般是资源有限的中小企业，或是初次进入新市场的大企业。由于服务对象比较集中、对一个或几个特定子市场有较深的了解，而且在生产和市场营销方面实行专业化，可以比较容易地在这一特定市场取得有利地位。但是，因为目标市场范围比较狭小，一旦市场情况突然变坏，或者被更强大的竞争对手进入该细分市场，企业就有可能陷入困境。因而，许多企业更愿意在多个细分市场中分散经营。

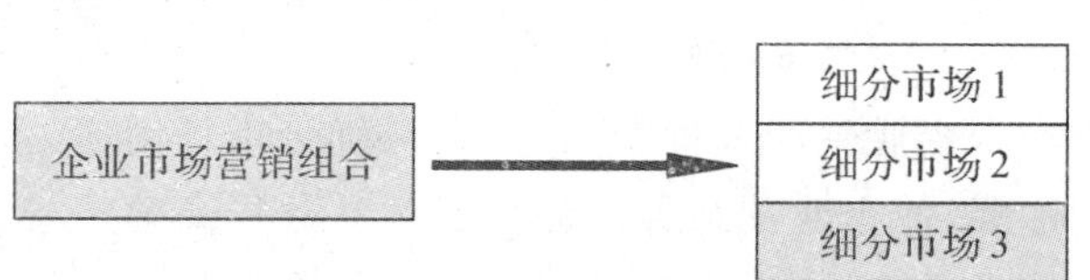

图 3-4 集中市场营销策略

五、制约目标市场策略选择的因素

上述几种目标市场细分策略各有利弊，企业需要选择哪种市场细分策略才更有利，在选择时需考虑几方面的主要因素，即企业资源、产品特点、产品所处的生命周期阶段、市场特点、竞争者的市场策略等。

1. 企业资源

如果企业资源雄厚，可以考虑实行差异市场营销策略；如果企业的资源有限，则可以采用集中市场营销。由于中小型企业资源的限制性因素，企业生产的产品种类不宜过多，否则会分散企业的人力与物力，不利于企业集中优势力量进行产品创新以及产品质量的提高。如果集中选择某一目标市场，可以集中使用企业的资源，进行产品创新与质量提高，更好地满足消费者的需求。

2. 产品特点

不同产品在消费需求方面具有不同的特点。对于同质产品或需求上共性较大的产品，一般宜实行无差异市场营销，如油、盐、米、面等。反之，对于异质产品，则应实行差异市场营销或集中市场营销，如豪华家具、家用电器等产品由于消费者的购买能力、喜好等不同消费需求差异性很大。

3. 产品生命周期阶段

产品生命周期包括市场引入期、发展期、成熟期、衰落期等阶段。根据产品生命周期的各阶段特点，可以采用不同的市场营销策略。处在引入期和成长期的新产品，市场营销的重点是启发和巩固消费者的偏好，最好实行无差异市场营销或针对某一特定子市场实行集中市场营销；当产品进入成熟期后，市场竞争激烈，消费者需求日益多样化，应采用差异性市场营销策略，以开拓新市场，或采用密集型市场策略，以保持原有市场，延长产品的生命周期。

4. 市场特点

如果市场上所有顾客在同一时期偏好相同，购买的数量相同，并且对市场营销刺激的反应相同，则可视为同质市场，宜实行无差异市场营销；反之，如果市场需求的差异较大，则为异质市场，宜采用差异市场营销或集中市场营销。因此，在确定目标市场之前，应进行充分的市场调查，充分收集细分市场的有关信息。

5. 竞争对手的市场策略

企业在选择其市场策略时，还必须考虑其竞争对手所采取的市场策略。一般说来，企业的目标市场策略应与竞争对手有所区别，反其道而行之。如果强大的竞争对手实行的是无差异市场营销，则企业应实行集中市场营销或更深一层的差异市场营销；如果企业面临的是较弱的竞争者，必要时可采取与之相同的战略，凭借实力击败竞争对手。

任务二 医药市场定位

教学目标

【任务构架】

医药市场定位的概念→评估医药目标市场的因素→医药目标市场选择的方式→企业进入目标市场营销策略→制约目标市场策略选择的因素。

【参考学时】

2 学时

【学习目标】

- 知识目标：了解医药市场定位的概念，掌握医药市场定位的方式与步骤，熟悉企业市场竞争的策略。
- 能力目标：熟练掌握市场定位的策略，能根据要求对市场进行细分和产品定位。

【问题导入】

王老吉:我是饮料不是药

2002年以前,王老吉虽然销售了7年,但是其品牌却从未经过系统、严谨的定位,企业也无法回答王老吉究竟是饮料还是药,消费者就更不用说了,完全不清楚为什么要买它。调查也显示,在广东,传统凉茶(如颗粒冲剂、自家煲制、凉茶铺煲制等)因去火功效显著,消费者普遍当做"药"服用,传统凉茶无需也不能经常饮用。而"王老吉"这个具有上百年历史的品牌就是凉茶的代称,可以说只要说起凉茶就想到王老吉,说起王老吉就想到凉茶。因此,王老吉受其品牌名所累,并不能很顺利地让广东人接受它作为一种可以经常饮用的饮料,其销量大大受限。在生活中,也常常在烧烤、登山等场合饮用,其原因不外乎"吃烧烤容易上火,喝一罐先预防一下"、"可能会上火,但这时候没有必要吃牛黄解毒片"。经过对现有消费者的深入研究后发现,消费者对王老吉并无"治疗"要求,只是作为一个功能饮料购买,购买红罐王老吉的真实动机是用于"预防上火",如希望在吃烧烤时减少上火情况的发生等,真正上火以后可能会采用药物,如牛黄解毒片、传统凉茶。所以,首先,企业最终明确红罐王老吉的第一定位,也就是品类定位应该是"饮料",而不是"药",王老吉的竞争对手应该是其他饮料;其次,企业确定其产品的功能定位——"预防上火的饮料",独特的价值在于——喝王老吉能预防上火。在明确品牌以后,营销行为要围绕这两点展开,企业主张可以随市场的变化而变化,但作为饮料这一点将长期不变。

问题:

1.王老吉的市场定位是什么?

2.王老吉的目标人群有哪些?

3.袋装王老吉和红罐王老吉的定位有何区别?

【知识链接】

一、市场定位的概念

市场定位,是指企业针对潜在顾客的心理进行营销设计,创立品牌,或企业在目标客户心目中的某种形象或某种个性特征,保留深刻的印象和独特的位置,从而取得竞争优势。简而言之,就是在客户心目中树立独特的形象。

市场定位并不是你对一件产品本身做些什么,而是你在潜在消费者的心目中做些什么。市场定位的实质是使本企业与其他企业严格区分开来,使顾客明显感觉和认识到这种差别,从而在顾客心目中占有特殊的位置。

【知识拓展】

杰克·特劳特与阿尔·里斯

杰克·特劳特(Jack·Trout)是全球最顶尖的营销战略家,也是美国特劳特咨询公司总裁。由杰克·特劳特本人创办的特劳特咨询公司,总部设在美国康涅狄格州(Connecticut)老格林威治区(Old Greenwich),在世界15个国家设有分部,运用特劳特先生的理论和先进工具为企业提供咨询服务。其客户包括:IBM、通用电气、宝洁、惠普、爱立信、Intel、花旗银行、施乐、AT&T、莲花、苹果电脑、杜邦、美国西南航空等世界500强企业。

阿尔·里斯(又译赖兹)是美国营销大师,目前是里斯和里斯(Ries & Ries)咨询公司的主席,该公司主要业务是为众多知名企业提供战略选择服务。阿尔·里斯于1950年毕业于Depauw大学,之后,他进入通用电气公司纽约分公司的广告与销售部门工作。1955年,他加盟了Needham,Louis & Brorby公司,作为Worthington和Peugeot公司的销售代表。1961年,他加盟Marsteller公司担任客户主管。1963年,他在纽约成立了自己的第一家广告代理公司:Ries Cappiello Colwell公司。1972年,阿尔·里斯和杰克·特劳特在《广告时代》杂志上发表了《定位新纪元》一文,"定位"一词开始进入人们的视野。1979年,阿尔·里斯将其公司更名为特劳特和里斯广告(Trout & Ries Advertising)公司,自己担任公司主席。1980年他们再度合作,出版了《定位》,再次引领市场营销学界的"定位"潮流,该书也成了广告学界经久不衰的畅销书。此后,1985年、1988年、1990年、1993年,里斯和特劳特四次合作,著有《营销战》、《营销革命》、《马的竞争》和《市场营销的22条法则》。其中,《定位》和《营销战》在多个国家被译成17种文字出版,而《市场营销的22条法则》则成为各国商务类图书的畅销书。2001年,美国营销学会评选"有史以来对美国营销影响最大的观念",结果不是劳斯·瑞夫斯的USP、大卫·奥格威的品牌形象,也不是菲利浦·科特勒所架构的营销管理及消费者"让渡"价值理论,不是迈克尔·波特的竞争价值链理论,而是阿尔·里斯与杰克·特劳特提出的"定位"理论。

二、市场定位的步骤

市场定位的关键是企业要设法在自己的产品上找出比竞争者更具有竞争优势的特性。竞争优势一般有两种基本类型:一是价格竞争优势,就是在同样的条件下比竞争者定出更低的价格。这就要求企业采取一切努力来降低单位成本。二是偏好竞争优势,即能提供确定的特色来满足顾客的特定偏好。这就要求企业采取一切努力在产品特色上下工夫。因此,企业市场定位的全过程可以通过以下三大步骤来完成:

1.分析目标市场的现状,确认潜在的竞争优势

这一步骤的中心任务是要回答以下三个问题:一是竞争对手的产品定位如何?二是目标市场上顾客欲望满足程度如何以及确实还需要什么?三是针对竞争者的市场定位和潜在顾客的真正需要的利益要求企业应该及能够做什么?要回答这三个问题,企业市场营销人员必须通过一切调研手段,系统地设计、搜索、分析并报告有关上述问题的资料和研究结果。

2.准确选择竞争优势,对目标市场初步定位

竞争优势表明企业能够胜过竞争对手的能力。这种能力既可以是现有的,也可以是潜在的。选择竞争优势实际上就是一个企业与竞争者各方面实力相比较的过程。比较的指标应是一个完整的体系,只有这样,才能准确地选择相对竞争优势。通常的方法是分析、比较企业与竞争者在经营管理、技术开发、采购、生产、市场营销、财务和产品等七个方面究竟哪些是强项,哪些是弱项。借此选出最适合本企业的优势项目,以初步确定企业在目标市场上所处的位置。

3.显示独特的竞争优势和重新定位

这一步骤的主要任务是企业要通过一系列的宣传促销活动,将其独特的竞争优势准确传播给潜在顾客，并在顾客心目中留下深刻的印象。为此，企业首先应使目标顾客了解、知道、熟悉、认同、喜欢和偏爱本企业的市场定位，在顾客心目中建立与该定位相一致的企业形象。其次，企业通过各种努力强化目标在顾客中的形象，保持目标顾客对企业的了解，稳定目标顾客的态度和加深与目标顾客的感情来巩固与市场相一致的企业形象。最后，企业应注意目标顾客对其市场定位理解出现的偏差或由于企业市场定位宣传上的失误而造成的目标顾客对企业形象的模糊、混乱和误会，及时纠正与市场定位不一致的企业形象。

三、市场定位的策略

1.避强定位

避强定位策略，指企业力图避免与实力最强的或较强的其他企业直接发生竞争，而将自己的产品定位于另一市场区域内，使自己的产品在某些特征或属性方面与最强或较强的对手有比较显著的区别。避强定位策略能使企业较快地在市场上站稳脚跟，并能在消费者或用户中树立形象，降低风险。避强往往意味着企业必须放弃某个最佳的市场位置，很可能使企业处于最差的市场位置。

2.迎头定位

迎头定位策略，指企业根据自身的实力，为占据较佳的市场位置，不惜与市场上占支配地位的、实力最强或较强的竞争对手发生正面竞争，而使自己的产品进入与对手相同的市场位置。竞争过程中往往相当惹人注目，甚至产生所谓轰动效应，企业及其产品可以较快地为消费者或用户所了解，易于达到树立市场形象的目的。

3.创新定位

寻找新的尚未被占领但有潜在市场需求的位置，填补市场上的空缺，生产市场上没有的、具备某种特色的产品。如日本索尼公司的索尼随身听等一批新产品正是填补了市场上迷你电子产品的空缺，并进行不断地创新，使得索尼公司即使在第二次世界大战时期也能迅速地发展，一跃而成为世界级的跨国公司。采用这种定位方式时，公司应明确创新定位所需的产品在技术上、经济上是否可行，有无足够的市场容量，能否为公司带来合理而持续的盈利。

4.重新定位

公司在选定了市场定位目标后，如定位不准确或虽然开始定位得当，但市场情况发生变化时，如遇到竞争者定位与本公司接近，侵占了本公司部分市场，或由于某种原因消费者或用户的偏好发生变化，转移到竞争者方面时，就应考虑重新定位。重新定位是以退为进的策略，目的是为了实施更有效的定位。例如万宝路香烟刚进入市场时，是以女性为目标市场，它推出的口号是:像5月的天气一样温和。然而，尽管当时美国吸烟人数年年都在上升，万宝路的销路却始终平平。后来，广告大师李奥贝纳为其做广告策划，他将万宝路重新定位为男子汉香烟，并将它与最具男子汉气概的西部牛仔形象联系起来，树立了万宝路自由、野性与冒险的形象，从众多的香烟品牌中脱颖而出。自20世纪80年代中期到现在，万宝路一直居世界各品牌香烟销量首位，成为全球香烟市场的领导品牌。

四、市场定位的形式

(1)产品差别化战略　即从产品质量、产品款式等方面实现差别。寻求产品特征是产品差别化战略经常使用的手段。

(2)服务差别化战略　即向目标市场提供与竞争者不同的优异服务。企业的竞争力越好地体现在对顾客的服务上,市场差别化就越容易实现。

(3)人员差别化战略　即通过聘用和培训比竞争者更为优秀的人员以获取差别优势。

(4)形象差异化战略　即在产品的核心部分与竞争者雷同的情况下塑造不同的产品形象以获取差别优势。

五、市场定位的原则

各个企业经营的产品不同,面对的顾客也不同,所处的竞争环境也不同,因而市场定位所依据的原则也不同。总的来讲,市场定位所依据的原则有以下四点:

1.根据具体的产品特点定位

构成产品内在特色的许多因素都可以作为市场定位所依据的原则,比如所含成分、材料、质量、价格等。"七喜"汽水的定位是"非可乐",强调它是不含咖啡因的饮料,与可乐类饮料不同。"泰宁诺"止痛药的定位是"非阿司匹林的止痛药",显示药物成分与以往的止痛药有本质的差异。一件仿皮皮衣与一件真正的水貂皮衣的市场定位自然不会一样,同样,不锈钢餐具若与纯银餐具定位相同,也是难以令人置信的。

2.根据特定的使用场合及用途定位

为老产品找到一种新用途,是为该产品创造新的市场定位的好方法。小苏打曾一度被广泛地用作家庭的刷牙剂、除臭剂和烘焙配料,现在已有不少的新产品代替了小苏打的上述一些功能。我们曾经介绍了小苏打可以定位为冰箱除臭剂,另外还有家公司把它当做了调味汁和肉卤的配料,更有一家公司发现它可以作为冬季流行性感冒患者的饮料。我国曾有一家生产"曲奇饼干"的厂家最初将其产品定位为家庭休闲食品,后来又发现不少顾客购买是为了馈赠,又将之定位为礼品。

3.根据顾客得到的利益定位

产品提供给顾客的利益是顾客最能切实体验到的,也可以用作定位的依据。1975 年,美国米勒(Miller)啤酒公司推出了一种低热量的"Lite"牌啤酒,将其定位为喝了不会发胖的啤酒,迎合了那些经常饮用啤酒而又担心发胖的人的需要。

4.根据使用者类型定位

企业常常试图将其产品指向某一类特定的使用者,以便根据这些顾客的看法塑造恰当的形象。美国米勒啤酒公司曾将其原来唯一的品牌"高生"啤酒定位于"啤酒中的香槟",吸引了许多不常饮用啤酒的高收入妇女。后来发现,占 30%的狂饮者大约消费了啤酒销量的 80%,于是该公司在广告中展示石油工人钻井成功后狂欢的镜头,还有年轻人在沙滩上冲刺后开怀畅饮的镜头,塑造了一个"精力充沛的形象"。在广告中提出"有空就喝米勒",从而成功占领啤酒狂饮者市场达 10 年之久。

事实上,许多企业进行市场定位的原则往往不止一个,而是多个原则同时使用,因为要体现企业及其产品的形象,市场定位必须是多维度的、多侧面的。

【项目总结】

- 市场定位是企业为了使自己生产或销售的产品获得稳定的销路。
- 企业要从多角度为产品培养一定的特色,树立一定的市场形象,以便目标市场的消费者了解和赏识本企业与众不同的特点,在消费者的心目中形成一种特殊的偏爱。

• 市场定位的策略有避强定位、迎头定位、创新定位、重新定位四种策略。

• 市场可以根据产品特点、特定的使用场合及用途、顾客得到的利益、使用者类型等四个方面进行定位。

【项目检测】

一、单选题

1. 以下不属于目标市场应该考虑因素的是 （　　）

A. 规模和增长程度　　B. 目标市场结构吸引力

C. 企业的目标和资源　　D. 产业特点

2. 对于资源有限的中小企业，或是初次进入新市场的大企业，适合采用 （　　）

A. 差异市场营销　　B. 低成本市场营销

C. 统一市场营销　　D. 集中市场营销

3. 企业生产一种产品，向不同顾客群进行销售，这是 （　　）

A. 市场专业化　B. 选择专业化　C. 产品市场集中化　D. 产品专业化

4. 具有规模化优势的企业，适合采用 （　　）

A. 差异市场营销　B. 低成本市场营销　C. 统一市场营销　D. 集中市场营销

5. 生活必需品适合采用 （　　）

A. 差异市场营销　B. 低成本市场营销　C. 统一市场营销　D. 集中市场营销

二、简答题

1. 初元产品的市场定位是什么？定位的原则是什么？

2. 云南白药药膏产品的市场定位是什么？定位的原则是什么？

【实训教学】

市场定位

1. 实训目的

通过实训，要求学生能够知晓背景行业的主要目标市场，并分析各主要目标市场的特征，确定产品定位和企业定位策略。

2. 实训内容

(1)背景行业主要目标市场分析。

(2)确定各项目组选择产品的定位。

(3)确定背景企业定位策略。

3. 实训准备

学生先收集背景行业在经营管理能力、技术开发能力、采购综合能力、生产能力、市场营销能力、财务能力、产品特色、价格、包装、服务等方面情况的资料。

4. 实训材料

背景行业方面的相关资料。

5. 实训步骤

第一步：列出各项目组的背景企业想要进入的主要目标市场。

第二步：列出目标市场的欲望、需求等特征。

第三步:分析各主要目标市场的特征。

第四步:确定背景企业在产品、服务、人员、形象等方面与竞争者的差别化。

第五步:准确选择背景企业的相对竞争优势。

第六步:分析背景企业在目标市场中的地位。

第七步:根据背景企业在目标市场中的地位,选择市场定位策略。

第八步:各项目小组根据背景企业采用的不同定位策略,进一步进行具体策略和方法选择。

6. 实训成果

市场定位报告。

【参考文献】

章金萍. 市场营销实务. 杭州:浙江大学出版社,2010

（陈志良）

第四部分 医药营销策略

项目一 制定产品策略

任务一 医药产品及其组合策略

教学目标

【任务构架】

医药产品的整体概念→医药产品组合→医药产品组合的影响因素→医药产品组合策略制定。

【参考学时】

4学时

【学习目标】

- 知识目标：了解医药产品和产品组合的概念；熟悉产品组合的主要影响因素；掌握医药产品组合策略的选取方法。
- 能力目标：能够判别具体医药产品组合的影响因素；能够根据具体医药产品进行组合。

【问题导入】

医药产品组合的最大效用

企业的产品一般不止一种，如何才能让现有的产品组合在一起发挥最大效用，实现企业利益最大化呢？

每个超市几乎每天都会拿出部分商品搞低价促销，通过广泛宣传吸引消费者。显然，超市商品分为两类：一类用来吸引顾客，不赚钱；一类躲在不赚钱的商品背后，悄悄地赚钱。前者称为炮灰产品，后者为利源产品。

炮灰产品：一般都有相对高的比较优势，有些甚至是低于成本价销售，有较强的市场杀伤力，具有战争中充当炮灰的开路属性，它是企业整体市场地位、市场占有率、生存空间、利润的先锋和铺垫。炮灰产品应在结合企业品牌、价格、服务、物流、技术、资金等资源基础上推出，比如在不增加价格的前提下，改进包装，增加服务内容，或者进行广告宣传。

有些企业有几十上百个产品，广告中大力宣传的往往就一两个，这一两个就有可能是炮灰产品，仅靠它们赚不回广告费，可没有它们，企业的牌子就硬不起来，来往的客户也没有那么多，其他产品的销售也没有那么好。

利源产品：就是作为企业利润主要来源的产品，与利基产品的意思相近，却不尽相同。按照菲利普·科特勤的定义：利基是更窄地确定某些群体，这是一个小市场并且它的需要没有被服务好，或者说"有获取利益的基础"。所谓利基产品自然是差异化产品，是通过更加专业化的经营来获取最大收益的一种策略。利源产品一般也要求是差异化产品，但不是必需的。同质化产品有时也可以作为利源产品，要求就是普通顾客对产品的价格或部分功能不敏感，从而可以悄悄地获得较高利润，支撑企业的发展。当社会发展使顾客对价格或产品功能变得敏感时，利源产品就可以转变为炮灰产品。不过，这个转变过程也不能太快，以免让人感觉过去上了当，特别是那些相对固定的顾客，必须要给出一种合理的解释。

药品的组合营销则可从以下方面考虑：刚上市的新药大多可以作为利源产品，因为竞争厂家少，替代品很少；独家代理的非品牌药品也可以作为利源产品，因为它的进价往往比品牌药低很多，而品质差别不大，可以推荐给没有品牌偏好的顾客。

当然，炮灰产品和利源产品的选择，必须结合企业的实际情况，如规模、新产品开发能力等，必须是有竞争优势的产品。假如我们在某个产品上没有成本优势，却偏要用这个产品去压制对方，最后吃亏的可能就是我们自己。

（资料来源：环球医药信息网：http://www.qgyyzs.net/news/newshtml/yxgl/20110825112058.shtml）

问题：

1. 企业进行医药产品组合时应该考虑哪些因素？

2. 经营过程中医药产品组合收效甚微时，该如何改进产品组合策略？

【知识链接】

一、医药产品的整体概念

随着市场营销理论的发展，人们对医药产品概念的理解在不断发展和深化。最初，人们主要强调产品的物质属性。随着市场竞争的激烈，后来人们发现关于产品概念的认识太肤浅了，譬如说同样是感冒药，为什么选择了"白加黑"。现代营销学理论对产品概念的理解是广义的，它是指能够提供给市场以满足需求和欲望的一切商品和服务，如给重病的老人请家庭陪护，是为了随时照顾行动不便，又希望待在家中治疗的患者。它既可以是有形商品，也可以是无形服务，或者是两者的结合，如实物、服务、信息等。

大多数消费者是从医药产品整体所提供的满意度来看待医药产品的，这样的满意度要求医药产品整体具有特定的特征，如恰当的包装、详细的说明书、优质的服务等的结合。西方一些营销学家在强调产品整体概念时，继而提出产品的层次论，如产品的"三层次"、"五层次"理论。在此主要参考美国西北大学著名教授菲利普·科特勤的产品"三层次"理论。整体医药产品由三个层次组成，即核心医药产品、形式医药产品、附加医药产品（见图4-1）。

1. 核心医药产品

核心医药产品也称医药产品的实质层。这是医药产品最主要、最基本的层次，是消费者

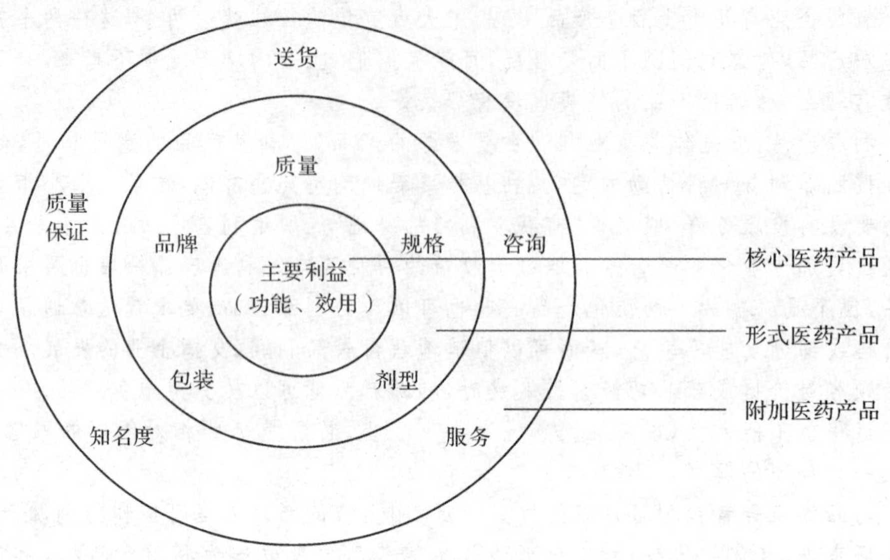

图 4-1　医药产品整体概念示意图

需求的核心内容，即指消费者购买的基本利益。如消费者到药店去购买某种药品，不单纯是为了购买某种剂型、某种包装的药品，而是为了解除某种疾病的困扰，恢复身体健康等，药品的治疗效果就是它的实质层。因此，医药营销人员应善于发现购买者购买医药产品时所追求的真正的实际利益。

2. 形式医药产品

形式医药产品也称医药产品的实体层。这是医药产品的基础，即指满足消费者需求的各种形式，主要包括医药产品的品种、规格、剂型、品牌、包装等内容。认识医药产品的实体层，对我国医药企业的营销活动具有重要指导意义。如一些医药企业讲究货真价实，很注重内在质量，便不太重视诸如品牌、包装、外观设计等外部质量，以至于在市场竞争中失败。相反，有些医药企业在这方面做得好，发掘了有利的市场机会，如钙制剂目前市场竞争激烈，剂型以咀嚼片剂和胶囊剂为主，而有些医药企业针对婴儿市场研制出颗粒剂，受到市场青睐。

3. 附加医药产品

附加医药产品也称医药产品的延伸层。这是对医药产品意义的延伸，即指消费者在购买医药产品时所获得的全部附加利益和服务，主要包括提供信贷、免费送货、质量保证、售后服务等内容。当前我国医药企业竞争日趋激烈，通用名相同的药品在实质、实体层没有明显差别的情形下，企业设计有效的产品延伸层则显得尤为重要。如河南宛西制药厂生产的六味地黄丸，一句质量保证的贴心话——“药材好，药才好”，赢得了许多顾客，使其在竞争中成为佼佼者。再如，老百姓连锁药房，“一切为了老百姓”的优质服务，使其迅速崛起。

这种对医药产品整体概念的描述，不仅是营销理论的发展，更对实际有以下重要意义：

第一，有利于实施以消费者需求为中心的营销观念。医药产品整体概念以消费者基本利益为核心，指导整个医药市场营销活动，是企业贯彻市场营销观念的基础。

第二，有利于提高医药企业营销水平，使医药企业认识到消费者接受医药产品过程中的满意度，既取决于三个层次中每一层次的状况，也取决于产品整体组合效果。

第三，明确医药产品与医药企业营销策略间的关系。医药产品整体概念的各个层次对医药企业策略有不同程度的影响。医药企业在考虑医药产品组合整体效果前提下，对不同层次侧重程度的确定要与医药企业营销策略相符合。

【知识拓展】

美国著名营销学家菲利普·科特勒在《市场营销管理》一书中举了一个例子，深刻地说明了上述道理：一家办公用具公司生产的一种文具柜，十分坚固耐用，但却销路不佳。经理抱怨说："我们的文具柜这样结实，从楼上摔下去也坏不了，为什么买的人那么少？"公司的一位雇员无不讽刺地答道："问题在于没有一个顾客买文具柜是为了从楼上摔下去。"这说明，在现代市场营销环境下，如果固守传统的产品概念，忽视消费者对一种产品的多样化需求，就不可能获得经营上的成功。

二、医药产品组合

当今科技飞速发展，医药企业一方面随着生产专业化程度的提高，实行大批量生产以提高生产效率，取得更好的经济效益；另一方面，又要发展多种产品以适应消费者需求的多样化。要解决这个问题，就要学会认识、分析和选择医药产品组合。

1. 医药产品组合、产品线和产品项目

医药产品组合是指医药企业生产或经营的全部产品的有机构成方式和量的比例关系，或者说是医药企业生产或经营的全部产品的结构。

医药产品线是指密切相关的满足同类需求的一组产品项目，一个企业可生产经营一条或几条不同的医药产品线。

医药产品项目是指引入医药企业销售目录中的每一具体的任何产品，即产品线中不同型号、号码、规格、大小、价格的产品。

医药产品组合是由产品线构成的，而产品线又由不同的产品项目构成。换句话说，产品项目构成了产品线，产品线又构成了产品组合。根据营销活动的需要，医药企业将那些在使用价值、原材料、营销渠道等近似的产品归为一类，组成了一个产品线。

2. 医药产品组合的宽度、深度和关联度

医药企业产品组合的特点一般通过其宽度、深度和关联度来表示。表 4-1 以某药厂的产品组合为例来说明这些概念的含义。

表 4-1 某药厂的产品组合

片剂	安降片、复方胃友胃溶薄膜片、复方胃友糖衣片
胶囊	头孢氨苄胶囊、复方必消痰胶囊、酮基布洛芬胶囊、感冒灵胶囊
冲剂	头孢氨苄颗粒剂、小儿速效感冒冲剂、活性钙冲剂
医疗器械	血压计、助听器

(1)宽度　指医药企业产品组合中包含的产品线的数量，又称广度。产品线越多，说明该企业产品组合的宽度越宽，两者呈正比，同时也反映一个企业市场服务面的宽窄程度和承担投资风险的能力。例如该药厂产品组合的宽度是 4 条产品线。

(2)深度　指一条产品线上包含的产品项目的数量。一条产品线上包含的产品项目越多，说明产品组合的深度越深。它反映一个企业在同类细分市场中满足顾客不同需求的程

度，一般用平均深度来分析。例如该药厂产品组合的深度为3，说明一条产品线上平均有3种产品。

(3)关联度　指每条产品线之间在最终用途、生产条件、销售渠道以及其他方面相互关联的程度。如该药厂的医疗器械产品线与其他产品线关联松散，片剂、胶囊产品线与冲剂产品线关联紧密。

分析医药产品组合，既包括分析每个医药产品项目所处的市场地位及其在经营中的重要程度，也包括对各医药产品项目的相互关系和组合方式的分析，其主要目的在于弄清在不断变化的市场环境中医药企业现有产品组合与医药企业营销战略计划是否相符，并根据内、外环境的要求对医药企业现有医药产品组合进行调整。

3.分析医药产品组合需考虑的因素

分析医药产品组合，一般应考虑以下因素：

(1)产品处境分析　医药企业可根据利润、销售量、促销计划将其生产或经营的医药产品逐一分析，以决定哪些医药产品需要发展、维持、收益或放弃。对产品处境的分析还要结合产品生命周期的分析(详见任务二)。

(2)产品定位分析　分析本企业产品定位的优劣，提出再定位设想。

(3)产品项目关系及对医药企业的贡献分析　考虑产品的组合方式，充分发挥企业的优势和潜力。

4.医药产品组合策略

在一般情况下，扩大产品组合的宽度，有利于扩展企业的经营领域，实行多角化经营，可以更好地发挥企业潜在的技术、资源优势，提高经济效益，分散企业的投资风险；加强产品组合的深度，可以占领同类产品的更多细分市场，满足更广泛的市场需求；而加强产品组合的关联度，则使企业在某一特定的市场领域内加强竞争力和赢得良好的声誉。因此，所谓产品组合策略，也就是企业根据市场需求和自身的条件，对产品组合的宽度、深度和关联度方面进行选择和调整的决策，主要方法是通过扩展或缩减医药企业的产品组合。

(1)扩展医药产品组合

①向上扩展(高档医药产品策略)是指在原有医药产品线内增加高档医药产品项目，提高原有医药产品线的声望，这样既可增加高档药品的比重，又能推动原中、低档药品的销售。

②向下扩展(低档医药产品策略)是指在高档医药产品线中，增加价廉、实惠的医药产品项目。目的是借助高档药品的声誉吸引顾客，促进购买。

③增加医药产品线，通常有两种方法：一是增加与原有药品关联度大的医药产品线。这种方法能利用原有的技术、设备和厂房设施，见效快、投资省、风险小；二是增加与原有医药产品关联度小的医药产品线。这种方法利于企业开拓新的市场，但风险较大。

(2)缩减医药产品组合

①通过销售额和成本分析来识别并取消那些无利可图的死亡医药产品线。

②削减关联度小的医药产品线，使产品线现代化、特色化。

扩展医药企业的产品组合可充分利用企业的人力、物力、财力，减少经营的风险，但同时提高了经营的复杂程度；缩减企业的产品组合可使产品组合更专业化、特色化，提高效率，降低成本，但风险较大。因此，企业应结合自身情况妥善处理以上矛盾，使企业的产品组合保持最佳状态。

【能力培养与训练】

1.训练营

组织学生深入某一具体的医药企业,熟悉企业经营的产品。

2.训练目的

通过训练要求学生会分析企业产品组合的特征,产品组合的合理性。

3.训练要求

分组分析所调查企业经营的产品状况,产品组合的可改进之处及组合策略,撰写报告。

任务二　医药产品生命周期策略

教学目标

【任务构架】

医药产品生命周期的概念→医药产品生命周期不同阶段的营销策略→判断产品生命周期的方法。

【参考学时】

2 学时

【学习目标】

- 知识目标:了解产品生命周期的概念;熟悉医药产品所处生命周期的判断方法;掌握生命周期不同阶段的策略。
- 能力目标:能够判别医药产品所处的生命周期;能够根据不同生命周期阶段制定相应的营销策略。

【问题导入】

“明星”药品:阿司匹林为何长盛不衰?

在不久前的季报公布会上,德国生命科学和化工集团拜耳(Bayer)的首席执行官马尔金·戴克斯(Marijn Dekkers)罗列了集团的不少变化之处,但有一样东西应该是不变的,那就是阿司匹林(Aspirin):几十年来,阿司匹林一直是拜耳的支柱产品之一。

拜耳在一百多年前开发出来的这种止痛药,在 2010 年依然为它创造了 7.66 亿欧元的销售额。像这样年销售额超 1 亿美元的“明星”药品,拜耳也只有不到十种。拜耳的销售冠亚军分别是:用于治疗多发性硬化的倍泰龙(Betaferon)和避孕药(Yaz)。但阿司匹林是其中唯一早已失去专利保护的药品。

“我们很难想象没有阿司匹林的拜耳会是怎样的情形,反之亦然。”拜耳医药保健的战略市场部门负责人弗莱明·奥恩斯哥夫(Flemming Ornskov)表示,“阿司匹林是拜耳历史的有机组成部分。我也希望拜耳在 100 多年前就是因为知道这种药会长盛不衰才研制它的,但实情并非如此”。

阿司匹林这个由拜耳首创的名称,已经变成了止痛药的代名词。然而,阿司匹林的历史以及拜耳对阿司匹林市场的持续统治,与现代药品的常规经历完全不同。现代药物通常要经历这样的过程:一家药企投入巨资进行研发和生产,申请专利,在专利失效前有限的年份里出售该药物盈利。

尽管配方来源古老、知识产权保护不力、竞争激烈,但拜耳的阿司匹林经受住了种种考验——药名被夺、监管措施严厉以及反复出现的对其副作用的质疑——一直位居史上最畅销药品之列。

去年,拜耳实施了一项更具有针对性的新营销战略,推动阿司匹林销量实现了两位数的增长。拜耳消费者保健部门副总裁杰伊·科尔潘(Jay Kolpon)表示:"我们对阿司匹林的市场宣传一直奉行泛泛而论的策略,这个策略执行得如此之好,以至于消费者们都忘记了一点:阿司匹林对各种原因引起的疼痛都有显著的疗效。"

拜耳定期对自己生产的阿司匹林进行改进,以保持对市场的掌控。阿司匹林提炼自柳树皮。公元前400年,希腊名医希波克拉底(Hippocrates)就记述了柳树皮的医学价值,到18世纪的时候,英国一位医生开始用柳树皮治疗风湿痛。阿司匹林的活性成分——乙酰水杨酸是在1853年合成成功的,而直到1897年,拜耳的化学家菲力克斯·霍夫曼(Felix Hoffmann)合成出一种稳定的乙酰水杨酸,拜耳才第一次开始涉足这一领域。过了不到两年(在这段时间里,拜耳还将海洛因当做一种止咳药进行大力推广),拜耳就推出了命名为"阿司匹林"的止痛药。该药一经推出,迅速成为了全世界最畅销的药物。阿司匹林的名字由乙酰基的首写字母"A"与绣线菊类植物(水杨苷成分的来源)一词中的"Spir"组合而成,末尾加上了一个当时药物的常见后缀"in"。

拜耳的阿司匹林之所以长盛不衰,秘诀之一是不断投资于品牌建设。在英国和美国,拜耳为阿司匹林申请了专利,但在包括德国在内的许多国家,拜耳只取得了阿司匹林的商标权。

第一次世界大战期间,拜耳在美国、法国、英国和英联邦大多数国家被剥夺了商标权(包括"拜耳"和"阿司匹林"两个商标)。这些国家在第一次世界大战中都是德国的敌对国。拜耳努力在其余的国家维持它对"阿司匹林"商标的独家使用权,并在这些已被剥夺商标权的国家尽可能收回商标权。拜耳最终未能夺回阿司匹林在美国的商标权,但它在1994年终于得以重新在美国使用"拜耳"这一名称。至此,拜耳能够在市场上打出"拜耳的阿司匹林"的招牌,并重新开始在全球大力推广。

阿司匹林长盛不衰的另一个原因是,其医学功效会定期增加。阿司匹林最初只用于治疗风湿痛,随后其用途扩大到治疗腰痛和神经痛。随着时间的推移,阿司匹林的用途大大增加。20世纪80年代,药品监管机构批准了阿司匹林的另一项用途:防止心脏病和脑卒中复发。

阿司匹林的很多新用途是先被人们广泛使用,然后经"回溯性"分析证实为有效的,而不是通过有针对性、"有预见性"的临床试验发现的。

奥恩斯哥夫表示,如今拜耳每年仍投入100万欧元以上用于阿司匹林试验,但拜耳一位前高管表示:"我们的消费业务是帮助阿司匹林提高市场知名度的重要因素。那些(有创意的)药剂师们是这些用途的发明者,尽管并非出于本意。"

拜耳的阿司匹林长盛不衰的第三个原因,是配方定期更新,以保持吸引力——这些更新都是受到品牌保护的。

20世纪早期,拜耳将阿司匹林由粉剂改成了片剂。50年代,拜耳又推出了适合儿童服用的阿司匹林咀嚼片。70年代,加入了维生素C的阿司匹林VC泡腾片诞生了。90年代,拜耳为阿司匹林增加了一层膜衣,制成了在肠道内而非胃部溶解的阿司匹林肠溶片(Aspirin Protect),以减少药物对胃部的刺激(这个问题近年来引起了许多内科医生的担心)。拜耳还在不断推出各种新型阿司匹林产品。最新推出的产品中,有能够防止中风和心脏病复发的低剂量阿司匹林Cardio,以及配方中含有咖啡因的Cafiaspirina。

拜耳也受益于对阿司匹林所做的持续、高强度的市场推广。阿司匹林最初的销售目标是医生,从1915年开始变成非处方药,可以直接在药店购买。另外,在包括英国在内的一些国家,拜耳的阿司匹林仍然是处方药,有时候还能获得医保报销,这增添了它在医学上的可信性,也让它有理由制定较高售价。

拜尔至今仍在为阿司匹林大打广告,广告中特别强调拜尔出品的质量保障以及该药广泛的用途。一些个人和机构,包括美国联邦贸易委员会(FTC)和美国食品和药物管理局(FDA)在内,都曾对拜耳的一些广告提出指责,称广告中宣传的一些用途并未得到药品监管机构的认证。

通过资助一些与阿司匹林有关的科学奖项及机构,拜耳提高了自己的可信度。倡导扩大阿司匹林药物用途的英国阿司匹林基金会(Aspirin Foundation)就是一个例子。该基金会成立于20世纪70年代,那时,生产扑热息痛(非消炎类解热镇痛药,解热效果类似阿司匹林——译者注)的竞争对手们纷纷宣传,儿童服用阿司匹林可能导致罕见但致命的瑞氏综合征,基金会最初就是为了抵挡这种宣传攻势而成立的。如今,阿司匹林基金会还会传播有关阿司匹林潜在新用途的各种研究信息。

就在不久前,一个新的科研项目开始分析阿司匹林在预防癌症方面的潜在疗效。

拜耳早已失去了阿司匹林的商标权,也早已开始缩减对该药的自主研发投入,这说的或许都是事实;然而,随着药企纷纷转向一些风险较低的新产品、转攻新兴市场,拜耳的阿司匹林仍然是个令人羡慕的支柱品牌。

(资料来源:http://www.ftchinese.com/story/001041604)

问题:

1. 拜耳阿司匹林处于产品生命周期的哪个阶段,有何明显特征?

2. 拜耳公司通过哪些调整策略来保持阿司匹林销售的长盛不衰?

【知识链接】

一、产品生命周期的概念

人们通过长期观察众多产品的市场表现后发现,产品销售量、利润以及成本的变化过程与生物的生命历程一样,大多经历出生、成长、成熟、衰老和消亡的过程。由此,美国哈佛大学教授费农(Raymend Vernon)在1966年提出了产品生命周期理论。

所谓产品生命周期(product life cycle,PLC),是指产品从进入市场到最后被市场淘汰、退出市场的全过程。如图4-2所示为一种典型的描绘:根据产品的销售额、成本水平、利润不同时期呈现出来的不同变化趋势,将产品生命周期划分为4个不同阶段——导入期、成长期、成熟期和衰退期。

自从产品生命周期的概念提出后,人们常常使用这一概念来解释产品和市场的动态性

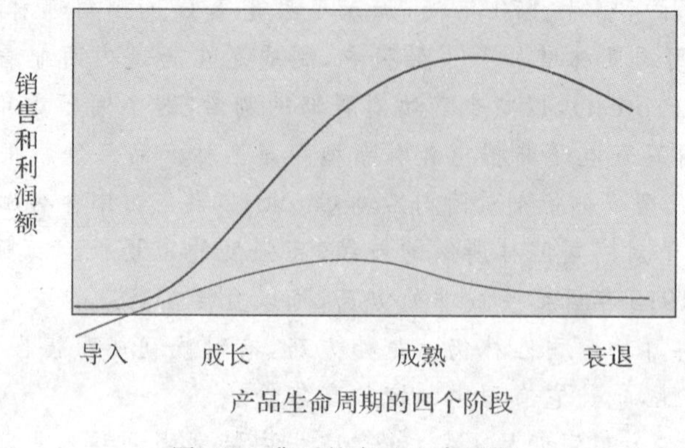

图 4-2 典型的产品生命周期

(见表 4-2)。作为一个计划工具,产品生命周期概念刻画出产品各个阶段主要营销挑战的特性,并提出企业应该实行可供选择的主要营销战略。作为一个控制工具,产品生命周期概念使企业能在产品性能上与过去类似产品作一对比。但是,由于各种产品的销售历史存在着各种不同的形式,以及每个产品各个阶段的持续期也各不相同,产品生命周期这一概念作为一个预测工具所能起到的作用就较少。

表 4-2 利用产品生命周期对产品与市场等指标的动态性描述

阶 段	导入期	成长期	成熟期	衰退期
销售量	低	快速增长	缓慢增长	逐渐或快速下降
成本	高	逐渐降低	较低水平	低
利润	较低或负数	高	稳定在一定水平	低
顾客类型	革新者、早期采用者	早期大众	晚期大众	落伍者

二、产品生命周期不同阶段所应采取的营销战略

在提出产品生命周期这一概念后,经过对数百种产品的营销过程的分析,有营销学家提出,在产品生命周期的不同阶段,企业应该采取不同的营销战略。这种理论被称为产品生命周期战略。

1. 导入期的营销战略

导入期(introduction)是指产品首次正式上市后的最初销售时期。

(1)导入期的特征

①产品本身:生产批量小,产品规格、形态单一,产品性能、质量不稳定,价格较高。

②竞争对手:生产同类产品的企业较少,市场竞争环境较宽松。

③顾客类型与态度:顾客对新产品的性能、用途等方面较陌生,缺乏全面了解和信任。由于顾客接受新产品往往需要经历缓慢的试用过程,建立对产品的信任需要一段时间。销售人员所面对的终端顾客主要是革新者和早期采用者。

革新者和早期采用者的顾客行为特点:这是一些愿意冒险的顾客,会在产品推向市场后很快购买新产品。两者相比较,革新者比早期采用者更具有冒险精神,更年轻,社会地位更高,更都市化,所受教育更好;早期采用者喜欢拥有新产品所带来的声望和尊重,但是他们比

革新者所冒的风险少,更注重群体规范和价值。

④销售量:市场需求量较小,销售额增长较缓慢。

⑤费用与成本:推广渠道和产品促销推广费用较昂贵,此阶段市场营销成本非常高。

⑥利润:因为销量少、成本高,企业利润很低甚至可能亏本。

(2)导入期的战略目标和营销组合 根据上述特点,导入期市场营销战略的重点是要突出一个“快”字,即尽可能以最短的时间、最快的速度使产品进入成长期。企业为该产品所制订的营销组合,可以从以下几个方面来考虑:

①产品策略:市场与销售部门应及时了解市场对新产品的反馈信息,并据此提出改进产品质量、包装,丰富品种、规格的建议。随着产品生产和销售日益走上正轨,生产部门和品质管理部门应进一步加强内部管理,降低产品生产成本。

②渠道策略:一般情况下,销售部门应着重选择具有销售同类产品经验的经销商进行市场的开拓。

③价格策略和促销策略:企业在推出新产品时,可以针对产品本身特点、企业知名度和市场情况,在定价的高低、促销费用投入的高低上作出四种不同的选择:

快速取脂战略(rapid-skimming strategy):以高价和高促销水平的方式推出新产品。采用这一战略的适用条件是:潜在市场的大部分人还没有意识到该产品;知道它的人渴望得到该产品并有能力照价付款;企业面临着潜在的竞争和想建立品牌偏好。

缓慢取脂战略(slow-skimming strategy):即以高价格和低促销方式推出新产品。采用这一战略的适用条件是:市场的规模有限;大多数的市场已知晓这种产品;购买者愿出高价;潜在竞争并不迫在眼前。

快速渗透战略(rapid-penetration strategy):即以低价格和高促销水平的方式推出新产品。采用这一战略的适用条件是:市场是大的;市场对该产品不知晓;大多数购买者对价格敏感;潜在竞争很强烈;随着生产规模的扩大和制造经验的积累,企业的单位制造成本会下降。

缓慢渗透战略(slow-penetration strategy):即以低价格和低促销水平推出新产品。采用这一战略的适用条件是:市场是大的;市场上该产品的知名度较高;市场对价格相当敏感;有一些潜在的竞争。

④促销组合策略:促销组合在导入期承担重要的宣传功能,组合各要素在该阶段有各自的适用条件:广告和公共关系适合于建立较高的知名度;销售促进则能促进顾客尝试使用;人员推销的重要性处于次要地位,但可以通过人员推销来说服中间商更多地进货。所以该阶段的促销组合策略可如此制定:①增加广告预算等促销费用;②利用广告和公共关系方式大力宣传新品牌,让顾客了解和熟悉该产品;③辅以销售促进手段促使顾客早期试用。

许多产品在产品导入期里成长缓慢,无法迅速达到保本销量或期待中的盈利水平而跨入成长期。巴泽尔(Buzzell)将产品缓慢成长的原因归结于以下几点:①生产能力没有得到及时的扩张,产品供应不足;②有待解决的技术问题(未能及时消除产品缺陷);③分销不到位,顾客无法便捷地购买到产品;④顾客不愿意改变既定的行为模式等。

2. 成长期的营销战略

成长期(growth)是指产品被市场迅速接受和利润大量增加的时期。它到来的标志是销售迅速增长。

(1)成长期特征

①产品本身:生产规模不断扩大,产品规格、产品形态逐渐丰富,产品性能、质量稳定,产品价格维持不变或略有下降。

②竞争对手:生产同类产品的企业增加,市场上开始出现竞争。

③顾客类型与态度:产品的功能、用途逐渐或迅速被顾客了解并接受,早期顾客乐于继续使用该产品,众多新顾客——“早期大众”开始追随消费。

“早期大众”的顾客行为特点:采取行动前深思熟虑,他们要花更多的时间决定是否尝试新产品,并且向革新者和早期采用者征求意见,虽不能领先尝试新事物,却是积极的响应者。

④销售量:部分区域市场的销售量得到快速提升,产品已经渗透到二、三级市场,终端铺货率提升到 80%以上的水平;新的区域市场被不断开拓并开始“精细耕作”。这样,产品销售量得到快速增长。

⑤费用与成本:生产成本大幅下降;为满足竞争或继续培育市场的需要,维持与导入期同等的促销费用或略微提高;而销售量和销售额的高速上升,使费用率不断下降。

⑥利润:由于销售量快速增长,生产成本和促销成本大幅下降,利润得到快速增长。

(2)成长期的战略目标和营销组合　根据上述特点,企业要把握两个目标:一是达成竞争目标——提高产品市场竞争能力,进一步扩大市场占有率;引导顾客认牌选购,提高指名购买率。二是注重形象目标——争取社会公众对本产品的正确、全面了解,提高产品知名度,同时注重品牌,树立良好的品牌形象,提高产品美誉度。为该产品所制订的营销组合,可以从以下几个方面来考虑:

②产品策略:继续改进产品质量和增加新产品的特色和式样。

③渠道策略:进入新细分市场,进入新的分销渠道。

④价格策略和促销策略:在适当时候降低价格,以吸引另一层次价格敏感的购买者。

⑤促销组合策略:采取鼓励性促销措施、提高顾客对产品的信任度,使“早期大众”尽早地确定购买决策,更多地加入到购买行列中来;市场部门可以适当减少整体促销费用,同时,在财力可以承受的前提下适当增加广告预算,通过公益性的公共宣传活动增强品牌的辐射力,配合人员推销等手段以扩大销售。

(3)成长期的基层销售人员　需要基层销售人员注意的是,适当减少总体促销费用并不意味着基层销售人员可以轻松一下了。由于产品在区域市场的成长性、竞争态势和销售指标,区域市场的销售人员面临不同的情况,促销活动的力度、形式和内容需要精心选择,在征得市场部的理解和支持后,仍需在本区域强力推行相关促销活动。

本阶段可以适当减少整体促销费用:导入期所做的广告与促销对成长期的产品仍存在后续影响;顾客对产品的需求保持自然增长的良好势头;各种促销手段的作用都有所减弱。

对促销重点也需要做适当的调整:由对产品的一般介绍转为对产品特色的着重宣传;由顾客对产品的了解转为对产品的偏好;由品牌知名度的建立转为品牌美誉度的培育。

3.成熟期的营销战略

成熟期(maturity)是指产品已被大多数的潜在购买者所接受,销售增长减慢的时期,即一种产品的销售增长率在达到某一点后将放慢步伐,并进入相对的成熟阶段。

(1)成熟期的特征

①产品本身:产品在市场上已经被广泛了解和接受;生产规模稳定在较高的水平,但不

再扩大；产品规格、产品形态非常丰富，产品性能、质量稳定。

②竞争对手：市场上出现更多的竞争对手，各种牌号的类似产品、仿制品不断涌现；销售增长率的减慢使得整个行业中的生产能力过剩，能力过剩又导致竞争加剧。竞争者更频繁地使用减价和不标价的方法销售。

③顾客类型与态度：购买者中增加了大量的“晚期大众”，消费群体进一步扩大，潜在顾客已很少。

“晚期大众”的顾客行为特点：对新事物通常持有怀疑态度，相对于“早期大众”而言都市化程度更低，对变化的反应更慢。

④销售量：产品销售量达到最大，销售增长率呈下降趋势；市场占有率提高，大部分区域市场的销售量稳定在一个较高的水平，产品已经渗透到二、三级市场，终端铺货率提升到90％以上的水平；市场容量接近饱和，销售量需要依靠“精细耕作”来保持。

⑤费用与成本：生产成本稳定在一个较低的水平；但营销费用迅速增加。

⑥利润：利润稳定或呈下降趋势。

(2)成熟期的战略目标与营销组合　根据上述特点，成熟期市场营销战略有两个目标：一是保牌，增加顾客对产品的消费习惯和偏好，加深顾客对产品的好感和信心，刺激重复购买，建立品牌忠诚度，确保已有产品市场，并提高市场占有率。二是继续注重提高企业整体知名度和美誉度，树立良好的企业形象。

成熟期的持续时间一般长于前两个阶段，所以顾客接触到的大多数产品都处于这一阶段。企业为该产品所制订的营销组合，可以从以下几个方面来考虑：

①产品策略：进一步改进产品的质量、特点、式样或服务；挖掘产品的新用途；提供新的服务内容。

品质改进(quality improvement)策略：侧重增加产品的功能——它的耐用性、可靠性、速度、口味，多样化的功能将提高产品的竞争地位。

特性改进(feature improvement)策略：侧重增加产品的新特点(如尺寸、重量、材料、添加物、附件等)，扩大产品的安全性或便利性。

式样改进(style improvement)策略：侧重从美学欣赏的角度对款式、外观进行改变，使之符合更多顾客的需求。

服务改进(services improvement)策略：指为用户提供物流帮助、开展技术咨询、家庭门诊等服务，提高顾客的满意度。企业能够加快交货工作吗？企业能扩大对顾客的技术援助吗？企业能扩大提供更多的信贷吗？

②渠道策略：考虑采用市场改良策略(或：市场多元化策略)，即开发新市场、寻求新用户，通过寻找新的销售途径、销售方法，扩大销售对象。

销售量＝顾客数量×每个顾客的使用率

如何扩大顾客的数量？营销人员可以做以下几个方面的努力：转变原非使用人为新顾客；进入新的细分市场探求其中任何一个顾客群增加产品购买的可能性；争取竞争对手的顾客。

如何提高顾客使用率？营销人员可以做以下几个方面的努力：设法使顾客更频繁地使用该产品；引导顾客在每次使用时增加该产品的使用量；努力发现该产品的各种新用途，并让顾客从使用产品的更多用途中受益。还可以发展集团购买市场，营销人员应留出时间考虑、试探工矿企业、政府机关、网上团购等大宗消费的可能性;拓展地区市场。营销人员可以通过以下问题找到拓展方向:企业在现有的分销网点上是否能够获得比较多的产品支持和陈列?企业能够渗透入更多的销售网点吗?企业的产品能够进入某些新类型的分销渠道吗?是不是该考虑对农村市场、外地市场、国外市场的开拓了?

③价格策略:更多地通过价格的上调或下调来刺激、扩大顾客的购买。

在考虑降价销售前,营销人员要考虑以下问题:削价会吸引新试用者和新用户吗?如果是,要不要降低目录标价?或者通过特价、数量上或先购者的折扣、免费运输、较易的信贷条件等方法下降价格?或用提高价格来显示质量较好的方法更为有利?

④促销组合策略:由于顾客对产品已有足够了解,所以运用销售促进手段比单纯的广告宣传更为有效,该阶段企业应该增加销售促进费用,举办适时适量的销售促进活动;刺激现有顾客,增加使用频率。

适当的广告和公共宣传有长期造势的效果,广告宣传应强调品牌差异和产品提供的特殊利益;市场部人员应该考量广告费用增加与否、广告词句或文稿修改与否、媒体投放组合重组与否、宣传的时间、频率或规模变动与否等内容。

由于成熟期利润开始下降,所以促销组合的资源优化配置显得更为重要。基层销售人员应考虑采用何种方法来加快销售促进——打折、赠品和竞赛?制订和执行销售计划时,要使用好各种促销方式,既不能浪费促销预算费用,作无谓牺牲,也不能减少促销组合的影响力。

(3)成熟期的销售队伍建设　对于基层销售人员来说,日常的大部分工作都是围绕着不同产品的成熟期开展的。这是一场持久战,问题日复一日地出现,有时处理起来非常棘手。一些营销人员甚至会感到厌倦。这时,销售人员对产品的信心、销售团队的执行力对于产品生命的延长显得尤为重要。

因此,基层销售管理人员,应该着手考虑以下问题:销售人员的数量应该增加吗?素质应该提高吗?销售队伍专业化的基础应该变更吗?销售区域应该重新划分吗?对销售队伍的奖励方法应该变更吗?销售访问计划需要改进吗?

上述问题一旦得到有效的解决,销售队伍的绩效就能得到提升,产品在该地区的销售量会得到进一步的提高。而一个产品的销售如果能够在3～5个地区得到支撑,产品成熟期延续与再成长的机会就会大得多。

4.衰退期的营销战略

衰退期(decline)是指产品销售额下降趋势逐渐增强、利润不断下降,最终趋于零,从而退出市场的时期。

大多数的产品形式和品牌销售最终会衰退。这种销售衰退也许是缓慢的,也许很迅速;销售可能会下降到零,也可能僵持在一个低水平上持续多年。

(1)衰退期的特征

①产品本身:产品在市场上已经非常饱和;生产能力过剩;产品处于老化状态,不能再满足消费者新的需要;随着科技的不断发展和消费需求水平的提高,市场上出现新产品或新的替代品,产品处于被淘汰退出市场的过程中。

②竞争对手:原有市场竞争者逐渐退出市场转而开发新产品;剩余的对手多以价格竞争作为主要手段在作资金回收的努力。

③顾客类型与态度：顾客的需求及兴趣迅速转移；大多数顾客在这一阶段纷纷撤出，转而注意新的替代品。只有少数“落伍者”成为产品的顾客，他们会零星地、短期地购买产品。

“落伍者”的消费者行为特点：比较保守，心理年龄较大；收入和社会地位较低，易受传统束缚，对新变化不放心，只有一项革新慢慢变成传统之后才会接受。

④销售量：产品销售由缓慢下降变为急剧下降。

⑤费用与成本：市场上以价格竞争为主要手段。

⑥利润：利润急剧下降。

(2)衰退期的战略目标与营销组合　根据上述特点，企业要当机立断，及时制订适合的营销组合和衰退战略。为该产品制定的营销组合战略，可以从以下几个方面来考虑：

①产品策略：缩小产品生产规模；减少产品附加物；停止增加新的服务项目、或撤销原有的服务项目。

②渠道策略：从较小的细分市场和边际交易渠道中退出，减少销售网点，重新确定重点市场。

③价格策略：适当降低价格。但不宜一味地拼价格。

④促销组合策略：应把促销规模降到最低限度，削减促销预算，以保证足够的利润收入；将有限的资源投入到重新确定的重点市场上去。可参考如下促销组合策略：广告保持在提醒水平，运用少量广告保持老顾客的记忆；公共关系已停止启用；销售部门的人员推销活动减至最小规模；以收获短期利润为目的的小型销售促进活动可适当进行，因为只有销售促进可能会继续有效。

(3)产品的衰退战略　一个衰退战略的实施取决于一个行业的相对吸引力和企业在该行业中的竞争实力。一家企业当它发现自己处在吸引人的行业中并有竞争实力时，它应该考虑增加或维持其投资水平。

哈里根(Harrigan)提炼了企业的五种产品衰退战略：

①增加企业的投资(使自己处于能支配或得到一个有利的竞争地位)。

②在未解决行业的不确定因素前，企业保持原有的投资水平。

③企业有选择地降低投资态势，抛弃无希望的顾客群体，同时加强对有利可图的顾客需求领域的投资。

④不管投资结构会产生什么后果，从企业的投资中获取(或榨取)巨利，以便快速回收现金。

⑤尽可能用有利的方式处理它的资产，迅速放弃该业务。

除非有强有力的保留理由，否则继续经营一种衰退的产品对企业来说代价是非常高的。它的成本不只是无法回收的管理费和利润，在财务账上还有见不到的全部的隐藏成本——衰退产品可能在不相称地消耗管理层的时间；需要频繁地调整价格和存货；通常要花费昂贵的装置时间，而只能生产出少量的产品；要求广告和推销队伍的努力，如果把这些注意力转移到“健康的”产品上将会更有利；在市场上的不适宜性会引起顾客的疑虑，给该企业蒙上一层阴影。

拖着衰退的产品可能会使企业在将来付出最大的代价——由于没有淘汰它，衰退产品会延误积极寻找替换品的工作；它们使产品组合失去平衡；延长了“昨天的生计产品”和缩短了“明天的生计产品”。

如果企业决定要放弃这项业务，可寻找一个买主。在这种情况下，企业可设法加强业务的吸引力。例如，如果这种产品有强大的分销能力，并且声誉卓著，企业也许可将它售给其他企业。如果企业找不到买主，就必须决定是迅速还是缓慢结束这个品牌。同时，它必须决定为从前的顾客保留多少部件库存量和维修服务。

【知识拓展】

品牌药生命周期管理提前

过去，制药公司一般都不会在产品的开发初期进行生命周期管理，现在迫于市场压力，制药公司的周期管理策略也相应有了改变，产品生命周期战略的制定越来越早。

根据新的规定，仿制药在第一个30个月专利期满后就可进入市场，这向品牌药生产厂家发起了挑战。制药公司必须顺应这一新的市场环境，在产品的生命周期管理上采取适当的策略。首先要构建一个产品的销售优势，制药公司应该在药物的Ⅲ期研究阶段就开始为该药做销售准备。在产品的推出阶段，制药公司需要采取各种途径，清晰地传递产品的有关信息，推动产品在消费者中直接使用。在新产品推出以后，制药公司需要扩大产品在医生中的认同感。随后要在产品的专利失效之际，想方设法确保产品的销售收入。

目前，制药公司在产品的专利保护末期最常采用的生命周期管理策略依然是开发该产品的新剂型和适应证。其中开发新剂型是位居第一的生命周期管理策略，有71%的制药公司采用这一策略；开发新适应证位居第二，有60%的制药公司采用这一策略。

医疗保健研究机构 Best Practices 公司发现：新剂型策略的成功率达到92%，平均可为制药公司多获得35个月的专利保护期；寻求新适应证策略的成功率为100%，平均可为制药公司多获得42个月的专利保护期，能够带来5000万～5亿美元的销售收入增长。

此外，将两种产品进行组合销售以及推出授权仿制药可能是比较先进的策略。不过，Best Practices 公司发现，这种产品组合策略获得的成功几率最小，难度也最大。授权仿制药产生的收入在180天的独家销售权期满后，它的销售收入会急剧下跌。

还有一种策略就是将产品转换成非处方药。产品向非处方药转换可以使其在20～30年内保持一定的销售收入，尽管这种销售额比它以处方药身份销售时要小得多。但是，Best Practices 公司发现，将一种产品从处方药转换成为非处方药被制药公司采用的几率大约在6%左右，如果要采取这种策略，必须在产品生命周期的初级阶段就要着手进行规划。

（资料来源：《医药经济报》王迪，2006.）

三、判断产品生命周期的方法

在运用产品生命周期理论设计营销战略的过程中，我们会遇到这样的实际问题：如何识别现阶段某产品处于其生命周期的哪个阶段？该产品何时会进入下一阶段？

在实践中，我们还很难预计下一个产品生命周期阶段的销售水平、时间长度及相关曲线的形状。一种产品似乎可能进入了成熟期，而实际上它可能只是达到成长阶段另一个高潮以前的某一段暂时的低成长期。

假如某个品牌被消费者接受，但是这几年销路不好，这是因为其他因素的影响，例如，广告太少，在主要连锁店中没有被陈列，或有大量样品为后盾的“仿制”的竞争产品进入市场。管理层不去思考改正措施，反而认为它的品牌已经进入衰退阶段，因此，它撤回促销预算的费用并把它转入研究开发新项目中去。到第二年该品牌处境更糟，于是越发惊慌。显然，产品生命周期是一个由营销活动来决定的因变量，而不是一个要公司的营销方案适应它的自变量。

判断产品所处的生命周期阶段，通常需要运用定性和定量相结合的办法，以便在事前寻找到划分各阶段的转折点。判断产品生命周期的方法有以下几种：曲线判断法、类比判断法、经验判断法、销售增长率判断法和比率增长判断法等。有兴趣的同学可以参阅相关书籍开展深入的学习。

【能力培养与训练】

1. 训练营

组织学生选定一种医药产品，分析产品在企业的内部生产情况和外部市场的销售情况。

2. 训练目的

通过内外部情况的分析，加强学生对产品所处生命周期的特征的认识和理解。

3. 训练要求

对产品的深入分析之后，为该医药产品设计相应的营销组合策略，撰写报告。

任务三　医药产品的品牌策略

教学目标

【任务构架】

医药产品的品牌概念→医药产品的品牌作用→医药产品的品牌分类→医药产品的品牌设计原则→医药产品品牌策略。

【参考学时】

2 学时

【学习目标】

- 知识目标：了解医药产品的品牌作用和分类；熟悉医药产品的品牌概念和设计原则；掌握医药产品的品牌策略。
- 能力目标：能够深刻理解品牌带来的优势；能够简单分析产品所采用的品牌策略。

【问题导入】

黑白分明，品牌营销差异化

白加黑的成功已经成为药品品牌营销之中的经典。分众策略的运用，PPA 事件机会的把握，适当的传播策略与执行，还有精益求精的品质以及对人性的关爱都是它成功的原因。

白加黑，演绎黑白经典

从颜色搭配原理上来讲，我们都知道黑白是搭配之中的经典。而在 20 世纪伴随着改革开放的浪潮诞生的民族品牌白加黑也成了药品品牌之中的经典。那么，白加黑是如何找到制胜的突破口一步步成长壮大为国内感冒药的领导品牌的？当然，这里边的秘诀远远超越了颜色的搭配原理。

清醒上市，白天不瞌睡

有观点说白加黑的问世与哥伦布竖鸡蛋有异曲同工之妙，这可一点也不为过。感冒的治疗原则是需要对症下药。而西药当中不管疗效多好，因为是化学成分，所以通常都有嗜睡的副作用，这样就使感冒药在缓解症状发挥治疗作用的同时造成了患者白天打瞌睡、影响正常的学习和工作。众多厂家经过若干年的努力依然对此矛盾百思不得其解。而"白加黑"的问世，就是狠狠地抓住了这一点，成为第一个只在夜用片中保留抗过敏成分、而日用片不再有嗜睡副作用的感冒药，这样的"清醒上市"杀伤力有多大可想而知了。

黑白分明，差异化定位

面对强手如林的激烈竞争环境，白加黑能够独辟蹊径，进行差异化定位，把目标锁准即便感冒也要坚持学习和工作的消费者，以"白天不瞌睡"为卖点，确立了"黑白分明，表现出众"的市场定位。然而，白加黑上市的成功并不能维持品牌持久的辉煌，漫漫的品牌建立过程需要依靠"整合营销传播"，才能保持品牌强劲的市场竞争力。

2000年的"PPA事件"使当年感冒药市场遭受重挫。白加黑人冷静地在各方面实施着周密的行销计划，向消费者传达出"不含PPA的感冒药依然可以放心服用"的信息，极大地稳定了人心，广告则明确声明"白加黑不含PPA"，是消费者放心的选择。终于，经过一年多整合营销的实践，2001年度，白加黑的销售额比上年同期增加了近3亿元，把康泰克撤出市场留下的市场空间鲸吞了一半，白加黑品牌在感冒药"后PPA时代"的竞争中遥遥领先。

历久弥新，表现就是这样好

品牌建设是一个长期的过程，经得起时间洪流的考验的品牌才是真正强大的品牌。成功的品牌总是与时俱进，在品牌发展的不同阶段，针对不同的市场目标，选择不同的沟通主题和沟通形式，与目标消费者形成互动，唤起心灵上的共鸣，进而完成品牌的营销目标。白加黑在这点上做得很好，特别是广告创意方面，白加黑在不同的市场环境和品牌发展阶段不断推陈出新，推出了一个又一个富有创意而风格隽永的广告片。

上市之初，一身黑衣的白领丽人精力充沛的工作场景与身着白色宇航服的男性宇航员在失重环境下安然入睡的画面巧妙地反映产品"黑白分明"的特点和白天不瞌睡的产品特性；

2000年，白加黑又斥巨资在澳大利亚投拍了由外籍演职人员担纲的"赛艇篇"广告，精美的画面和宏大的气势提升了白加黑的品牌形象；

2003年，白加黑又起用了风头正劲的网络歌手雪村，轻松诙谐的广告风格和片尾那句极富东北风味的广告语"感冒——上白加黑呀！"拉近了品牌与年轻、时尚消费者的心理距离；

2004年，凤凰卫视主播吴小莉进入了白加黑广告片，她沉稳端庄的气质演绎出白加黑"无论白天和黑夜，表现就是这么好"的品牌诉求，进一步提高了消费者的品牌忠诚度。

十年来，白加黑的品牌知名度稳居同类产品的榜首，市场占有率与品牌忠诚度也是名列前茅。这样的适合市场的产品加上这样巧妙的创意让白加黑成为历久弥新的经典。

黑白背后，闪烁关爱

白加黑品牌建设的成功除了分众策略的运用和PPA事件的机会把握以及适当的传播策略与执行，还有品牌背后更深层次的东西，那就是白加黑精益求精的品质和从中折射出的对人性的关爱。

一个成功的品牌，不仅需要拥有鲜明的个性，还需要建立和维护自身在消费者心目中良好的声誉和完美的形象。这绝非单纯的广告活动可以完成的，它必须从消费者的需要出发，不断完善自身产品的品质。十年来，盖天力公司的员工们始终把白加黑的产品质量放在第一位，从严格的生产工艺流程到质量控制与保证体系，从而使白加黑的品质始终如一，在上市后的临床监测中没有发生过严重的不良反应报告。白加黑的品牌建设和高度重视品牌对消费者的人文关怀，例如：进入21世纪，白加黑的包装在过去严肃的黑白搭配基础上增加了更加时尚、明快的蓝黄色快；制剂片型也由过去的正圆形变成了更加易于吞服的椭圆形。

（资料来源：龙狮智业集团官方微博. http://blog. sina. com. cn/los100）

问题：

1. 白加黑对品牌设计重点强调了哪几个方面？

2. 白加黑通过哪些具体的措施建立起国内感冒药的领导品牌？

【知识链接】

一、品牌的概念

参考美国市场营销协会（AMA）对品牌的定义，品牌（brand）是一种名称、术语、标注、符号或设计，或是它们的组合运用，其目的是借以辨认某个销售者或某群销售者的产品或服务。可见品牌是一个包括品牌名称、品牌标志和商标的总名词，具有广泛的意义。

品牌名称是品牌中可以用语言称呼的部分，如“三九”、“同仁堂”等都是品牌名称。

品牌标志是品牌中可以被识别、认知，但不能用语言称呼的部分，包括符号、设计、颜色、印字等，如上海延安药业的万象牌保健钙标签上的大象图案（见图4-3），西安杨森商标是由西安古城墙的变形与兵马俑组成的图案（见图4-4）。

图4-3　上海延安药业万象牌保健钙商标

图4-4　西安杨森商标

商标有注册商标与非注册商标之分。依法通过商标管理部门注册的品牌称为注册商标，受法律保护，依法享有专用权、转让权等，是品牌或品牌的某一部分。使用注册商标应当标明“注册商标”字样或在其右上角加注“®”，商标管理部门正在受理过程中，但还未正式批准的商标可在其右上角加注“TM”。

医药产品商标应遵守《商标法》、《药品管理法》等有关法律、法规的规定。

二、品牌的作用

在现代医药市场营销中，品牌的作用不断扩大，主要体现在以下几方面：

1.品牌有利于促进医药产品的销售

现代化的广告及其他宣传方式突出品牌的形象和地位，会给消费者留下深刻的印象，起着指示消费者购买行动方向的作用，从而稳定和扩大销量，增加企业的效益。

2.品牌有助于监督和提高医药产品质量

药品生产企业、药品经营企业、医药产品的品牌依法注册为注册商标后，就有利于监督医药产品和服务的质量，维护消费者的合法权益。

3.品牌可表明医药产品的出处

品牌属于企业的一种工业产权，通过品牌标示医药产品的来源，指明医药产品的出处。通用名相同的医药产品，通过品牌便可使消费者把医药产品与医药企业联系起来，品牌也成了医药企业有力的竞争工具。

4.品牌是医药企业及其产品和服务质量的标志

由于医药产品的特殊性，其内在质量难以辨认。品牌可以代表医药企业及其产品和服务质量、特色，这既便于医药企业订货，也便于消费者选购。随着药品 OTC 市场的发展，消费者往往是参考药品的说明书，再“认牌购药”。在一般消费者心中，许多医药企业、医药产品已被牢固定位，只要一提及品牌名称，便能知其特色。如一谈及“同仁堂”，消费者马上会与“百年老字号”、“质量”、“信誉可靠”联系起来。

5.品牌有利于法律保护

品牌还具有维护医药企业及其产品或服务的权利的作用。品牌也即商标，一经注册为注册商标，即受法律保护，享有商标专用权，可以防止他人模仿、抄袭或假冒。

6.品牌有利于控制和扩大市场

品牌是控制市场的武器。相当一部分医药生产企业为了扩大销售，往往在某种程度上依赖中间商分层分销，从而削弱了医药企业对市场的控制力。企业若有自己的品牌，就可以直接与市场沟通，从而有效地控制市场。

7.品牌有利于新产品的开发

在竞争日趋激烈的医药市场竞争环境中，医药企业不推出新产品，往往很难实现增长目标，甚至无法生存。推出医药新产品是一项艰巨复杂的工作，医药企业若在原有品牌的生产线中增加新产品，则比较容易被市场接受。

三、品牌的分类

品牌的种类可从不同角度划分，如按品牌构成、品牌的使用者等分类。

1.按品牌的构成分类

(1)文字品牌　直接由文字构成的品牌，包括汉字品牌和字母品牌。如复方草珊瑚含片的生产企业“江中”、“劳力士”(Rolex)、“善胃得”(zantax)药片、“WANBAO”等。

(2)图形品牌　仅由图形构成的品牌。如西安杨森药业集团由西安古城墙的变形与古兵马俑组成的标志(见图 4-4)。

(3)符号品牌　由各种符号构成的品牌。如我国的“太阳神”牌保健品以简练、强烈的圆形(象征太阳)与三角形("人"字形)组合而成(见图 4-5)。

(4)组合品牌 数字、图形、符号相互组合而形成的品牌。如广州产的"黑妹"牙膏品牌,以黑白相间的图形与汉语拼音汉字共同组合而成(见图 4-6)。

图 4-5 "太阳神"牌商标

图 4-6 "黑妹"牙膏商标

2.按品牌的使用者分

(1)制造商品牌 指制造商建立的品牌。如"江中"牌复方草珊瑚含片为江中药业股份有限公司生产,再如"IBM"、麦当劳等均为制造商品牌。

(2)销售商品牌 指中间商创建的品牌。如美国著名的零售企业"西尔斯"公司创造了许多品牌——"顽强"电池、"工匠"工具、"肯摩尔"器具等,越来越多的百货公司、超市和药店在推出有特色的商店品牌。

四、品牌的设计要求

1.必须符合我国《商标法》规定

我国《商标法》规定了商标和注册商标禁止使用的文字、图形:

(1)同中华人民共和国的国家名称、国旗、国徽、军旗相同或者近似的。

(2)同外国的国家名称、国旗、国徽、军旗相同或者近似的。

(3)同政府间国际组织的旗帜徽记名称相同或者近似的。

(4)同红十字、红新月的标志名称相同或近似的。

(5)本商品的通用名称和图形。

(6)直接表示商品的质量、主要原料、功能、用途、重量、数量及其他特点的。

(7)带有民族歧视的。

(8)夸大宣传并带有欺骗性的。

(9)有害于社会主义道德风尚或者有其他不良影响的。

2.构思新颖、造型美观、便于识别与记忆

(1)品牌应易读、易记、易于识别 在医药产品品牌的汪洋大海中,要想使品牌被消费者记住,首要的一点是,品牌名称应让消费者易读、易记。品牌名称只有易读、易记,才能高效地发挥它的识别功能和传播功能。例如"白加黑"、"珍视明"等。

(2)暗示产品属性,启发品牌联想 品牌名称还可以暗示产品某种性能和用途。例如"999 胃泰",它暗示该产品在医治胃病上的专长。正如人的名字普遍带有某种寓意一样,品牌名称也应包含与产品或企业相关的寓意,让消费者能从中得到有关企业或产品的愉快联想,进而产生对品牌的认知或偏好。如我国的"太阳神"牌保健品以简练、强烈的圆形与三角形组合而成,寓意公司健康向上、以人为本的经营理念。

3.顺应消费习俗、避免文化禁忌

要顺应消费群体的风俗习惯,适合消费者的心理要求,投其所好、避其所忌,争取消费者的信任和好感。如"太圣"牌六味地黄丸、"润洁"牌滴眼液是符合消费者心理需求的;反之,如骷髅牌滋补药、险峰牌注射器,岂不令人望而生畏、不敢问津。另外,品牌若与目标市场、风俗习惯、宗教信仰、生活环境有违,尽管企业声誉和产品质量俱佳也不能打开销路,如黑猫、红马、白象(在英文中为"无用的")、菊花等难以销往欧美国家;澳大利亚人讨厌兔子;印度人忌讳弯月;猪的图案切忌销往伊斯兰国家;蝙蝠、猫头鹰不可用于非洲国家等。

4.体现医药企业、医药产品特色

(1)应与医药企业、医药产品相配　品牌标志设计应选择医药企业和医药产品特色的造型与色彩。

(2)应适应医药市场环境　不同国家或地区消费者因民族文化、宗教信仰、风俗习惯、语言文字等的差异,使得消费者对同一品牌名称的认知和联想是截然不同的。因此品牌名称要适应目标市场的文化价值观念。在品牌全球化的趋势下,品牌名称应具有世界性。企业应特别注意目标市场的文化、宗教、风俗习惯及语言文字等特征,以免因品牌名称在消费者中产生不利的联想。

五、品牌决策

医药企业营销人员应依据医药产品以及医药企业内外部因素进行富有挑战性的品牌决策,这些决策主要有:

1.品牌化决策——用品牌与不用品牌决策

时至今日,很少有产品不使用品牌,甚至盐、鸡蛋、砖头也都冠以品牌。分销商把品牌作为一种手段,用以方便产品经营,增强消费者购买偏好。消费者要求有品牌,以帮助其识别产品质量。但有些情况下,一些日常消费品又回到了"无品牌"状态。如"家乐福"超市在其商店推出一系列"无品牌"的商品。这些产品有着标准化或较低的质量,由于节约了标签、包装、广告宣传等费用,所以售价较低。再如,无品牌的阿司匹林价格通常可低30%左右。

【知识拓展】

一般认为,在下列几种情况下可以考虑不使用品牌:①大多数未经加工的原料产品,如中药材等;②不会因生产商不同而形成不同特色的商品;③某些生产比较简单、选择性不大的小商品;④临时性或一次性生产的商品,如一次性注射器等。

2.品牌归属决策——制造商品牌与中间商品牌

品牌归属决策即品牌归谁使用。对医药产品生产者来说,可以用制造商品牌,也可以用中间商品牌,也可以两者并存,即一部分产品用制造商品牌,另一部分用中间商品牌。制造商品牌在市场上一向占统治地位。近年来,西方一些国家中间商品牌日益强大,一些营销评论家甚至推测,除最强有力的制造商品牌外,中间商品牌将击败所有的制造商品牌。

医药企业从事营销活动,这一决策十分关键。一般当医药企业具有较好的实力、良好的声誉、较大的市场占有率的情况下,多使用制造商品牌,相反则适宜采用中间商品牌。尤其是中小型医药企业利用中间商的信誉,使自己的医药产品能更加迅速地进入市场。

3.品牌名称统分决策

医药企业如果决定其大部分或全部医药产品都使用自己的品牌,它还必须给自己的医药产品选择品牌名称。这里有四种策略:

(1)个别品牌　不同的医药产品分别使用不同的品牌。采用这种品牌战略的好处是,它没有将公司的声誉系在某一品牌的成败之上,若某一品牌医药产品失败或出现其他不利情况,不会损害制造商的声誉。如宝洁公司生产的每一种产品,哪怕是同一个生产线的产品,都有自己的品牌,如洗涤剂有"象牙雪"、"碧浪"、"汰渍"等十几种品牌,牙膏有"佳洁士"、"格林"、"登奎尔"等,分别表现出不同的质量和特色。

(2)共同的家族品牌　即所有的产品都统一使用一个品牌。采用这种品牌战略的好处是引进一个产品的费用较少,不要为建立品牌名称认知和偏好而花费大量广告费。如三九集团所生产的各种药品都统一采用"999"品牌,日本的"日立"、"东芝"、"索尼"等公司提供给市场的各类家用电器,均使用一个品牌。

(3)不同类别的家族品牌　企业通常对同类产品中质量不同的产品使用不同的家族品牌。采用这种策略的如美国的西尔斯公司,其经营的器具产品的品牌是"肯摩尔",妇女服装的品牌是"瑞溪",家用设备的品牌是"家艺"。

(4)企业名称与个别品牌相结合　运用这种策略的如娃哈哈集团(如娃哈哈果奶、娃哈哈 AD 钙奶等)、丽珠集团(如丽珠感乐、丽珠得乐等),企业名称可使产品正统化,而个别品牌又使产品个性化。

4.品牌延伸战略决策

随着时间的推移,各种品牌可进一步延伸。一个企业可进行产品线扩展,即在现有品牌中加上新规格、新剂型等以扩大产品目录;品牌延伸,即将品牌扩展到新产品目录中;多品牌,即新品牌介绍进同一产品目录中;新品牌,即为新的目录产品设计新品牌;合作品牌,即两个或更著名品牌的组合。例如以雀巢咖啡成名的"雀巢"商标,被扩展使用到奶粉、巧克力、饼干等产品上。

5.品牌重新定位决策

由于销售者偏好的变化或新的竞争者的出现,企业可能必须对品牌重新定位。更新品牌,包括两种类型:骤变型品牌策略和渐变型品牌策略。骤变型品牌策略即废弃原有的品牌而代之以新的品牌。渐变型品牌策略,即逐渐改变原有的品牌,使新、旧品牌在某些方面保持一定的相似性,既通过不断改进完善其品牌,又保持原有品牌的基本形象。但要提醒的是,变更品牌一定要十分慎重,既要创名牌,也要保名牌。如美国万宝路牌香烟原本是女用品牌,因销路不畅于 1954 年重新定位为男子汉香烟,以西部牛仔形象做广告,获得了巨大成功,现已成为香烟的世界第一名牌。

【知识拓展】

差异化实现品牌复兴——鹰牌花旗参品牌整合策略

鹰牌花旗参是最早使西洋参在保质、原味、有效的同时方便化的品牌,在中国洋参产业,鹰牌的地位非同一般。它所坚持的高档路线在中国稳稳当当地走了 20 年,1998 年开始,鹰牌成了折翼之鹰,后被深圳太太药业(现已更名为健康元药业集团)收入旗下。

鹰牌的盛极而衰,其品牌战略并无路线错误,而在于其未能应时势之变化,适时调整自身策略。鹰牌的品牌策略:以合乎品牌高档定位的差异化传播,将产品的优良品质传达给消费者,并强化这一认知,占据高档洋参第一心理认知与品牌联想。

一是用"领导品牌"的语言说话。"认准这只鹰,真材实料有保证",简简单单一句话,不仅凸显品质上的优势，更表明了洋参制品行业龙头的“自我”身份，强化了消费者对“鹰牌”的信赖感。

二是突出品牌核心识别的视觉语言：“认准这只鹰”——这是一只典型的美国鹰。为强化“认准这只鹰，真材实料有保证”这一概念，在每一产品上都设计了栩栩如生的鹰标志。巧妙地将原产地与产品品质形象地传达给受众，同时赋予这只鹰动感、时尚的个性，形成品牌烙印。

认知占位实现了高档品牌的联想，定位自然得瞄准高端人群。鹰牌将自身目标群重新定位在28岁以上从事脑力劳动、工作压力大的成熟职业人士（城市精英）。基于以上市场定位，“鹰牌”的主要传播任务是与目标人群建立品牌关系，通过标榜他们认同的价值观，使“鹰牌”脱离大众市场定位，成为花旗参品类主流消费人群的首选品牌。实施新品牌策略所带来的129.63%的高增长率，将鹰牌花旗参东山再起之路引向了快车道，但更重要的是，它在消费者的认知结构中完成了这样一项工程的建构：鹰牌＝高档花旗参＝鹰牌。

（资料来源：张兵武. 中国营销传播网. http://www.emkt.com.cn/article/136/13601.html）

【能力培养与训练】

1. 训练营

组织学生选取某一知名医药类企业或产品，了解该企业或产品历史发展中的品牌策略。

2. 训练目的

通过训练强化学生对品牌管理重要性的理解，熟知常见的品牌策略。

3. 训练要求

对上述调查的产品做深入分析，试着制定强化该品牌的营销方案。

任务四　医药产品的包装策略

教学目标

【任务构架】

药品包装的概念→药品包装的作用→药品包装设计的要求→药品包装的发展趋势→药品的标签、说明书→药品的包装策略。

【参考学时】

2 学时

【学习目标】

- 知识目标：了解药品的概念、作用和发展趋势；熟悉药品包装（包括标签和说明书）设计的要求；掌握药品的包装策略。
- 能力目标：能够深刻理解药品包装对企业营销的重要性；能够熟知药品包装的重点。

【问题导入】

恒寿堂的包装策略

一、背景

1998年中期，恒寿堂经过一二年的前期运作，主力产品的种类基本形成，有金乳钙、鲨鱼肝油、金枪鱼油三大产品，销量呈递增之势。每款产品各有主题电视广告开道，高密度播放，平面媒体紧密配合，投入巨额广告费用全力支持。在上海、江浙大部分地区全面上市，以药店作为出货重点，商场次之。

二、发现问题

由于广告的强力推动作用，恒寿堂品牌知名度迅速提升，具有传统文化底蕴的企业理念逐渐被广大受众所接受。药店、商场的铺货已经不能满足企业的发展需要，产品进入大卖场、连锁超市已经势在必行了。在这个转型的过程中，产品包装所存在的问题逐渐显露出来。

图 4-7　恒寿堂三种产品的老包装

首先，盒装的规格不适合超市、大卖场的货架陈列。由于体积小，陈列在货架上极易被窃，出样难度大，单列面积小，毫无视觉冲击效果，叠列又不稳定，容易倒塌，成为一个非常棘手的问题。

其次，瓶装产品的包装为无色透明瓶体，虽然能很好显现晶莹、透亮的胶囊产品，但容易光照变质氧化，对产品的保存有一定的影响。

再次，各产品包装外观差异太大，没有统一品牌的系列感，对统一宣传、产品推广、产品出样、堆装产生较大难度，使今后不断推出的新产品缺乏统一的视觉规范，而且包装的设计样式明显过时，已不能与恒寿堂品牌形象相协调。产品包装已经到了不得不换的地步。

三、解决之道

经过企划部门与营销部门相互沟通，决定全面对各产品包装重新定位设计。如何让每个产品既符合各自的个性形象，又有统一性是首先必须解决的难点。

恒寿堂虽然有一个非常传统的名称，企业理念也是极具中国文化的儒道思想，但生产的产品却是新型现代的保健品。在企业形象的表现上就必须突出这一特点，体现“新古典主义”的风格。

已推出的产品只有三个：金乳钙、鲨鱼肝油和金枪鱼油。虽然在包装上存在种种问题，但经调查发现：每个产品包装上的画面都有一定的认知度，金乳钙是倒牛奶的场景，鲨鱼肝油是条凶猛的鲨鱼，金枪鱼油则是条神采奕奕的金枪鱼。除此之外的印象并不深，所以这也成为考虑如何设计包装的依据。

经过反复推敲，初稿出来了：以椭圆为基本形，结合不同的代表画面为三个产品设计了“产品 LOGO”。也就是说为每一个产品设计了一个专用的图形标识，成为它的象征。

金乳钙在醒目的中文名称字体下配以英文，并由一个扇形图形衬托起来，古朴中带有现代感。一个大的主体椭圆形里是幅美丽的画面：一股洁白的牛奶倾倒下来，溅起动人的奶花，背景衬以草原奶牛，一派自然美味。一切体现金乳钙“牛奶钙源，天然之选”的产品精神。

图 4-8 恒寿堂三种产品对应的新包装

鲨鱼肝油同样是在扇形的衬托下，配以中英文名称，主体的大椭圆里是一片幽深的海，跃起一条凶猛的鲨鱼，定格成一幅强有力的画面，充分地表现出“增加免疫力”的产品特性。

金枪鱼也同样规范在这一风格里，画面是一群充满活力的鱼群，衬托出一条大金枪鱼，活灵活现，“聪明、活力”的产品特色得以很好体现。

在这统一的设计规范中，今后上市的各种产品，都遵循着这一风格，从而使产品的形象多而不乱，系统化地从视觉的角度进行管理。

包装的外形尺寸决定了产品出样陈列的好坏，什么样的规格才适合多样性的终端场地呢？经过深入市场的考察发现，商场、超市、大卖场等对产品包装规格的要求基本相同，宜适当大些；药店等对规格的要求宜小些。把握这一点后，把包装的外形尺寸定为两类：一类是针对商场、超市、大卖场，称为普通装；另一类针对药店，称为药店装，款式一样，只是尺寸的区别，这样就解决了不同终端的不同要求。

瓶装产品的包装是具有突破性的设计，抛弃了原有的无色透明塑料瓶，针对胶丸易潮、避光、易氧化等不良特性，专利设计了一种新型的“瓶中瓶”包装。采用双层瓶壁，有效地解决了胶丸的保存问题，为延长产品的有效期起到积极的作用。同时，也增加了瓶体的展示面积，为瓶装产品的出样解决了难题。虽然此款瓶装设计产生了较大的市场争议，但这毕竟是瓶装产品的一次包装变革。

产品常规包装的定位设计基础确立，新的产品形象出台了，果然是焕然一新，品味得以明显提升，出样陈列有了很好的效果，在保健品良莠不齐的包装海洋中，跻身前列。

完成常规包装仅仅是工作进行了一半，接下来就是针对节日市场的节日装礼盒包装了。节日市场是保健品销量的大头，所以节日装的设计就非常重要。

设计思路本着以红色为主色，因为红色是被国人所认同的喜庆色彩，配以五彩祥云作为主体画面，体现“吉祥、恒寿”的美好祝愿，符合老百姓的心理特点。运用光晕的表现手法使画面达到更加丰富的层次效果，“恒寿堂”品牌标志位于画面的视觉中心，强有力地突出了品牌识别形象。

通过集思广益，礼盒命名为“全家福”，集合四种产品，以金乳钙、鲨鱼肝油、金枪鱼油来带动新产品卵磷脂的销售。不但迎合了国人的吉利口彩，为节日市场增添了一道亮丽的风景线，而且企业赢得了可观的销售收入。

这样，针对日常市场的常规包装和针对节日市场的礼盒装定位设计全部完成，新包装早已全面上市。

（资料来源：徐凯.恒寿堂的包装策略.中国包装工业.2008,12:58—59）

问题：

1.恒寿堂对保健产品的包装做了哪几方面的改进？

2.试想包装改进后给企业和消费者带来的好处。

【知识链接】

成语“买椟还珠”是带有讽刺意义的，但是从另一侧面看，这正体现了包装的重要性。随着商品流通形式的发展，作为实体产品重要组成部分的包装在营销中占有越来越重要的地位。西方不少营销人员把包装称为市场营销组合的第五个P，即产品（product）、价格（price）、分销（place）、促销（promotion）、包装（package）。不过，大多数营销人员还是把包装视为产品战略中的一个要素。

一、包装的概念

包装是指生产流通过程中，为保护商品、方便储运、促进销售，按一定要求而使用的容器、材料及辅助物的总称；也指为达到上述目的，在采用容器、材料、辅助物的过程中施加一定技术方法的操作活动。

包装是产品实体的重要组成部分，一般分成三个层次：第一层次包装即直接包装，是指与产品直接接触的容器和材料，如安瓿、铝箔等。第二个层次是间接包装，其作用是保护产品及促进销售，如装有注射剂的纸板盒。第三层次是运输包装，指方便产品储存、辨认、运输时必需的包装，如装有药品的大纸箱。据有关法规的规定，药品的包装分内包装和外包装，内包装指直接与药品接触的包装，外包装指内包装以外的包装，外包装由里向外又分为中包装和大包装，这种分类的方法与三层次分类法是没有本质区别的。

二、包装的作用

在医药市场营销中，包装的功能与作用越来越大，可概括为以下几方面：

1.保护医药产品

保护医药产品使其免受变质、污染、损坏等，对药品生产企业、药品经营企业、医疗机构和消费者都至关重要，这也是包装最基本的功能。为有效地保护医药产品，以实现其效用，包装起着避免其被腐蚀、霉变、爆炸、曝光、散落、变形的作用。因此，要求包装材料适宜，包装结构合理，坚实可靠。

2.便于运输、储存、携带

药品从药品生产企业生产出来后要经过运输、储存等中间环节才能到达消费者手中。良好的药品包装应充分考虑药品本身的理化属性及影响药品变质的因素，方便流通过程中的运输、储存及携带。

3.方便使用

方便使用既是药品包装的作用，也是对包装的要求。标签和说明书是药品包装的重要组成部分，通过对药品名称、功效、主治、用法、用量、适应症、生产企业、生产批号、有效期等的简要介绍，便于消费者了解药品性能，方便用药。药品包装既要封严又要方便开启和再封，既要防伪又要方便携带，只有严格选择包装材料，精心设计包装结构，包装品的各部件都十分吻合，方可达到目的。药品包装应便于取用与分剂量，随着科学技术的发展，药品在引用食品、化妆品包装技术的基础上，也有不少创新，发展迅猛，如剂量化包装、配套包装、礼品性包装等。此外，还应重视小儿用药的安全包装，以防误食而造成事故。

4.促进销售

包装具有媒体功能，是商品信息的载体。设计独特、美观大方、质地考究的药品包装，不仅便于陈列和展示，集中有效地传递产品信息，而且能美化视觉、愉悦心灵，起到促进销售的作用。消费者在零售药房购买疗效类似、通用名相同的 OTC 药品时，很大程度上受到包装的影响，因此可以说"包装是立在货架上的广告"。

包装作为无声广告与其他广告形式相比，具有以下特点：①药品包装上有药品性能的各种信息，这些信息通过销售直接传递给消费者，却无需多花广告费，广告成本十分低廉；②药品包装广告极少给人以广告的味道，消费者对这样的广告更信任，印象也更深刻；③药品包装广告能随购买者一起进入家庭，药品使用后仍能通过各种方式、渠道进行流传，广告的效果更持久。

5.增加价值

良好的包装不仅能扩大销售量，还可以增加医药产品本身的价值。同种药品包装的精致程度不同，得到市场认可的价格不同，精致包装药品价格往往远高于改进包装前药品的价格。如我国名贵中药材人参，木箱包装，售价极低，后改用精美小包装，售价提高很多，销量也大增。再如，山东福胶集团生产的阿胶礼品包装比普通包装每盒价格高出近 20 元，且销量十分好。

【知识拓展】

沉默的推销员

早些年我国出口英国十八头莲花茶具，原包装是瓦楞纸盒，既不美观，又使人不知道里面装的是什么，结果无人问津。但伦敦一家百货商店出售这些茶具时加制了一个精美的包装，上面印有茶具彩色图案，套在原包装外面，销价一下由我国出口价的 1.7 英镑提高到 8.99 英镑，购者纷纷。

三、药品包装设计的要求

1.药品包装应与药品的特性相适应

药品的安全性、有效性是最基本的药品质量特性，也是药品使用价值最根本的体现，然而由于药品理化性质不同，保持这种基本质量特性的能力也有很大差异。根据药物的性质，将药物制成适宜的剂型，在稳定性方面仍然表现出不同的性能特点，如水溶液剂容易长霉，散剂容易受潮结块等。在这种情况下，药品包装对药品的防护性能就显得尤其重要。良好的药品包装应该对影响药品质量的外界因素如空气、湿度等有较好的阻隔效果，能有效地防止这些因素对药品降效过程的催化，而且这种防护性能还能在不同的地域条件下保持不变。

2. 药品的包装应与药品的消费需求相适应

(1)药品包装设计应符合消费者的心理要求　图案、造型、色彩等应充分考虑消费对象的年龄、性别、宗教信仰、风俗习惯等。

(2)药品包装应方便消费使用　例如，有的药品使用剂量要求严格，所以在包装上附带分剂量的量具；儿童不能使用的药品，采用儿童难以开启的包装结构，以防儿童误用药品；为防止涂抹液可能对皮肤、黏膜产生的机械性刺激，常采用带阀门系统的包装。

(3)药品包装应考虑消费者的消费水平　普药应力求实用性包装，单纯为了促销而采用生活用品式的包装是不可取的。

3. 药品包装应与标准化需求相适应

包装的材质、容器、形式、标签与说明书的内容及有关标志应符合《药品管理法》及相关法规的规定。如《药品管理法》第五十二条明确指出“直接接触药品的包装材料和容器，必须符合药用要求，符合保障人体健康、安全的标准，并由药品监督管理部门在审批时一并审批”。

包装应符合储运要求。例如，目前许多商品，包括药品都采用集装箱装运，如果外包装的规格设计不当，就会影响集装箱的装运效率，增加运输成本；如果采用的外包装结构不适合仓库的堆垛，也会增加养护成本，不便搬运和保管。

四、药品包装的发展趋势

纵观我国药品包装发展趋势，医药包装行业发展政策是：

(1)要加强关于医药包装废弃物对环境影响的研究，支持环保型包装产品的开发、生产，探索可降解高分子材料在医药包装上的应用。

(2)支持 OTC 包装的开发、生产。

(3)支持儿童安全包装的研究与开发，并推动相应法规的制定。

(4)粉针剂(包括生物、生化、冻干)，发展优质管制瓶和轻量模制瓶，加快淘汰天然橡胶瓶塞，在稳定提高丁基胶塞质量水平的基础上，实现丁基化，发展优质铝塑组合盖。

(5)水针剂，提高易折安瓿质量，发展低膨胀系数和印字安瓿，加快开发色环易折安瓿生产。

(6)输液剂包装，发展优质塑料输液容器，提高玻璃输液瓶质量，严格禁止各种输液容器的第二次使用。淘汰天然胶塞，推广丁基胶塞，发展优质铝塑组合盖。

(7)胶囊及片剂，严格禁止手工胶囊的生产，加强对胶囊生产质量和卫生指标的监督检查。大力开发非动物胶囊类型的绿色胶囊的研制，支持海藻类胶囊的工艺研制和开发。支持各种高阻隔性能的复合材料和容器的研制、生产。塑料瓶的密封性能要通过提高模具精度等技术手段来实现，减少瓶口密封膜的使用。提高玻璃黄圆瓶的质量，彻底淘汰软(碎)木塞蘸蜡。

(8)软膏，彻底淘汰铅锡管和低质塑料制品。发展有内喷涂的铝管。在兼顾环保和药用要求的前提下支持高水平铝塑复合管的研究。

(9)配合剂型的发展，研究、开发医药包装材料。

五、药品的标签、说明书

药品的标签、说明书是药品包装的重要组成部分，是全面介绍药品信息的书面文件。我国《药品管理法》第五十四条明确提出“药品包装必须按规定印有或者贴有标签并附有说明书”。

1.药品标签与说明书的设计要求

(1)药品包装必须按照规定印有或者贴有标签并附有说明书。标签或者说明书上必须注明药品的通用名称、成分、规格、生产企业、批准文号、产品批号、生产日期、有效期、适应症或者功能主治、用法、用量、禁忌、不良反应和注意事项等。

(2)麻醉药品、精神药品、医疗用毒性药品、放射性药品、外用药品和非处方药在其大包装、中包装、最小销售单元和标签、说明书上必须印有符合规定的标志;对贮藏有特殊要求的药品,必须在包装、标签的醒目位置和说明书中注明。

(3)药品标签及说明书必须按照国家药品监督管理局规定的要求印刷,其文字及图案不得加入任何未经审批同意的内容。同一企业、同一药品的相同规格品种,其包装、标签的格式及颜色必须一致,不得使用不同品牌。同一企业的相同品种如有不同规格,其最小销售单元的包装、标签应明显区别或规格项应明显标注。

(4)凡在中国境内销售、使用的药品,其标签及说明书所用文字必须以中文为主并使用国家语言文字工作委员会公布的规范化文字。民族药可增加其民族文字。企业根据需要,在其药品包装上可使用条形码和外文对照;获我国专利的产品,亦可标注专利标记和专利号,并表明专利许可的种类。药品的通用名称必须用中文显著标示,如同时有商品名称,则通用名称与商品名称的比例不得小于 1∶2,通用名称与商品名称之间有一定空隙,不得连用。商品名经品牌注册后必须符合商品名管理的原则。未经国家药品监督管理局批准作为商品名使用的注册品牌,可印刷在包装标签的左上角或右上角,其字体不得大于通用名的用字。

(5)提供药品信息的标志及文字说明,字迹应清晰易辨,标示清楚醒目,不得有印字脱落或粘贴不牢等现象,并不得用粘贴剪切的方式进行修改或补充。

2.药品说明书的内容和格式

药品说明书是医师、护士、药师、患者用药的科学根据,也是药品生产、经营企业向医疗机构及广大消费者宣传介绍药品,指导合理用药和普及医药知识的媒介。SFDA 颁发的《药品包装、标签和说明书管理规定》及《药品说明书规范细则》对药品说明书的内容及各类药品说明书的格式、书写要求均作了详细规定。

药品说明书应包含有关药品的安全性、有效性等基本科学信息。药品说明书应有以下内容:药品名称、通用名、英文名、汉语拼音、化学名称、分子式、分子量、结构式(复方制剂、生物制品应注名成分)、性状、药理病毒、药代动力学、适应症、用法用量、不良反应、禁忌、注意事项(孕妇及哺乳期妇女用药、儿童用药、药物相互作用和其他类型的相互作用,如烟、酒等)、药物过量(包括症状、急救措施、解毒药)、有效期、贮藏、批准文号、生产企业(包括地址及联系电话)等内容。如某一项目尚不明确,应注明“尚不明确”字样;如明确无影响,应注明“无”。

六、药品包装策略

包装策略是医药产品战略决策的重要部分。医药企业一般采用以下包装策略:

1.类似包装

医药企业所生产的全部医药产品的包装在材料、图案、色彩等方面十分相似,使消费者很容易发现是同一家医药企业的医药产品。这种包装策略的优点是既可扩大医药企业和医药产品的影响,又能减少包装设计费用。西方一些大型制药企业和中外合资药品生产企业常采用这种包装策略。但类似包装策略一般只用于质量处于同样水平的药品。如果质量相差悬殊,则不宜采用这种包装策略。

据药品的质量、价值划分等级,不同等级采用不同的包装。高档药品,包装精致些,突出药品的身价;中、低档药品,包装宜简单些,以减少成本。此外,对同一种药品,可根据消费者的不同需求采用不同级别的包装,如用作礼品,则精致包装,如自己使用,则包装简单些。

2. 组合包装

组合包装指医药企业根据消费习惯,将几种有关联的产品配套在同一包装物中的包装方法。如临床上常用的救心药盒,把几种常用的心脏病急救药品组合包装。这种包装策略的优点是引发连带性购买行为,既便于消费者使用,也扩大了药品的销售。

3. 再使用包装

再使用包装也称双重用途包装策略,是指原包装的药品用完后,空的包装容器可做其他用途。这种包装策略的优点是利于诱发消费者的购买动机,同时能发挥广告宣传的作用。但现在市场上有的再使用包装设计一般化,吸引不了消费者,反而增加了成本,提升了价格,甚至引起消费者的反感。

4. 附赠品包装

在包装里附有奖券或赠品以吸引顾客购买,扩大销售量。这种策略让消费者感到方便或有意外的收获,能激发消费者的购买欲望,也能刺激消费者重复购买。

5. 改变包装

改变包装策略是指采用改变包装材料、形式、技术等方法改变包装以达到扩大销售的目的。当医药企业的某种产品与市场同类产品质量近似而销路打不开,或者当一种药品的包装已采用较长时间时,都可考虑采用这种策略。

【知识拓展】

保健品包装应注重安全性

深圳××药业有限公司:由于我们生产的是保健品,消费者对于我们的包装还是非常重视的。我们在包装上之所以运用瓦楞纸箱,是因为我们需要绿色包装。除了包装成本要低,储藏运输方便,能增加产品的安全感之外,还有一些特殊的要求。

首先是安全性,包装产品本身要无毒,不会释放有毒物质,污染食品,影响人的身体健康。其次是可降解性,消费者在服用了保健品以后,剩余包装可降解,不会对人的健康有影响或对环境造成污染。再者是可重复利用,保健食品在遵循可持续发展的原则下,要求保健品在消费完以后,剩余包装材料可继续使用,既节约资源,又可减少垃圾的产生,减轻对环境的污染。

至于在纸箱厂的选择方面,我们要求在包装过程中不能对产品引入污染及对环境造成污染;包装环境条件良好,卫生安全;包装设备性能安全良好,不会对产品质量有影响;包装过程不会对人员身体健康有害,不会对环境造成污染。

【能力培养与训练】

1. 训练营

组织学生收集各类医药产品的包装物，了解包装上的主要内容。

2. 训练目的

通过训练强化学生对药品包装重要性的理解，熟知药品包装应包含的内容。

3. 训练要求

对上述所收集的某一具体药品的包装进行深入研究，试分析该包装的优缺点，并对缺点提出改进意见，撰写相关报告。

任务五　医药新产品的开发策略

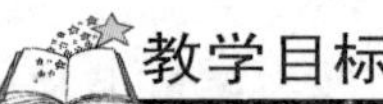

教学目标

【任务构架】

医药新产品的概念→新产品开发的必要性→新产品开发的程序→新产品开发策略的选择→新产品的推广。

【参考学时】

2 学时

【学习目标】

- 知识目标：了解医药新产品的概念和种类；了解新产品开发的必要性和开发的程序；熟悉新产品的推广方法；掌握新产品开发策略的选择。
- 能力目标：能够分析新旧产品所处的市场环境并初步判定新产品开发的时机；能够对新产品开发产生的挑战提出相应的解决策略。

【问题导入】

正大青春宝，青春几许？

20 世纪 70 年代初，杭州第二中药厂（现与泰国正大集团合资成立“正大青春宝药业有限公司”）有一种叫“双宝素”的营养滋补品，在保健品市场风靡一时，过年过节时，捎上两盒“双宝素”当礼品是非常体面的事，因为那时候营养口服液还是很稀奇的东西。

80 年代中期，有了一些新竞争产品，如“人参精”，“鹿茸精”等，虽为数不多，但“双宝素”的销量还是受一定影响，改进和创新现有产品就变得非常重要。公司开发了“青春宝”口服液，后来又改成片剂，这是中国第一例片剂型的营养保健品。经过多年的原始积累，有足够的销售费用，高层管理的思路够开阔，挺有魄力，毫不犹豫地投入广告。一位清纯少女走进了电视广告，她那娇憨身姿，加上广告语：“迈着轻柔的步伐，踩着青春旋律，这春机盎然的青春世界，全是因为有了青春宝”，给人们留下了深刻的印象。

到 1990 年左右，“青春宝”的日子就不好过了，太阳神，延生护宝，中华鳖精，金牡蛎等，国内一大批保健品企业迅速崛起，很快占领了市场，站稳了脚跟。“青春宝”的销量明显下降，丢掉了较多市场份额。

竞争对手的强大迫使企业适应这种市场环境的变化,传统的集权式管理已不适合企业发展的需要,企业要有灵活的机制和专业的人才。

1992 年,公司内部形成事业部制管理,运作逐渐正规化,科学化。经过一段时期的整顿,1993 年 9 月公司面向省内市场推出新产品——“男壮”股囊。

在 1994 年保健品市场不景气的情况下,“男壮”取得过良好的销售成绩,1994 年 5 月份,甚至达到月回款 600 多万元的骄人业绩。“男壮”胶囊的成功在于产品功能的准确定位和对消费目标群的细分策略。功能是补肾壮阳,当时市场上极少有类似产品,可谓填补了空白,钻了空隙;消费群的细分使营销工作更有针对性,更有效率地赢得这部分消费者的信任和青睐。

胡建红小姐——原中国青春宝集团公关部经理,就是在 1993 年公司调整药品市场策略的时候走马上任保健品事业部市场经理的,她总结了公司新产品开发的几点成功经验。

产品永是宝中宝

产品开发既要考虑前置性,又要考虑衔接性、补充性。以公司当时的市场地位和占先的商机,应该像“宝洁”一样迅速形成一个产品群,充分地占有市场。胡女士认为保健品立足市场关键还是产品,产品的功能是一个方面,产品开发的时间及其组合是另一个方面。

有效的事业部制

和泰国正大合资后,采用国际上比较流行的事业部制,把药业、保健品、制药器械等不同的事业单位分离,成立单独的盈利中心(比如保健品事业部)。每一个事业部都有自己的经营战略、竞争对手和服务对象,这样也就使每个“部”都具有较独立的生产和经营权,每个“部”完全像一个独立的公司一样进行自主经营,公司最高领导层只需从事重要问题的决策,给事业部更多的权力和责任。这样能够充分调动基层的积极性和创造力,对于公司目标的实现,比以前集权式的传统组织管理要顺畅、高效得多。

创新的宣传手段

正大药业产品在每个城市的上市初,除了电视广告片外,另一个主要的宣传手段是在经济栏目现场播放医生和消费者的访谈。当时很少有企业做这个栏目,该形式广告的效果出乎意料的好,可能由于国人对医生比较信任的缘故,而且又有消费者的现身说法和长时间的播放频度,大大加强了可信度。

共同对顾客负责

市场部由于担负产品营销的广告、促销、公关等工作,要求有统观大局的战略性和整体分析能力,片区经理负责局部地区的销售,注重效益,有风险,两者的工作性质有较大区别,在一些企业里总部企划人员与片区市场经营常常存在着一定的矛盾,但正大药业的市场部与销售部的关系非常融洽。他们始终把握住一个原则——“为顾客而工作”,作为一个整体,共同对顾客负责。

“双宝素”、“青春宝”以及后来的“男壮”都遇到了这样的情况:每个产品的上市都获得了较好的成绩,但对市场面的开拓和市场深挖都做得不够。如“青春宝”也仅仅在华东地区销售,其他地区销得很少,有些地区根本没有铺开。另外,对已有市场的深入挖掘做得不够,根本没有在营销上做过细的工作。

"男壮"在1994年保健品市场不景气的情况下,能取得月回款600多万元的成绩(浙江地区),全在于足够的广告投入与细致入微的销售工作。而当时的企业负责人认为"男壮"的销售已经很好了,再投入广告就是浪费了。这样大好的市场形势就由于失去了推进动力而白白丧失了。

因此,企业在产品畅销的同时,应注重对产品的远期把握,而不能仅仅看到眼前的短期利益。"正大青春宝"三个产品的由盛而衰,或许能让我们受到一些启迪和教益。

(资料来源:《销售与市场》徐红钢)

问题:

1."正大青春宝"产品由盛而衰,试分析在产品开发及推广中存在的不足之处。

2.假设作为该公司的领导者,你能为今后的新产品开发提供哪些建议和策略?

【知识链接】

个人创办企业需要产品或服务来支撑,企业寻求生存与成长也需要产品与服务作为基础。随着科技进步、社会发展,顾客需求的变化加快,由产品引发的市场竞争越来越激烈。新产品开发战略由此应运而生,它为企业及意图创业的个人提供了取得竞争优势的新思路。

一、新产品的概念

最初意义上的"新产品"更多的是从技术角度来考量产品的,通常是指依靠新发明或新技术创造出来的全新产品。例如,若干年前第一次出现在世界上的电子计算机、X光线机以及治疗胃溃疡的新药,就是这种意义上的新产品。据统计,近100年来,全世界公认的新产品只有近50项。显然,这种"新产品"极其稀缺,绝大多数企业没有能力研制并生产出这样的"新产品"。在这个层面上讨论如何进行"新产品"的开发,对大部分企业也就失去了意义。

企业更多的时候是从市场营销的角度来理解,所谓新产品是指在某个市场上首次出现的或者是企业首次向市场提供的,能满足某种新消费需求的产品。从这一定义出发,新产品不仅指采用新技术、新设计构思研制的全新产品,那些从"产品整体概念"出发的,改进、变革或创新核心产品、形式产品和延伸产品中的的任何一部分所得到的成果,都可视为新产品。

二、新产品的类型

从产品整体概念出发,新产品可以划分为全新产品、换代产品、改进产品和新品牌产品等四种类型。

全新产品:指应用科技新成果,运用新技术、新工艺或新材料制造出的、市场上前所未有的产品。全新产品一般是由于科技进步或为满足市场上出现的新的需求而发明的产品,具有明显的新特征和新性能,甚至能改变顾客的生产方式、生活方式。例如,电子计算机的发明和应用。但全新产品的开发难度大,开发时间长,需要大量投入,成功率低。一旦成功,顾客也还需要一个逐步接受的过程,这一过程还将伴随巨大的风险。有研究表明,所有新产品中只有10%是真正创新或新问世产品。

换代产品:也称为革新产品,是指部分改变市场上已经出现的原有产品的结构和性能而形成的产品。它使原有的产品性能得到改善和提高,具有较大的可见价值,而顾客接受这类新产品的过程相对较短。

改进产品：指对现有产品的质量、特点、外观、款式或包装加以全面或局部改进的产品。这类产品与原有产品差别不大，易于为顾客接受。上市的新产品大部分可以划入这种类型中。

新品牌产品：指对现有产品稍作改变，突出某一方面的特点，使用新品牌后提供给市场的产品。很多时候，这类新产品是因为仿制市场上某种畅销或高利润的产品而催生的。

三、新产品开发的不同视角

在生产企业，市场部、研发部、采购部、生产部、财务部、销售部及其他部门，在新产品开发过程的每一步骤中都各自发挥部门的职能、起着不同的作用，但又是在不断消除矛盾、相互配合、共同努力中达成成功开发新产品这一目标的。其中，市场部和销售部在整个过程中起着计划、组织、协调与控制等关键作用，表 4-3 和表 4-4 列举了市场部与销售部在新产品开发中存在的部门矛盾与相互支持的项目。

表 4-3　市场部和销售部存在的矛盾

主要任务与目标	销售部希望导向	市场部希望导向
销售量	各品牌的总销售量	新产品的销售量
分销广度与深度	适度分销	高分销率
市场推广投入目的	增加现期销售量导向	品牌导向
销售品种	适销产品	高利润产品
考核重点	产品销售量	产品利润

表 4-4　市场部和销售部相互的支持

市场部为销售部提供的支持	1. 为销售部提供完成其销售目标的市场活动（广告、促销等）支持； 2. 开发的新产品为销售人员提供新的销售增长点； 3. 对销售人员进行产品知识、市场和竞争信息的培训； 4. 帮助销售人员了解产品定位及销售重点； 5. 为销售人员遇到的各种投诉（如产品质量问题）提供解决方案。
销售部为市场部提供的支持	1. 提供一线的市场信息，包括新产品销售量和现存的困难、竞品动态； 2. 有效地执行市场部的各项新产品市场推广计划； 3. 提交渠道（通路）建设方案、促销建议、产品改进建议； 4. 实现新产品预定销售指标和利润指标。

对流通企业来说，第一次出现在本地的、第一次引进到本企业的或者原有的产品更换包装、甚至退出市场后重新进入本地或本企业的产品，都可以被看做新产品予以选择性的开发。

事实上，生产企业的市场部、研发部所提供的工作岗位不多（从我国医药行业的现状看，大部分的企业甚至没有自己的市场部、研发部，相关的工作大多采用外包的形式完成），仅有的岗位对专业技能和从业经验的要求颇高。与之相对应，生产企业的销售部和生产车间、批发企业的市场部和销售部、零售企业的营运部、营业部所提供的工作岗位较多，在这些岗位上参与“新产品开发”的概率较高。

因此，从实用主义出发，我们可以更多地站到自己有可能就业、有兴趣发展的岗位上看新产品，从相应岗位的职能出发进行新产品开发的探索——如何得到或提出创意、如何配合开展顾客需求调查、如何理解新产品上市计划以便更好地执行、如何充分利用企业资源做出围绕销售目标的促销计划等。立志自主创业的人们也应做好视角的转换，如果能以未来企业主的身份看经销商如何选择、引进、推广新产品，如何捕捉商机、控制成本、争取支持、确保利润的，我们就能掌握到适用的新产品开发技术，既能帮助经销商做好新产品开发，又为创业做好必需的准备。

四、新产品开发面临的挑战

不开发新产品的企业正在承担很大的风险。在消费者的需要和口味不断变化、技术日新月异、产品生命周期日益缩短，以及本国和外国企业的竞争与日俱增的情况下，它们的产品将被淘汰。

同时，新产品开发的风险也是很大的。即使是有长期新产品开发经验的跨国企业也会不断遭受挫折。德州仪器公司在从计算机业务中撤退前，已损失了6.6亿美元；福特汽车公司在它生产的埃德塞汽车上损失了2.5亿美元；杜邦在它的称为可仿(Cordam)合成皮革上损失1亿美元；英国和法国的协和式飞机已经永远无法回收它的投资……

新产品开发为什么会失败呢？有以下原因：

(1)决策层(包括总经理和董事会)中，有人不顾市场调查研究已作出的否定结论，推行他喜爱的产品构思。

(2)创意是好的，但是对市场规模估计过高。激烈的竞争导致市场更加分化，各企业不得不把新产品对准较小的细分市场，而不是一个大众化市场。这意味着每种产品只能得到较小的销售和较少量的利润。

(3)实际产品并没有达到设计要求。

(4)产品在市场定位上错误，没有开展有效的广告活动或对产品定价过高。

(5)产品的开发成本高于预计。一家企业为了找出少数几种好的新产品，必须提出大量的新产品构思，同时企业也面临着不断上升的研发费用、制造费用和营销费用。

(6)竞争对手的激烈反击超出事先估计。

(7)社会和政府限制。新产品必须符合消费者的安全和生态平衡。政府的要求使得药品、玩具和其他某些产品产业的创新速度减缓。

(8)资本短缺。许多企业不能提供或筹集真正的创新研究所需的资金。

(9)新产品开发完成的时限缩短。不能快速开发新产品的企业将失去优势。当一种新产品成功后，竞争者会非常快地进行模仿。例如，20世纪90年代前后，索尼公司在竞争者大量仿制其产品前曾可以领先3年左右时间。现在，松下和其他竞争者仿制其产品只要6个月甚至更短。这样，留给索尼重新创新的时间很少了。

五、新产品开发的应对策略之一——谨慎而快速的战略选择

近几年，内资医药企业在与外资医药巨头的对抗中，对改进型、新品牌型的新产品开发日趋成熟，在剂型变化、独特销售主张的诠释上做出了许多努力，新产品推广的数量和速度都呈上升趋势。为了使新产品能够更快地研发成功并投入市场，企业必须要有谨慎而快速的战略选择能力。

1. 制定产品战略：开拓者，抑或跟随者

计划引进一个新产品的企业必须作出市场进入次序的决策。根据现有资源和竞争环

境，企业开发的新产品应该成为领先型的产品还是跟随型的产品，企业必须做出谨慎而快速的决定。

(1)开拓型新产品开发战略　首先进入市场的开拓者可能得到高回报，但也面临高成本、低销售的风险。在当今产品生命周期缩短的时代，需要加快创新的时间。

大多数研究报告认为市场开拓者能获得最大的优势。消费者更偏爱开拓者的品牌，如果他们试用过它并感到满意，早期使用者就偏好他们的品牌。开拓者还能获得生产优势：规模经济、技术领袖、稀有资源的拥有和其他阻碍别人进入的障碍。

典型的市场开拓企业有金宝汤料、可口可乐、柯达、豪马克、比波特和施乐企业等，它们已成为市场的主导者。鲁宾逊和福内尔广泛研究了成熟期的消费品和工业用品企业以后，发现市场开拓者拥有的市场份额比早期追随者与后来者要高。厄本(Urban)的报告也认为开拓者的优势在于：第二个进入市场的人只能获得开拓者市场份额的71%，第三个只获得58%。卡彭特(Carpenter)和纳考莫特(Nakamoto)还发现，在1923年曾经是市场领导者的25家企业中，到1983年仍为领导者的有19家，整整领先了60年。

同时，开拓者也将面临更多的风险。很多失败的开拓者都有类似的弱点：新产品过于粗糙，定位不恰当或太超前于需求高峰；产品开发成本耗尽了创新者的资源；缺少与后进入的大企业的竞争资源；管理不完美或不健康的骄傲自大。

(2)跟随型新产品开发战略　在某些环境下，后来者能超越开拓者的优势。而模仿者的成功在于提供低价格，不断改进产品或使用了战胜开拓者的残酷市场商战。例如，IBM企业在计算机主机上超过斯佩里，松下在录像机上超过索尼，得州仪器企业在袖珍计算器上超过鲍玛企业，通用电气企业在CT扫描仪上超过EMI企业。

欧美营销专家的研究表明，模仿营销是新产品的头号杀手。大多数这类尝试都以失败告终。那些成功的尝试则需要超乎大多数营销人员所能提供的资源和坚忍不拔。最典型的例子是可乐市场的开发。百事可乐在将自己定位为可口可乐的主要竞争对手之前的几十年里一直很谨慎地维持生存，它是一个多世纪以来挑战可口可乐的诸多品牌中为数不多的幸存者之一。谁听说过果珍可乐、可可可乐、由由可乐、法国葡萄可乐？国王可乐又怎样呢，有没有如它所说成为“高贵的饮料”？在其他条件都相同的情况下，已经树立起来的产品与那些并未有根本性差别的新产品相比较，具有独特的优势。

但在中国，其他市场的营销理论或经验有可能被颠覆。跟随战略、模仿营销对于国内企业来说，几乎是保证自己淘到第一桶金的必由之路。依然以可乐市场的开发为例，娃哈哈集团董事长宗庆后率领下的团队已经占领了农村市场的30%的份额。

2.有效的组织安排

有效的组织安排是企业正常运营的基础。对于新产品开发而言，企业找到符合自身实际、能够充分运用企业资源、集中各部门及员工智慧的组织结构尤为重要。

企业的组织结构可以分成直接以产品为中心的组织结构、以市场为中心的组织机构；或分为直线制、职能制、事业部制、矩阵制等组织机构形式。

(1)直线制组织结构　直线制是一种最早也是最简单的组织结构，它的特点是下属只接受一个上级的指令，产品经理对本部门的一切问题负责。直线制组织结构的优点是结构简单、责任分明、命令统一；缺点是要求新产品主管、产品经理通晓多种知识和技能，亲自处理各种业务，并做好大量部门间协调工作。因此，直线制比较适用于规模较小、产品品种较少的企业。这种组织结构也是我国大中型企业通常采用的。基于此,以直线制组织结构(见图 4-9)为背景来阐述。

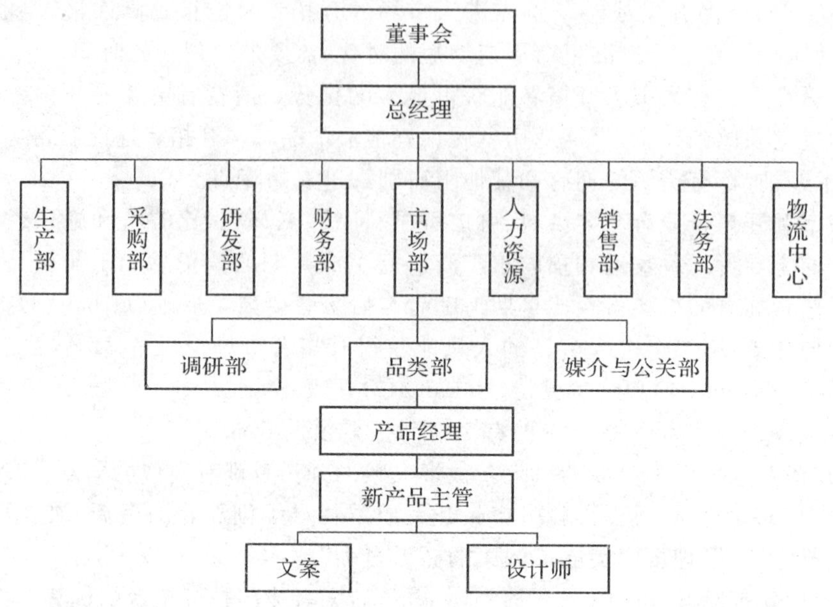

图 4-9　直线制组织结构下的新产品开发人员与部门组织结构图

(2)新产品开发可以采用的组织结构　单就围绕新产品开发所涉及的部门与岗位而设计的组织结构的设计方案,有产品经理、新产品经理、新产品委员会、新产品部和新产品开发组等,这些方案各有其优劣。

例如,卡夫企业和强生企业均设有隶属于产品类别经理领导的新产品经理职位。一方面,这个职位使得开发新产品的功能专业化;另一方面,新产品经理的工作局限于在他们的产品市场范围的产品改进和产品线扩展。

另有一些创新能力较强的企业,则设立"新产品开发组"主持新产品开发。例如,3M、陶氏、西屋电器(Westinghouse)和通用磨坊企业(General Mills)等把新产品开发主要工作指派给新产品开发组。新产品开发组由各业务部门的人员组成,负责缔造一种特定的新产品或服务投入市场。

越来越多的研究证明,欧美发达国家企业中最有效的新产品开发是"新产品开发组"这一组织形式。具体做法是:组建得到决策层大力支持的跨职能的新产品开发组,从市场营销的角度收集、筛选创意,全程负责组织和协调研发、生产、采购、销售和预算等活动。

3.明确长期目标和预期财务指标

(1)企业长期战略和新产品开发目标　包括总经理和董事会在内的企业决策层对新产品的成功负有最终的责任。新产品的开发工作要求高层管理者根据企业的长期发展目标与战略,确定新产品开发所在的业务领域、新产品类型和需要达到的营销目标,这种目标必须是成为一种可执行的标准。

例如,集中力量挖掘中药护肾补肾方剂的临床应用,兼顾临近保护期满的西药的跟踪与仿制;新产品开发的成本不超过 50 万元(媒体投放成本除外),6～12 个月内能开始市场投放；新产品重点投放后的第一年销售额至少在200万元以上，并有200%以上的年投资回报率，之后的两年有可能达到30%以上的增长率，年投资回报率能控制在50%以上。

(2)新产品开发的预算 决策层必须决定新产品开发需要多少预算支出。研究和开发新产品的结局是非常不确定的，以致使按照常规投资标准来编制预算十分困难。有些企业解决这个问题的方法是采用鼓励措施和财务支持，以争取尽可能多的项目建议书，并寄希望于从中择优录用。另一些企业采用传统的销售额百分比，或根据与竞争者相当的费用，以确定本企业的研究与开发所需的投资额。还有些企业先确定到底需要多少成功的新产品，然后倒过来估算投资费用。

【知识拓展】

新产品开发预算案例

表4-5显示了一家企业怎样计算新产品开发投资成本。在一个大型药品生产企业里，新产品主管回顾了他所在的企业考虑的64个新产品创意的处理结果。通过创意筛选阶段的只有1/4，即16个，在这一阶段鉴别每一创意的成本是1000美元。通过概念测试阶段的是其的一半，即8个，每一个的成本是2万美元。在产品开发阶段中留下来的只剩下4个。在市场测试中状况良好的剩下2个，每个的成本为50万美元。当这2个新产品推向市场时，每个成本为500万美元，并且只有一个是非常成功的。因此，这个成功的创意花费了企业572.1万美元的开发费用。在这个过程中，63个其他的创意在中途被抛弃。由此可见，开发一个成功的新产品的总成本是1398.4万美元。除非企业能通过提高比率和降低每一阶段的成本，否则企业必须为每一希望得到成功的新创意准备开支1400万美元左右。如果决策层希望在下年中开发4个成功的新产品则它的预算至少是5600万美元(4×1400万)。

表4-5 一个成功的新产品的估计成本(从64个新创意开始)

阶 段	创意个数	通过比率	每个创意的成本(美元)	总成本(美元)
1. 创意筛选	64	1∶4	1000	64000
2. 概念测试	16	1∶2	20000	320000
3. 产品开发	8	1∶2	200000	1600000
4. 市场测试	4	1∶2	500000	2000000
5. 推向全国	2		5000000	10000000
总 计			5721000	13984000

通过上面的例子，我们所看到的最后的数字是让人吃惊的。如果回顾各个阶段所需投入的成本，我们对每一个阶段所作的抉择是不是会更谨慎呢？

六、新产品开发的应对策略之二——开发的过程及过程管理技术

每一个新产品都开始于一个想法，经过调查、研究和判断，不断深化、完善，最终以有形的产品或无形的服务提供到顾客的手中。

1. 新产品开发八阶段理论

科特勒将新产品开发过程分为八个阶段：创意形成、创意筛选、概念形成和测试、营销战

略报告初拟、财务及商业分析、新产品研制与生产、市场试销、商品化投放。

在新产品开发过程中，需要注意以下两个问题：

第一，企业在开发新产品时并不一定要顺序经过各个阶段，条件一旦成熟，即可跳过某一阶段，从而加快新产品开发速度；

第二，从第二个阶段开始，每个阶段都需要进行过程决策，一旦被否决，整个进程应立即终止，以减少新产品开发失败的风险。

新产品开发过程各个阶段及其过程管理与决策的描述如图 4-10 所示。

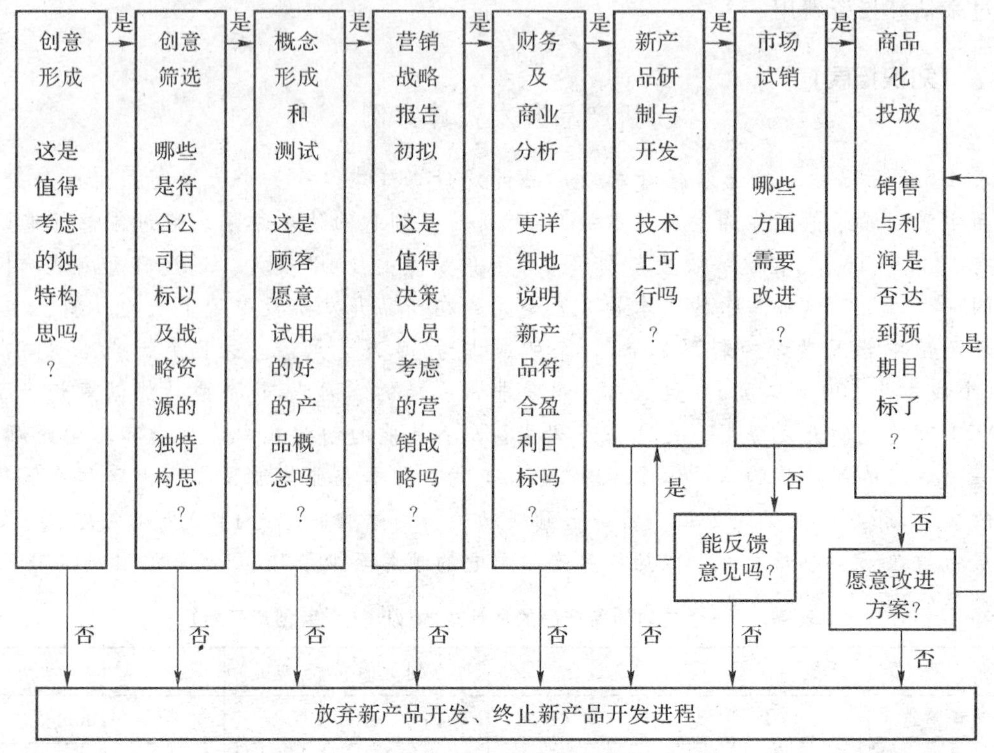

图 4-10　新产品开发过程各个阶段及其过程管理与决策的流程图

(1)创意形成　新产品创意是指企业可以考虑向市场提供的一种可能产品的主意，是企业决策者或普通员工根据市场需求状况、市场竞争态势、企业自身条件等因素综合考虑所提出的新产品设想与构思。新产品创意的产生是生产企业新产品开发工作的第一步。

企业要收集到有价值的创意，就必须开展创意收集工作。这项工作一般由市场部来承担，内容包括创意来源的开发、创意技术的运用、创意传递渠道的疏通、做好必要的反馈等。生产企业的新产品创意主要有以下几个来源：顾客、竞争对手、经销商、科技人员以及本企业的各级各类员工。市场部可以借助顾客需求调查与分析、需求层次分析、产品生命周期分析、竞争对手分析和国家政策、法令分析等技术得到既多又好的创意。

①顾客需求调查：企业为了使开发出的新产品适销对路，必须以各种形式和方法对顾客进行调查，掌握顾客直接的和隐含的要求。顾客需求调查内容与调查方法见表 4-6。

表 4-6　顾客需求调查内容与调查方法

调查内容	调查方法
顾客对产品期望的功能	产品的生命力表现在它能否满足顾客的期望功能，甚至超过他们的期望
顾客的消费心理和动机	不同顾客在购买产品时具有不同的消费心理和心机，因此企业要根据各种顾客的要求开发出不同的产品
消费习惯	人们的消费习惯已在一定的社会背景下形成理固定的模式，因此企业开发新产品，在选择目标市场时，应分析不同地区人们的消费习惯
消费水平	个人的收入水平是影响其对产品选择的主要因素，因此企业要根据不同层次的顾客的需要开发出不同档次的产品

②需求层次分析：可以纵向分层，不同的时代有不同的需求，每个年代的需求是不同的。有的产品会出现相似的周期性，有的产品则没有。还可以横向分层，不同的国家、不同的民族会有不同的需求；现实收入的不同会有不同的需求；不同的地域环境也会有不同的需求；科学技术的变化也会产生不同的需求；等等。还可以综合分层，综合考虑纵向和横向的分层方法。在进行产品决策时，必须针对这些需求的层次制定方案，使产品适销对路。

对于企业来讲，必须特别注意由于科学技术的发展变化所导致的需求变化。因为一门新的技术可能产生一类新的工业。要想向前发展，最重要的一点就是要看到知识的进步和科学技术的发展。

③产品生命周期分析：产品管理部门必须时刻研究产品的生命周期，这是经营决策的重要课题，是选择投资时机的关键。为此，应当投入大量的人力、物力和财力，一方面加速研制质量水平更高的产品去代替即将衰亡而退出市场的老产品，另一方面不断采取提高质量、降低成本、扩大服务等措施来延长产品生命周期。

④竞争对手分析：对竞争对手的研究，主要是分析其产品特点、市场占有率和发展趋势、经营的策略、产品发展方向、正在研制什么新产品、准备采用什么新技术等。综合上述分析，就可为本企业的产品决策目标提供依据。竞争对手的调查内容与调查方法见表 4-7。

表 4-7　竞争对手的调查内容与调查方法

调查内容	调查方法
锁定竞品品牌	了解各品牌的销量、占有率、品项组合、区域分布、旺销品项、旺销区域，掌握本产品目前在各细分市场的优劣势，寻找本产品的入市机会和市场空间
竞品品牌、包装和口味等	学习竞争产品在产品设计上的优点，寻找他尚未涉足的薄弱环节
竞品的价格和通路利润	探求本产品在价格和利润方面打击竞争产品并形成优势的可能性和切入点
竞品在各渠道中的销售表现	了解竞争产品在各渠道的优势和空白点，为本产品入市后合理设置首攻渠道、销售主渠道、回避竞争产品强势渠道、攻击其网络弱点提供思路
竞品的销售人力投入	为本产品未来的销售队伍建设、分支机构设置提供参考依据
分析竞品广告诉求及投放策略	探求本产品差异性诉求方向

⑤国家政策、法令分析：世界各国纷纷出台了“保护消费者利益”的政策，并且把产品责任用法律的形式固定下来。一些国家或国际组织发布了《产品责任法》，对产品质量提出了严格的要求，例如对能源利用，对污染、噪音等公害的限制和对产品可能危及生命、财产安全的管制，实行用户索赔，以及对产品的可靠性、耐久性的要求等。企业必须根据这些政策、法令、规定来制订质量目标，开发新产品，改进老产品。

由于熟悉企业情况，并牵涉到切身利益，本企业的员工可以成为最积极地产生创意的群体。欧美企业通常通过适当的组织(例如创意委员会)来激发员工提出构思、吸引好的创意。创意委员会每隔一定的时间汇总、评议新获取的创意。创意委员会把创意分成三组：有前途的创意、暂时搁置的创意和放弃的创意。每个有前途的创意需经一位委员会成员的认真研究并应作出报告返回。经挑选的有前途创意之后进入全面的筛选程序。企业将对提交最佳创意的员工给予报酬或受到重视。为了提高创意的数量和质量，市场部还可以针对这一群体进行产生创意的技巧培训。这些技巧通常包括以下几种：产品属性列举法、强行联系法、顾客问题分析法、头脑风暴法、提喻法等。

【知识拓展】

提高效率的工具——新产品创意征集表

要收集内部员工的新产品创意，有一种比较高效的做法可供借鉴——定期或不定期地提供新产品创意征集表：企业要求主管人员把新产品创意填入一张标准的表格内，以便于新产品委员会审核。表格包括产品名称、目标市场、竞争状况、粗略推测的市场规模、产品价格、开发时间和开发成本、制造成本、报酬率。

(2)创意筛选　有了一定数量的创意，企业需要根据长远战略目标，结合当前企业内外情况，对创意进行分析和选择，这就是创意筛选的过程。

进行有效的筛选，必须综合考虑企业内部资源、外部环境等诸多因素。各种因素集中在一起，企业内部参与新产品开发的人员就会常常为如何取舍发生争执。为避免过多的争执，通常将筛选过程分为两个阶段：

第一阶段——市场部组织有一定经验的中高层管理人员和技术专家进行初选，剔除那些明显不合理的创意。初选的标准包括：该产品满足了市场需要吗？它提供了优越的价值吗？它有明显的优势吗？公司有必需的专有技术吗？新产品能实现预期的销售量、销售增长和利润吗？从这些标准出发，管理人员和技术专家直接依靠经验来作出迅速的判断。

第二阶段——市场部建立合理指标体系来检查每一个新产品创意，并进一步筛选，“新产品创意评分表”是欧美企业在此阶段所经常采用的方法(见表4-8)。需要注意的是，这种基本的分等设计方法可以考虑进一步的改进，其目的是为了促进系统的产品创意评估和讨论，但它并不能取代管理层的决策。企业对各个新产品创意评分后，再结合几个无法量化但对新产品开发工作又有较大影响的重要因素，从高分值的新产品创意中选择一个或几个进入新产品开发的下一阶段。

表 4-8 某新产品创意的评分

产品成功的必要因素	相对权数(1)	产品能力水平(2)	评分(1)×(2)
产品的独特优点	0.40	0.8	0.32
高的绩效成本比率	0.30	0.6	0.18
高的营销资金支持	0.20	0.7	0.14
较少的强力竞争	0.10	0.5	0.05
小 计	1.00		0.69①

注①:分等标准:0.00～0.30 为差;0.31～0.60 为尚可;0.61～0.80 为佳。最低标准:0.61。

表中的第 1 列表示产品成功地导入市场所必需的因素,第 2 列是管理层根据这些因素的相对重要性而给予的权数。下一步测验在每一个因素上对公司的能力进行由 0.0 到 1.0 的分等处理。最后是将每一成功因素的权数和本公司的能力水平相乘,得到公司成功地把这种产品导入市场的能力总评分。在本例中,该产品创意得 0.69 分,它处在"尚佳创意"水平。

(3)概念形成和测试 产品概念是指用有意义的消费者术语对创意进行详尽描述。简而言之,产品概念其实就是一个产品介绍。经过创意筛选,市场部就需要把选定的新产品创意形成产品概念并进行消费者测试。一个有吸引力的创意必须发展成为一个产品概念。

①概念形成:所谓产品概念,通常一个完整的产品概念由四部分组成。

消费者洞察:从消费者的角度提出其内心所关注的问题。

利益承诺:说明产品能为消费者提供哪些好处。

支持点:解释产品的哪些特点是怎样解决消费者洞察中所提出的问题的。

总结:用概括的语言(最好是一句话)将上述三点的精髓表达出来。

提出新产品概念的具体程序如表 4-9 所示。

表 4-9 提出新产品概念的具体程序

具体程序	主要活动
确认顾客需要和科技可能性	外部资源:顾客、供应商、国内外技术/新产品信息、竞品、经贸刊物、产品展览会 内部资源:项目讨论会、电子邮件调查、数据库、分公司 寻找科技合作伙伴,评估适合合作程度:技术内容与先进程度、技术对本公司的用途、引入方法、科技转移程度、长期合作可能性
将创意发展为《产品需求规格说明表》	整理并记录创意,把完整的创意纳入《产品需求规格说明表》,内容包括描述、优先权、时间安排和资源计算
筛选及决定可行项目	建议书的筛选标准包括市场吸引力、自身能力和经济效益
为可行项目设计管理流程	管理流程表的内容包括建议时间表、项目各阶段的划分以及完成日期

②概念测试:指将企业初步设定好的一个或几个可以替代的产品概念,展示于几组目标消费者面前,利用专业的研究方法和手段,获取消费者的反映,是一种专门用来选择和发展产品概念的有效研究手段。

一个基本概念测试研究模型,需要从心理层面到行为层面探究消费者对某一产品概念的整体接受情况。一般会研究以下几个方面的核心问题,如图 4-11 所示。

理解:主要考察概念的可解释性。新产品概念首先要让消费者看得懂,否则再高的科技

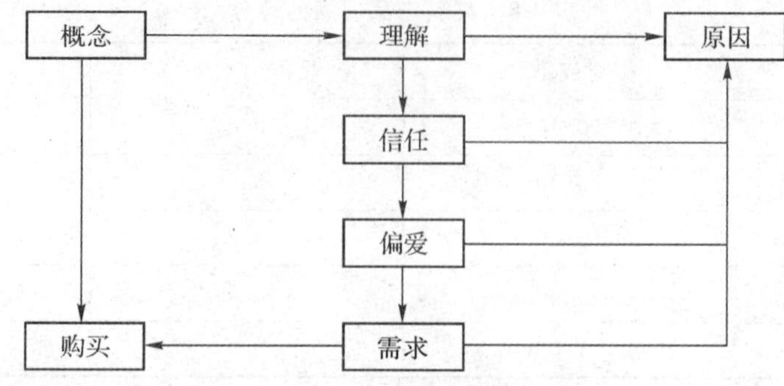

图 4-11　新产品概念测试模型

含量、再严谨的学术理论都是无用的。被访者是否容易明白和理解被测试的概念？他们是否已理解这是一种什么样的产品？不理解的地方在哪里？

信任：用来衡量产品概念的可信度。被访者是否相信这种产品或这个概念的说法？他们是否觉得概念所描述的产品功能可信？

偏爱：从信任到偏爱，这里有一个层次的加深。被访者是否偏爱这个概念？

需求：这是一个极为关键的指标，如果被访者没有对产品的需求，或产品的功能不是准确地满足其某方面的需求，或是竞争产品针对这一需求做得更好，这一产品概念都不会有好的市场前景。

探究消费者的核心需求可以对其提出以下问题：你使用此类产品最主要的目的是什么？一个你认为理想的产品应该具备哪些特征？你的哪些需求更重要？市场上哪些产品更令你感到满意？概念是否说出了你在这方面的状况或需求？它能引起你的同感吗？你觉得这种产品是否能够满足你在这方面的需求？

购买意向：在这一阶段主要探究消费者是否能将心理上的接受与需求转化为行为上的购买与使用，这对企业的产品来说，是真正具有决定性意义的问题。同时，我们一般会把价格因素考虑在内。被访者觉得花费多少钱用于购买这类产品是可以接受的？他们是否会在给定价格下购买或使用这一产品？

一个有效的产品概念，应该能够满足消费者的核心需求，并保证区别于竞争对手，它体现了产品本身的优势特征。

(4)营销战略报告初拟　营销战略报告是指为把既定概念的新产品推向市场而设计出最初的市场营销战略与评估。该报告通常由三部分组成：第一部分描述目标市场、计划中的产品定位，以及在开始几年内的销售额、市场份额和利润目标；第二部分描述产品第一年的计划价格、销售及营销预算；第三部分描述预计的长期销售额、利润目标及营销组合战略。市场部将形成的报告报送决策者及相关部门讨论，最终形成是否进行下一阶段的新产品开发的决策。

所有的观点、结论都需要科学的数据来支撑，营销战略报告也不例外。它的撰写有赖于事先作出的对新产品开发的可行性分析。评估新产品开发的可行性有很多方法，大体分为以下四类。

①评分法：设定评分项目的标准和分数，以分数作为可行性的评价尺度。其中又分为市场营销系数评分法、加法评分法、加乘评分法、相对指数评分法以及多方案加权评分法等。

②经济评价法：以经济指标为尺度，进行定量研究和评价。

③运筹学评价法：利用数学模型对各种因素的变迁进行动态定量分析。

④综合评价法：以上三种方法综合而成。

在这几种方法中，评分法是最方便、最常用的一种直观定量评价方法。它以评价者的主观判断为基础，将评价项目分为若干等级，并确定评分标准，然后根据方案实际情况，按标准给分，最后计算累计得分进行判断。其中的市场营销系数评分法涉及以下因素的计算：可销售性、持久性、生产能力、增长潜力等。

运用上述技术手段所得的数据经过处理，形成的"新产品开发的可行性报告"就可以作为初拟的营销战略报告撰写的主要依据之一。

新产品开发的可行性报告一般需要说明以下七项内容：技术可行性分析；产品市场调查和需求预测；原辅材料及供应；产品生产项目实施方案；环境保护与劳动安全；新增投资估算、资金筹措；经济效益、社会效益分析。

(5)财务及商业分析　决策者一旦对产品概念及营销战略作出了肯定性的决策，接下来便可以估计这项新产品的商业吸引力了。与初拟的营销战略报告中的相关分析相比，财务及商业分析是根据所需投资、预计销售额、现金流、成本、价格、利润、投资收益等指标，对新产品创意进行的更加详细的、实质性的经济分析。如果满足企业的目标，产品就能进入产品开发阶段了。

上述分析需要依靠经济数学的原理与技术进行。例如，为了估计销售量，企业应参照市场上类似产品的销售情况，并考虑各种竞争因素，分析新产品的市场地位、市场占有率，再运用"新产品系数法"和再购率指标来推算可能的销售额。企业应推算最大和最小销售量以估量出风险大小。

在预计好销售量之后，管理部门可为产品估计期望成本和利润，包括市场营销、市场研究与开发、制造、会计以及财务成本。接着，企业便可用这些销售和成本数据来分析新产品的财务吸引力。

(6)新产品研制与生产　到此时为止，就许多新产品概念而言，产品还只是一个口头描述，一幅图画或者一个粗糙的模型。如果产品概念通过了商业测验，就可以进入产品开发阶段。在此，市场研究与开发或者工程部门可以把市场概念发展成实体产品。但是，产品开发步骤现在要求加大投资。这一步骤将揭示产品构思能否被转变成实际有效的产品。

产品研究与开发部门开发并测试一个或多个产品概念实体形式。研究与开发部门希望设计出一个能满足和刺激消费者，并且生产起来快，不超过预算成本的样品。设计一个成功的样品需要几天、几周、几十个月甚至几年。产品经常要通过严格的性能测试，以便确信产品安全有效。药品更是如此。

我国《药品管理法》规定，企业申报新药的程序(即药品注册程序)是：药品非临床安全性试验研究→国务院药品监督管理部门审核批准→新药临床研究→药品审评中心审核及药审专家审评(专家库制)→技术复核(中国药品生物制品检定所)→国务院药品监督管理部门审核批准→核发新药证书。药品的非临床安全性评价研究是指研制新药必须按照国务院药品监督管理部门的规定报送研制方法、质量指标、药理及毒理试验结果等有关资料和样品，经国务院药品监督管理部门批准后，方可进行临床试验。这一阶段试验研究对象是动物，是为下一步针对人体的临床试验研究所做的基础性研究工作，其基本内容包括制备工艺(中药制剂包括原药材的来源、加工及炮制)、理化性质、纯度、检验方法、处方筛选、剂型、稳定性、质量标准、药理、毒理、动物药代动力学研究等。

新药的临床研究包括临床试验和生物等效性试验。新药的临床试验一般划分为四期，即Ⅰ、Ⅱ、Ⅲ、Ⅳ期。临床试验的质量和结论是对新药是否安全、有效的最关键、最权威的评价。

(7)市场试销　如果产品通过了性能及消费者测试，接下来一步便是市场试销了，在这一阶段产品及营销方案被放入到更加逼真的市场环境中去。市场试销使企业在进行大笔投资全面推广产品之前通过营销产品获得经验。企业在这个阶段测试产品和整个营销方案——市场定位战略、广告、销售、定价、品牌和包装、预算标准。

市场试销所需数量根据每种新产品的不同而不同。市场试销的成本可能会很高、花费时间很多，同时也可能使竞争对手获取优势。当已开发的新产品成本很低，或当决策者对一种新产品很有信心时，企业可能很少或根本不进行市场试销。企业也不试销简单的产品系列扩展或竞争对手成功产品的复制品。例如，宝洁公司的福尔吉去咖啡因咖啡晶体就没有进行市场试销。但是，当推出一种新产品需要很大的投资时，或者当管理部门对产品或营销方案不能确信时，企业就需要进行大量的市场试销。市场试销的成本可能会很高，但是与错误造成的损失相比都算不了什么。

(8)商品化投放　市场部在市场试销阶段不断收集、整理信息，最后形成试销报告请最高管理层作出最终决策——是否要推出新产品？如果企业进一步让产品正式上市，把新产品推向市场，则企业需要进一步作出以下几方面的决策：

①投放时间：新产品进入市场的时间可以有以下选择：如果新产品上市会影响本企业其他同类产品的销售，应当推迟到现有产品库存较少时再上市；如果新产品被发现有明显的缺陷，应当限时作出改进完善后再上市；如果新产品具有较强的季节性，则应在消费旺季到来之前投放市场。

②投放地区：企业必须决定在哪儿推出新产品，是在单一的地点，还是在一个地区，全国市场或者国际市场。很少企业有信心、资本和能力将产品推向全国或国际性销售渠道。企业一般都进行有计划的市场扩展。特别是小企业会选择有吸引力的城市或地区，一次只进入一个。而大一些的企业会迅速地把新产品推向几个地区或全国市场。

③目标市场：企业应该根据新产品的特点，选择最有潜力的顾客群：最早采用新产品的市场；大量购买新产品的市场；顾客具有相当的传播影响力等。

④营销组合：企业要在新产品进入商业化投放阶段制定完备的进攻型营销组合方案，同时，也必须做好防守准备，以应对可能出现的第一轮投放结果不理想的局面。

2.新产品上市推广

新产品决定进入市场，企业的任务就是抓住时机进行推广，把新产品引进市场并使顾客普遍接受。新产品上市推广产生并发展于“商业化投放”阶段，但更多强调的是企业在产品生命周期中引入期和成长期的市场营销策略。其要点是，根据新产品的特点和不同顾客的心理因素，以及顾客接受新产品的一般规律，有效地运用市场营销组合，确保新产品的市场铺货率、市场占有率、销售额等指标达到预期的目标。

(1)新产品上市推广期间促销的作用。

①产品推广：促销可以促使消费者做出风险购买决策。新产品的购买就是一项风险购

买决策，但在促销的利益诱导之下，消费者会发挥其平衡利益与风险的天性，改变购买习惯，做出新的购买决策。因而，促销对产品具有较强的推广作用，特别是新品入市。

②增量盈利：促销有可能促使消费者建立购买（消费）习惯。基于“路径依赖”的经济学原理，消费者的购买决策受前几次（尤其是前三次和最近一次）购买决策的惯性影响很大。如果促销能够诱导消费者购买，而消费者对产品又比较满意，则可能形成习惯性购买（消费）。同时，如果促销期短或者促销条件针对性强，消费者担心促销结束后不能获得额外的利益，就会将购买期提前或批量购买。因此，有效的促销可以为企业增量盈利。

③应对竞争对手冲击或打击竞争对手：促销能够成为应对竞争对手冲击或打击竞争对手快速而有效的方式。由于现代市场竞争日益白恶化，致使许多企业被动进入价格战状态。促销是变相进行价格战的有效手段。根据市场竞争的需要，进行不同形式的合理促销能够削减竞品的冲击力度，为竞品设置进攻屏障，造成竞品进攻无效。

（2）新产品上市推广期间基层销售人员的重点工作内容。

①常规货架陈列面扩大：常规货架是消费者经常购买商品的地方，也是企业一次性投入后通过良好运作能够长期展示产品的地方。因而常规货架陈列面的扩大能够长期刺激消费者购买行为的产生，使企业从中盈利。如果企业重点炒作特殊陈列位置，却忽视了常规货架的建设，因而没有在促销结束后利用常规货架的提示作用延续销售量的继续提升。

②客情关系改善：从某种意义上说，零售药店还是喜欢企业做促销。一方面，销量的增加使药店的利润增多，另一方面，消费者流量是一个药店经营状况很重要的衡量指标，促销价格低，可以使消费者认为该药店的产品价格低，对吸引消费者是一个刺激。企业的销售人员就要充分利用这一点来做好客情关系，对日后新产品的进场、陈列位置及宣传器材的使用等方面都有很大的帮助作用。而促销实施得好、产品陈列位置好、宣传器材配合得好又会拉动产品的整体销售状况，从而营造企业与批零客户双赢的良好局面。

③增加进店数量：促销活动在终端能够营造良好销售势头，使新产品表现出众。企业销售人员应借此时机，根据企业营销战略促进市场开拓。对于连锁药店可利用促销时机对整个系统进行拓展。对于非连锁药店的新店也可借势进行开拓，有效利用促销资源，增加进店数量。

④销售队伍建设：终端促销给企业带来利益的同时，更重要的是通过促销锻炼队伍、增强销售队伍的信心。每一次促销的成败与否除了策划外，还取决于销售队伍的执行能力，即每一个阶段、每一个环节、每一个细节都要一丝不苟地去做，才能真正做到有效执行。因而要通过促销循序渐进地提高销售队伍的执行水平，建立正确的工作习惯及意识，使促销发挥良好效果，同时带来销售团队建设的良好效果。

⑤信息的充分利用：消费者作为促销活动针对的主体，他们心理需求的满足对于促销的成功与否也起着较为关键的作用。推行方案奏效并不意味事前假定一定正确。我们要通过每一次接触消费者的机会充分了解他们的反馈意见并善于总结、分析，以期为下一次促销活动提供依据。顾客登记表上的消费者信息也为企业产品规划提供了宝贵的资料。通过充分分析这些信息，企业可以调整促销甚至推广策略，新产品的规划也可以做出适当调整。

（3）新产品上市促销容易陷入的两个误区。

①以促销代替常规销售：新产品上市进行促销后，销售会有较大幅度的上升，新产品用户群会扩大。这时，有些企业就会沾沾自喜，大力继续搞促销，以促销代替常规销售。这样的结果也就陷入了促销依赖症。其结果呢，就是陷入“有促销有销售，不促销就没销售”的恶

性循环。促销是一把双刃剑，用好了能杀敌制胜，用不好就会弄得自己伤痕累累。如此用促销代替常规销售，消费者新鲜感会降低，市场变得麻木迟钝，促销效果的边际效益在下降，最后企业的利益受损。

②市场与销售脱节：促销是公司的市场行为，而促销其实最终是为销售服务的，但在促销后市场与销售经常容易脱节。新产品上市后，促销是由市场主导并执行和总结的，而销售是属于被支配地位。促销后其实还有很多工作需要销售去落实，例如促销后的客情关系、常规陈列面积的改善等都需要落实。

3.部门协作与加速新产品开发

许多企业把它们的新产品开发程序组织成有序的几个步骤，从创意形成开始到正式上市结束。根据这一有序的产品开发方法，一个企业部门单独工作完成它的程序步骤，然后把新产品传递给下一个部门和阶段。这一有顺序的、循序渐进的程序能帮助控制复杂和危险的产品项目。但是这样做也可能相当慢，这很危险。在飞速变化和激烈竞争的市场中，如此之慢但又具有确定性的产品开发程序会使企业把一些潜在的销售和利润丢失给更聪明的竞争对手。

现在，为了使新产品更快地进入市场，许多企业正放弃有序的产品开发方法，而倾向于一种更快捷、更灵活的方法：同时产品开发方法。根据这一新方法，各个企业部门紧密合作，交叉产品开发程序中的各个步骤，以便节约时间和提高效率。

【能力培养与训练】

1.训练营

组织学生到零售连锁药店、大型超市等卖场，了解和收集新产品的信息。

2.训练目的

强化学生对新产品概念的理解，提高学生观察和调查能力，特别是消费者对新产品接受度的调查。

3.训练要求

选取某一种新产品，以报告形式总结新产品的特点、市场销售状况及可能面临的风险。

【项目总结】

• 医药产品整体概念包括三个层次：核心产品、形式产品和附加产品。对于任何一个想在医药市场中取胜的企业都必须首先树立医药产品的整体概念。

• 医药产品组合指医药企业生产或经营的全部医药产品的有机构成方式。医药产品组合一般用宽度、深度、关联度来衡量，这是医药企业制定医药产品战略的工具，以决策哪些产品线需发展、维持、收获和撤销。

• 医药企业应依据医药产品以及医药企业内外部因素进行富有挑战性的品牌决策，这些决策主要有：品牌化决策、品牌归属决策、品牌名称决策、品牌战略决策、品牌重新定位决策。

• 医药产品包装的功能与作用越来越大，主要体现在：保护医药产品；便于运输、贮存、携带；方便使用；促进销售；增加价值；等等。企业的包装策略是产品决策的重要部分，企业的包装策略主要有：类似包装、等级性包装、组合包装、再使用包装、附赠品包装等。

• 作为企业经营战略的重要组成部分，新产品开发需要在企业战略、战术目标下建立一个适合本企业、本阶段实际的组织架构，分阶段逐步推进。作为基层销售人员在新产品开发中所承担的职责，则是我们应该重点思考、拓展与落实的重点。

- 产品生命周期各阶段的特点、目标和战略（见表 4-10 和表 4-11）。

表 4-10　产品生命周期各阶段的特点

	导入期	成长期	成熟期	衰退期
销　售	低销售	销售快速增长	销售高峰	销售衰退
成　本	高	逐渐降低	较低水平	低
利　润	亏损	利润上升	高利润	利润衰退
顾　客	革新者、上期采用	早期大众	晚期大众	落伍者
竞争者	极少	逐渐增加	数量稳定并衰退	数量衰减
营销目标	创造产品知名度和试用	最大限度地占有市场份额	保卫市场份额获取最大利润	对该品牌削减支出和挤取收益

表 4-11　产品生命周期各阶段的战略

	导入期	成长期	成熟期	衰退期
产　品	提供一个基本产品	提供产品的扩展	品牌和样式多样性	逐渐淘汰疲劳软项目
价　格	采用成本加成	市场渗透价格	较量或击败竞争者	削价
分　销	建立选择性分销渠道	建立密集广泛的分销渠道	建立更密集广泛的分销渠道	进行选择：逐步淘汰
广　告	在早期采用经销	在大量市场中建立	强调品牌的区别和利益	减少到保持坚定忠诚者需求的水平
促　销	大力加强销售促销以吸引试用	充分利用有大量消费者需求的有利条件，适当减少促销	增加对品牌转换的鼓励	减少到最低水平

【项目检测】

一、单选题

1. 在产品生命周期中，决定着产品的市场前途的是产品的　（　　）

A. 导入期　B. 成长期　C. 成熟期　D. 衰退期

2. 产品组合中产品项目的总数指产品组合的　（　　）

A. 长度　B. 深度　C. 宽度　D. 关联度

3. 经营中药材等同质性产品一般可采用　（　　）

A. 差异性营销战略　B. 聚焦性营销战略

C. 集中性营销战略　D. 无差异性营销战略

4. 患者在买药时获得的用药指导应该属于哪一层次的产品？　（　　）

A. 核心产品　B. 附加产品　C. 期望产品　D. 形式产品

5. 某企业以高价格的促销费用将新产品投入市场，其导入期的营销策略为　（　　）

A. 快速掠取策略　B. 缓慢掠取策略　C. 快速渗透策略　D. 缓慢渗透策略

二、简答题

1.产品生命周期各阶段的广告策略选择可以有哪些?

2.医药产品的品牌决策包括哪些内容?

3.医药产品的包装策略有哪些内容?

4.新产品开发流程中,哪些环节与生产企业的车间工作人员有关?

【实训教学】

医药产品策略

1.实训目的

通过实训,要求学生能够知晓企业提供的产品、产品种类、产品所处生命周期的阶段等,分析产品的目标消费者需求和消费者特征,确定产品生命周期、品牌和包装策略,确定是否进行新产品开发。

2.实训内容

(1)熟悉具体企业的产品、产品种类、产品线等内容。

(2)分析产品的目标消费者需求和特征。

(3)确定产品生命周期、品牌、包装策略,甚至新产品开发策略。

3.实训准备

学生先选定自身感兴趣或熟悉的医药零售连锁药店或医药生产企业,收集该企业全面的信息,包括产品信息、市场信息、生产能力、企业规模、人员结构、部门设置、盈利能力等。

4.实训材料

收集到的一手资料或查阅相关行业信息和市场咨询等。

5.实训步骤

第一步:列出企业经营的各类产品、现有产品线。

第二步:列出各类产品所处生命周期的阶段。

第三步:分析不同生命周期阶段企业产品的优势。

第四步:确定企业以及其产品在市场中的地位。

第五步:根据产品生命周期的判断,确定是否开发新产品。

第六步:对企业产品的目标市场和产品品牌重新进行准确的定位。

第七步:制定产品品牌和包装策略以更好符合企业和产品的定位。

第八步:根据企业制定的相关策略,进一步选择具体策略和方法。

6.实训成果

医药产品营销策略报告。

【参考文献】

[1]王麦成.医药市场营销学.郑州:河南科学技术出版社,2007

[2]安德鲁·杰克.英国《金融时报》.FT中文网,http://www.ftchinese.com/story/001041604

[3]王迪.品牌药生命周期管理提前.医药经济报,2006,51:1—3

[4]张兵武.中国营销传播网,http://www.emkt.com.cn/article/136/13601.html

[5]恒寿堂的包装策略.中国包装工业.2008,12:58—59
[6]徐红刚.正大青春宝,青春几许？销售与市场(管理版),1997,11:5—9
[7]龙狮智业集团官方微博.http://blog.sina.com.cn/los100

（姜素芳）

项目二　制定价格策略

任务一　药品价格管理政策

教学目标

【任务构架】

药品价格管理政策的发展→现行药品价格管理方式→药品主管部门→对药品生产、流通过程中的价格管理。

【参考学时】

2 学时

【学习目标】

- 知识目标：了解药品价格管理政策的发展，掌握我国现行的药品价格管理方式；了解我国药品价格管理部门，熟悉我国药品政策对生产、流通过程中的价格管理。
- 能力目标：熟练应用我国药品的价格管理方式，对市场中不同的医药产品的定价方式进行分析与分类。能够对不同药品在生产、流通过程中的价格变化进行简单分析。

【问题导入】

药品行业市场机制为何失灵？

价格是商品的一个非常重要的属性。价格是价值的货币表现，价格的高低一定程度上代表了价值的大小。但是，价格并不是简单地等于价值，而是在价值这个基准上，根据多方面因素波动起伏。对于一般商品而言最主要的影响因素是市场供求关系：供大于求，其价格就有可能低于其价值；供不应求，其价格就有可能大大高于其价值。俗话说“物以稀为贵”就是这个道理。在市场经济中，商品价格可以看作市场供求关系的晴雨表，作为自动调节商品生产供应和消费需求的重要手段。然而，对于药品，这种市场经济中最基本的经济规律的作用大打折扣，市场机制甚至出现“失灵”现象，药品的价格却受到多方面因素的影响。

药品因关系人的生命和健康，通常被称作特殊商品，是保障公民基本生存的产品，在经济学上被定义成公共产品。作为公共产品，应该保障公民都能够享有，保障公民基本的生存权利。因此，单一市场机制的作用，价格主导下的市场，不能够完全保障公民对所需各种药品的可及性和公平性，需要政府有所作为。

然而，与同样与人的生命和健康息息相关的食品相比，食品的被消费频率更高、消费量更大。那么，为什么大多数食品的价格可以由市场自由形成，药品市场却被疑会是市场失灵的领域？由此可见，药品的特殊性并不仅是其与生命和健康的关联度。通常，由于医药知识的专业化，患者生病时候缺乏专业的医学知识，不能对自身的疾病做出诊断，同时，即使获知所得疾病，也由于缺乏对药品的化学成分、适应症、禁忌症、主治功能等的了解，无法自主进行判断，消费者购药行为多数是由第三者（即医生）决定，对于消费者来说在药品的消费上基本处于被动状态，这与大多数的一般商品由消费者直接做出消费决策不同。药品消费的高度信息不对称又造成了市场机制的“失灵”。

此外，医药属于特殊行业，其进入成本太高，很容易形成垄断性供应者，其竞争的优越性将无法体现，并会出现剥削消费者利益的潜在可能性，这就要求采取政府行动。

再者，药品的购销与费用的支付有政府、药品企业、保险公司、医院与消费者等多方参与，所以其价格的管理比其他商品要复杂得多。药品价格的高低牵涉到药厂、保险机构、医疗机构、患者等全社会的多方利益。药品价格的高低，不仅关系药厂的利益、患者对药品的可及性和利益，同样与医疗结构和保险机构的利益也有着密切的联系，最后，对于国家政府部门而言，药品价格则成为从总体上降低社会医药费负担、合理调控医药企业收入、杜绝药品营销中不正之风、促进医药行业健康发展的有力的宏观调节手段。因此，药品价格的变化常常被认为是牵一发而动全身的。

这些因素的交互作用，使得市场机制在漫长的医药产供销链条上是失灵的。一般来说，在市场失灵的领域，需要发挥政府的作用，强化政府的干预，对药品的价格进行调节和管制。

问题：

1. 哪些因素使得药品市场中的市场机制失灵？

2. 试想政府应该如何对药品价格进行管理？我国政府对药品价格是怎样进行管理的？

【知识链接】

一、药品价格管理的发展

价格，一直是人们生活中最为关注的问题。由于药品的特殊性，从而使得药品价格更加受到人们的重视，同时也使药品的价格管理更加困难。

我国药品价格管理在计划经济时期，药品实行政府定价，利益由行政控制。由政府制定药品的出厂价格，各流通环节按照规定的扣率作价。进入改革开放、市场经济时期，即 20 世纪 80 年代末、90 年代初至 1996 年，国家逐步放开药品价格，由政府管理药品价格。

从 1996 年至今，药品价格管理进入全面整顿和管理阶段。政府有关部门从 1996 年开始，加强了对药品的价格管理，1996 年原国家计委制定了《药品价格管理（暂行）办法》；1997 年印发《药品价格管理暂行办法的补充规定》；1998 年又发出《关于完善药品价格政策，改进药品价格管理的通知》，以及《关于列入政府定价药品不再公布出厂价和批发价的通知》、《国家计委关于印发改革药品价格管理的意见的通知》等一系列文件，进一步加强了对药品的价格管理。

2000 年 7 月，国家计委出台了《关于改革药品价格管理的意见的通知》(计价格〔2000〕961 号)，开展了对药品价格的整顿和改革工作，对药品价格的管理方式进行了详细的规定。根据国家宏观调控与市场调节相结合的原则，药品价格实行政府定价和市场调节价。药品定价权限主要集中在中央和省价格主管部门。

从 2004 年至今，国家发展和改革委员会(原国家计委)重新拟定定价规则，正在制定《药品定价办法》、《关于加强医疗器械价格管理办法的公告》等有关政策。经过多年药品价格改革实践，我国的药品价格管理已从原来国家单一主体定价逐步向市场多元化主体定价的方向改革，药品价格管理在不断改进和完善。《药品管理法》第 55 条规定："依法实行政府定价，政府指导价的药品，依据社会平均成本、市场供求状况和社会承受能力合理制定和调整价格，做到质价相符，消除虚高定价。"《药品管理法实施条例》规定，国家定价范围是列入《国家基本医疗保险药品目录》的药品及其他生产、经营具有垄断性的少量特殊药品(包括国家计划生产供应的精神、麻醉、预防免疫、计划生育等药品)。政府定价药品以外的其他药品实行市场调节价。

二、药品价格管理方式

我国医药市场实行的是国家宏观调控和市场调节相结合的药品价格管理制度，具体是政府定价和市场调节价。部分关系国计民生的药品由政府定价，相关生产企业必须严格执行，价格策略作用相对微弱。但仍有大多数药品由生产经营企业根据市场供求关系自主确定，这时企业营销组合策略中价格因素就绝对不能小视了。

政府定价原则上按社会成本确定价格，对供大于求的药品，要按社会先进成本定价。流通环节的进销差率和批零差率合并计算，实行差别差率。对于政府定价，一般是对少数垄断性经营的药品，如麻醉药品、精神类药品、计划生育药具等部分特殊药品制定出厂、批发和零售三个价格，对这类特殊药品，生产企业必须严格按政府制定的出厂、批发和零售价格执行。

除此之外，大多数政府定价为最高零售价，即政府指导价。政府指导价药品，由价格主管部门制定最高零售价格。药品零售单位(含医疗机构)在不突破政府制定的最高零售价格的前提下，制定实际销售价格。一般是对列入国家及省级《国家基本医疗保险药品目录》的药品、生产经营具有垄断性的专利药品和一、二类新药，价格主管部门按照通用名称制定最高零售价格。具体有：

(1)对国家基本医疗保险药品目录中的甲类药品和生产具有垄断性的专利药品及一、二类新药，由国家发展和改革委员会制定、公布零售价格，出厂价(或口岸价)和批发价由生产经营企业自主制定。

(2)对麻醉药品及一类精神药品，由国家发展和改革委员会制定、公布出厂价格(或口岸价格)，批发价和零售价格由各地省级物价主管部门按照中央制定的流通环节价格办法制定，报国家发展和改革委员会备案。

(3)对按国家指令计划生产供应，由国家统一收购的免疫、预防药品和避孕药具，由国家发展和改革委员会制定公布出厂价(或口岸价)。

(4)列入基本医疗保险药品目录中的甲类药品和具有垄断性专利药品及一、二类新药，政府规定的零售价为最高限价。医疗单位和社会零售药店可以在不突破政府规定的零售价的前提下降价。生产中央政府定价药品的企业主动要求降低零售价的，在国家统一降价前，经产地省物价部门批准后可以先行降低该企业药品的零售价格，并报国家发展和改革委员会备案。

(5)按国家指令性计划生产供应的麻醉药品、一类精神药品和按国家指令性计划生产由政府统一收购的预防、免疫和避孕药具的政府定价一经确定后,各地各部门和药品生产经营企业(单位)必须严格执行。

(6)不同企业生产的由政府定价的药品,在其药品有效性及安全性明显优于或者治疗周期和治疗费用明显低于其他企业生产的同种药品时,可申请实行单独定价。需要单独定价的药品,由国家发展和改革委员会或省级价格主管部门聘请有关方面专家,及时主持召开听证会对药品价格进行公开审议,并根据评审意见制定药品价格,经科学检验、专家论证后,实行单独定价。

政府对有关药品制定的价格政策和管理制度对任何生产经营企业都具有严格的约束力,政府定价一旦确定就必须无条件执行。

【知识拓展】

目前,我国政府管理价格的药品虽然只占药品品种的20%,但由于其大部分为纳入医保目录的基本药品,占整个药品市场份额的60%。

市场调节价药品,由生产企业根据生产经营成本和市场供求制定零售价。药品批发、零售单位(含医疗机构)要在不超过生产企业制定的零售价格的前提下,制定药品实际销售价格。

三、药品价格主管部门

药品定价权限主要集中在中央和省价格主管部门。

按照不同部门管理权限划分,列入中央政府定价目录的药品范围如下:

(1)列入国家基本医疗保险药品目录中的甲类药品。

(2)生产经营具有垄断性的药品。这类药品包括:①处在专利或行政保护期内的专利药品和一、二类新药;②按国家指令性计划生产供应的麻醉药品、视同麻醉药品管理的药品和一类精神药品;③国家指令计划生产,由国家统一收购的避孕药具;④按国家指令计划生产供应的预防免疫药品。

列入各地省级政府定价的药品范围,主要是列入国家基本医疗保险药品目录中的乙类药品。国家基本医疗保险药品目录中的民族药价格委托省级价格主管部门确定。中药饮片、医院制剂的价格由省级价格主管部门确定管理形式。

四、对药品生产、流通过程中的价格管理

对于药品生产过程,国家主要通过对药品生产企业的利润率和销售费用率的控制来实现政府的宏观调控作用,以控制销售价格中的销售费用比重。国产药品的销售费用率和销售利润率,由国家根据各类药品创新程度的不同实行有差别的控制比率,以鼓励新药的研制与生产。

药品流通环节包括批发和零售企业,批零价格的制定和调整,要符合有利于促进药品合理流通、减少流通环节、降低流通费用,使经营者在弥补经营费用后能够获得合理利润。国家对药品流通环节主要通过对药品流通企业规定其商业差率来控制。

药品批发价格(指批发企业向零售企业销售药品时的价格),由出厂价格(或口岸价)和

进销差率计算的进销差价构成，进销差率是从出厂价到批发价的差价率。

药品零售价格（指零售药店或医疗单位向消费者销售药品的价格），由批发价格和批零差率计算的批零差价构成。批零差率是指从批发到零售的批零差价率。

为了促进药品流通企业提高效率，在制定价格时，对批发、零售环节的商业差率合并为流通差价率。为完善医疗机构的用药结构，药品流通差价率实行差别差率。

【能力培养与训练】

1. 训练营

组织学生到药店、大型超市，了解药品、保健品的价格情况，以小组为单位，每组选择一个药品，通过网络调研等方式分析该药品的定价方式。

2. 训练目的

通过训练进一步巩固学生对不同定价方式的理解和认识，了解药品定价的特殊性。

3. 训练要求

在教师指导下进行选题，分组收集不同药品的价格资料，撰写××产品价格分析报告。

任务二　药品价格的影响因素

教学目标

【任务构架】

成本因素→供求关系→市场竞争→消费心理→法律政策。

【参考学时】

2 学时

【学习目标】

- 知识目标：掌握和熟悉药品价格的主要影响因素。
- 能力目标：熟练应用影响药品价格的影响因素并在实践中加以运用。

【问题导入】

目前零售业有两种代表性的价格策略：一是以“沃尔玛”为代表的“天天低价”策略；二是以“家乐福”为代表的“高低价”策略：常规商品比竞争对手价格高或持平，目标性商品比竞争对手价格低。对于药店而言，当同一商圈出现竞争时，也必须采取“高低价”策略。

将药店内各种商品根据其市场作用进行角色定位，一般将商品定为目标性品类、常规性品类、季节性品类和方便性品类四大类。四大品类的定价不能一味按照顺加多少百分点一刀切，应在市场调研的基础上，以市场为导向，根据不同的品类角色采取不同定价原则。在成本核算的基础上，可以考虑以下策略：

目标性品类：指药店品牌产品，即知名度较高，疗效较确切，顾客指名购买率和回头率均较高的商品。其定价必须采取低价策略，其价格一定要比行业竞争对手低5%～10%，才有强势的竞争力。

常规性品类：药店的主力商品，品规多，产生销售额的绝对值大，利润贡献也较大，达到药店整体销售的50%～60%。其定价应该区分较敏感品种和非敏感品种，较敏感品种定价和竞争对手要持平或略低，而非敏感品种不一定都用低价，顾客对这类商品价格感知不明显。

季节性品类：商品销售季节性强，在旺季销售时可在不高于竞争对手的前提下，采取相对高价策略，该季节销售量大，利润高。在淡季到来时，要立即采取低价，甚至是特价销售，以免压库。

方便性品类：方便顾客购买，达到“一站式”购齐的商品。如药店经营的日化用品、食品等。来药店的顾客对此类商品价格相对不敏感，定价可以利润率相对高，能起到拾遗补缺的作用。

此外，除了考虑上述因素外，药店产品的定价，还需要符合该产品的政策管制，在政策的指导和规范下进行合理定价。

问题：

在上述药店经营定价策略中，各种产品定价考虑的因素有哪些？哪些因素是主要因素？

【知识链接】

一、成本因素

成本是影响、决定药品价格的最重要的因素，营销学中的成本包括药品在生产过程和流通过程中所发生的各项开支。医药企业产品定价以成本为最低界限，产品价格只有高于成本，企业才能补偿生产上的耗费，从而获得一定盈利。从长远看，医药企业产品的销售价格只有高于总成本费用，医药企业才能补偿生产成本和经营费用，获得一定的盈利；低于总成本费用，医药企业就会亏本，使生产难以为继。因而成本是价格的生命线，然而盈利的确定是企业定价过程中最复杂、最敏感的部分，因为它要受到很多外部因素的制约。

医药企业制定价格时所估算的成本是一个综合的概念，可以分为生产成本、销售成本、储运成本等。医药企业生产成本是企业生产过程中所支出的全部生产费用，是从已经消耗的生产资料的价值和生产者所耗费的劳动的价值转化而来，包括原料及主要材料、包装材料、燃料动力、直接工资、制造费用和其他直接支出。销售成本是商品流通领域中的广告、推销费用。储运成本是商品到生产者手中所必需的运输和储存费用。

在实际定价过程中，产品的价格是按成本、利润和税金三部分来制定的。成本也可以按照是否随产量的变动分为固定成本(即在一定时期内与一定的生产能力范围内不随产量的变化而变化，即支付在各种固定生产要素上的费用，如厂房、机器设备、管理费用、利息等)和变动成本(即随着产量的变化而变化，如购买各种原材料、电力、工人工资等)。成本又分为社会平均成本和企业个别成本。就社会同类产品市场价格而言，主要的是受社会平均成本影响。制定价格时成本是要考虑的最重要的因素之一。企业定价时，应将产品产量、销量、资金占用以及其他因素进行综合考虑。

二、供求关系

供求规律是经济学的一条基本规律。供求规律认为商品价格是由市场供求情况而定的，市场供求决定市场价格，市场价格反过来影响市场供求。因而医药企业在制定药品价格时，要考虑商品供求规律的影响。

研究供求和价格之间的关系，经济学中采用了弹性的概念，也就是供给量和需求量对价格、其他产品和收入变动的反应程度。其表现为供给(需求)价格弹性、需求交叉弹性和需求收入弹性。

需求价格弹性，是表明由于价格变动而引起的需求数量变动程度。药品作为一种特殊的商品，不仅是必需品，也是普通消费品。一般而言，必需品的需求价格弹性小，非必需品的需求价格弹性大。

需求交叉弹性，是用来表明一种产品的价格变动影响到另一种产品需求量的变动程度。若一种产品的价格上涨，造成另一种产品的需求量增加，则说明需求交叉弹性为正；反之，交叉弹性为负。交叉弹性越大，甲乙两种产品间相互替代性就越大；交叉弹性愈是趋于零，两者间的替代性就愈小。医药企业在产品定价时，必须考虑产品之间相互影响的程度。

需求收入弹性，是用来表明需求量的变动对于收入变动的反应程度。一般而言，生活必需品的需求收入弹性较小；耐用消费品、娱乐支出等类的需求收入弹性较大。药品作为必需品，决定了消费者在进行药品消费受收入的变化影响较小。因此，医药企业在定价时，须考虑到不同地区经济发展水平、收入状况、其他药品等因素。

由于药品的供求关系决定着药品价格，这就要求企业在制定药品价格时，必须考虑到药品的供求状况，并以此作为药品定价的依据。这样企业的药品价格才会被消费者所认同。

三、市场竞争

在市场经济条件下，竞争对企业的定价影响极大。在我国医药市场上，目前国内药品生产企业有 5000 家左右，药品经营企业有 16000 多家，再加上许多外国制药企业的加入，竞争可谓是异常激烈，几乎每种药品都有或多或少的竞争品和竞争对手。既然存在竞争，那么竞争双方的行为都会影响对方。竞争越剧烈，对价格的影响也越大。市场竞争的强度主要取决于：产品制作的难易、供求形势、竞争格局、竞争对手的数量、实力等市场结构因素。分析竞争因素对企业定价的影响，主要从市场结构方面来分析，即判断现在的市场结构属于哪种市场结构，不同的市场结构，采用的定价方法也有很大的差异。

在完全竞争条件下，买者和卖者都大量存在，医药产品都是同质的，不存在质量与功能上的差异，医药企业自由地选择医药产品生产，买卖双方能充分地获得市场情报。在这种情况下，无论是买方还是卖方都不能对医药产品价格进行影响，买主和卖主只能按照市场供求关系决定的市场价格来买卖商品。这种完全竞争条件下的市场，仅作为理论分析中的一种状况，在现实生活中很难找到这种类型。

在完全垄断条件下，由于在某一行业中某种产品的生产和销售完全由一个卖主独家经营和控制，因而可以在国家法律允许的范围内随意定价。在完全垄断竞争情况下，交易的数量与价格都是由垄断者单方面决定。完全垄断在现实中也很少见。

在垄断竞争条件下，既有垄断倾向又有竞争成分。在垄断竞争的市场上有许多买主和卖主，但各个卖主所提供的产品有差异而具有相当垄断性，卖主是强有力的价格决定者。在不完全竞争情况下，医药企业的定价策略有比较大的回旋余地，它既要考虑竞争对象的价格策略，也要考虑本企业定价策略对竞争态势的影响。

在寡头垄断竞争条件下，由于一个行业中只有少数几家大公司，它们供应、销售的产量占这种产品总产量和总销售量的比重很大。这些寡头有能力影响和控制市场价格。寡头企业之间互相依存、互相影响，任何一个寡头在制定市场营销策略时都必须密切注意其他企业的反应与对策。

医药企业的价格要受到竞争状况的影响，上述各种市场结构对企业价格有着不同程度的影响。所以，医药企业要根据不同的市场结构、医药产品技术、供求关系、竞争对手的实力及价格策略，以及本企业实际情况如在企业竞争中的地位等因素综合考虑。

四、消费心理

价格的制定和变动在消费者心理上的反映也是价格策略必须考虑的因素。药品价格是否适当，是决定消费者是否购买的一个重要因素。消费者在选购自己所需要的药品时，只有在他们感到物有所值时才会决定购买。在面对不太熟悉的药品，消费者常常从价格上判断药品的好坏，从经验上把价格同药品的使用价值相联系，这是消费者消费心理的一种重要表现。作为企业定价依据的药品实际价值和消费者个人所感受的价值往往不一致。在研究消费者心理对定价的影响时，要仔细了解消费者心理及其变化规律。企业定价时，不仅要考虑药品的价值和成本因素，只有认识到消费者心理对价格的重要影响作用，研究和掌握了消费者的心理特征，才能制定出适当的药品价格。

五、法律政策

在企业进行药品定价时，必须考虑到国家法律政策的影响。政府定价药品由价格主管部门制定最高零售价格。药品零售单位（含医疗机构）在不突破政府制定的最高零售价格的前提下，制定实际销售价格。对列入国家及省级《国家基本医疗保险药品目录》的药品、生产经营具有垄断性的专利药品和一、二类新药，价格主管部门按照通用名称制定最高零售价格。部分特殊药品制定出厂、批发和零售三个价格。对这类特殊药品，生产企业必须严格按政府制定的出厂、批发和零售价格执行。市场调节价药品，是指药品批发、零售单位（含医疗机构）根据市场供求状况、市场竞争状况、消费者及企业自身条件等因素，由生产企业根据生产经营成本和市场供求制定零售价。

价格体系的重要组成部分是国家规定的医药企业产品差价与比价。产品差价、地区差价、批零差价、季节性差价因素也是企业在制定药品价格时要考虑的因素。

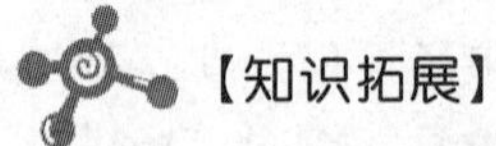
【知识拓展】

定价新方向

据悉，目前有关部门正在探索将药品临床价值列入定价因素。政府希望通过不断完善药品定价原则，达到促进药品创新、合理开发、合理用药、公平合理竞争、费用节约等政策目标。现行药物定价原则比较强调弥补生产经营者的合理成本，体现市场供需关系，而忽视了药品的临床价值。为了促进质优价廉的药品生产，把药品的临床价值列入定价考虑因素将是完善政策的方向之一。具体而言，就是要综合考虑药品的有效性、安全性、质量可控性、依从性和方便性等因素。除此之外，今后药品定价因素可能还将包括创新程度、生产经营成本、市场供求以及国际比较参考等。

【能力培养与训练】

1.训练营

以上节课每小组选择的药品为各组主题，以上节课完成的任务为基础，以小组为单位，对影响该药品的定价因素进行调研和分析，初步判断其定价的合理性。

2.训练目的

通过训练，进一步巩固学生对影响药品定价因素的理解和认识，掌握在企业定价时需要考虑的因素。

3.训练要求

分组收集不同药品的价格影响因素的资料，撰写××产品定价因素分析报告。

任务三　药品的价格策略

教学目标

【任务构架】

折让与让价策略→药品生命周期阶段定价策略。

【参考学时】

2 学时

【学习目标】

- 知识目标：掌握和熟悉药品价格的价格策略。
- 能力目标：熟练应用影响药品的价格策略并在实践中加以运用。

【问题导入】

中央大街“开战”

2000 年 12 月 7 日，位于哈尔滨中央大街南端的宝丰药品总汇刚刚开业，就扔出了一枚“重磅炸弹”——总体价位低于同行 40%～50%。宝丰的广告是“为老百姓节省每一分钱”，在宝丰，一盒 7.8 元的逍遥丸卖 4.8 元。凭借优惠的价格，宝丰着实吸引了不少的患者，一时间，顾客盈门。

在“宝丰”出现以前，哈尔滨药品零售市场基本上是医药公司和药材公司的天下，两家公司旗下的零售连锁店——“同泰”和“人民”，分别拥有 40 多家的零售网点。随后，“同泰”和“人民”分别打出大幅广告，宣布所售药品全线降价，让利于民。在价格战中，跟进者的成本要远远高于发起者，但在一个高度同质的市场，竞争者发起价格战，除了跟进，又别无选择，这就注定了价格战中的参与各方是一个长期博弈的过程。同泰中央大药房打出的广告是“全场商品最低价销售”，人民药店广告是“全场药品进价销售”。

据统计部门提供的资料显示：仅 2001 年 1—9 月，哈尔滨市西药价格累计比去年同期下降 8.3%，其中，在人民药店，一盒双黄连口服液，原价 18 元，现价是 7.2 元；一盒急支糖浆，原价 7.4 元，现价 4.2 元；在同泰中央大药房，一盒同仁堂的乌鸡白凤丸原价 16 元，现价是 11.5 元。另外，在康泰药品超市和宝丰，一楼的各个药品展示台前是人来人往，二楼付款处还要排队，据说在周末和每天的高峰时间，人比平时还要多一倍。

在这场价格战中，宝丰率先发动价格战的轰动效应是把牌子打响了。宝丰并没有获取什么高额利润，但却在这条街上同两家老店（后来医药公司又开了一家叫做康泰的药品超市）三分天下，并为以后企业的发展打下了良好的基础。

哈尔滨的药品价格战中，宝丰无疑是收获最大的商家。民营药店率先打破游戏规则，让同泰和人民两家国有连锁公司猝不及防，只有仓促跟进。

问题：

1. 评析哈尔滨中央大街药店的价格大战。

2. 试析宝丰的价格策略。

【知识链接】

一、折扣与让价策略

医药企业在市场营销活动中，为了促进商业企业和医疗单位更多地销售本企业的药品，根据国家有关规定，可以给予价格上的折扣（通常称为扣率）。这也是调动中间商和顾客购买积极性的一种常用的激励方法。

1. 数量折扣

对经销药品达到一定数量时给予销售者一定的折扣优惠，如60折、75折等。具体操作中还有累积和非累积数量折扣之分。

2. 现金折扣

在规定的期限前付款者，按提前程度给予不同的折扣。如提前10天优惠2折，提前20天优惠3折，这在国外很流行，目前在我国通常称为返利。在企业间相互拖欠货款现象比较严重情况下，实行这种策略可以帮助企业加速资金周转，减少财务风险。

3. 交易折扣

医药生产企业可根据各类中间商在市场营销中担负的功能不同而给予不同的折扣。一般给予药品批发企业的折扣可大于给零售企业的折扣。

二、药品生命周期阶段定价策略

药品生命阶段定价策略是企业根据药品市场生命周期中不同阶段的产销量、成本、市场状况及药品的特点，采用不同的价格措施和定价方法，以增强药品的竞争能力，为企业求得最佳经济效益的价格策略。利用药品生命阶段定价策略制定的价格称为阶段价格。由于药品在市场生命周期的不同阶段其质量与成本、市场竞争程度、消费者需求及评价等都存在着较大差异，因此利用阶段价格策略能够使其价格准确地反映出价值与供求间的关系。

1. 投入期的价格策略（新药品定价策略）

投入期的价格策略也称为新药品定价策略。新药品刚刚投放市场时，由于消费者不了解因而销量很低，因此新药品定价是涉及新药品能否顺利进入市场和取得成功的关键因素。新药品定价时须考虑药品本身的性质、代用品的情况、消费者的购买习惯、需求弹性和竞争者的反应，以及药品发展趋势等。

新药品定价的一般原则是：所规定的价格必须为市场所接受，既能推动新药品市场开拓，又能给企业带来足够的利润，弥补新药品在投入期的成本，有利于企业今后扩大生产经营。新药品价格策略有以下几种选择。

(1)撇脂定价策略 撇脂定价策略实际上是一种先高价后低价的定价策略。撇脂原意是煮牛奶时，先把浮在牛奶表面上的奶油撇取出来。这是指先提取其精华，将新药品利益的精华尽快取出，故而得名。即在药品刚刚上市时，以高价出售尽快收回投资，以后随着生命周期的演变，再分阶段降价。

采用这种策略，可使企业在短期内获取尽可能多的收益。撇脂价格往往导致药品的价格阶梯式下降，伴随着生产能力的扩大和高收入市场部分需求的饱和，一边降价，一边转而面向新的市场。与此同时，药品的生命周期也向前推移。

这种药品必须具备独特性、竞争者短期无法仿制、消费者对价格不太敏感等条件。如果企业对市场需求情况不清楚，也可用这种定价策略探路。以高价开始，顾客接受不了时再降价。这比以低价开始造成市场脱销再提价好，给消费者留下的印象也好得多。该策略的缺点是：新药品刚刚投放市场，如果宣传跟不上，高价往往不利于开拓市场，同时还会吸引竞争者加入。

进口药定价

进口药品的价格高是众人皆知的。一般而言，外资药品采取的是高价撇脂策略。该策略的选择取决于外资公司的整体经营战略的选择需要。即制造高质量的药品，树立优秀的品牌形象并给予充足的市场资金投入，以最高的价格，从市场中一层一层地撇取收益。

下面列举外资医药公司推广第三代头孢菌素案例。在进入中国医药市场之初，国内尚无三代头孢类抗生素，外资企业以广泛有力的宣传推广活动刺激市场需求，并且以高价造声势，以数倍于其原产地的价格迅速占领感染性疾病的治疗市场，不但用于难治的严重的革兰氏阴性细菌感染的治疗，还占有了相当部分的中度抗感染治疗市场，从中获取了最大的收入。

(2)渗透价格策略 渗透价格策略跟上述方法正好相反，采取先低价投放、后涨价的策略。即在新药品进入市场初期，将价格定得尽可能低些，微利或保本无利，以全力推出商品，用最快的速度渗透进入市场，夺取市场份额，尽早取得市场支配地位，阻止竞争者进入，待打开销路后再逐步提价。这样做的目的是为了同现有药品竞争，通过便宜价格来吸引购买者，从而迅速侵入市场，获得最高的市场占有率，走在竞争者的前列，建立本企业在品牌、数量上的优势。

这种方法必须具备市场潜量大、潜在竞争多、价格弹性较大等特点。该策略的优点是：可使药品迅速打开销路，扩大市场占有率，还可减少竞争对手。由于价低利微而使许多企业望而却步。该策略的缺点是：定价过低，不利于企业尽快收回投资，甚至使消费者怀疑药品质量。当药品在市场上地位巩固后，也不容易成功地提价。

【知识拓展】

一般国产常用普药定价

相对来说，我国国有医药企业生产的药品一般价格较为低廉，尤其是对于重复生产的常用普药来说。因此，大多数国有医药企业采用的是低价渗透策略，即以低价位来快速和深入地进入市场，从而快速吸引大量的购买者并赢得较大的市场份额。较高的销售额能够降低成本，从而使企业能够进一步减价。

国有企业采用低价渗透策略既有企业自身整体经营战略的主观考虑，也是客观条件约束的无奈选择结果。目前现有的药品价格政策是：大多数的进口药品可以自主定价，这些药品价格可以在包括高折旧和高广告费在内的基础上，再加上30%的产品研究开发费、30%的市场开发费和30%的利润。而国有制药企业所生产药品的价格大多数都是由政府主管部门制定，不能随行入市，也不能随上游产品价格的升高而及时调整，这就导致了中国国有企业生产的药品与进口的同类药品的价格相差几倍、几十倍、甚至上百倍。国有企业很难与外商投资企业竞争。除了国家政策因素外，国内新药研制与开发的匮乏，药厂GMP改型的迟缓导致药品生产处于低水平重复阶段。在这样的政策背景和市场环境下，众多国有医药企业也只能采用低价渗透方法。

(3)反向定价策略　此法介于上述两者之间。它的定价高低适中，定价合理，有利于扩大销售。现实生活中一般定价采取的是“成本导向法”，即顺向的层层加价的办法。而“反向”则是通过市场调查，先拟定出能为市场接受的销售价格，再反向求出各环节价格，以决定企业在制造药品时的最大目标成本和销售费用。也就是企业在药品生产之前，就已经把市场销售价格确定下来。这样的价格，消费者能够接受，生产企业也会获得足够的利润。

当今国际市场虽然新药品种层出不穷，为使新药品顺利上市，求得企业的生存与发展，这种定价方法也十分受重视。

2.成长期的价格策略

新药品经过一段时间的推广和销售，逐渐为市场所接受，销售量上升。这个时期企业所采用的阶段价格策略是目标价格策略。目标价格是企业完成一定目标利润而制定的价格。企业应利用成长期的有利机会，适当提高目标利润水平，加速实现企业利润，到药品进入销售困难时期时，企业就有了降价促销的保证和潜力，从而保证企业生产经营目标的实现。

3.成熟期的价格策略

药品进入成熟期的标志是竞争者的大量进入、销量增长速度减慢并开始走下坡路。这一阶段价格策略就以竞争为核心，维持和扩大企业药品市场占有率，保持竞争优势和稳定的利润收入，因此通常使用的价格策略是降价销售。当然，降价的前提是生产成本的降低，通常成本越低，价格的竞争力就越强，在价格竞争中取胜的可能性就越大。

企业在降价时需注意的是根据药品需求价格弹性的大小把握好降价的幅度：降价幅度不能太小，太小不足以引起消费者的注意，也构不成对竞争对手的威胁；当然也不能太大，太大企业可能没有利润。

4.衰退期的价格策略

企业在药品衰退期的价格，要尽量使企业在保有微利的基础上，将药品全部销售出去，避免积压，发挥药品对企业的最后贡献作用。因此这一阶段主要采用维持价格或驱逐价格的策略。

(1)维持价格策略　维持价格是指在药品进入衰退期时不做大幅度的削价，而是基本保持原有价格水平的策略。这样做不至于恶化在消费者心目中的形象，可最大限度发挥药品在最后阶段的经济贡献。

(2)驱逐价格策略　驱逐价格也称歼灭价格，指药品进入衰退期后采用最低价格，阻止企业药品销售量下降，将竞争者逐出市场的策略。驱逐价格一般不含利润，有时可以直接以平均变动成本作为最低经济界限来定价。

【能力培养与训练】

1.训练营

以上节课每小组选择的药品为各组主题，以上节课完成的任务为基础，以原小组为单位，分析该药品所处的生命周期阶段，对该药品的定价策略分析，并进一步分析其定价的合理性，探讨有无改进的地方。

2.训练目的

通过训练进一步巩固学生对药品价格策略的认识和理解，掌握及会应用药品不同的价格策略。

3.训练要求

分组收集不同药品的价格策略的资料，撰写××产品价格策略报告。

任务四　药品的定价方法

教学目标

【任务构架】

有关药品价格的几个概念→药品的定价目标→药品的定价方法。

【参考学时】

2 学时

【学习目标】

- 知识目标：熟悉几种常见的产品定价目标，掌握药品价格的定价方法。
- 能力目标：在定价目标的指导下，熟练应用影响药品的各种定价方法并在实践中加以运用。

【问题导入】

某市老字号连锁药店的某一分店对面新开了一家平价药店，生意因此清淡了不少。为适应市场竞争，总部决定专门针对这家分店制定不同的价格，每周都要派两名人员到对面平价药店采价，然后以平价药店的价格作为基础，稍微进行下调，以重新提升营业额。

海南某制药公司于 2000 年 8 月，获得了新药批号，但由于缺乏 OTC 销售人员，产品一直未投产。2001 年，他们决定投产新药。此时，与其成分相同的“曲美”已经成为减肥市场领头品牌，已形成了一定的品牌影响力。如果价格定得与曲美相差不多，肯定会卖不动，只有与曲美拉开更大的价格距离，才能对消费者产生吸引力。最终他们将产品零售价格定在每盒50元，比曲美价格便宜235元。

由于价格策略正确，该公司新药上市后，取得了极大的成功，2002年第一季度，该产品就销出了30万盒。

还有一个相反的例子，2002年，北京一家企业的产品与昂立和三株的功能相同，诉求为“肠常清，人长寿”。很明显是针对老年人的定位，但其一小瓶价格却设定为97元（昂立是两小瓶90多元）。这样的价格策略不知从何而来，其结果必然只有死路一条。

问题：

1.某市老字号连锁药店采用的是什么定价方法？

2.海南某制药公司采用的是什么定价方法？

3.北京某企业的定价为何失败？

【知识链接】

一、有关药品价格的几个概念

1.药品价格体系

药品从生产领域经过流通环节最后进入消费者手中，形成了出厂价、批发价、零售价等药品价格体系。

药品出厂价：指药品生产企业向批发企业销售药品时的价格，也就是批发企业从生产企业购进药品时的价格，是批发企业的药品收购价格或称药品进价。药品出厂价是药品进入流通领域的第一道环节的价格，是制定药品批发价、零售价的基础。药品出厂价一般是由企业生产成本加上合理的利润构成。

药品批发价：指药品批发企业向零售药店或医疗机构销售药品时的价格。药品批发价一般是由批发企业的药品收购价格加上药品进销差价构成。

药品零售价：指零售药店或医疗机构销售给消费者的药品价格。药品零售价一般是由药品批发价格加上批零差价构成。

2.药品差价

药品差价是指药品由于经过不同流通环节而形成的价格差额。由于购进与销售之间形成的价格差称之为进销差价；由于批发与零售之间形成的价格差称之为批零差价。药品差价有两种表现形式，用绝对数表示就是差价额即两种价格之间的差额；用相对数表示就是差价率即差价额占计算基价的百分比。需要注意的是，计算基价可以采用出厂价、批发价、零售价。如果采用构成差价的两种价格中较低的价格作为计算基价，其差价率称为加价率，也称为顺加；如果采用较高价格作为计算基价，其差价率称为折扣率或倒扣率，也称为倒扣。

关于药品进销差价的计算：

药品进销差价＝药品批发价格－药品出厂价格

在计算批发价格时，有两种计算方法。

如果计算基价采用出厂价（即顺加），则：

药品进销差价率（加价率）＝药品进销差价/药品出厂价格

药品批发价格＝药品出厂价格×(1＋药品进销差价率)

如果计算基价采用批发价格(即倒扣),则:

药品进销差价率(倒扣率)＝药品进销差价/药品批发价格

药品批发价格＝药品出厂价格×(1－药品进销差价率)

关于药品批零差价的计算:药品批零差价也可用药品批零差价额和药品批零差价率来表示。药品批零差价即药品批发价和药品零售价之间的差额;药品批零差价率(顺加批零差价率)则是药品批零差价占药品批发价的百分比,也即是常说的药品批零差价率。

计算公式:

药品批零差价＝药品零售价格－药品批发价格

药品批零差价率＝药品批零差价/药品批发价格×100％

药品零售价(不含税)＝药品批发价格×(1＋药品批零差价率)

药品零售价(含税)＝(1＋药品批零差价率)×(1＋增值税率)

二、药品的定价目标

药品生产经营企业在进行药品定价时,首先必须考虑药品定价的目标。由于不同的企业、同一企业在不同的发展阶段具有不同的企业目标,因而药品定价目标必须服从于企业的不同目标。要实现企业的目标,在进行定价时,企业必须了解几种常见的企业定价目标。

1.以追求利润最大化为定价目标

利润是企业生存和发展的基础,以追求利润最大化为定价目标,要求企业在制定药品价格时总是以获取最大利润为指导思想。企业在制定药品价格时总是倾向于制定更高的药品价格。但由于市场竞争的因素,随着药品竞争的不断加剧,更高的药品价格会导致企业失去更多的消费者,从而使企业的市场份额下降,使企业希望通过药品的高价来获取最大利润的目标无法实现。另一方面,国家对药品的价格管理政策,可能会导致国家对企业过高的药品定价进行干预,使高价格的定价目标无法实现。

在制定以追求利润最大化为企业的定价目标时,应对药品市场进行充分的市场调查,预测药品的市场容量,确定药品的销售价格。要兼顾企业的长期目标与短期目标,要进行药品组合定价。如有些药品价格是以提高市场占有率为目的,从而提高企业产品在消费者中的知名度,进而带动其他相对高价药品的销售,使企业药品的总经营总利润达到最大化。

2.以扩大市场占有率为定价目标

在分析企业产品的时候,企业要知道自己的产品销售量(额)在同类产品销售量(额)所占的比重究竟有多大,也就是所说的市场占有率或者市场份额。市场占有率反映了企业对市场的控制程度,是企业在竞争中的地位的重要体现。

以扩大市场份额为定价目标,要求医药企业在制定药品价格时以扩大本企业或本药品的市场占有率为依据。企业产品在进入市场初期,为扩大市场占有率一般采取低价策略。由于市场占有率反映了企业产品对市场的控制程度和企业在竞争中的地位,市场占有率的未来发展变化,也反映了企业产品的未来发展趋势。因而,企业在进行定价时对企业来说,市场占有率的高低要比药品销售量以及利润的增减更为重要。企业的销售量及利润的增加,并不一定表明企业的竞争能力增强了,其必须同竞争对手进行比较,如果同期竞争对手的销售量及利润增加的幅度更大,则企业的地位相比竞争对手是削弱了。而市场占有率本身就把竞争对手的因素考虑在内,市场占有率提高了,相比以前企业的竞争能力则加强了。

因而，企业为了追求长远利益，巩固和提高自身的竞争地位，往往把扩大市场占有率作为定价目标。企业可以通过制定较低的药品价格，来吸引消费者，扩大药品销售量以占领市场，进而达到扩大市场占有率的目标。

3. 以预期投资回报率为定价目标

投资回报率，也称投资报酬率，是指所取得的收入与所投资总额之比率。以预期投资回报率为定价目标要求医药企业要把投资和所取得的收入进行比较。一般以预期收益率为依据制定药品价格，预期收益率一般要高于银行同期贷款利率。而投资报酬率的高低又和药品价格、销售量有着密切的联系。以获取较高投资报酬率为定价目标的企业，其药品价格也较高，反而有可能会导致企业的目标不能实现。

4. 以竞争导向为定价目标

在市场竞争中，价格竞争是市场竞争的重要内容。在激烈的市场竞争中，企业常常把价格作为竞争的重要手段之一。企业会根据自身情况和竞争对手的策略，采取不同的价格策略，采取低于、等于、高于竞争者的价格策略以维持或扩大市场占有率。

三、药品的定价方法

药品定价方法是指企业在特定的定价目标指导下，运用药品定价策略，对药品价格进行具体计算的方法。

企业在制定药品价格时，要考虑药品生产成本、费用、税收、企业利润几个构成要素。药品生产成本费用是生产企业在生产药品时所消耗的成本和费用。税收是药品生产经营者必须按国家税法无偿交纳税金，是药品价格构成的要素之一。利润是药品生产经营者出售药品所得到的收入与生产和经营这种药品的支出的差额。同时还必须考虑竞争者以及消费者心理等相关因素。

企业对药品定价方法选择的正确，对于企业定价目标能否实现至关重要，下面介绍几种常见的企业定价方法。

1. 成本导向定价法

成本导向定价法是指企业以药品的各种成本或投资额作为制定价格依据的一种定价方法。企业在制定药品价格时以药品生产经营成本或投资额为基础，加上企业预期利润制定出的药品价格。

(1)成本加成定价法　成本加成定价法就是按照药品成本加上预期利润的定价方法。其计算公式为：

药品价格＝药品成本＋预期利润(加成额)

预期利润(加成额)＝药品成本×利润率

药品价格＝药品单位平均成本×(1＋预期利润率)

【例 9-1】 某医药企业生产某种药品，其固定总成本为 400000 元，单位变动成本为 20 元，预计企业药品产量为 10000 件，企业期望获取的利润率为 20％，求该药品的销售价格。

解：采用成本加成定价法定价，计算如下：

固定总成本	400000 元
变动总成本	20 元×10000 件＝200000 元
总成本	600000 元
预期利润	600000×20％＝120000 元

总成本加预期利润　　　　　　　　　　720000 元

按公式计算：

单位药品的销售价格＝72(元/件)

成本加成法是在正常情况下，企业根据生产经营成本加上预期利润进行药品定价，是一种最基本、最简单的定价方法，消费者易于接受。然而这种方法从企业自身主观愿望出发，没有考虑市场竞争与产品本身等其他因素对价格的影响，因而制定出的价格缺乏针对性和灵活性。在采用成本加成定价法的加成率的多少，会直接影响到药品价格的高低。预期利润率会受到国家价格政策的影响。

(2)投资报酬率定价法　投资报酬率定价法是指企业根据企业生产经营的药品成本和计划的总产量，加上按一定投资报酬率计算的投资报酬额，作为药品定价基础的一种定价方法。

【例 9-2】　某企业投资 250000 元生产一种药品，其固定成本为 800000 元，单位变动成本为 45 元，预期投资报酬率为 15％。试计算当药品的销售量为 10000 件时，求该药品的销售价格。

这种药品的定价过程为：

固定成本	800000 元
总变动成本	45 元×10000 件＝450000 元
总成本	800000 元＋450000 元＝1250000 元
投资报酬	250000 元×15％＝37500 元
总产量	10000 件

将数据带入公式计算：

则：单位药品价格＝(1250000 元＋37500 元)/10000 件＝128.75(元/件)

即只有企业把药品的价格定为 128.75 元/件时，才能获得预计的投资报酬。

企业采用投资报酬定价法，能够保证企业获取预期的利润。但是在激烈的竞争条件下很难按照这种方法来定价，投资报酬定价方法适用于企业的药品具有较大的市场垄断性或在市场上处于领导者地位，企业凭借其垄断或领导者地位获得预期的投资报酬。

(3)量本利分析法　量本利分析法是产量—成本—利润分析法的简称，它依据与方案相关的产品产(销)量、成本与盈利之间的相互关系，即在假定企业生产的产品全部可销的条件下，决定保证企业既不亏损也不盈利时的产品最低价格水平。这是在预测市场需求的基础上，以总成本为基础制定价格的方法。

量本利分析法的关键是计算收支平衡点，也就是保本点的计算。保本点所对应的生产量(或销售量)Q，称为保本产量(或销量)，所对应的价格水平称为保本价格。销售收入线和总成本线有一交点，在交点上，销售收入与总成本相等，即此点利润为零，故将此点称为盈亏平衡点，俗称保本点。

设总成本为 y，固定成本为 F，变动成本为 V，单位产品变动成本为 CV。销售量为 Q，销售收入为 S，单位产品价格为 P，利润为 f。那么，则有下面关系式成立：

$$y=F+V=F+CV\times Q$$

$$S=P\times Q$$

根据利润公式可知：利润＝收入－成本，则

$I=S-Y$

$I=P\times Q-(F+CV\times Q)$

得到量本利关系式为：

$P=(F+CV\times Q)+I/Q$

运用量本利分析法，在销售量和成本已经确定的条件下，可以求得实现某目标利润下的最低产品单价。

2.需求导向定价法

成本导向定价法主要从企业自身角度考虑药品的定价，药品定价是否成功在很大程度上主要取决于消费者的接受程度，因企业在定价时必须考虑企业外部因素，如消费者的因素。需求导向定价法，就是根据消费者对药品价值的理解程度和药品的需求强度定价的一种方法。主要有以下理解价值定价法和需求差异定价法两种。

(1)理解价值定价法　理解价值定价法就是企业根据消费者对其药品价值的理解程度来制定企业药品价格的一种方法。这是需求导向定价法中最常见的一种定价方法。由于消费者对药品价值的理解往往不是以成本为基础，消费者能够觉察到的价值或者说可以看得见的价值与企业的理解可能会有很大的差异。企业在采用该定价方法时，不是将药品成本作为制定药品价格的主要依据，而要依据消费者所能理解的期望价格及药品的未来市场需求状况制定药品价格。通过充分研究消费者对药品价值的理解程度、药品的市场需求状况及企业的经营目标等因素进行综合考虑后，制定出药品的价格。

理解价值定价法计算公式是：

批发价格＝零售价格＋(1＋增值税率)－批零差价

＝零售价格＋(1＋增值税率)＋(1＋批零差率)

出厂价格＝批发价格－进销差价

＝零售价格＋(1＋增值税率)×(1＋批零差率)×(1－进销差率)

采用理解价值定价法制定药品价格，关键在于是否能对消费者的理解价值作出准确的判断。如果判断失误，定价过高或过低都会给企业带来不利影响。如果企业定价高于消费者对药品的理解价值，药品就会面临无法销售的局面；如果企业定价低于消费者对药品的理解价值，则不仅会减少企业应得的收益，还极有可能会对企业的产品品牌带来负面影响。所以，企业必须做好定价前的调研工作，要充分了解消费者心理、竞争者市场状况等各种因素，以便从消费者的角度对药品的理解价值作出准确判断。企业可以利用各种有效的手段对企业形象进行宣传，进而提高消费者对企业及药品的认知程度，使他们接受企业制定的药品价格。

(2)需求差异定价法　需求差异定价法是企业根据药品价格需求弹性和对市场环境差异来制定药品价格的一种定价方法。需求差异定价法在实际应用中还可以分为以下几种：

①以需求价格弹性变化来定价：需求价格弹性是产品需求对价格变动的反应程度，如果药品需求价格弹性较大，说明消费者对药品的价格反应较大，降低药品价格可以带来较大的药品需求增长，可以采取适当降低药品价格来刺激消费者需求，扩大药品销售量，增加企业盈利。如果药品需求价格弹性较小，说明消费者对药品的价格反应较小，适当提高药品价格可以带来药品需求较小的变化，也会增加企业盈利。

②以市场环境差异来定价：市场环境差异可以从药品销售的区域、药品销售时间等方面

的差异来制定药品价格。由于药品销售在不同的区域，不同区域的消费习俗、经济发展水平都存在差异，因而可以根据不同的区域特点来制定药品价格。由于各个不同的季节差异，也会导致对药品需求的差异，因而企业可以根据药品销售时间的差异来分别制定药品在各个不同季节的价格。

3.竞争导向定价法

竞争导向定价法，就是企业以竞争者的同类药品的价格为依据，充分考虑自己药品的竞争能力，选择有利于在市场竞争中获胜的价格定价方法。一般有以下几种主要形式：

(1)随行就市定价法　随行就市定价法又称领袖价格定价法或主导者价格定价法，其定价的依据是以本行业实力最雄厚、市场占有率最大的企业的药品价格为基础来制定本企业药品价格的一种方法。

由于随行就市定价法是以市场主导企业的定价为参考，而主导企业在本行业中实力较为雄厚，考虑到市场竞争的因素，其他企业只能使自己的药品价格与之相适应，从而企业间的竞争降到了较低限度，使每个企业都能获得适当的收益。随行就市定价法成为中小企业一种应用普遍的定价方法。

(2)倾销定价法　倾销定价法是实力雄厚的企业为了扩大市场占有率以控制市场为目的，采取远低于市场正常价格甚至是低于药品成本的价格策略向市场销售产品，以削弱竞争对手的市场份额从而占领市场的一种定价方法。由于倾销定价法会对企业自身及其他竞争对手带来严重的伤害，在企业取得了市场控制地位以后，一般会利用其垄断地位提高药品价格来补偿倾销时低价销售的损失。这不仅会对消费者带来损失，也不利于市场的稳定发展，因而会受到国家相关主管部门的严格限制。

(3)投标定价法　在药品集中招标采购过程中，由投标方按照招标方的要求，根据自身期望的目标利润并结合竞争者的投标策略而制定药品价格的定价方法。

由于投标定价法不仅要考虑自身的定价因素，还必须考虑招标者的期望定价以及其他竞争者的定价策略，因而需要很高的定价技巧。随着国家药品集中招标采购的进一步深入，投标定价法也逐渐成为一种重要的定价方法。

【能力培养与训练】

1.训练营

以上节课每小组选择的药品为各组主题，以上节课完成的任务为基础，以原小组为单位，对该药品的定价方法进行调研和分析。

2.训练目的

通过训练进一步巩固学生对药品定价方法的理解和认识，掌握及会应用药品不同的定价方法。

3.训练要求

分组收集不同药品的定价方法的资料，撰写××产品定价方法报告。

【项目总结】

• 经过多年药品价格改革实践，我国的药品价格管理已从原来国家单一主体定价逐步向市场多元化主体定价的方向改革。

• 影响医药企业产品定价的因素很多，概括起来有产品成本、供求关系、国家法律政策因素、竞争因素和其他因素几个方面。

• 药品生产经营企业在进行药品定价时，首先必须考虑药品定价的目标。以追求利润最大化为定价目标、以扩大市场占有率为定价目标、以预期投资回报率为定价目标、以竞争导向为定价目标最为常见。

• 医药企业在市场营销活动中，常常采用数量折扣、现金折扣、交易折扣等折扣与折让价格策略。也采用药品生命周期阶段定价策略，如投入期的价格策略、成长期的价格策略、成熟期的价格策略和衰退期的价格策略等。

• 药品定价方法主要有成本导向定价法、需求导向定价法、竞争导向定价法等，企业要根据自身的目标等多种因素采用不同的定价方法。

【项目检测】

一、单选题

1. 列入中央政府定价目录的药品范围不包括　　(　　)

A. 列入《国家基本医疗保险药品目录》中的甲类药品

B. 生产经营具有垄断性的药品

C. 列入《国家基本医疗保险药品目录》中的乙类药品

D. 麻醉药品，避孕药具，计划免疫药品

2. 采取渗透定价策略的目的，是为了　　(　　)

A. 尽快地收回成本　　B. 突出产品的优点

C. 迅速地打开销路　　D. 获取巨额利润

3. 企业在新产品进入市场的初期，利用消费者"求新"、"猎奇"的心理，将刚投放市场的新产品价格定得高一些，以便获取较高的利润的定价方法是　　(　　)

A. 撇脂定价　　B. 渗透定价　　C. 满意定价　　D. 声望定价

4. 通过对市场的抽样调查，预测消费者对产品的期望价格后，再制定企业产品上市的价格。这种定价方法叫　　(　　)

A. 招徕定价　　B. 习惯定价

C. 需求导向定价法　　D. 综合定价

5. 某老字号药店对面新开了一家平价药店，该平价药店由于价格优惠，吸引了大量的购买者。因此，老字号药店决定调整价格策略，每天派人去了解对面平价药店的价格，然后在此基础上制定更优惠的价格，以吸引顾客。这种定价方法是　　(　　)

A. 竞争导向定价法　　B. 成本导向定价法

C. 需求导向定价法　　D. 综合定价法

二、简答题

1. 影响企业药品定价的主要因素有哪些？

2. 企业药品的定价目标对于药品价格的制定有何影响？

3. 药品的成本导向定价法包括哪些内容？

【实训教学】

制定价格策略

1. 实训目的

通过实训，要求学生能够掌握药品定价的因素、策略和方法，并学会应用，即能够根据不同药品的特点，采用科学的定价方法为其制定合理的价格。

2. 实训内容

(1)产品特点分析及市场状况分析。

(2)分析和选择定价策略和定价方法。

(3)确定产品的价格。

3. 实训准备

学生先收集产品的特点、产品的类别、政府对其的价格管制情况、产品所处的市场的竞争状况、消费人群的特点、市场的供求状况、产品在市场中的定位、产品的生命周期、产品的成本以及企业的规模和实力等方面的资料。

4. 实训材料

产品及市场等方面的相关资料。

5. 实训步骤

第一步：列出各项目组的产品及产品自身的特点。

第二步：列出产品的医保情况及政府对其的价格管制情况。

第三步：分析目标市场的消费心理及产品市场的供求状况。

第四步：分析产品市场的竞争状况。

第五步：分析产品在市场中的定位及产品所处的生命周期。

第六步：核算产品的成本及确定定价目标。

第七步：根据产品的特点、生命周期阶段、市场竞争状况、消费心理及供求状况、产品的成本及定价目标选择不同的定价方法。

第八步：根据产品采用的不同定价策略及方法，结合企业的实力，综合考虑，确定产品的最终价格。

6. 实训成果

产品定价报告。

【参考文献】

[1]王麦成. 医药市场营销实务. 郑州：河南科学技术出版社，2007

[2]药品价格的机制之殇. 环球医药信息网，http://www.qgyyzs.net/news/newshtml/scfx/20110803160054.shtml，2011 年 8 月 3 日

[3]药品价格该如何制定？医药经济报. 2011 年 7 月 9 日

[4]哈尔滨“中央大街”药店大战案例. 中国医药供应商网

（赵　静）

项目三　制定医药渠道策略

任务一　认识医药分销渠道

教学目标

【任务构架】

医药分销渠道的含义→医药分销渠道的功能→医药分销渠道的类型→医药分销渠道的组织→医药批发商→医药零售商。

【参考学时】

4 学时

【学习目标】

- 知识目标：掌握分销渠道的含义、功能，熟练掌握分销渠道类型，熟悉中间商的类型及特点。
- 能力目标：熟练应用医药分销渠道的相关内容，根据不同企业类型、产品特点，设计适合的分销渠道。

【问题导入】

“伊人净”的渠道设计

以新近上市的海南某公司生产的“伊人净”在上海地区销售渠道为例，分析如下：

1. 伊人净的产品特性

伊人净是泡沫型妇科护理产品，剂型新颖，使用方便，但与传统的洗液类护理产品不同，首次使用需要适当指导，因此以柜台销售为好；且产品诉求为解决女性妇科问题，渠道应尽量考虑其专业性，如药店和医院。

2. 上海地区健康相关产品的渠道分析

药品、食品、保健品和消毒制品统称为健康相关产品，目前主要的销售渠道为药店、商场、超市(含大卖场)和便利店。其中药店多为柜台销售且营业员有一定的医学知识，目前药店仍然是以国营体制为主，资信好，进入成本低，分布面广。商场、超市和大卖场近几年来蓬勃发展，在零售中处于主导地位，销量大，但进入成本高，结款困难且多为自选式销售，无法与消费者进行良好的沟通。便利店因营业面积小而以成熟产品为主。

3. 未来两年渠道变化趋势分析

目前各大上市公司和外资对中国医药零售业垂涎欲滴，医药零售企业也在不断地做变革，加之医保改革使大量的药店成为医保药房，药店在健康相关产品的零售地位将会不断提高，其进入门槛也会越来越高，比起日渐成熟的超市大卖场而言发展潜力巨大。

4. 伊人净公司的营销目标

随着上海经济的快速发展，收入的不断提高，人们的观念也在不断地更新，对新产品更易于接受，伊人公司希望产品能够快速进入市场，成为女性日用生活的必需品，像感冒药一样随处可购买，从而改变中国女性传统的清水清洗和洗液清洗的习惯。最终，使之像卫生巾取代卫生纸一样成为女性妇科护理市场的主导产品。这个过程需要很大的广告投入进行引导和时间积累，而在公司成立初期大量的广告费和经营费意味着高度的风险。

5. 伊人净上海地区的渠道结构及评价

根据以上分析，伊人公司在上海建立了如下的渠道策略：

分步完善渠道结构，优先发展传统国营医药渠道，在产品成熟后发展常规渠道。渠道结构如下：

第一年度：公司→区级医药公司→药店和医院（连锁药店）→消费者

第二年度：公司→区级医药公司→药店和医院（商场和超市连锁便利店）→消费者
　　　　　公司→连锁药房→消费者

[评价]：伊人公司的渠道结构体现了健康相关产品应有的专业特性，有效克服了产品进入市场时在使用指导上的困难，同时又以较低的代价达到了广泛的铺货。因第一年度的渠道选择上的指定性（仅在药店销售），使得现有渠道对公司产品有良好的印象，从而有利于后继产品的快速上市。产品在价格上的稳定性，也使公司易于控制，保证其他区域的招商的顺利进行。

问题：

1. 海南某有限公司是如何进行“伊人净”产品的渠道设计的？

2. 你对海南某有限公司进行“伊人净”产品的渠道设计是否还有其他更好的方案？

【知识链接】

一、医药分销渠道的含义

成千上万的商品或劳务必须经由大量的分销活动来提供，尽管渠道的形成和运作受到许多因素的影响和制约，然而渠道是商品分销活动的载体。在学术界里，不同学者有不同的看法，其中美国著名营销学家菲利普·科特勒的定义要全面一些，他是以所有权转移为基础来反映渠道的结构，并强调参与流通过程的中间商的作用。他认为：“所谓的分销渠道，是指某种货物或劳务从生产者向消费者移动时取得这种货物或劳务的所有权或帮助转移其所有权的所有企业和个人。”如医药批发公司、零售药店、医药代理商等。

为什么一些药品生产企业要将一部分销售工作交给营销中介去做呢？毕竟这意味着生产企业在如何销售、销售给谁等方面失去了部分控制权。使用中介组织主要是由于它们在为特定的市场提供产品方面具有更高的效率。通过它们的关系、经验、专门知识和经营规模，营销中介通常能做到制造商自己做不到的事情。

图 4-12 表明了使用营销中介取得的经济效益情况。图 4-12(A)中有三个制造商，分别通过直销的方式到达三个顾客群，这一系统需要九种不同的渠道交易。图 4-12(B)中，三个制造商与同一营销中介机构联系，这个中介机构再与三个消费群联系，从而这个系统只需要

六种渠道交易。通过这种方法，营销中介减少了以往制造商和消费者必须完成的大量工作。

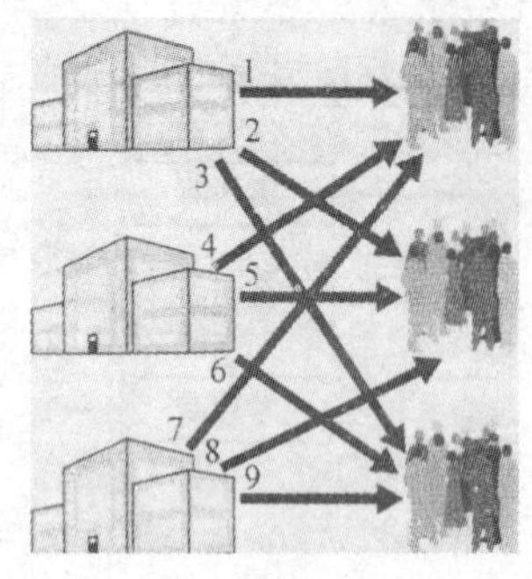

A 没有分销商时的交易数量

M×C=3×3=9

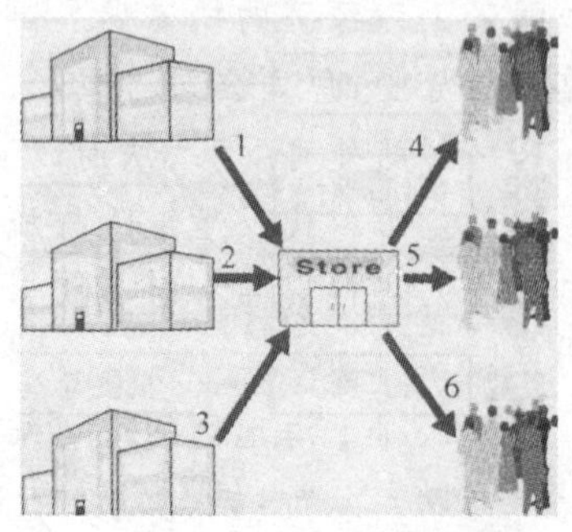

B 有分销商时的交易数量

M+C=3+3=6

图 4-12 营销中介机构如何减少渠道交易的数量

从经济系统的观点来看，营销中介的作用是用医药生产企业生产出来的各种药品来满足消费者的需求。药品生产企业生产的药品品种不多，但数量很大。而消费者需要各种产品，但数量不多。在分销渠道中，中介购买生产企业的大量药品，然后分散开来，组成消费者需要的数量较小的多种药品。因此，营销中介在协调供求等方面起到了重要的作用。

二、医药分销渠道的功能

在将产品和服务提供给顾客的过程中，中间商消除了产品服务与其使用者之间在时间、地点和所有权上的差距而增加了产品的价值。其中渠道成员承担了许多关键的职能，有些能帮助完成交易：

(1)信息功能　收集和发布交易所需的有关营销环境中的各参与方的营销调研信息等。

(2)促销功能　发展与传播有关市场产品的富有说服力的沟通材料。

(3)联络功能　寻找与联系潜在的消费者。

(4)调整功能　按购买者的需求进行调整以提供合适的产品，包括生产、分类、组合和包装的行为。

(5)谈判功能　就产品的价格及其他问题达成协议以便实现所有权的转移。

(6)实体分销　商品的运输和储存。

(7)融资功能　获取资金以弥补渠道成本。

(8)承担风险　承担渠道工作中的风险。

三、医药分销渠道的类型

1. 分销渠道的长度

按照分销渠道的长度，一种可分为直接分销渠道和间接分销渠道，另一种可分为长渠道与窄渠道。

直接渠道，也称为零级渠道(MC)：指没有中间商参与，产品由制造商(Manufacturer)直接销售给消费者和用户(Customer)的渠道类型。如上门推销、电视直销和网上直销等。直接渠道是工业品销售的主要方式。特别是一些大型、专用、技术复杂、需要提供专门服务的产品。

间接渠道：指产品经由一个或多个商业环节销售给消费者和用户的渠道类型。包括一级渠道(MRC)：即由制造商(Manufacturer)——零售商(Retailer)——消费者(Customer)；二级渠道(MWRC)：即由制造商(Manufacturer)——批发商(Wholesaler)——零售商(Retailer)——消费者(Customer)，或者是制造商(Manufacturer)——代理商(Agent)——零售商(Retailer)——消费者(Customer)；三级渠道(MAWRC)：制造商(Manufacturer)——代理商(Agent)——批发商(Wholesaler)——零售商(Retailer)——消费者(Customer)(见图4-13和图4-14)。

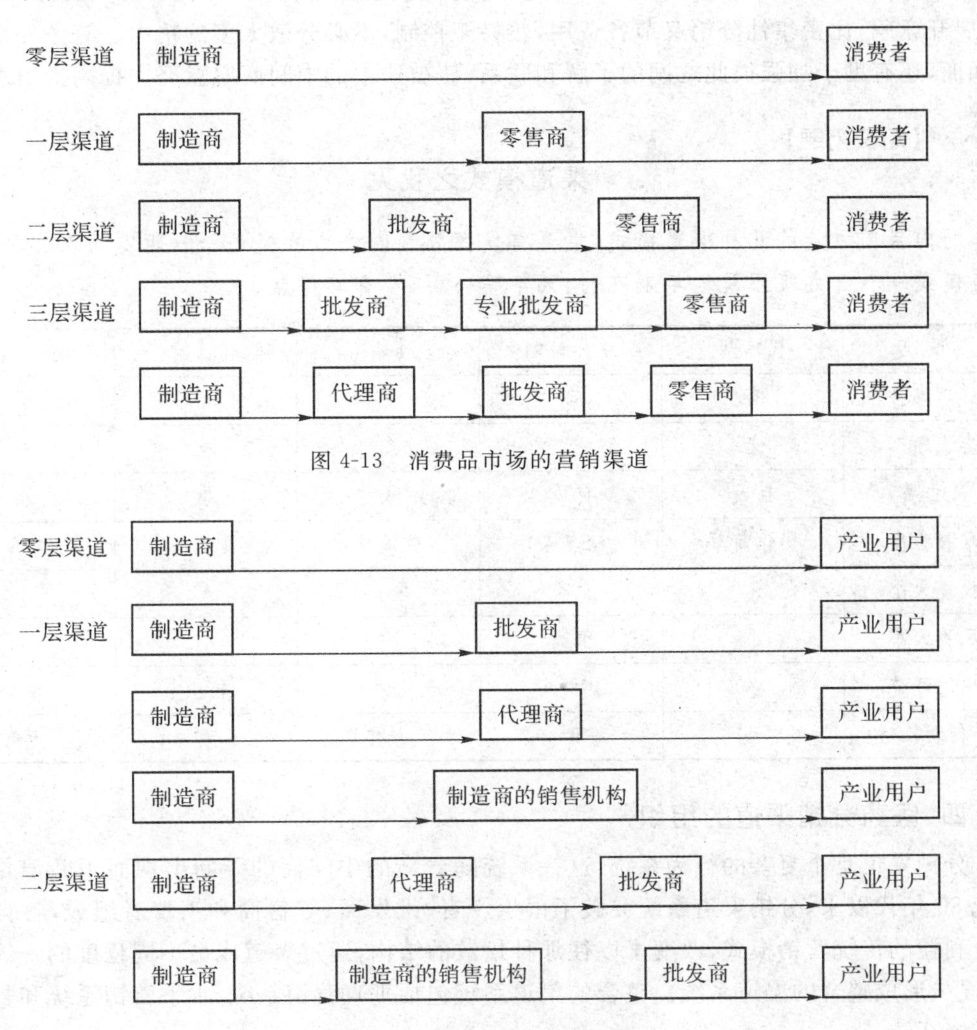

图 4-13　消费品市场的营销渠道

图 4-14　产业市场的营销渠道

2. 分销渠道的宽度

渠道宽窄取决于渠道的每个环节中使用同类型中间商数目的多少。企业使用的同类中间商多，产品在市场上的分销面广，称为宽渠道。通常有密集性分销、独家分销、选择性分销三种。

(1)密集性分销　运用尽可能多的中间商分销，使渠道尽可能加宽。医药消费品中的便利品和医药工业用品中的标准件等，适于采取这种分销形式，以提供购买上的最大便利。

(2)独家分销　独家分销是最极端的形式，是最窄的分销渠道，在一定地区内只选定一家中间商经销或代理，实行独家经营。通常只对某些技术性强的耐用消费品或名牌货适用。独家分销对生产者的好处是，有利于控制中间商，提高他们的经营水平，也有利于加强产品形象，增加利润。但这种形式有一定风险，如果这一家中间商经营不善或发生意外情况，生产者就要蒙受损失。

(3)选择性分销　这是介乎上述两种形式之间的分销形式，即有条件地精选几家中间商进行经营。这种形式对所有各类产品都适用，它比独家分销面宽，有利于扩大销路，开拓市场，展开竞争；比密集性分销又节省费用，较易于控制，不必分散太多的精力。有条件地选择中间商，还有助于加强彼此之间的了解和联系，使被选中的中间商愿意努力提高推销水平。

【知识拓展】

渠道模式之我见

国内目前主流的几种渠道模式，主要有发挥分销商能力的模式——西安杨森公司、直接覆盖模式——三九集团及近年来安利、天年等公司，各有其特点。

	代理制	分公司制	会务营销	直销制	网络分销制
终端掌控	否	否	无	无	有
忠诚顾客	无	无	无	有	有
广告费	巨大	巨大	大	小	小
难易程度	操作简单	稍复杂	较简单	较复杂	操作复杂
投资大小	无	很大	较大	大	小
风险大小	小	很大	中	小	小
中间环节	多	少	较少	较少	较少
创新性	无	无	小有	无	大有

四、医药分销渠道的组织

分销渠道是个复杂的行为系统，这一系统随着新的中间商的不断出现而不断演化。20世纪80年代以来，分销渠道系统突破了由生产者、批发商、零售商和消费者组成，各自追求自身利益的传统营销模式，改变了以往那种松散的结构，通过渠道成员不同程度的一体化经营，逐步形成整合的渠道系统。整合的渠道系统包括垂直营销系统、水平营销系统和复合渠道分销系统。

1. 垂直营销系统

要使渠道作为一个整体运作良好，就必须仔细界定每个渠道成员的角色并管理渠道冲突。如果一个渠道中有一个公司、一个代理机构或者一种机制起领导作用，并且拥有分配角色和管理冲突的权力，整个渠道就会运行得更好。

从历史上来看，传统的分销渠道缺少这种领导和权力，经常会导致破坏性的冲突和很差的绩效。近年来，渠道最大的进步之一就是以拥有渠道领导者为特征的垂直营销系统的出现。图4-15对比了两种形式的渠道安排。

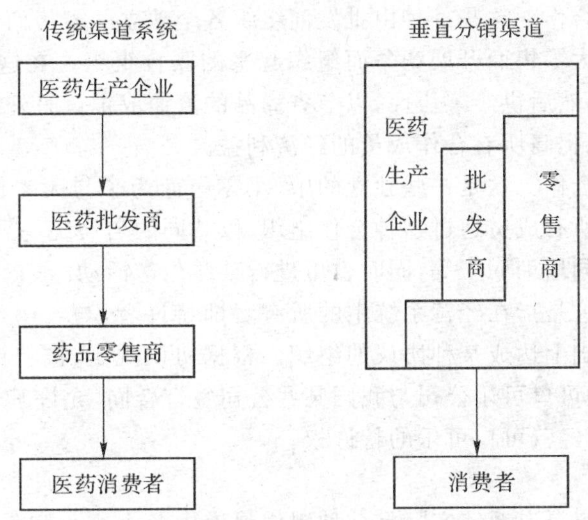

图 4-15　传统渠道系统与垂直营销系统的比较

传统的分销渠道(Conventional Distribution Channel)由一个或多个独立的生产企业、批发企业和零售商组成。每个成员都分别寻求自身利益的最大化,甚至不惜以整个渠道系统的利益为代价。渠道中没有成员可以对其他成员进行控制,也没有一个正式的划分职能和解决冲突的方式。因而传统销售渠道基础很脆弱,内部矛盾很多,容易破裂。相反,垂直营销系统(Vertical Marketing System,VMS)则是一个由生产者、批发商和零售商组成的专业化管理和集中计划的组织网。在此网络系统中,各个成员为了提高经济效益,都采取不同程度的一体化经营或联合经营。这种系统的交换能力和避免重复经营的特性,使其得以有可能实现规模经营,并与传统销售渠道系统进行有效的竞争。这种垂直销售渠道在一些发达国家已成为消费品市场的主要分销形式,也是我国市场销售渠道发展的主要趋势。

垂直营销系统的三种主要形式:公司式、管理式和合同式。每种方式通过不同的手段在渠道中建立领导阶层和分销权力。

(1)公司式垂直销售渠道系统　指整个销售渠道的所有部分都为一个公司所有,且整个销售渠道系统中的所有管理职能由一个公司来完成。这种销售渠道系统也被称为垂直一体化销售系统。这种销售系统的重要特点就是拥有系统所有权的公司容易实现对系统的协调与控制,但相应公司却需要很大的财务方面的投资。

(2)管理式垂直销售渠道系统　与传统的销售渠道系统很类似,即销售渠道系统中各个成员是相互独立的。但不同点是系统中的成员间的关系由对立变为合作者,即共同协调、共同努力,使得整个渠道系统达到最大效益。一般来讲,实现这种协调系统关系的是系统中其他成员认可的、规模大、实力雄厚的组织,并且这个组织可以为系统提供某种特定的服务。例如,具有某种名牌药品的企业就可以得到中间商的拥戴,担负起协调的功能,有若干小卫星企业,大企业支持小企业,小企业愿意听从大企业的指挥,如华北制药(集团)就是此种模式。

(3)合同式垂直销售渠道系统　一种以具有法律效力的合同来规范和协调系统中成员活动的销售渠道系统,系统中每一个成员的责任和义务都是以合同的形式明确规定的。这种销售渠道系统可分为三种:

①批发商发起的合作。这是一种由批发商组织各个独立的零售商合作的组织。这种合作组织主要是为了和大零售商开展竞争而组织起来的联合组织。在这种合作的组织中，批发商通过大批量进货，然后供给零售商，以节省商品的流通成本。另外批发商也可向零售商提供各种专门服务，以提高所有合作成员的经济利益。

②零售商发起的合作。这是一些独立的中、小零售商为了与大零售商竞争而组成的合作组织。这个组织的所有成员通过这种合作组织，以共同的名义统一采购部分商品、统一进行广告宣传活动及共同培训职工等，同时也可进行某些生产活动。

③特许权组织。这是指在经营系统中的所有者即特许者，与希望使用特许者经营系统的被特许者在合同基础上达成某种协议的组织。根据协议规定，被特许者可以享用特许者的某种权利，如美国的可口可乐公司与我国某些公司签订合同，允许其分装它的可口可乐饮料，并给广大的零售商经营可口可乐的特许权。

2. 水平营销系统

前面讲的垂直销售渠道系统实际是一种销售渠道中各个成员间的纵向经济联合，水平销售渠道系统则是指由两个以上渠道成员通过建立联合关系，以共同开发一个新市场。水平销售渠道系统实际上与我国前几年搞的横向经济联合相类似，这种联合是建立在同类企业间的，如生产企业间联合或零售企业间联合等。采取这种联合，可以克服单个企业在资金技术、生产力等方面的不足，同时也可以减轻单个企业在开发新的市场机遇方面所承担的风险，以取得比单个企业经营更大的效益。这种销售渠道系统，合作的公司可以是竞争者也可以是非竞争者，它们的合作基础可能是暂时的也可能是长久的，或者它们可以共同开一家新公司。

3. 复合渠道分销系统

在过去，很多公司都只用单一渠道向单一市场销售产品。今天，随着消费者细分市场的增加和更多的渠道可能性，越来越多的公司采用复合渠道分销系统(Multichannel Distribution Systems)——也经常被称为混合营销渠道。

当一个公司利用两个或者两个以上的营销渠道来接触一个或者更多的细分市场时，就常常会出现复合渠道分销。这种对复合渠道分销系统的应用在近年来增势很猛。

图 4-16 显示了一个复合渠道。在消费者细分市场 1，生产者使用直接邮寄目录、电话营销和互联网向消费者直接销售；而在消费者细分市场 2，则利用零售商来达到销售的目的。在向企业细分市场 1 销售时，利用了分销商和代理商的力量；而在向企业细分市场 2 销售时，公司采用了自己的销售人员。

复合渠道分销系统随着社会生产力的发展，医药企业的生产规模在不断扩大，所以对于一个医药企业所生产的全部药品，不可能只通过一种类型的销售渠道系统来销售，而必须通过各种不同的销售渠道来共同销售。这种使用多种销售渠道来把自己的产品销售给相同或不同的最终消费者的销售渠道系统，就叫多渠道系统。多渠道系统一般有以下两种类型：第一种是医药生产企业通过两种或两种以上销售渠道销售同一种药品，而这些销售渠道系统又是相互竞争的；第二种是医药生产企业通过两种或两种以上销售渠道系统销售不同品牌的药品，这样使用多渠道销售以后，就可以使医药生产企业能够扩大市场占有率，满足具有不同需要的顾客的需求。销售渠道系统的产生与发展，是受整个社会经济制约的。随着商品流通规模的扩大，市场供求矛盾不断转化，销售渠道系统也必须随之变化，各种更有效的

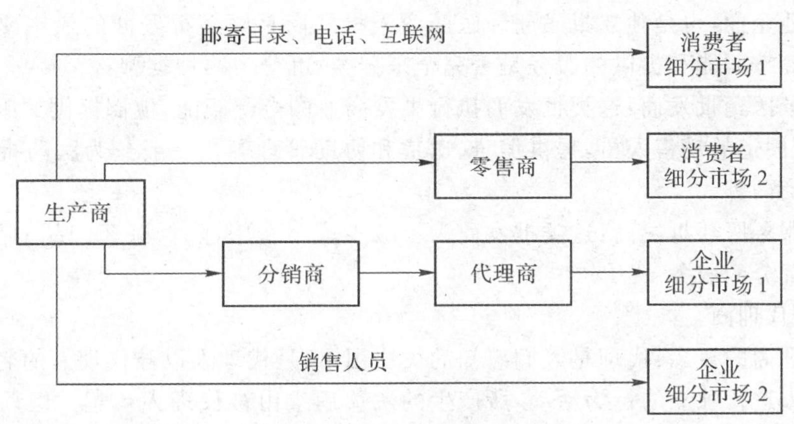

图 4-16　复合渠道系统

销售渠道系统也就不断出现，以适应商品经济迅速发展的要求。

当企业面对大的和复杂的市场时，复合渠道分销系统有很多的优点。通过每一个新的渠道，公司都可以在扩大销售和增加市场占有率的同时，将产品和服务按照不同细分市场的特定需求进行调整。但是，这样的复合渠道分销系统比较难以控制，而且当多个渠道争夺客户和销量的时候，会引发渠道冲突。

五、医药批发商

在当前市场营销环境下，医药企业与医药消费者之间在时间、地点、数量、品种、信息、产品估价和所有权等多方面存在着差异和矛盾。医药企业生产出来的医药产品，只有通过一定的医药产品分销渠道，才能在适当的时间、地点，以适当的价格供应给广大医药消费者，从而克服医药企业与消费者之间的差异和矛盾，满足市场需要，实现医药企业的市场营销目标。

1.医药批发商的含义和特点

批发是指一切将物品或服务销售给那些为了转卖或者其他经营用途的客户的商业活动。批发是一种商业活动，是中间商的一类职能。该职能承担的是“流通中介”任务。即在生产者与商业机构、生产经营组织和其他组织之间搭起桥梁，满足产品分销业务在不同地区、不同时间和不同层次市场对产品(服务)的批量、种类、品种的需要。其特点是：①处在药品流通的起点和中间环节；②营销对象是医药单位、其他批发商、医药零售商和生产企业等间接消费者；③交易有一定的数量起点，交易次数少、批量大，多以非现金结算为主。大量医药商品经过医药批发商进入医疗单位。医药批发商的经营活动对医药市场的供应、满足人民用药需要，起着举足轻重的作用。

2.医药批发商的功能

在医药产品分销渠道中，医药批发商的功能主要决定于医药产品的生产与消费之间的协调任务。作为医药中间商，医药批发商可以承担几乎所有的分销功能，如调研、寻求客户、医药商品分类、促销、洽谈、物流和承担风险。

3.医药批发商的类型

医药批发商主要有三种类型：医药商人批发商、医药代理商、医药企业销售办事处。

(1)医药商人批发商　医药商人批发商是指自己进货，取得医药产品所有权后再批发出售的医药商业企业，也是独立批发商。医药商人批发商是医药批发商的最主要的类型。医药商人批发商按职能和提供的服务是否完全来分类，可分为两种类型：

①全服务医药批发商：这类批发商执行批发商业的全部职能，他们提供的服务主要是保持存货，雇用固定的销售人员，提供信贷、送货和协助管理等。一般分为医药批发商人和医药工业分销商两种。

②有限服务医药批发商：这类批发商为了减少成本费用，降低医药产品的批发价格，往往只执行一部分的服务。

(2)医药代理商

医药代理商的概念：代理是人们熟知的民法用语，是代理人以被代理人的名义在代理权限内与第三人进行独立的行为活动，所产生的法律后果由被代理人承担。医药代理商制是代理发展的结果，与代理相比，医药代理商不再是个人，而是一个法人组织。医药代理商是接受医药生产企业的委托，从事购销业务，不拥有药品所有权的中间商，即医药代理商以合同的形式取得生产医药企业的产品销售权，形成工商企业间的长期稳定的产销合作关系。

医药代理商的特点：

①医药代理商应具有法人地位，是独立的医药经营企业，并与医药生产商有长期固定的关系；代理商与生产商之间的联系是通过合同等契约的形式实现的，经济合同具有法律效力。

②医药代理商在生产商指定的地域内只能销售其代理的药品，不能再代理销售其他具有竞争性的药品，但代理商可自己经营或代理与其所代理的生产企业没有竞争关系的其他相关药品。

③医药代理商应严格执行生产商的定价，只能在生产企业规定的价格幅度内浮动商品的价格。

④医药代理商按其代理销售或采购的固定比例提取佣金，在一般情况下，佣金代理商不承担市场风险；医药代理商对其代理销售或采购的药品一般不具有法律意义上的所有权。

医药代理商的类型：代理商制度产生于18世纪90年代，源于德国，发展在美国，经过100多年的发展，成为发达市场经济国家普遍采用的营销方式。从代理商与生产企业的业务联系的特点来看，可以将代理商分为企业代理商、销售代理商、采购代理商和佣金商四类。

①企业代理商：又称制造商的代理商。企业代理商是指受生产企业委托，签订销售协议，在一定区域内负责代销生产企业产品的中间商。企业代理商和生产企业间是委托代销关系，它负责推销产品，履行销售商品业务手续，生产企业按销售额的一定比例付给企业代理商酬金。通常，生产企业在产品消费对象少而分布面广时，以及在推销新产品、开拓新市场时，需要借助企业代理商的帮助。

②销售代理商：销售代理商是一种独立的中间商，受委托全权独家经销生产企业的全部产品。销售代理不受销售地区限制，并对商品售价有一定的决策权。销售代理商实际是生产企业的全权代理商，双方关系一经确定，生产企业不能再进行直接推销活动，而且同一时期只能委托一个销售代理商。

③采购代理商：采购代理商一般与顾客有长期关系，代他们进行采购，往往负责为其收货、验货、储运，并将货物运交买主。

④佣金商：佣金商或称商行，它是那些实际拥有商品所有权，并处理商品销售的代理商，一般与委托人没有长期关系。

(3)医药企业的销售办事处　医药企业往往设立自己的销售办事处以改进其存货控制、销售和促销业务。

【知识拓展】

药品大包商

药品大包商：指从生产厂家或者代理商处，以底价购进药品，通过自己的渠道进行销售，所有销售过程中产生的费用，由自己承担。也就是说，以很低的价格购进药品，可操作的价格空间很大，通常要求在一个销售区域内，完成一定的销售任务，自己负责市场推广过程中的所有费用。

六、医药零售商

1. 医药零售商的含义

零售是指将商品或服务直接销售给最终消费者，以供个人(家庭)做非商业性用途的活动。在现实中的零售活动，既有以有形(物质)商品为对象的，也有许多无形服务的零售，如理发、美容、按摩、家政服务，代购车票、机票，提供旅游服务等。生产者、批发商和零售商都可以从事零售活动。判断其是否从事零售活动的标准，是看其销售对象是否为产品或服务的最终消费者。

由此可见，医药零售商是将医药产品直接销售给最终消费者，作为其盈利的一切销售活动的组织和个人。

2. 医药零售商的作用

医药零售商是医药产品进入消费领域的最后一道环节，也是医药产品分销渠道的终端环节。通过零售医药商品退出流通渠道，完成其形态变化的最后阶段，进入消费，并最终实现了医药产品的使用价值。医药零售商对提高医药产品分销渠道的效率和效益起着关键性作用。因此，医药零售商的主要职能是：

(1)直接为最终消费者服务　医药零售商与消费者直接接触并提供服务，其业务素质、服务水平和经营成败，对医药渠道吸引潜在消费者达到整体目标有决定性的影响。

(2)实现医药企业和医药消费者信息沟通的纽带　由于医药零售商直接接触消费者，医药零售商对消费者的需求及医药消费倾向最了解，反应也最灵敏。医药企业通过零售，一方面可以不断向消费者输出医药产品信息；另一方面也可以把医药消费者的信息及时反馈给医药产品分销渠道的上游，使医药企业更好地适应医药市场需要，组织其生产经营活动。

(3)实现渠道成员经营目标的重要环节　为了与国际医药市场接轨，我国医药商品已经实行分类管理，即实行处方药与非处方药(OTC)两大类别的管理，医药消费者的OTC绝大部分是通过医院或医药零售环节获得的。这意味着医药零售商要适应人口分布和医药需求特征的多样化来设置医药零售药店，而医药零售药店是医药企业、医药批发商实现其医药市场覆盖、服务目标消费者等目标的基本依托。

(4)调整和管理医药产品分销渠道的基本力量　一方面，医药零售商要适应医药消费者不断变化的需要，医药零售商要不断调整业态、把握商机、改善经营，使医药商品销售给终端消费者的渠道更为畅通。另一方面，随着我国对公费医疗的改革和医保制度的实施，定点医保药店的建立，使医药零售商在医药产品分销渠道中的权力不断壮大，医药零售商对医药产品分销渠道的作用日益提高。

由上可见，医药零售商通过其提供综合服务，不断扩展医药市场，提升目标消费者满意度，创建医药商业文明，不仅对医药产品分销渠道形象，而且对医药销售渠道的效益，都承担着重要责任。

3. 医药零售商的类型

由于医药产品是一种特殊的商品，在传统经济体制下，一般都是由政府进行管制，统一由医院的药房经营。随着经济体制的改革，当前在医药销售过程中出现了一些新的医药零售商类型。

(1)按医药产品适用的对象进行分类。①医药专卖店：主要是针对一些特殊群体而销售的药品，其品种比较单一，规模比较小，如夫妻用品；②折扣药店：这种医药零售形式是在经济体制改革的条件下出现的，主要是针对 OTC 市场而设立的，品种多、经营方式灵活；③医院药房和个体诊所：主要是针对处方药的销售，根据医生所开的处方而销售给消费者的。

(2)按医药零售店目标消费人群的不同进行分类。①传统药店(主要卖药品)；②社区便利药店(卖药品、日用品等)；③专业或专科药店(主要卖处方药或某一类药品)；④平价药品超市或连锁药店大卖场(主要卖药品，以低价吸引消费者)。

【知识拓展】

第三终端

第三终端的定义为“除医院药房、药店(包括商超中的药品专柜)之外的，直接面向消费者开展医药保健品销售的所有零售终端。第三终端的主要阵地是广大农村和一些城镇的居民小区，如社区和农村的个体诊所、企业和学校的医疗保健室、乡村医生的小药箱、农村供销合作社及个体商店中的常用药品销售小柜等”。随着市场的拓展，第三终端的概念有了进一步延伸，认为第三终端应该随着医药渠道和终端市场变化而在不断延伸和概念范畴的转变。此外，第一终端指的是医院的药品销售；第二终端指的是药店的药品销售。

4. 医药零售商的发展趋势

(1)专业化和规模化　医药零售商经营方式明显出现两种倾向：专业化和规模化。目前有的地方出现专业性的 OTC 药房，专门出售具有特色的药品，通过专业化零售来满足消费者个性化服务需求。另外是依靠仓储技术和自我服务、以低毛利大批量销售为特征的大型药店。这类药店，如超级药店、大型连锁药店等。

(2)医药连锁经营　医药连锁经营就是指医药流通领域若干药店，以共同进货或授予特许权等方式联合起来，实现服务标准化、经营专业化、管理规模化，共享规模效益的一种现代医药商业经营方式和组织形式。近几年我国商业流通企业引进并逐步推广连锁经营，发展医药连锁经营对改变我国传统的医药经营方式和组织形式、调整医药商业结构、提高商业组织化程度、获得规模效益、增强企业竞争力具有重要的意义。

(3)网上药品零售组织　网上药品零售组织，包括网上药店等，是利用网络信息技术和药品配送系统通过网络向药品消费者提供药品和药学服务、进行药品零售交易(B2C)业务的药品零售组织。其主要药事管理职能与药品零售组织基本相似。但是，这种网上药品零售组织不同于传统的药店或药房。其特征为不是坐商，没有传统药店或药房的现场销售场所，而是利用药品配送系统，直接将药品送到消费者手中，执业药师不能与消费者面对面询问和提供用药指导。

网络信息技术的发展和电脑及网络技术在公众中的普及，必将促使各种网上药品零售组织迅速增加。虽然对网上药品零售组织的管理，可以套用一些现行的、对传统药店管理的相关法律、法规，但是，由于两者有着很大的区别，目前尚没有恰当规范网上零售组织的药事管理法律、法规。

【能力培养与训练】

1.训练营

策划与管理非处方药营销：非处方药分销渠道和商业客户的选择与管理。

2.训练目的

简述OTC分销渠道模式、简述OTC商业客户选择与管理、简述OTC分销渠道的选择与管理。

3.训练要求

在教师指导下进行选题，分组收集资料，选择非处方药分销渠道、选择非处方药商业客户、为所选的非处方药分销渠道和商业客户提出管理方案。

任务二　管理医药分销渠道

教学目标

【任务构架】

影响医药分销渠道的因素→渠道冲突管理。

【参考学时】

5学时

【学习目标】

- 知识目标：了解影响医药分销渠道选择的因素，掌握渠道冲突管理的产生原因，熟练掌握窜货的解决办法。
- 能力目标：能够根据不同企业自身特点、市场因素、竞争情况，设计不同的分销渠道，并能够解决渠道管理中出现的问题，尤其是中国现实企业中最突出的窜货问题。

【问题导入】

恶意窜货所引发的市场危机

广东省某制药公司是一家较有实力的医药企业，2010年春节刚过，公司决定上马A项目。经过长期筹备与市场的调查研究，公司形成如下共识：A项目目标市场容量巨大，且无全国性的强势品牌；产品疗效确切，又是传统的民族老药，便于市场宣传和操作；产品价位具有强大的竞争力；同时公司在本行业代理商中具有一定的感召力，有望成功地迅速建立分销网络。2011年3月，公司制定了整套营销策划方案，并于同期展开招商工作。公司先后召开了全国营销会议，参加了全国性药品招商会，招商条件如下：①销售政策是底价包税，按照代理商前期现存提货，且备好相同数量的底货；②市场保证金:地级市场2万元,省级市场5万元,前期一次交清,用以规范经营,保护代理商的区域独家代理权。经过一番最大限度的努力,合作代理商累计覆盖全国21个省,上下齐心,可谓全国形势一片大好。2011年8月,两位客户找上门来,要求代理某省级市场,现金提货250件。遇到这样的大客户,公司十分高兴,但对方声称由于资金所限,5万元的市场保证金只能交3万元。经过简单的审查,公司结合行业惯例,同意了对方的要求。双方当即签署协议,现金交货,一切进行得非常顺利。公司也按照销售政策的承诺,为对方备好底货250件,总共500件货一起发往该省市场。接下来,公司所有的人都在期待市场热销的捷报。可时隔不久,接到该省的代理商急电,发现区域销售异常,识别代码清晰显示为窜货。这个结果让企业大吃一惊。于是企业立即联系该省代理商,结果所有的电话均无法接通。两个客户所留身份证经查也是伪造的。最担心的事发生了:这是一次有预谋、有组织、数量巨大的恶性窜货,无疑公司此刻面临着一场巨大的危机。为此,公司一方面派人前往两省蹲点守候,一方面寻求紧急应对方案。由于窜货数量巨大,且对方经过精心准备,使公司的处理工作困难重重。在目前市场经济发展尚不完善的情况下,依靠我国现行相关法律难以对窜货分子形成严厉的打击。作为正规企业,公司又必须在法律许可的范围内处理这次事件。经过反复分析和论证,当一种又一种思路被否定之后,能采取的方案只剩下用现金赎货了。当然,公司也完全可以因为眼前利益而置之不理,不履行对被窜货代理商做出的区域市场保护承诺。但是,这样做的结果势必影响到企业的形象与声誉:不仅意味着被窜货的代理商的市场混乱,利益受损,更严重的会导致更大范围的窜货,对运作中的其他市场造成更大的冲击,最终结果就是:整个市场的全线崩溃和企业声誉的一败涂地,而这正是企业最不愿意看到的全盘失败的结局。就在此时,市场传来消息,窜货的代理商终于找到了,企业做了大量的工作,经过反复接洽,对方要求退还其市场保证金和进货款之外,还提出5万元的额外补偿。尽管既不合情又不合理,但均在意料之中,经过权衡,公司最终同意了对方的要求。这家企业运作初期急于求成,制定的开放型销售政策为日后的窜货埋下了危机的伏笔。

问题:

1.你认为该药品生产企业在渠道的筹划中还有哪些不足?

2.根据以上案例分析,你认为有哪些方法可以防止窜货行为的发生?

【知识链接】

一、影响医药分销渠道选择的因素

医药企业要把生产的药品及时地推销出去,必须正确地选择分销渠道。而在选择分销渠道之前,必须认真分析和研究影响分销渠道的因素。

1.市场因素

市场因素是影响医药企业正确选择分销渠道的重要因素之一,市场的性质决定分销渠道策略,具体应考虑以下几个方面:

(1)市场需求量及单次购买量的多少　如果市场需求量大而单次购买量小,应选择长而宽的分销渠道,以扩大市场占有率;如果市场需求量小而单次购买量大,应选择短而窄的分销渠道。

(2)潜在顾客的状况　如果潜在顾客分布面广，市场范围大，就要利用长渠道，广为推销。

(3)市场的地区性　目标市场聚集的地区，分销渠道可以短些，一般地区则采用传统分销渠道，即经批发商与零售商销售。

(4)消费者购买习惯　对于一般常用药物，价格低廉，顾客无须仔细地选择，要求购买方便，希望随时就近购买，因此，应选择长而宽的销售渠道，销售网点也尽量分散；而对一些价格昂贵的特殊药品等，一般应选择短而窄的分销渠道。

(5)市场需求的季节性　很多产品在销售市场往往有淡季和旺季之分。一般淡季时销售渠道可短些，旺季时应扩大销售渠道，充分利用中间商的作用。如清凉油、风油精之类，夏季是其销售旺季，市场需求量很大，销售时间集中，这时应多采用广泛的分销渠道，充分发挥中间商的作用。

(6)竞争者的分销渠道　同类产品一般要采取同样的分销渠道，比较容易占领市场。一般说来，医药企业要尽量避免与竞争者使用相同的分销渠道，除非企业的竞争能力超过竞争对手。

渠道拦截

渠道拦截的定义：指在生产企业的产品销售渠道(非终端)中某个渠道环节上，对竞争者的产品实施拦截，使众多的相似竞争产品没有机会进入零售终端，从而彻底失去销售机会的一种营销渠道竞争方式，或者在渠道各环节阻止抑制竞争对手销售量，提升自己销售量的一种渠道竞争方式。在营销理论上可以叫做渠道管理或者渠道营销、贸易营销等，即英文的trade marketing。

2.产品因素

根据医药产品的特性来设计与选择营销渠道，主要从药品的单价、重量、技术含量、有效期限、适用性、市场生命周期等方面考虑。

(1)医药产品价格。药品的单位价值高的药品如生物制品、进口药品、新药等，在选择营销渠道时应采用短渠道或用直接渠道，因为每经过一个环节，都要增加一定的费用。而使用面广量大而又价格较低的药品，其营销渠道可以长而宽，以增加市场覆盖面。

(2)医药产品的重量和体积。由于产品的体积和重量会直接影响到产品运输费用和储存费用，产品的体积过大或过重，渠道宜短，中间环节少，可以节约运输、储存费用和减少商品损耗，如大型医疗器械。

(3)医药产品的技术性和售后服务　科技含量药品技术含量高，宜采用直接渠道或短渠道。因为大多数医药产品，特别是刚上市的新药，对技术服务要求很高。

(4)时效性　时效性或有效期季节性强或有效期短的产品，应将渠道简化到尽可能短，以减少流通时间和中转环节对产品质量的影响。

(5)适用性　如药品的适用性较广，宜选择间接渠道、宽渠道；相反则可采用直接渠道、短渠道甚至是直销渠道。

(6)生命周期　药品所处的市场生命周期不同，渠道选择也应不同。在导入期为了尽快使产品进入市场,收集产品销售信息,应选择短渠道或直接渠道;成长期则应在巩固原有渠道的基础上,增加渠道宽度;成熟期为适应竞争,吸引更多的顾客,应拓展渠道宽度,增加销售网;衰退期为了缩减开支,渠道宜窄、短。

3. 医药企业自身因素

(1)企业实力　企业实力主要包括人力、物力、财力,如果企业实力强,可建立自己的分销网络,实行直接销售,否则应选择中间商推销产品。在一般情况下,企业规模大,资金雄厚,市场声誉高,对分销渠道就有更多的选择余地,甚至可自立销售机构,不需任何中间商;而对资金有限的中小企业来说,一般必须充分依靠中间商的力量。

(2)企业的管理能力　一般而言,企业的营销管理能力较强,市场营销经验丰富,可采用短的分销渠道;相反,则应尽可能利用中间商进行销售。从我国目前情况看,大多数企业只具备生产管理能力,但缺乏销售业务管理能力和营销经验,因此,大部分产品还必须依靠中间商进行推销。

(3)企业对渠道的控制程度　有些企业为了有效控制分销渠道,宁愿花费较高的直接销售费用,建立较短而窄的渠道。也有一些企业可能并不希望控制渠道,则可控制销售成本等因素,采取较长而宽的分销渠道。

(4)企业的售后服务能力　如果企业有强大的售后服务网络,那么企业可采取直接分销渠道,反之,企业应利用中间商帮助其销售。

4. 其他因素

商品销售渠道,除受上述因素影响外,还受其他一些因素的影响。如交通运输条件,国家对有关商品的购销政策、价格政策、法令、条例等。这些都是企业选择分销渠道时应认真考虑的。特别是政府有关立法及政策规定,包括财税政策和整顿药品市场的一系列法律制度。

二、渠道冲突管理

分销渠道是一个没有正式领导人的社会营销系统,在这个系统中,渠道成员各自发挥自己的功能和作用,彼此相互依存,各尽所能,各得其所。

1. 渠道冲突原因

引起渠道冲突的原因很多,主要有以下几个方面:

(1)存货水平　制造商和中间商为了各自的经济利益,都希望把自己的存货水平控制在最低水平。一方面,中间商的存货水平过低会导致销售商无法及时向客户提供产品而引起销售损失,甚至使客户转向竞争对手;另一方面,中间商的低存货水平一般会导致制造商的高存货水平,从而影响制造商的经济效益。此外,存货过多还会产生产品过时或过剩的风险。因此,如果存货水平不合理,很容易导致渠道冲突。

(2)大客户　制造商在通过中间商销售产品的同时,往往因不愿将与大客户交易中的部分利润分给中间商而直接与大客户建立购销关系。在工业品市场表现更为显著,中间商必然担心其大客户直接向制造商购买产品而威胁其生存。有鉴于此,双方就会产生冲突。

(3)价格　首先,制造商制定的各级批发价的价差常常是渠道冲突的诱因;其次,制造商常抱怨中间商的价格过低或过高,从而影响其产品形象和定位;再次,中间商则抱怨制造商给其的差价折扣过低而无利可图。

(4)技术咨询和服务问题　中间商不能提供良好的技术咨询和服务往往是制造商直接

开发客户的重要理由，而中间商认为提供技术咨询和服务是制造商应该承担的主要工作。这时，双方就会产生冲突。

(5)中间商经营竞争对手的产品　制造商一般不愿意中间商同时经营其竞争对手的产品，在用户对品牌忠诚度不高的工业品市场更是如此，而中间商常常希望经营同类其他制造商的产品，扩大经营规模以获得更多的利润，并避免受制于唯一的制造商，以降低其经营风险。

(6)争占对方资金　在市场需求存在不确定因素时，制造商希望先付款、后供货，而中间商希望采用代销的方式，先供货、后付款，降低经营风险。前者增加的是中间商的资金占用，后者增加的是制造商的资金占用，双方在争占对方资金时，就会产生冲突。

2. 渠道冲突的表现形式

渠道冲突通常有三种表现形式，即横向渠道冲突、纵向渠道冲突和渠道系统间冲突。

(1)横向渠道冲突　横向渠道冲突是指处于同一渠道模式、同一层级的渠道成员之间的冲突。产生横向渠道冲突的原因大多数是因为制造商未能对目标市场的中间商数量及各自的区域权限做出合理的规划，使得每个中间商为获取更多的利益而抢占其他渠道成员的市场份额。对此，制造商一方面应采取有效措施，以消除和缓和可能影响渠道合作、声誉和产品销售的这些冲突，另一方面应采取得力的政策和措施，防止这些情况的出现。

(2)纵向渠道冲突　纵向渠道冲突是指同一渠道模式里不同层级渠道成员之间的冲突，也称为上下游冲突，它比横向渠道冲突更为常见。一方面，制造商或上游中间商为获取更多的利润，采取分销和直销相结合的方式销售商品时，就不可避免要和下游中间商争夺客户，从而挫伤下游中间商的积极性；另一方面，下游中间商的实力增强后，不满足目前的地位，希望在渠道系统中有更大的权利，势必向上游渠道成员发起挑战。对于制造商来说，有些纵向渠道冲突并不是一件坏事，有时反而有益处，因而要求制造商处理问题时不能单纯予以压制，而要因势利导。

(3)渠道系统间冲突　渠道系统间冲突是指当制造商在建立多渠道营销系统后，不同渠道服务于同一目标市场时所产生的冲突。在渠道系统降低价格或降低毛利时，渠道系统间冲突表现得最为强烈。要避免出现渠道系统间冲突，制造商必须对渠道之间的竞争加以引导，并予以协调，防止过度竞争。

3. 渠道冲突的影响

一般来讲，适当的渠道冲突对制造商是有好处的。但是如果渠道冲突扩大到难以驾驭的程度，不仅会影响整个渠道的效率，还会导致窜货、扰乱市场秩序等严重负面影响，最终导致商品滞销，影响渠道中各成员的利润。

渠道效率

渠道效率是指实现营销目标所需资本投入的最优回报率。随着渠道冲突水平的上升，渠道效率在下降，说明它们之间成反比关系，这是冲突影响渠道效率的普遍观点。譬如：一个大型批发商 A 从两家制造商(B1 和 B2)批发同类型的产品。若 B1 注意到 A 从他这里的进货大量减少，B1 就会产生担心，他想方设法让批发商 A 的批发量回到原先水平。于是 B1 将重新获得 A 的原定货量作为分销目标。B1 的投入决定了其完成分销目标的效率。假设经过调查,B1 了解到 A 从 B2 那里进的货销量比较好,因此不会再从 B1 那里批发过多产品了。假设 B1 感情用事决定减少分给 A 利润,A 作为反击,于是从 B1 那里批发的产品数量更少了。由此产生的冲突局面会随对方的僵持而越加恶化,这种冲突就降低了渠道的效率。

4.渠道冲突中窜货管理

渠道的冲突还有可能产生一个市场营销中没有的概念,但在销售实践中让销售人员头痛的问题——窜货。窜货行为是现阶段中国绝大多数企业渠道管理中遇到的问题。窜货,又称冲货,即产品越界销售,是渠道管理的瓶颈问题,也是目前许多企业甚至一些知名企业销售工作中遇到的顽疾之一。下面对窜货的类型、原因和解决之道进行深入分析。

(1)窜货的分类　并不是所有窜货都是不好的,应针对其成因加以区分,窜货可分成以下几类。

①恶性窜货。经销商为了获取非正常的利润,蓄意向其指定区域之外的市场销售产品,对其他区域经销商的销售和网络造成严重影响,从而导致激烈的渠道冲突。恶性窜货通常是以低于制造商规定的出货价向其他区域销货,它对已经建立起来的分销网络具有极强的破坏力,是危害企业销售网络生存的最大隐患之一。

②自然性窜货。经销商在获取正常利润的同时,无意中向自己辖区之外倾销产品的行为称为自然性窜货。通常的表现方式有相邻辖区的边界附近互相窜货;在流通型市场上产品随物流走向而倾销到其他地区。它会导致辖区边界区域及批发商通路利润呈下降趋势,影响其积极性,严重时可发展为二级批发商之间的恶性窜货;产品随物流走向流到其他区域,货量大时会影响该区域的通路价格体系,造成通路利润下降。

③良性窜货。企业在市场开发初期,有意或无意地选中了流通性较强的市场中的经销商,使其产品流向非重要经营区域或空白市场的现象即是良性窜货。这种窜货使企业在增加销售量的绝对值的同时,还节省了运输成本;在空白市场每投入一分钱就提高了产品品牌的知名度,但通路价格体系处于自然形态,等重点经营时再进行整合。

(2)窜货的原因　由于商品流通的本性是从低价区向高价区流动、从滞销区向畅销区流动的,因此,同种商品只要在不同地区的畅销程度不同,或者只要价格存在地区差异,就必然产生地区间的流动。窜货乱价的根本原因在于目前制造商与经销商之间单纯的买卖经销关系。其直接原因有以下七种。

①价差诱惑。价差是窜货的必要条件。当市场存在价差,而足以弥补运输成本时,窜货的必要条件便形成。价差的来源较多,主要有:制造商在不同市场实行差别定价;经销商提前透支各种奖励和年终返利形成价差;制造商控价措施在实际操作中由于各种人为因素造成大批发商通常能获得更多的优惠政策和销售补贴;制造商提供的促销支持和一些费用补贴被一些商家变成差价补贴;经销商低价处理库存积压产品;经销商出于商业目的,带货销售故意压价,人为制造竞争筹码等。

②目标过高。为抢占市场份额,许多制造商盲目追求上量、上规模,并将销售压力直接转移给经销商。这些制造商不顾当地市场容量、品牌现状及经销商的分销能力,给经销商施加过重的任务量,对持续合作要求过于苛刻。当制造商盲目给经销商定下不合理的销售目标时,经销商在完成不了指标的情况下,只能向周边地区倾销产品,导致窜货的发生。

③激励措施不当。为激励经销商合作的积极性,提高产品销售量,现在很多制造商通常在销售政策中设定各种形式的奖励,且大多采取以鼓励销量为目的的台阶返利形式,即奖励

与销售挂钩，销量越大，奖励折扣就越高。于是，原先制定好的价格体系被这一年终折扣拉开空间，导致那些以只顾完成销量以赚取年终奖励的经销商，为了博取这个百分比的基数差额，开始不择手段地向外“侵略”，以达到提升销量的目的。

④推广费运用不当。推广费是企业在运作市场时的一种基本投入。一些制造商因缺乏相关的企划人才，又不想过多地跟经销商争论，往往会同意经销商的要求，按销售量的比例作为推广费拨给经销商使用。而后，制造商只是派人看看经销商有没有运作，而运作得怎样往往是要等结果出来后才能评判，至于经销商将制造商拨给的推广费是否全部用于推广，根本无法掌握。因此，推广费由经销商自己掌握，变相为低价位时，就造成新的价格空间，给跨区销售提供了有利的条件。

⑤制造商对市场控制不力。在制造商市场管理不力的情况下，就会出现混乱的市场秩序中商家的报复性窜货行为。此时市场价格已趋于失控，市场竞争演变成了商家之间拼实力、比规模的价格竞争，而经销大户通常能在这场竞争中占据优势。

⑥经销商处理库存积压。库存积压产品在很大程度上是由于在当地不适销，为了减少过大的库存而带来的资金压力，经销商一方面通过降低价格尽快抛售出去，另一方面使产品尽量流向适销区域。特别当经销商经营出现问题或与厂家中止合作后，更会不计后果地跨区低价抛售，短期内会严重影响其他地区经销商的经营，控制难度也相对较大。

⑦区域发展不平衡。许多企业进行市场拓展时，在资金、人力等方面都会存在一定的不足，从而造成有些区域渠道建设没有跟上，区域间渠道发展不平衡，适度的跨区销售能形成有益的补充。

(3)窜货的解决办法　窜货通常会加剧渠道冲突，导致市场价格混乱、分销效率下降、业绩下降、销售网络萎缩甚至崩溃等种种问题。因此，确保市场健康、稳定的发展是每个企业销售管理工作的主要目标，而如何防止窜货则成为达成这一目标的重中之重，针对上述产生窜货的根源，可以考虑从以下几个方面来解决窜货问题。

①稳定价格体系。建立合理、规范的级差价格体系，同时严格对那些自己有零售终端的总经销商进行出货管理。最好使各地总经销商都能在同一价格水平上进货，应确定制造商出货的总经销价格为到岸价，运输费应由厂方负担，以此保证各地总经销商具备相同的价格基准。

②制定合理的销售目标。制造商要结合自身产品以及经销商的市场实际情况，来制定合理的年终销售目标，这样才能避免因目标制定过高而导致经销商的越区销售。

③科学地运用现金激励及促销措施。从激励经销商的角度讲，销售奖励可以提高销售商的产品销售积极性。但现金返利的措施容易引发砸价销售。因此，销售奖励应该采取多项指标进行综合考评，除了销售量外，还要考虑其他一些因素，比如价格控制、销售增长率、销售盈利率等，甚至也可以把是否窜货作为奖励的考核依据，以此来避免窜货现象。

④规范经销商的市场行为。用签订合同的方式来约束经销商的市场行径。首先，在合同中应明确加入“禁止跨区销售”的条款，以此将经销商的销售活动严格限定在自己的市场区域之内；其次，在合同中载明级差价格体系，在全国执行基本统一的价格，并严格禁止超限定范围波动；最后，将给各地总经销商的返利与是否发生跨区销售行为结合起来。

⑤加强市场监管。设立市场总监，建立市场巡视员工作制度。对发生越区销售行为的经销商视其窜货行为的严重程度分别予以处罚。很多企业还对销往不同地区的产品实行差

异化的外包装，比如在产品的外包装上印上“专供××地区销售”的字样，通过文字、商标颜色、外包装印有条形码等实现包装差别化。

【能力培养与训练】

1. 训练营

策划与管理医药商品分销渠道。

2. 训练目的

简述分销渠道、中间商的概念；熟悉分销渠道策略。

3. 训练要求

在教师指导下进行选题，分组收集资料，能设计和管理企业分销渠道，学会分销渠道有关理论在医药企业产品销售中的应用。

【项目总结】

• 医药产品分销渠道就是指在医药产品或服务从医药企业向消费者转移过程中，取得医药产品或服务的所有权或帮助所有权转移的所有中介组织和个人，如医药批发公司、零售药店、医药代理商等。

• 医药中间商起着联系生产与消费，减少交易次数、加快资金周转和沟通信息的作用。

• 生产者在进行渠道选择时要根据产品的特点、市场的特点、企业自身的状况以及环境与经济因素进行综合分析，确定中间商的数目与类型，并运用选择、激励、评估与调整等措施对渠道成员加以有效管理。

• 药品的销售渠道会随着社会生产力的发展而不断变化，网络营销方式带给传统销售渠道的革命性影响，有人预言这是新时代营销渠道的热点，将吞噬传统中间商的市场份额，迫使零售商向医药文化与养生保健方面发展，从营销“药品”转向营销“感觉”。

• 渠道的窜货所引发的市场危机，是中国市场营销工作者一直面临的问题和难题。

【项目检测】

一、单选题

1. 以下不适合采取独家分销的是(　　)产品。
   A. 购买频率低　　B. 服务水平要求高
   C. 竞争差异小　　D. 单价较高

2. 渠道类型取决于产品流通过程中每一层次选用中间商数目多少的是(　　)决策。
   A. 渠道宽度　　B. 渠道长度　　C. 渠道数量　　D. 渠道中间商

3. 在特定的市场上，生产企业确定少数中间商经营自己的商品，称为(　　)
   A. 密集分销　　B. 选择性分销
   C. 独家分销　　D. 经销和代销

4. 同一层次的多个企业为了争夺同一目标市场的销售而进行的竞争称为(　　)
   A. 水平渠道冲突　　B. 垂直渠道冲突
   C. 水平渠道竞争　　D. 渠道系统竞争

5. 当企业的产品潜在顾客多、市场范围大时，其分销渠道选择适合采用(　　)

A. 长渠道　　B. 短渠道　　C. 窄渠道　　D. 宽渠道

二、简答题

1. 如何准确而有效地选择营销渠道?

2. 怎样认识营销渠道的作用?

3. 营销渠道怎样调整?

【实训教学】

产品渠道的选择

1. 实训目的

通过实训,要求学生能够根据企业所面临的市场环境、企业自身水平、竞争情况,选择不同的市场营销渠道,并能够设计营销渠道。

2. 实训内容

要求1年内销售回款200万人民币,3个月内有500家药店陈列该产品,目标市场药店覆盖率不低于60%。

3. 实训准备

河南市场的人口为9000万,经济较落后,交通发达,各地市有关背景资料调查结果如下:

市　场	药店数(家)	人口(万)	经济状况	商业秩序	同类品种A年销量(万)
郑州	400	300	○	◇	100
洛阳	300	139	○	△	40
平顶山	100	60	○	○	30
开封	120	80	○	◇	40
新乡	180	71.5	○	◇	50
安阳	200	72	○	△	60
南阳	150	100	◇	◇	60
许昌	120	30	◇	○	40
三门峡	60	20	◇	△	10
濮阳	60	20	◇	◇	2
尚丘	120	35	◇	△	40
信阳	100	35	△	◇	20
周口	60	25	△	◇	5
驻马店	60	25	△	△	10
焦作	30	30	○	○	10
鹤壁	20	35	◇	○	10

○代表好　　◇代表一般　　△代表差

4. 实训材料

背景公司目标市场介绍、渠道竞争情况、市场销售状况。

5. 实训步骤

第一步：明确公司任务，根据市场具体情况确定目标市场。

第二步：确定商业客户。

第三步：根据实际情况对商业客户进行调整。

第四步：选定特殊的商业客户和代理商。

第五步：完善并解决可能影响销售渠道因素的办法。

6. 实训成果

营销渠道报告。

【参考文献】

王麦成. 医药市场营销实务. 郑州：河南科学技术出版社，2007

（陈志良）

项目四　制定促销策略

任务一　药品促销与药品促销组合

教学目标

【任务构架】

药品促销的含义及作用→药品促销组合及其影响因素。

【参考学时】

2 学时

【学习目标】

- 知识目标：掌握药品人员推销、药品广告、药品企业营业推广、药品公共关系等策略；了解药品促销与药品组合的含义；熟悉影响药品促销组合的因素。
- 能力目标：能熟练应用药品促销理论进行案例分析；学会根据各种药品促销方式进行药品促销组合。

【问题导入】

药品促销无定法

促销所面临的困境犹如多米诺骨牌效应一样，开始在医药保健品行业中蔓延。促销的效果越来越差，很大程度上是因为单纯模仿复制的活动形式让消费者越来越麻木，越来越理性。医药保健品行业竞争激烈，催生了花样繁多的促销形式和方法，消费者在这种过渡市场教育中也同样练就了一双“火眼金睛”，不再对促销活动产生犹如“雾里看花”的感觉，更别说购买的“冲动”了。

因此促销如果只是停留在单纯的模仿和复制上，必然会在市场上碰壁，如何走出模仿和复制的“泥淖”，走上创新和实效的“坦途”，请看以下促销实例：

实例一：

2004 年上半年，美邦灵犀在湖北补脑益智市场掀起了一阵“服用无效不付余款”的促销旋风，硬生生地揭开了金思力、脑轻松等知名补脑品牌垄断的市场序幕。美邦灵犀作为一个小品牌，在最初就非常明了：必须打破广告启动、终端铺货、3 个月后做活动的“三步走”的常规，否则，“三步走”就会变成“三步倒”。为此产品上市之初即以活动启动，(而此时金思力等产品还在按部就班地做市场宣传)打一场争夺消费者眼球和钱包的促销战。

然而活动开始时必然存在一个消费者认知和接受的过程，这就不能采用单纯的买赠或试用的形式，因为要消费者愿意掏钱买，必然存在一个是否对产品效果信赖的问题。没有经过充分的预热和蓄势，活动要有效果，就必然要有新意，美邦灵犀显然深谙学生家长的心理，在促销活动中果断采取“服用一个月，成绩不提升，不付余款”的活动，一下子有效解决了消费者的信任问题。而且还将变相的买赠优惠以无效不付款的形式来实施，打了个小小的埋伏，即使有消费者故意不付余款，美邦灵犀也可以接受，但是消费者会觉得得了便宜，这一招就跳出了简单降价或优惠的老套路，让消费者不知不觉中招。

实例二：

2004 年 6 月，某经销商拿下了万邦药业的喘消桂灵丹的代理权，虽然咳喘类药物的旺季是秋冬季节，但是由于当时代理权的争夺相当激烈，加上喘消桂灵丹的确有独特卖点，该经销商也就提前拿下了代理权。准备 6 月份就启动市场，虽然从另外一个角度来讲可以造成先入为主的效果，但是同时也意味着要付出时间更长的广告投放期。那么如何尽快成功启动市场，同时又能够保持实力，在旺季到来之时能以猛烈的广告势头压制竞争对手呢？经过深思熟虑决定从淡季促销的创新入手，以低成本的促销手段平稳启动市场。

喘消桂灵丹是国家唯一批准使用罂粟壳的强效镇咳药物。罂粟壳是一个独特的卖点，喘消桂灵丹利用这个卖点，在淡季做起了科普旅游促销。即利用会议营销的模式与当地一家规模较大的植物园达成协议，由厂家组织患者到罂粟园去参观罂粟原生植物。与此同时，在罂粟壳的药用价值和药用效果上采取权威专家讲座的形式进行大力宣讲；在广告上则强调“冬病夏治”，以千字左右的软文投放造势，喘消桂灵丹在淡季以小广告加科普旅游的形式突出产品卖点，对患者进行一对一的现场会议促销，取得了很好的效果，最好的时候一次游园促销销售近 20 万。就这样，喘消桂灵丹在淡季以低成本的非常规促销成功启动了市场，为旺季销售积累了良好的消费基础。

问题：

1. 请问上述实例中促销的成功之处何在？

2. 上述案例中都采用了哪些促销方式？又是如何进行最佳组合的？

【知识链接】

随着市场的国际化，企业之间的竞争也不断加剧，医药企业也不例外，在买其所提供的医药产品，制定合理的价格，选择合适的渠道，并不能保证企业的产品在市场上得到一个很好的销售成绩，其销售情况的优劣关键是取决于消费者对产品的了解和认可程度。在“酒香也怕巷子深”的竞争时代，作为市场营销的四大基本策略之一——促销策略，就显得尤为重要。医药企业基本的促销方式有药品人员推销、药品广告、药品公共关系和药品企业营业推广等。鉴于公共关系和人员推销已独立开设了相关课程，因此这里主要介绍药品广告和营业推广促销方式的运用。

一、药品促销的含义及作用

1. 药品促销的含义

药品促销一般理解为促进药品的销售，是对商业或消费者提供购买激励的一种活动，以促进其购买某一特定药品。由此可见，促销活动是一种宣传行为，是医药企业向目标市场宣传介绍其药品的特点，引导和激发医疗单位和消费者的购买欲望，以实现现实和潜在购买行为的活动过程。其目的是鼓励消费者购买的积极性，或者是宣传某一企业、产品，提高企业、产品在消费者中的认知度，或者是提高医生、零售药店店员对促销产品的推荐率，或是提供一种服务。

2. 药品促销的作用

营销本身包括买和卖两个方面，要使营销能顺利进行，就需沟通信息。没有“信息”的沟通，买卖双方便不可能实现销售。因此，促销的实质就是买卖双方间互通信息，增进了解，以唤起顾客需求，引导顾客的购买动机，实现药品的销售。同时，也可以通过信息反馈取得消费者的意见，为达成交易创造有利条件。具体来说，促销主要有以下几方面的作用：

(1)传递信息，引导消费　一种药品进入市场以后，甚至在尚未进入市场的时候，为了使更多的消费者知道这种药品，就需要医药生产者及时提供药品的情报，向消费者介绍该药品，引起他们的注意。大量的中间商(医药公司、药店、医院药房等)要采购适销对路的药品，也需要药厂提供情报。同时，中间商也需要向零售商和消费者介绍药品，以便沟通情报，达到促销的目的。

(2)扩大需求，促进交易　生产者向中间商和消费者介绍药品，不仅可以诱导需求，有时还能够创造需求。当某一种药品的销售量下降时，通过适当的促销活动，可以使需求得到某种程度的恢复和提高。

(3)突出特点，稳定销售　在同类医药产品竞争比较激烈的情况下，许多药品只有细微的差别，消费者往往不易察觉。这时，企业可以采取促销活动，宣传自己产品区别于竞争产品的特点，使消费者认识到本企业产品会给消费者带来的利益，使消费者愿意购买本企业的产品。企业可以通过促销活动，使更多的消费者形成对本企业产品的偏爱，达到稳定销售的目的。

二、药品促销组合及其影响因素

1. 药品促销组合(Drug Promotion Mix)

药品促销组合(Drug Promotion Mix)是指医药企业根据营销目标和产品的各种因素，对各种促销方式的选择、组合及搭配等活动。

虽然药品促销的方式有多种多样，但基本上可分为人员推销和非人员推销两大类。在非人员推销中，又有药品广告、营业推广、公共关系三种基本形式。每种促销形式各有其特点(见表 4-12)，它只能适用一定的市场环境，但又相辅相成，营销人员必须根据产品的特点和营销目标，灵活选择和运用各种促销形式，使促销效率最高而促销费用最低。在促销工作中，企业常常将多种促销方式同时并用。

表 4-12　各种促销方式的优缺点比较

促销方式	特　点	优　点	缺　点
人员推销	直接对话；培养感情；反应迅速	推销方式灵活，能随机应变，易于激发购买兴趣，促成交易	接触面窄；费用大；人才难觅
广　告	公开性；渗透性；表观性	触及面广，能将信息艺术化，并能多次反复使用	说服力较小，难以促成即时购买行为
营业推广	吸引顾客；刺激顾客；短期效果	吸引力较大，直观，能促成顾客即时购买	过多使用，会引起顾客的反感、怀疑

2. 药品促销策略

不同药品促销组合形成不同的药品促销策略，从总的指导思想上来看，药品促销策略可分为推式策略和拉式策略两种(见图 4-17)。

推式策略是医药企业运用人员推销的方式，把医药产品推向市场，即从生产企业推向中间商，再从中间商推给消费者。主要适合于科技含量较高、价值较大、用途较窄的医药产品。对于此类产品，需要给予较多的面对面交流、讲解和宣传，仅靠普通媒体宣传，消费者是无法了解和认知的。

拉式策略是指医药企业运用非人员推销方式把顾客拉过来，使其对本企业的医药产品产生需求，以扩大销售。主要适用于医药产品科技含量不高、价值较小、用途广泛的医药产品。对于此类药品，应在医药产品的品牌上下工夫，提高其品牌的知名度与美誉度，增强消费者对企业医药产品的忠诚度。

由此可以看出，在促销工作中采取何种促销策略，是受到促销目标、医药产品特征及市场条件等因素制约的。

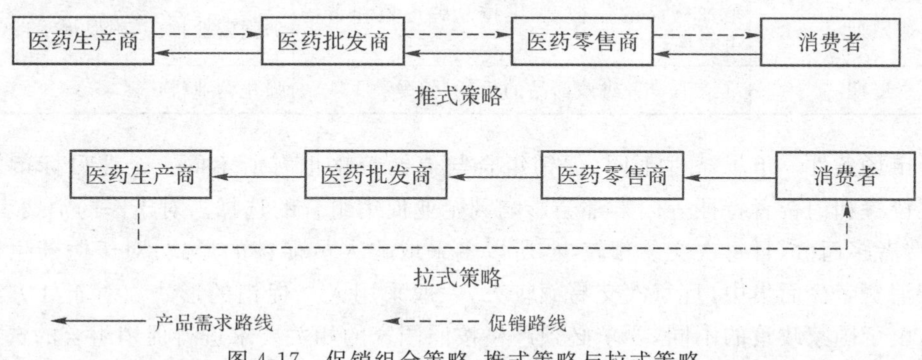

图 4-17　促销组合策略：推式策略与拉式策略

3. 影响药品促销组合的因素

(1)促销目标　医药企业的促销目标是影响促销方法选择的重要因素。对于不同的促销目标，促销组合及促销策略也就会有一个较大的区别。在产品生命周期的不同阶段，企业所面对的市场环境各不相同,同时企业的现实短期目标也各不相同,这样也就导致在促销组合上,我们应该针对医药产品选用不同的药品促销组合。

(2)医药产品特征　一是医药产品性质。不同性质的医药产品,因为政策及目标消费者的购买心理和购买习惯不同,因此要采取不同的促销组合及策略,以有利于医药产品的销售。如我国对处方药严禁通过大众媒体进行广告宣传,因此对处方药来说,人员促销就是其选择的首要促销方式,也是与医师进行沟通的最佳途径。二是医药产品生命周期。医药产品的不同生命周期阶段,企业的营销目标、市场竞争状况以及消费者需求都各不相同,所以只有采取适合不同阶段特点的促销策略,才能保证促销活动的效果,使得医药产品有稳定的销售。

当医药产品处于导入期时,需要进行广泛的宣传,以提高知名度,此时广告和公共关系效果最佳,营业推广可作为辅助手段,鼓励消费者试用。

当医药产品处于成长期时,医药企业的促销目标是进一步引起消费者的购买兴趣,激发购买行为,因此应突出宣传商品特点,使消费者逐渐对商品产生偏好。在促销手段上,广告和公共关系仍需要加强,但重点在于宣传医药企业及产品品牌,树立产品特色,从而扩大产品的销售量。

当医药产品处于成熟期时,医药企业促销的主要目标是巩固老顾客,增加消费者对商品的信任感,保持市场占有率,此时,应尽可能多运用营业推广,辅之以少量的广告,广告的内容应偏重强调产品的特定价值和给消费者带来的差别利益,以保持并扩大企业产品的市场占有率。

当医药产品处于衰退期时,医药企业促销的目标只能是使一些老顾客继续信任本企业的商品,坚持购买。此时,医药企业可使用营业推广手段,以维持尽可能多的销售量。

以下是不同产品生命周期的促销目标与促销策略(见表 4-13)。

表 4-13　医药产品生命周期不同阶段促销目标与促销策略

医药产品生命周期	促销目标	促销策略
导入期	使消费者了解该药品,以提高其知名度	加强广告、公共关系及营业推广
成长期	赢得消费者的口碑,树立品牌形象	加强药品广告和公共关系
成熟期	增加药品的信誉度,维持品牌形象和市场占有率	加强营业推广,附以提示性广告
衰退期	维持消费者对该药品的信任、偏爱	强化营业推广

(3)市场条件　市场条件不同,促销组合与促销策略也有所不同。企业目标市场的规模、地理位置和消费者特征等因素都会影响到企业促销组合的选择。对于医药消费者市场,由于消费者多而散,且每次交易额较少,所以多采取非人员促销的形式;对于医药生产者市场,由于消费者少而集中,且每次交易额较大,一般采用人员促销的形式。对于处方药和非处方药,由于国家政策的不同,要求必须严格按照国家的相关要求进行促销组合的选择。

(4)促销预算　企业开展促销活动,必然要支付一定的费用。而费用也是企业关心的一个重要问题,同时,企业用于促销工作的费用总是有限的。在满足促销目标的前提下,要做到效果好而费用省。企业确定的促销预算额应该在该企业能够承担的范围内,并且要能适应竞争的需要。

常用的预算方法有以下几种：

一是量入为出法(Affordable Method)。医药企业在估量了其能力后再来决定企业的促销预算，即按企业财务部门今年能提供多少经费开展药品促销。这种安排预算的方法忽视了药品促销对医药产品销售量的影响，给制订长期市场计划带来一定的困难。

二是销售百分比法(Percentage of Sales Method)。医药企业以一个特定的销售量或销售价百分比来安排它们的药品促销费用。这种预算方法，首先，意味着药品促销费用可以因医药企业能承担的能力差异而变动；其次，以促销成本、销售价格和单位利润的关系为先决条件进行思考；最后，鼓励竞争的稳定性，使竞争的医药企业在药品促销方面的花费按销售百分比决定的大致相接近的费用。

三是竞争对等法(Competitive Parity Method)。医药企业依据竞争对手的促销预算来确定自己的促销预算。这种预算方法，关键在于在确定药品促销预算时对竞争对手的选择要特别的慎重。

四是目标与任务法(Objective and Task Method)。此方法要求经营人员明确自己的特定目标，确定达到这一目标必须完成的任务以及估算完成这些任务所需的费用，以决定药品促销预算。这些费用的总数就是所提出的药品促销预算。

任务二 药品广告策略

教学目标

【任务构架】

药品广告的概念及类型→药品广告媒体的选择→药品广告促销方案的制定。

【参考学时】

2 学时

【学习目标】

- 知识目标：掌握药品广告策略；了解药品广告概念及类型；熟悉影响药品广告媒体选择的因素。
- 能力目标：能熟练应用药品广告理论进行案例分析；会根据各种药品的特点来制定广告促销方案。

【问题导入】

上海：丽姿减肥胶囊疯狂的背后

伴随着大版面的广告和强力度的公关促销，丽姿减肥胶囊的销量也不断提高，其成功引人注目，同时也折射出了减肥市场的一些规律。高价减肥产品基本上没有什么市场，减肥产品要取得成功，必须是平价加疯狂促销，这也是丽姿带给今年减肥产品的新思路。减肥产品那种长期平庸的促销手法已经很难触动消费者的神经了。

一、减肥就是疯狂造势

丽姿在上海是一家会员制化妆品公司在操作，该公司还兼有美容会所等专门针对女性的健康美容服务，经过多年的运作，积累了大量女性会员资料。由于此前一直在做化妆品，而且是会员制，在上海缺少相应的渠道资源，再加上丽姿减肥胶囊的价位较高，单价150元，所以就没有进行大规模的市场推广活动，而是顺理成章地利用自己的会员资料进行销售，但效果一直不是很理想。后来，为了配合渠道的拓展，开展买二赠一和买一赠一的活动，并辅以报纸广告进行支持，虽然产品卖点很足，有香港六大明星代言，是香港瘦身专业医师联合会推介产品，快速见效，6年不反弹，但效果还是不理想。

其实，这是受原来关于减肥市场成见的误导的结果。减肥是女人的一个事业，在以瘦为美的年代，减肥不只是肥胖女性的事情，那些爱美女性天天在观察自己的体形，时刻准备着把自己纳入减肥大军，不减肥就好像觉得自己哪里不舒服一样。减肥已经超越了女性的生理需求，而变成为一种心理需求。正如某减肥产品广告所说，减肥本来就是一种生活态度，事实上，很多女性已经认可了这种观念。所以，减肥产品对她们来说，心里感觉大于现实效果，甚至可以说，减肥追求的是一种心里感觉和精神幻觉，至于减肥效果，只是锦上添花的事情，有了更好。减肥卖的不是产品，也不是服务，而是希望，这大大出乎许多人士的意料之外，但却是市场的现实。

当一种东西变成女人的心理感觉，只有流行起来才能吸引她们。正是基于这样的市场判断，才有了丽姿今天的辉煌。在前期利用港星炒作的基础上，丽姿及时调整了策略，用流行造势来引爆减肥市场。为了配合引爆流行，适当地调低了产品价格，实行90元体验价再买三赠一，实际单价降为64元，大大降低了消费者的心理门槛。其次，用整版广告跟进时尚流行诉求，使得原来一直在观望的消费者马上加入了进来，整个减肥市场格局为之一变。

二、丽姿的表现佐证广告大版面时代已经来临

肠清茶以及旗人等首开依靠大版面广告迅速启动市场的先河，并大获成功。大版面广告信息量大，冲击力强，可以有效打击竞争对手，使其淹没在纷杂的信息大海中，从而使自己的品牌脱颖而出。

同样，丽姿的非凡表现再次佐证了大版面广告的威力与效应。保健品广告进入大版面时代，一是市场发展的结果，二是竞争的需要。报纸上的软文广告越来越多，手法越来越雷同，而消费者也渐渐对这种形式的广告产生了免疫力，在媒体信息纷乱的年代，小版面的广告很难引起消费者的注意，再加上版面小，广告说辞也很难施展，这使得它的说服效果大打折扣。其次，要在市场上取得相对于对手的竞争优势，首先必须在火力上取得优势，这样，杀伤力才能满足竞争需要。尤其是新产品，要有效提高市场渗透率，在竞争中脱颖而出，选择大版面的广告几乎是一种趋势。丽姿也是，其很多对手都具有多年的市场基础，终端优势相对丽姿也很明显，而且火力很猛，几乎都是以半版的强大火力来进攻，并且还有电视等广告加强跟进。作为新品牌，知名度低，终端上处于劣势，火力跟对手旗鼓相当，即使产品再好也很难在竞争中胜出。正是基于这种判断，丽姿及时调整策略，整合自己的资源，利用几个整版广告迅速造成声势，取得相对于对手的优势。

问题：

1. 请问丽姿赢在何处？

2. 丽姿都选择了哪些药品广告媒体？

【知识链接】

一、药品广告的概念及类型

1. 药品广告的概念

广告(Advertising)是由明确的主办人发起，通过付费的任何非人员介绍和促销其创意、商品或服务的行为。广告是现代医药企业进行促销的最有效的方法和手段，在增强医药企业形象、促进销售等方面具有无可替代的作用。

药品广告(Drug Advertising)是指药品生产企业或者药品经营企业承担费用，通过一定的媒介和形式介绍具体药品品种或者功效，直接或间接地进行以药品销售为目的的商业广告。

2. 药品广告宣传的管理

药品是性命攸关的特殊消费品，每一种药品都有自己特定的功能主治和特定的使用对象，药品广告的内容对指导合理用药、安全用药起着至关重要的作用。所以，对其广告内容的审核发布和监督管理较之其他产品更为严格，也更为明确、具体。具体有如下规定：

(1)从 2001 年 12 月 1 日起，申请发布经遴选公布的非处方药品广告，广告主必须提供经国家药品监督管理局(现为食品药品监督管理局)审定的非处方药药品使用说明书。各省、自治区、直辖市药监局对非处方药品广告内容的审查，必须以国家食品药品监督管理局审定的使用说明书为准。

(2)药品广告须经企业所在地省、自治区、直辖市人民政府药品监督管理部门批准，并发给药品广告批准文号。未取得药品广告批准文号的，不得发布；未经审批擅自发布的广告将受到处罚并被曝光。

(3)处方药可以在国务院卫生行政部门和国务院药品监督管理部门共同指定的医学、药学专业刊物上介绍和发布广告，但不得在大众传播媒介发布广告或者以其他方式进行以公众为对象的广告宣传。在大众传播媒介发布处方药广告的将受到处罚并被曝光。

(4)药品广告不得有以介绍药品性能为主要内容的各种形式的发布会、咨询会、推广会等宣传内容；不得有表示功效的断言或者保证；不得利用国家机关、医药科研单位、学术机构或者专家、学者、医师、患者的名义和形象作证明。非药品的广告不得涉及药品的宣传。

(5)新药上市，无论是处方药还是非处方药，上市后 5 年内，都得按处方药管理，不得在大众媒体上做广告。

(6)不得发布广告的药品有：①麻醉药品、毒性药品、精神药品、放射性药品、戒毒药品及国家药品监督管理部门认定和特殊管理的药品；②治疗肿瘤、艾滋病的药品，改善和治疗性功能障碍的药品，计划生育用药及防疫制品；③国家药品监督管理部门明令禁止和使用的药品；④除中药饮片外没有取得注册商标的药品；⑤医疗单位配制的制剂；⑥未经批准生产的药品和试生产的药品；⑦《中华人民共和国药品管理法》规定的假药、劣药。

3. 药品广告的分类

(1)按广告主的直接目的可分为：商品广告和企业形象广告。

(2)按广告范围可分为：全国性广告、区域性广告和地方性广告。

(3)按广告的内容可分为：开拓性广告、竞争性广告、引导性广告、强化性广告和声势性广告。

(4)按广告的传播媒介主要可分为：印刷品广告(包括报纸广告、杂志广告、电话簿广告、画册广告等)、邮寄广告(即采用邮寄的方式向消费者传达产品信息，推销商品，宣传企业，它主要有销售函件、宣传画册、商品目录和说明书、明信片、挂历、邮寄小礼品等广告形式)、户外广告(主要有路牌广告、交通广告、招贴广告、霓虹灯广告、气球广告、传单等)、电子媒体广告(包括电视广告、电台和广播广告、电影广告、互联网络广告、电子显示屏幕广告以及幻灯片、扩音机、影碟录像广告等)、POP广告(即售点广告，如柜台广告、货架陈列广告、模特广告、圆柱广告以及在购物场所内的传单、彩旗、招贴画等，POP广告是专设在售货点现场的广告，目的是为了弥补一般媒体广告的不足，以强化零售终端对消费者的影响力)和其他广告(如表演广告、馈赠广告、赞助广告、体育广告、购物袋和手提包广告、雨伞广告等)。常用广告媒体的特点见表4-14。

表4-14　常用广告媒体的特点

媒　体	优　点	缺　点
广播广告	费用低 覆盖面广，传播快 制作简便，通俗易懂 灵活多样，生动活泼	听众分散 创新形式受限制 有声无形，印象不深 转瞬即逝，难以记忆和存查
电视广告	形象逼真，感染力强 高接触度，可重复播放 收视率高，深入千家万户 表现手法丰富多彩，艺术性强	成本高 播放时间短，广告印象不深 播放节目多，容易分散对广告的注意力 广告靶向性弱
报纸广告	可信度高 宣传面广，读者众多 费用低廉，制作方便 时效性强	寿命短 传阅者少 登载内容多，分散对广告的注意力 单调呆板，不够精美，创新形式有限制
杂志广告	专业性强，针对性强 发行量大，宣传面广 可以反复阅读、反复接触 印刷精美，引人注目	发行周期长，时效性差 篇幅小，广告运用受限制 专业性强的杂志接触面窄 登载内容精彩，分散对广告的注意力
直邮广告	选择性强，较灵活 在同一媒体内没有广告竞争 人情味较重	成本较高 可能造成滥寄“垃圾邮件”的印象
网络广告	选择性很高 交互机会多 相对成本低	在某些地区，作为新媒体，用户少
户外广告	灵活性强 展露时间长 费用低 竞争少	观众没有选择 缺乏创新

【知识拓展】

药品广告合法性识别

识别药品、医疗器械、保健食品广告是否违法，应从以下几个方面来加以识别：

首先应查看广告中是否有经食品药品监督管理部门核发的广告批准文号。合法的药品、医疗器械、保健食品广告应该在刊发时标出广告审查批准文号。

其次是经审查批准的广告中不应含有以下内容：①广告中含有绝对化的语言，如根治、根除、不反弹、药到病除、国家级、最先进科学、最高技术等用语；②广告中含有“无效退款”、“保险公司保险”、“无毒副作用”、“服用1至几个疗程病症全无”等承诺；③广告中含有利用医药科研单位、学术机构、医疗机构或医生为产品的功效作证明和肯定，或者声称该产品被某学术机构、政府部门、医疗机构或医生等推荐为治疗疾病、康复保健的唯一或最佳产品等内容；④广告中含有治愈率、有效率以及获奖等内容；⑤广告中有患者来信、感谢信等为产品的功效作证明，声称使用该产品后，病症减轻或痊愈等内容；⑥保健食品广告中，声称可以治疗某种疾病，例如可以治疗糖尿病、肿瘤等内容。

三、药品广告促销方案的制定

药品广告促销方案的制定主要包括五个方面，即医药企业在五个方面所要做出的决策：确定广告目标(Mission)、确定广告预算经费(Money)、设计广告信息(Message)、选择广告媒体(Media)和衡量广告效果(Measurement)，也称为5M。

1.确定广告目标

所谓广告目标是指在一个特定时期内，对于某个特定的目标受众所要完成的特定的传播任务和所要达到的沟通程度。简单来讲，广告目标就是企业通过广告活动试图达到的目的。广告目标必须服从先前指定的有关目标市场、市场定位和营销组合等决策。广告目标的基本要求是清晰、明确、具有可衡量性。广告目标的选择应当建立在对当前市场营销情况透彻分析的基础上，以及对产品所处生命周期深刻把握的基础之上。对于不同生命周期的医药产品，我们要选择不同类型的广告目标。

2.确定广告经费预算

(1)广告经费预算　广告经费预算是指医药企业在一定时期内预期分配给广告活动的总费用。广告有维持一段时期的延期效应。虽然广告被当做当期开销来处理，但是其中的一部分实际上可以用来逐渐建立被称为品牌权益的无形价值的投资。企业广告经费的投入并不是越多越好，而是应考虑影响广告效果的各种因素，采取科学的手段对成本效益比进行预算，以期用最低的成本获得最佳的效果。

(2)影响医药企业广告经费预算的因素

①产品生命周期阶段：一般来讲，对于处于导入期和成长期的医药产品，因其要在目标消费者内建立知名度，因此，其广告投入的经费也就相对较大；而对于成熟期或衰退期的医药产品，则需要适当降低广告预算。

②市场份额和消费者基础：市场份额高的品牌，只求维持其市场份额，因此，其广告预算在销售额中所占的比率也就较少。而通过增加市场销售来提高市场份额，则需大量的广告费用。如果根据单位效应成本来计算，打动使用广泛品牌的消费者比打动使用低市场份额品牌的消费者花费较少。

③竞争与干扰：在一个有很多竞争者和广告开支很大的市场上，一种品牌必须加大力度进行宣传，以便高过市场的干扰声。即使市场上一般的广告干扰声不是直接对品牌竞争，也必须要加大广告投资。

④广告频率:把品牌信息传达到顾客需要一定的重复次数,广告投放频率越高,需要的预算也就会越大。

⑤产品替代性:如果在同一类商品种类中存在较多的不同商品品牌,为了树立本品牌有差别性的形象,就需要投入大量的广告,把自己的产品与其他的同类产品区别开来。医药产品的特性不同会影响广告促销作用的大小,进而影响到广告费用的不同。同时,广告对品牌提供独特的物质利益或特色有着重要的作用。

3.设计广告信息

广告活动不能完全和创意等同起来。而作为广告活动的创造性远比广告花费更重要。对于药品广告信息,只有充分地引起消费者的注意,才能够起到促进药品销售的作用。在广告信息的设计上,要着重考虑消费者的行为、习惯和需求,要将消费者的特性与医药产品的特性结合起来。

一般来讲,广告信息的设计主要有四个步骤,即信息的产生、信息的评价和选择、信息的表达和信息的社会责任感。

(1)信息的产生　广告的信息内容受到目标市场特征和产品特征两个方面的影响。而目标消费者是这个内容的最好来源,他们对于现有品牌的优势和不足的各种感觉为广告内容的创新提供了重要的线索。一般来讲,消费者购买产品期望获得理性的、感觉的、社会性的以及自我满足这四种回报中的一项,同时,消费者还可以从使用结果、产品使用经验以及偶然使用经验中想象这些回报,这样就有了 12 种不同的广告信息。结合产品特征,我们就可以很容易地找到广告信息的诉求点。这种诉求点是有针对性和竞争力的,也代表着消费者对产品的需求。

(2)信息的评价和选择　通常一个好的广告只会强调一个主题。广告信息可根据愿望性、独占性和可信性来加以评估。广告客户应该进行市场分析和研究,以确定哪一种诉求对目标消费者最有效。

(3)信息的表达　广告信息的表达分为两种情况,一种是着重理智定位,另一种是着重情感定位。不管是在广告促销活动中采用何种定位的表达方式,其关键是广告传递的信息能否和企业产品的特性充分地结合起来。

(4)信息的社会责任感　设计药品广告信息必须注意国家法律、法规和社会道德规范对药品广告的限制,此外药品广告还必须谨慎地不触犯任何道德团体、少数民族或特殊利益团体。

4.选择广告媒体

选择广告媒体就是要注意不同类型的广告媒体,其所承载的信息的表现形式、信息传递的数量、信息传递的时间和空间都有所不同。为使本企业和产品的信息达到最优的传递效果,医药企业应该比较各个媒体之间的优缺点,结合企业发展战略和产品的特点,寻求一条成本效益比最佳的沟通路线。

5.测算广告效果

衡量广告效果主要包含两个方面:一是企业与社会公众之间的有效功能沟通,即传播效果;二是医药企业产品促销的效应,即促销效果。

(1)广告传播效果的测定　测定广告的传播效果,主要是测定消费者对广告信息的注意、兴趣、记忆等心理反应的程度。它可分为事前测定和事后测定。

①事前测定法。

a. 直接评分法：即邀请有经验的专家和部分消费者对各种广告的吸引程度、可理解性、影响力等进行预先评分和比较。

b. 调查测定法：即在广告播出前，将广告作品通过信件、明信片或以调查形式邮寄给消费者或用户，根据回信情况判断准备推出的广告的效果。

c. 实验测定法：即选择有代表性的消费者，利用仪器测量人们对于广告的心理反应，从而判定广告的吸引力。

②事后测定法。

a. 认定测定法：在广告播出后，借助有关指标了解视听者的认知程度，测定其注意力。常用的测试指标有：粗知百分比、熟知百分比、联想百分比。

b. 回忆测定法：即通过请一部分消费者了解他们对广告的商品、品牌和企业等的追忆程度，从而判断广告的吸引程度和效果。

(2)广告促销效果的测定

①弹性系数测定法：即通过销售量变动率与广告费用投入量变动率的弹性系数大小来测定广告效果。其公式为：

$$E=(\Delta Q/Q_0)/(\Delta A/A_0)$$

式中：Q_0 代表广告前销售量；ΔQ 代表广告后销售量增量；A_0 代表原广告费用；ΔA 代表广告费增量；E 代表弹性系数，即广告效果。

如果 $E>1$，则广告效果优；如果 $E<1$，则广告效果不佳，甚至有副作用。E 值越大，表明广告的促销效果越好。

②广告费用增销法：此法可以测定单位广告费用对商品销售的增益程度。单位广告费用增效量越大，表明广告效果越好；反之则越差。其公式为：

单位广告费用增效量＝销售量增量/广告费用

③广告费用增销率法：此法用来测定计划期内广告费用增减对广告产品销售的影响。广告费用增销率越大，表明促销效果越好；反之则越差。其公式为：

广告费用增销率＝(销售量增长率/广告费用增长率)×100％

④广告费用占销率法：此法用来测定计划期内广告费用对产品销售量的影响。广告费用占销率越小，表明促销的效果越好；反之则越差。其公式为：

广告费用占销率＝(广告费/销售量)×100％

四、药品广告的设计原则

医药产品是一种特殊产品，其质量关系着广大消费者的生命安全，不负责任的药品广告会误导消费者，产生不良的社会效应。

1. 真实性原则

这是医药产品广告的首要原则。这种真实性体现在：所传播的药品必须以药典或省级以上卫生行政主管部门核定的药品说明书为依据；讲究信誉；药品广告的信息内容必须真实；药品广告的形式必须真实。

2. 可及性原则

广告的目的就是让目标消费者接收到广告信息，进而促进销量。因此，必须根据医药产品所要沟通的目标消费者，有针对性地设计不同的广告内容。

3. 科学性原则

药品广告设计的科学性体现药品广告的计划完整性和策划创意的科学性，不能违背药学和医学的基本原理和常识，不能违背生物学与生理学的客观事实，广告传播的手段和制作技术要具有先进性与科学性，广告设计的程序要规范化。

4. 艺术性原则

药品广告本身是一门实用性很强的艺术。如何能以简明、准确、经济、全面、适当的力度高效率地达到预期的宣传效果，必须具有很强的艺术感染力。这种艺术性必须做到通俗性、魅力性、真实性、新颖性并举。

5. 合法性原则

法律对药品广告的要求比一般产品高得多，在做药品广告时，不但要遵守一般广告的法律法规和从业原则，还必须遵守我国认可的国际性准则和针对药品的特有法律法规。

6. 经济性原则

做广告必须针对医药产品市场的生命周期、不同的消费群体来做。做广告必须有一个经济预算，必须根据自己的财力来选择广告的方式。广告的费用与经济收益的取得必须成正比，收益率越高越好。

【能力培养与训练】

1. 训练营

组织学生收集、观看药品视频广告和广告案例，并进行讨论分析。

2. 训练目的

通过训练进一步巩固学生对药品广告的认识和理解，掌握药品广告成功的要领。

3. 训练要求

根据老师的要求来分组收集药品广告资料，并以PPT形式进行展示。

任务三　药品企业营业推广策略

教学目标

【任务构架】

药品企业营业推广的概念及适用性→药品企业营业推广的主要方式→药品企业营业推广的实施。

【参考学时】

2 学时

【学习目标】

- 知识目标：掌握影响药品企业营业推广促销方案制定的因素；了解药品企业营业推广的特点及适用性；熟悉药品企业营业推广的主要方式。
- 能力目标：能根据药品企业营业推广各种方式的特点及所面对的不同情况，制定出切实可行的营业推广促销方案。

【问题导入】

昂立西洋参“红色旋风”策划方案

一、活动主题

向上海地区两院院士及部分老学者拜年。

二、活动主旨

1.整合并提升昂立西洋参的礼品品牌形象，使之在春节期间成为社会关注和媒体推广热点；

2.彰显高科技、高校实力，与品牌形象结合，增添品牌附加值；

3.树立昂立西洋参“百分百关怀”社会的公益形象，体现产品科技含量，以及百分百的活力形象。

三、拜年对象

1.上海地区的我国两院科学院、工程院院士；

2.上海地区高校从教50周年以上的老教授、老学者。

四、传播对象

上海市白领阶层、中老年人，以及其他送礼人群。

五、阶段与策略

活动阶段一：1月14日—1月20日，主题活动正式启动。

1.落实活动互动单位：上海科学院、上海工程院、上海社科院、上海科委、有关院校；

2.落实媒体互动单位：《新闻晨报》、《申江服务导报》、《新民晚报》、《生活周刊》，以及有关电视栏目；

3.拜年活动启动：组成拜年小分队，上门向活动对象送予“亲情与阳光祝福”——第一部分：赠“昂立西洋参”新年大礼包，并送“昂立全年赠送”服务卡；第二部分：两院院士、老科学家、老学者通过拜年团，向社会大众致新年祝福贺词与新年“新愿”；第三部分：参与活动媒体的后续报道。

活动阶段二：1月21日—2月3日，主题活动实施。

1.科技拜年活动全面实施，确定重点传播对象；

2.媒体连续报道，新闻追踪，同时辅助广告宣传。

六、媒体报道计划

主线之一：新闻媒体报道

主题一：昂立西洋参，启动“科技拜年”工程

报道方式：活动消息报道

媒体选择：新民晚报/新闻晨报/上视/东视/教视/上广

时间安排：1月21日—1月26日

主题二：“尊重科技，尊重知识”——昂立西洋参科技拜年树新风

报道方式：深度专题报道

媒体选择：新民晚报/新闻晨报

时间安排：1月22日—2月5日

主题三：关怀社会，关注科技，关爱风云人物——昂立西洋参科技拜年特镜头

报道方式:深度专题报道

媒体选择:新民晚报/新闻晨报

时间安排:1月22日—2月10日

主题四:热点关注;昂立西洋参"科技拜年"(专家、消费者、商家、举办方)活动设立"关怀热线"

报道方式:活动消息性报道

媒体选择:新民晚报/新民晨报/上视/东视/教视/上广

时间安排:2月5日—2月10日

主题五:申城兴起"科技拜年"新时尚

报道方式:活动综合、深度报道

媒体选择:新民晚报

时间安排:2月5日

主线之二:时尚礼品类型

主题:春来,福到,旋风起,今年流行科技拜年

小块文章内容分为:科技拜年掀起"红色旋风";今年流行"科技拜年";洋女婿给上海丈人拜年;白领直言:拜年选礼有秘诀;"科技拜年"有礼;热点关注"科技拜年"

报道方式:时尚送礼综合报道

媒体选择:申江服务导报/生活周刊

时间安排:春节前一周内

辅助广告线:软硬广告版

送西洋参就送"昂立"(品牌好、上档次、追求100%吸收、更实在)主题细分为:送礼不要拿来主义,健康追求吸收主义,健康加分700分(纯正100分,吸收100分,超细500分)你送的西洋参能吸收吗?你收的西洋参能吸收吗?送份好礼,难难难!节日礼品,一声叹息!……

软文附录之一:关怀社会、关注科技、关爱风云人物——昂立西洋参掀起"科技拜年"新风尚

新春来临之际,气氛祥和,申城兴起了一股"科技拜年"新风。一向注重高科技、追求百分百吸收率的昂立西洋参,率先在上海推出"关怀社会、关注科技、关爱风云人物"的新年百分百计划,向上海两院院士、著名老科学家、专家、学者、高校教授以及2001年度CCTV风云人物拜年,送上新年礼物——吸收好的西洋参,表达对高知分子的崇敬之情。同时也引发了国人服用西洋参时,要"尊重科学、尊重吸收"的热点关注。

长期以来,由于保健礼品市场鱼目混珠,在高频率的广告刺激下,消费者已无所适从,往往跟着广告走,盲目性较重。如今兴起的"科技拜年",无疑为新年礼品情结注入了新鲜活力,人们买保健礼品,买西洋参拜年送礼,从此有所参照。现代医学也揭示:西洋参保健的关键在于吸收,人体肠胃道对西洋参粉末的理想吸收细度为500目左右(目数越大,颗粒越细),目前市面上的西洋参品种繁多,一般颗粒细度仅为80~100目,吸收并不理想。昂立西洋参是交大昂立的高科技产品之一,与其他西洋参最大的区别在于吸收效果——追求百分百吸收,而非不顾国人与西方人的生理差异,照搬美国西洋参。早在三年前,上海交大昂立公司就与美国生命技术研究中心合作,两国科技精英们

联手攻关，耗资上千万元，历经三年，终于突破难关，独创高科技超细粉末加工技术，使昂立西洋参的颗粒细度达到500目，解决了一直困扰医学界的吸收难题。昂立西洋参精选美国100%纯正西洋参，超细吸收状态几乎达到100%程度，功效卓尔不凡，在西洋参中属精品，档次最高，送礼最体面，更利于消化力减弱的老年人或职业人士服用。"关怀社会，关注科技，关爱风云人物"，把吸收好的昂立西洋参，献给为中国科技进步，作出巨大贡献的科学泰斗们，并表达新年慰问祝福，源于交大昂立公司崇尚"科技"的理念。同时，也为国人的"送礼"风俗，树立了保健礼品要"尊重科技"的新典范。

软文附录之二：洋女婿给上海丈人拜年

刘佬有两个女儿，一个嫁到美国，一个留在上海。春节快到了，一家人欢欢喜喜在上海团圆。医学出身的洋女婿，奉上包装精致的小礼品时，蓝眼睛里流露着得意，耸肩蹦跳，快乐得像个孩子，鼓动刘佬当场打开，相视愉快一笑。上海女婿很直率，还没进家门，红色喜庆的大礼袋先给报了信，递礼品时微笑中流露担忧，就怕老丈人不满意。礼品送出手，还要操心一阵子。上海女婿与洋女婿的送礼观念差别很大。上海女婿关心：礼品实用吗？新潮吗？档次够不够？洋女婿关心：礼品能表达心意吗？上海女婿以前常送名烟、名酒、保健品，甚至送钱；洋女婿以前常送小艺术品、小手帕、小卡片。洋女婿从不送酒，他认为：送酒表示我希望你早日成醉鬼；上海女婿以前爱送酒，他认为：既然岳父大人喝酒，我就以酒孝敬他。这次例外，洋女婿和上海女婿都选昂立西洋参为礼品。洋女婿送了两小盒，上海女婿送了十大盒。差别虽大，但理由都很充分：上海女婿认为，昂立西洋参出身名门，科技含量高，时下正在流行。院士、科学家都在吃，顺潮流、上档次，效果显著。自己或周围人吃昂立西洋参后，多数人觉得身体壮、精神好，不少老年人反映精力旺盛，腿脚利索。另外，昂立西洋参包装设计采用了红色喜庆色彩，并印有倒"福"字样，喜庆味浓，老人喜好。而且西洋参单盒剂量多，相当于其他西洋参的两倍，实惠不浪费，岳父大人一定喜欢。洋女婿认为，昂立西洋参精选自美国100%纯正上等西洋参，源于自己的故乡。更重要的是昂立西洋参充分考虑了国人与西方人的生理差异，将西洋参超细粉磨到500目左右（目数越大，颗粒越细），几乎被人体100%吸收，效果好。他想通过"中西结合"的高科技产品，表达祝福与"两国友好"心愿，只要两小盒足矣。给刘佬拜年，送昂立西洋参，洋女婿送礼最有意思，两小盒就表达了大心意，逗得老岳父连声说好。而上海女婿也够体面，十大盒礼品，乐得老丈人笑呵呵。春节临近，上海市民在送礼、收礼时，更关心实用、吸收与和科技含量，昂立西洋参追求100%吸收，引发了送礼"红色旋风"，的确给了"为选礼品发愁的"市民更多启发。

软文附录之三：西洋参就送"昂立西洋参"

拜年送礼，是国人的传统，春节家家户户都要送礼。昂立西洋参推出"科技拜年"计划，在申城掀起了一股"红色旋风"。一位著名社会学家提议，今年最好送吸收好的昂立西洋参，理由有三：一是品牌好、上档次，昂立西洋参出身名门，包装精美喜庆，科技含量高，上海院士、高校教授、著名学者等都在吃，媒体也高度评价，昂立西洋参人气指标极旺。二是追求100%吸收，昂立西洋参精选美国上等西洋参，采用高科技超细粉末技术，与独特的去湿工艺，使西洋参的细度达到500目，追求100%吸收效果。三是实在，选购西洋参，在看重外观的同时，还要留意分量。昂立西洋参价虽高一些，但单盒剂量多，是其他西洋参的两倍，分量足，更多实惠。

问题：

1. 昂立西洋参“红色旋风”活动的有何亮点？

2. 你认为“红色旋风”活动方案有什么需要改进的地方？

【知识链接】

一、药品营业推广概念及适用性

1. 营业推广的概念

营业推广(Sales Promotion，SP)又称为销售促进，它是指企业运用各种短期诱因鼓励消费者和中间商购买、经销或代理企业产品或服务的促销活动。

营业推广是与人员推销、广告、公共关系相并列的四种促销方式之一，是构成促销组合的一个重要方面。

2. 医药营销推广的特点

营业推广是一种短期的促销方式，相对于其他的促销方式，药品营销推广有以下几个显著特点：

(1)针对性强、促销效果明显　医药企业采取营业推广的促销方式，一般来讲，比较注意各种促销手段的组合运用，通过提供某些优惠条件调动有关人员的积极性，在一定的时间限定内，引起较大规模的轰动效应，刺激和诱导消费者做出购买决定。

(2)规则性和非经常性　药品营业推广是一种非人员的促销形式，大多数药品营业推广方式是无规则和非经常性的，它只是辅助或协调人员推销及广告活动的补充性措施。由于它是在短时期内达到某种销售目标，故不能频繁使用，否则会降低其促销效果。

(3)短期效果　药品营业推广一般是为了尽快地批量推销产品获得短期经济效益而采取的措施。如若按长期推销模式运作，则容易使消费者产生逆反心理，反而无法达到促销的本意。

(4)风险性　企业运用营业推广主要是通过各种工具促使消费者尽快购买其产品，虽然短期内促销效果明显，但是如若操作不当，容易引起消费者对其药品的质量、疗效以及企业声誉产生怀疑，因此具有一定的风险性。

3. 药品营业推广的适用性

(1)药品营业推广能达到的目的　①加速新产品进入市场；②劝说消费者重复购买；③鼓励消费者增加购买；④有效抵御竞争者；⑤带动关联产品销售。

(2)药品营业推广不能实现的目的　①建立品牌忠诚度不能单靠营业推广；②营业推广不能挽回衰退的销售趋势；③营业推广不能改变“不被接受”产品的命运。

(3)药品营业推广可能产生的负面影响　①可能会降低品牌忠诚度；②可能提高价格敏感度；③可能得不到中间商充分支持；④可能导致在管理上只重视短期效益。

【知识拓展】

药品企业营业推广促销的矛盾特性

1. 强烈呈现：营业推广的许多方法往往把销售的产品在消费者选择前强烈地呈现，似乎告诉消费者这是一次永不再来的机会，购买该产品可以带来额外的好处。通过这种强烈的刺激，迅速消除顾客疑虑、观望的心理，打破顾客的购买惰性，使其迅速购买。

2.产品贬低:由于营业推广的很多方法都呈现强烈的吸引氛围,有些做法难免显出企业急于出售产品的意图,如果使用不当,就可能使消费者怀疑产品的品质,产生逆反心理。

营业推广这种刺激迅速购买的方式,暗含了一个基本的假设前提:消费者的购买欲望,是可以通过强烈刺激而释放或提前释放的。因此,企业在以其他方式促销的同时,短期内需要给予消费者一剂“兴奋剂”来消除其惰性,增加商品购买。当然,这种方式的副作用就是可能造成产品贬低,因而要适可而止,因地因商品适度开展。

二、药品营业推广的方式

1.针对消费者的药品营业推广

针对消费者的营业推广,主要适用于OTC药品的促销,主要目的是为了激发消费者更大的购买欲望。其主要方式有:

(1)赠送样品　企业在新产品上市时,为了吸引目标消费者率先使用,可以采取赠送样品的方式。赠送的方式主要有现场赠送、上门赠送和邮寄赠送三种方式。

(2)折价券或积分卡　这类方式主要是对购买一定数量的消费者,为刺激其购买某种产品,或增加购买量所采用的一种形式。

(3)有奖销售　指购买一定量的药品后,按照一定的形式给予一定的奖励。但是需要注意的是,奖励应符合企业和产品的特性,切勿让奖励喧宾夺主。

(4)现场交易会　医药企业把自己的产品在销售现场进行讲演和咨询,把药品的新特点和使用效果介绍给消费者,同时针对消费者所关心的问题给予现场的解答,消除他们的疑虑,促进销售。

(5)商品示范　通过参与和举办各种形式的医药产品展览和陈列,边展边销,突出、集中、重点地介绍某些产品,并配以优惠的价格,有效刺激消费者的购买。

2.针对中间商的药品营业推广

针对中间商的药品营业推广主要是指制药企业对医药批发企业、零售商或代理商及医疗单位等进行的促销活动,其主要目的是鼓励目标消费者购买更多或尝试新产品。

(1)购买折扣　为激励中间商购买更多的药品,对一次购买数量较多或在某段时间内购买较多药品的中间商给予一定的折扣奖励。

(2)推广津贴　为鼓励中间商能够提供较好的陈列位置和更大的陈列空间,对其给予一定费用补贴或广告费的支持,对于路途较远的中间商,给予路费的补偿,以鼓励其购买本企业产品。

(3)销售竞赛　如果在同一市场上通过多家中间商来销售本企业的产品,可以根据各销售商的销售业绩,通过销量竞赛,对优胜者给予不同的奖励。

(4)药交会　医药企业在这类交易会上,可集中大量的品种,形成对促销有力的现场环境,可以给予目标消费者一个直观的印象。

(5)人员培训　企业为了增强产品在零售终端的销售效果,可以对医药经营企业的员工进行专门的销售理论和销售技巧的培训。

3.针对医院的药品营业推广

(1)折扣　在药品销售过程中,医药企业根据购药单位销售额,在年底或不定期地返还不同比例的现金或产品的行为。

(2)学术支持　指对医护人员在科学研究方面给予一定的经济支持。在学术支持之下，医院的销售就会出现一个意想不到的效果。

(3)公司礼品　这类工具除了能有效地树立起公司的企业形象和产品，同时为企业与医院客户之间的关系提供有力的保证。

三、药品企业营业推广的实施

1.制定营业推广方案

营业推广的工具很多，企业在具体应用时不是仅选择某一种，而是在分析多种因素的基础上，组成一个营业推广方案。

(1)刺激规模　刺激规模的大小必须结合目标市场的数量、规模以及内在结构，并根据推广收入与刺激费用之间的效应关系来确定。

(2)参与者的条件　针对顾客或经销商的特点，选择反应积极并易产生最佳推广效果的顾客或经销商作为主力参与者。

(3)推广的持续时间　若推广时间过短，消费者来不及反应；若推广时间过长，则消费者会产生厌倦情绪。一般来讲，理想的营业推广持续时间约为每季度使用三周时间，其时间长度约为平均购买周期的长度。

(4)分发的途径　常用的有包装分送、商店分发和邮寄广告等三种。

(5)推广时机　企业应综合分析产品的生命周期、市场竞争环境、购买心理及消费者收入等情况，制定营业推广方案，并付诸实施。

(6)推广总预算　推广预算是药品营业推广中最重要的影响因素之一。一般拟定的方法有：一是从基层做起，营销人员根据所选用的各种促销办法来估计总费用；二是按照习惯比例来确定，各项促销预算占总促销预算的比率。

2.营业推广方案的实施

(1)预试营业推广方案　虽然营业推广方案是在经验基础上制定，但是市场的内外部环境是随时在变化之中的，所以营业推广方案在实施前必须经过预试，以明确推广工具是否恰当、刺激规模是否合适、实施方法效果如何。一般预试的方法有：请消费者对几个方案进行评价和评分；在有限地区内进行试用性测试。

(2)实施和控制营业推广方案　对每一项营业推广方案应该确定其实施和控制计划，实施计划必须包括前置时间和销售延续时间。前置时间是开始实施这种方案前所必需的准备时间。销售延续时间是从开始实施此方案，到95%的产品被消费者购买为止所用的时间。

【知识拓展】

撰写促销活动方案

一份完善的促销活动方案应由以下部分组成。

一、活动目的

对市场现状及活动目的进行阐述。市场现状如何？开展这次活动的目的是什么、是处理库存、是提升销量、是打击竞争对手、是新品上市，还是提升品牌认知度及美誉度？只有目的明确，才能使活动有的放矢。

二、活动对象

活动针对的是目标市场的每一个人还是某一特定群体？活动控制在范围多大内？哪些

人是促销的主要目标？哪些人是促销的次要目标？这些选择的正确与否会直接影响到促销的最终效果。

三、活动主题

在这一部分，主要是解决两个问题：

1. 确定活动主题。

2. 包装活动主题。

是降价、价格折扣、赠品、抽奖、礼券、服务促销、演示促销、消费信用，还是其他促销工具？选择什么样的促销工具和什么样的促销主题，要考虑到活动的目标、竞争条件和环境及促销的费用预算和分配。

在确定了主题之后要尽可能艺术化地"扯虎皮做大旗"，淡化促销的商业目的，使活动更接近于消费者，更能打动消费者。几年前爱多 VCD 的"阳光行动"堪称经典，把一个简简单单的降价促销行动包装成维护消费者权益的爱心行动。

这一部分是促销活动方案的核心部分，应该力求创新，使活动具有震撼力和排他性。

四、活动方式

这一部分主要阐述活动开展的具体方式。重点考虑以下两个问题：

1. 确定伙伴：拉上政府做后盾，还是挂上媒体的"羊头"来卖自己的"狗肉"？和政府或媒体合作，有助于借势和造势；和经销商或其他厂家联合可整合资源，降低费用及风险。

2. 确定刺激程度：要使促销取得成功，必需要使活动具有刺激力，能刺激目标对象参与。刺激程度越高，促进销售的反应越大，但这种刺激也存在边际效应。因此必须根据促销实践进行分析和总结，并结合客观市场环境确定适当的刺激程度和相应的费用投入。

五、活动时间和地点

促销活动的时间和地点选择得当，会事半功倍，选择不当则会费力不讨好。在时间上尽量让消费者有空闲参与，在地点上也要让消费者方便，而且要事前与城管、工商等部门沟通好。不仅发动促销战役的时机和地点很重要，持续多长时间效果最好也要深入分析。持续时间过短会导致在这一时间内无法实现重复购买，很多应获得的利益不能实现；持续时间过长，又会引起费用过高而且市场形不成热度，并降低顾客心目中的身价。

六、广告配合方式

一个成功的促销活动，需要全方位的广告配合。选择什么样的广告创意及表现手法？选择什么样的媒介炒作？这些都意味着不同的受众抵达率和费用投入。

七、前期准备

前期准备分人员安排、物资准备和试验方案三块。

1. 人员安排方面：要"人人有事做，事事有人管"，无空白点，也无交叉点。谁负责与政府、媒体的沟通？谁负责文案写作？谁负责现场管理？谁负责礼品发放？谁负责顾客投诉？要各个环节都考虑清楚，否则就会临阵出麻烦，顾此失彼。

2. 物资准备方面：要事无巨细，大到车辆，小到螺丝钉，都要罗列出来，然后按单清点，确保万无一失，否则必然导致现场的忙乱。

3. 试验方案方面：由于活动方案是在经验的基础上确定，因此有必要进行必要的试验来判断促销工具的选择是否正确，刺激程度是否合适，现有的途径是否理想。试验方式可以是询问消费者，填调查表或在特定的区域试行方案等。

八、中期操作

中期操作主要是活动纪律和现场控制。

纪律是战斗力的保证,是方案得到完美执行的先决条件,在方案中应对参与活动人员各方面纪律做出细致的规定。

现场控制主要是把各个环节安排清楚,要做到忙而不乱,有条有理。

同时,在实施方案过程中,应及时对促销范围、强度、额度和重点进行调整,保持对促销方案的控制。

九、后期延续

后期延续主要是媒体宣传的问题,对这次活动将采取何种方式在哪些媒体进行后续宣传?脑白金在这方面是高手,即使一个不怎么样成功的促销活动也会在媒体上炒得盛况空前。

十、费用预算

没有利益就没有存在的意义。对促销活动的费用投入和产出应作出预算。当年爱多 VCD 的"阳光行动 B 计划"以失败告终的原因就在于没有在费用方面进行预算,直到活动开展后,才发现这个计划公司根本没有财力支撑。一个好的促销活动,仅靠一个好的点子是不够的。

十一、意外防范

每次活动都有可能出现一些意外。比如政府部门的干预、消费者的投诉、甚至天气突变导致户外的促销活动无法继续进行等。必须对各个可能出现的意外事件作必要的人力、物力、财力方面的准备。

十二、效果预估

预测这次活动会达到什么样的效果,以利于活动结束后与实际情况进行比较,从刺激程度、促销时机、促销媒介等各方面总结成败点。

当然在实际操作中,应大胆想象,小心求证,进行分析比较和优化组合,以实现最佳效益。

(本资料摘自企博网)

【能力培养与训练】

1.训练营

组织学生来收集药品企业营业推广方式运用的实例,并进行点评。

2.训练目的

通过训练进一步巩固学生对药品企业营业推广方式的认识和理解,掌握药品企业营业推广手段成功的要领。

3.训练要求

根据老师的要求,各自收集药品企业营业推广方式运用的实例资料,并以 PPT 形式进行展示。

【项目总结】

• 本项目包括药品促销与药品促销组合、药品广告、药品营业推广、药品人员推销、药品公共关系等内容,主要介绍药品促销与药品促销组合、药品广告、药品营业推广。

• 药品促销是医药企业向目标市场宣传介绍其药品的特点,引导和激发医疗单位和消费者的购买欲望,以实现现实和潜在购买行为的活动过程。具有传递信息、引导消费,扩大需求、促进成交和突出特点、稳定销售的作用。药品促销组合是指医药企业根据营销目标和产品的各种因素，对各种促销方式的选择、组合及搭配等活动。在促销工作中采取何种促销策略受促销目标、医药产品特征、市场条件、促销预算等因素影响。

● 药品广告是指药品生产企业或者药品经营企业承担费用，通过一定的媒介和形式介绍具体药品品种或者功效，直接或间接地进行以药品销售为目的的商业广告。在传递信息，促进产品销售，提高医药企业形象和目标消费者的忠诚度等方面有着重要的作用。

● 营业推广又称为销售促进，是指企业运用各种短期诱因鼓励消费者和中间商购买、经销或代理企业产品或服务的促销活动。药品营销推广的目的，既是为了开拓产品市场、扩大销售，同时也是为了加快信息反馈。

【项目检测】

一、选择题（含多选）

1. 药品市场营销的主要促销工具通常是什么？（　　）

A. 广告　　B. 人员推销　　C. 销售促进　　D. 公共关系

2. 在产品市场寿命周期的哪个阶段，促销显得十分重要？（　　）

A. 介绍期　　B. 成长期　　C. 成熟期　　D. 介绍期和成熟期

3. 以下哪种方式是针对消费者的促销工具？（　　）

A. 折扣　　B. 特殊服务　　C. 以旧换新　　D. 红利

4. 根据《药品广告审查办法》和《药品广告审查发布标准》规定新药上市几年内不能在媒体上做广告？（　　）

A. 0　　B. 2　　C. 3　　D. 5

5. 以下哪种说法是正确的？（　　）

A. 赞助是广告的一种形式　　B. 赞助是销售促进的一种方式

C. 赞助是一种宣传形式　　D. 以上说法都对

二、问答题

1. 何谓药品促销及促销组合？

2. 药品广告及其与其他商品广告有何不同？

3. 何谓药品广告策略？简要分析企业常用的广告策略。

4. 药品企业营业推广有哪些方式？

5. 药品企业营业推广的计划与执行中要注意哪些问题？

6. 促销策划书的格式上要注意哪些问题？

7. 促销策划书的主要内容应该包含哪些方面？

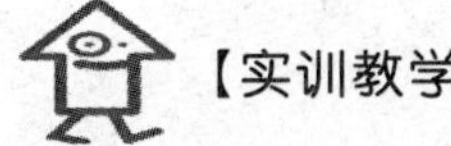

1. 实训目的

通过实训，要求学生能够知晓各种促销方式的适用性及其组合，并能根据医药产品的不同情况来展开促销活动，制定有效的促销活动方案。

2. 实训内容

(1)选择一个你所熟悉的医药企业产品，为其设计一份本地区市场的促销方案。

(2)以某制药企业的感冒新药 WM 喷雾剂为载体，为其设计一份进入本地区市场的促销方案，具体时间和地点自定。

要求：选择至少一种以上的市场推广方法，方案要具有一定的操作性和可行性。

3. 实训准备

(1)各班以 4～6 人为单位分成若干个小组，各小组推荐一位比较负责的同学为组长，并进行分工；

(2)确定方案产品；

(3)熟悉药品促销活动方案的基本格式；

(4)根据分工、收集方案产品的相关资料。

4. 实训步骤

第一步：确定各小组要进行促销活动的医药产品及活动的目的；

第二步：确定本次促销活动的对象；

第三步：确定本次促销活动的主题及其体现的形式；

第四步：确定活动开展的具体方式；

第五步：确定活动开展的具体时间和地点；

第六步：费用预算；

第七步：意外防范；

第八步：效果测算；

第九步：各项目小组根据背景产品采用的不同情况，进一步进行具体的策略和方法选择。

6. 实训成果

某医药产品的促销活动方案。

【参考文献】

[1]乔德阳. 实用医药市场营销技术. 北京：化学工业出版社，2009

[2]王育红，时健. 医药市场营销实务. 北京：清华大学出版社，2011

[3]董国俊. 药品市场营销学. 北京：人民卫生出版社，2009

[4]马清学. 医药营销实训. 北京：中国劳动社会保障出版社，2006

[5]杨伦超. 促销策划与管理. 重庆：重庆大学出版社，2007

[6]孟韬，毕克贵. 营销策划——方法、技巧与文案. 北京：机械工业出版社，2008

(熊百妹)

第五部分　医院销售执行

项目一　医药产品的医院营销

任务一　医药产品进入医院的形式与程序分析

教学目标

【任务构架】

产品进入医院的形式→产品进入医院临床使用的一般程序→企业产品进入医院的方法→影响医院进药的不利因素。

【参考学时】

2 学时

【学习目标】

- 知识目标：了解药品进入医院的形式，掌握药品进入医院的程序和方法。
- 能力目标：能够应用这些方式方法指导实践。

【问题导入】

新形势下中外企业处方药营销模式趋于融合

随着时间的推移和市场的发展，中外医药企业的营销模式从以前的"泾渭分明"正在走向"殊途同归"。在当前的新形势下，中外企业的营销模式已经趋于融合。

十年前：各谋其道

2000 年以前，中外医药企业的营销模式有着本质的不同。

20 世纪 80 年代中期以后，医药行业进入转型期：外资企业进入；国有企业改制；民营企业崛起。计划经济向市场经济过渡。90 年代中期之后，医药市场进入自由竞争时期，"营销"的重要性日益凸显，本土企业纷纷提出"以市场为龙头，以客户为上帝"的经营理念。就营销模式而言，本土企业不管是自营、承包还是招商代理，其本质不外乎关系营销；而外资或合资企业基本上走的是学术推广之路。

本土企业之所以选择关系营销，是由其经营理念、研发与产品、人才、资源等因素决定的。因为当时处于市场经济的早期，管理者的经营理念还不成熟。随着国有企业的改制，企业领导的个人收入与前途开始与经营业绩挂钩，他们更关注任期内的短期业绩。而关系营销是提高短期业绩的首选方法。同时，本土大部分企业研发力量薄弱、资金匮乏，经营的品种基本上是普药品种，产品科技含量低、同质化严重、竞争激烈，不得已只能搞关系营销。

2000 年之前，关系营销尚处于初级阶段，营销的重点集中在药品的使用单位——医院，药剂科主任、临床科主任是"公关"的重点，一些大品种还需要做业务副院长的工作。关系营销的实质是利益的交换。业务员拿企业的品牌、产品与资金开拓个人的关系网络。因此，关系营销依靠的是业务员的单打独斗，而不是营销队伍的团队合作。

关系营销的优势是方法简单、直接、多样，不需要专业人才，且见效快、效率高，能够在短期内为企业带来市场占领份额和销售增加。劣势是营销资源没有掌握在企业手里，一旦业务员流失或跳槽到竞争对手处，会给企业造成直接甚至长期的伤害。因此，关系营销极其不利于企业品牌及产品品牌的建设，不利于市场的长期、稳定占有，不利于企业的长远发展。

外资及合资企业进入中国市场后，其主体营销模式无不是学术推广。学术推广是外资企业基于其在中国市场的战略规划而做出的主动选择，同样是由企业的经营理念、研发与产品、人才、资源等因素所决定。

外资、合资企业通常具有比较成熟的企业利益观及现代管理思想，其营销工作的目标不在于一时一事，而是基于企业的发展战略，为了长期、稳定地占有市场，获得长期的竞争优势和利益。而且，企业研发能力强、资金充沛，其产品多是各学科前沿性的品种，具有较高的学术价值和科技含量，具有学术推广的理论基础。同时，它们在人才与资源方面也具有明显优势。

学术推广是一体化的营销模式，具有一整套的营销管理制度，不是依靠业务员的个人行为，而是依靠品牌建设(企业品牌＋产品品牌)、企业实力(研发能力、产品的先进性、资金实力等)、团队协作(市场人员＋销售人员)、营销战略与行动方案(战术)的有机结合。所以，我们不能把学术推广狭义地理解为讲解产品知识。

学术推广有利于企业对市场由上而下、全面而持久地占领。一旦布局到位，将享受长久收益，且便于企业后续产品的市场投放。应该说，学术推广是企业建立市场地位的长久之计。其劣势是，相对于关系营销，学术推广系统复杂、操作困难，对人才素质要求较高，且见效较慢。

近十年：趋于一致

进入 21 世纪以来，我国医药市场出现一个显著的特征：行业政策和市场经济客观规律成为引领医药行业发展方向的双重主导因素——"双轮驱动"。国家的宏观调控力度不断加大，社保、招标、物价等政策不断出台，尤其是包括基本药物制度实施在内的新医改的铺开，成为主导行业发展方向的主要因素。

新形势下，本土和外资企业对中国医药市场的认识逐渐一致，营销模式也逐渐走向融合。

首先是国内企业处方药营销模式走向学术推广。齐鲁制药、恒瑞医药、先声药业、步长药业、天士力等一批本土企业脱颖而出，成为医药市场的新贵。这些企业都有两大法宝：一是产品研发创新，二是专业学术推广。正是由于研发创新，这些企业都在两三个重点领域逐渐拥有了各自的系列高附加值拳头产品，与众多普药企业迅速拉开了距离，形成了自己的核心竞争优势，在品牌建设、市场占有、盈利能力、成长速度等多方面均获得了快速发展。

随着医药市场的不断规范，单纯的关系营销已经不能适应行业的发展需要，越来越多的国内企业开始推行学术推广，开始重视市场部的建设。目前，大部分本土企业处方药营销均实行了“关系营销＋学术推广”的复合营销模式。但是，限于产品、人才、资源等多方面原因，大部分国内企业在学术推广方面的表现尚落后于外资企业。

与此同时，外资企业也开始“修炼”关系营销。

与本土企业大举进军学术推广形成鲜明对照的是，近十年来，面对中国医药市场的客观实际，外资、合资企业纷纷放下架子，入乡随俗，搞起了关系营销，而且搞得如火如荼。目前，绝大多数外资、合资企业的营销模式是“学术推广＋关系营销”，而且，有小部分合资企业已经完全揭开了“遮羞面纱”，关系营销搞得与本土企业别无二致。

外资与内资企业关系营销的不同之处是，本土企业多是“明码标价，多劳多得”，外资企业一般采取的是“学术资助，多劳多得”，即按照客户的行政等级、贡献大小将客户分成不同的级别，给予不同额度的赞助费用。例如，级别高、贡献大的给予出国开会、旅游的赞助，一般的则给予国内开会、旅游的赞助等。除了在医院实行关系营销外，与本土企业相比，外资、合资企业在社保、物价、招标、新药审批等政府事务方面的关系营销可谓“出神入化”，本土企业难以望其项背。

在新形势下，中外资企业的营销模式逐渐融合，共同走向“关系营销＋学术推广”之路，而如何规范关系营销，还需要有关部门研究解决。

问题：医院营销的方式主要有哪些？

【知识链接】

产品要想能够顺利地进入医院，进入临床用药，就要求企业的医药销售人员对医院进药的形式、进药的程序，以及自己应该采取的方法有明确的了解。

一、产品进入医院的形式

1.产品代理形式

医药生产企业委托某家医药经销单位，由其作为产品的代理，而使产品打入相对应的医院。其中又可分为全面代理形式和半代理形式。

(1)全面代理形式　指由医药代理单位完成产品到医院的进入、促销以及收款的全部过程。这种方式往往是生产企业将合适的底价开给代理单位并签好合同，以一定的利润空间刺激其经销的积极性。

(2)半代理形式　指医药代理单位仅完成产品到医院的进入和收款工作，产品在医院的推介工作由企业人员完成。这种方式，有利于企业直接掌握产品在医院的销售动态，把握各种市场信息，对销量的全面提升有较大的帮助，但与全面代理相比工作量要更大些。

2.直接进入医院

医药生产企业不依靠相关的医药经销单位，直接派出医药业务代表去医院做开发工作，从而完成产品进入、促销、收款的全过程。其根据不同情况又可分成两种方式：①企业注册有销售公司并以销售公司的名义将产品直接送进医院进行临床使用。②通过医药经销单位过票的形式进入医院，即企业完成医院开发的全过程，包括产品的进入、促销、收款，但给医院的票据是相关经销单位的，企业须为经销单位留一定的利润。这样做有几个原因：一是企业未注册自己的销售公司，必须通过相应的医药经销单位过票，以使产品进入医院合乎程序；二是企业虽注册有自己的销售公司，但由于医院所在的地方当局行政干预，保护地方医药经销单位的利益，因而必须通过地方医药经销单位过票，方能进入医院；三是企业虽有自己注册的销售公司，但由于要开发的目标医院有长期业务往来的固定供货单位，因而不愿更换或接触更多的业务单位，这样企业亦必须通过其固定的业务单位办理过票手续。

二、产品进入医院临床使用的一般程序

(1)医院临床科室提出用药申请并填写申购单。

(2)医院药剂科对临床科室的用药申请进行复核批准。

(3)主管进药的医院领导(一般是副院长)对申请进行审核。

(4)医院药事委员会对欲购药品进行讨论通过。

(5)企业产品进入医院药库。

(6)企业产品由医院药库发药人员将产品送到药房(门诊部、住院部)。

(7)医院临床科室开始临床用药。

三、企业产品进入医院的方法

1.新产品医院推广会

医院推广会可分为针对整个区域内所有医院的和针对具体某一家医院的推广会。①针对整个区域内所有医院的推广会的组织，一般由企业先派药品销售人员到所要开发市场的区域对当地的药学会、医学会、卫生局等部门进行公关联络，邀请这些社团、机关的相关领导，以举办“××新产品临床交流会”的形式举办推广会，邀请当地比较有名的专家教授、相应临床科室的主任进行产品的技术探讨。时间、地点确定好以后，可以邀请区域内大中小型医院的院长、药剂科主任、采购及财务科长和相对应科室的主任、副主任以及其他有关业务人员参加，进行产品的交流，以达到推介产品的目的。②针对某家具体医院的产品推广会，主要是企业通过和医院联合召开产品介绍会，向药剂科人员、临床科室人员、药事委员会成员介绍产品，使他们认识产品，从而使产品顺利进入医院。

2.企业通过参加相应的学术会议推介产品

一般每个地方的药学会、医学会、卫生局等部门，每年均要组织多次学术会议、培训之类的活动，企业可通过这些机关部门事先了解到组织相应活动的时间、地点、内容，主动去联络，争取成为协办单位。企业在会上可邀请一位或几位专家教授对产品进行介绍推广，以便部分医院更加了解该产品。

3.通过医院代理单位协助使产品进入医院

生产企业和医院的关系，往往没有相应医药代理单位与医院的关系好。它们由于是某些医院的长期供货单位，业务多，人员熟，通过它们做医院工作，往往少走很多弯路，产品能比较顺利地推介给医院。

4.由医院的药事委员会或相关成员推荐

医院的药事委员会是医院为完善进药制度而成立的专门班子，一般由会长和多名成员

组成。新产品进入医院必须经药事委员会批准方可。因此，可先了解清楚药事委员会成员的情况，再通过联络，以新产品推广研讨会的名义邀请他们参加企业组织的座谈会。会前应多与各成员联络，尤其是一些比较权威的专家教授、会长等，充分展示产品的技术和质量优势，从而获得技术权威的认可。

5. 医院临床科室主任推荐

在做医院开发工作时，若感到各环节比较困难，可先找到临床科室主任，由他主动向其他部门推荐企业的产品。因为临床用药一线的原因，一般情况下，临床科室主任认为临床必需的药，药剂科及其他部门是会同意的。此外，医院开发工作本身也应该先从临床科室做起，先由他们填写申购单后，才能去做其他部门的工作。

6. 由医院内知名的专家、教授推荐

在做医院工作的过程中，若各环节工作不知如何开展，可先沟通较好接触的专家、教授，让他们接受产品、接受销售人员、接受企业，进而向其他部门推荐。

7. 地方的医学会、药学会推荐或相应的成员推荐

每个地方的医学会、药学会均与当地的医院有着广泛的联系，可以与这些社团建立良好的业务关系，然后请他们将企业的产品帮助推荐给医院。

8. 以广告推介的形式使产品进入

广告推介是指先用各种广告轰炸，使医院里来看病的患者指名要产品，医生要产品，从而达到进入的目的。

9. 试销进入

先将产品放到医院下属药店或专家专科门诊部试销，从而逐步渗透，最终得以进入。

四、影响医院进药的不利因素

影响医院进药的因素一般有医院内部的行政干预和其他人为因素；当地卫生局不接受产品；同类产品的经销单位阻止；等等。针对医院内部因素，摸清进药所需的各个环节，对各环节的负责人进行良好的沟通，从而达到营销目的。

【知识拓展】

回顾近几年，医药行业在经过 GMP 及 GSP 认证、药品集中招标采购、药品分类管理、限制委托加工、药品降价、医药分销领域对外全面开放等一系列产业政策的洗礼后，似乎寻找到一条符合中国医药产业的发展之路。然而，“看病难、吃药贵”的呼声一浪高于一浪，国家由此出台了“治理商业贿赂”等相关政策，在医药行业产业连锁反应。受国家产业政策的影响，面对经济全球化和我国医药市场的全面开放和来自社会各方面的批评，中国医药行业进入发展的关键时期。

2005 年 5 月，美国 DPC 公司被美国相关机构以违反《反商业贿赂法》为由，处以 479 万美元罚金。原因是外资企业天津普德诊断产品有限公司从 1991—2002 年期间，向中国国有医院医生行贿 162.3 万美元现金，从而使这些医疗机构购买其母公司 DPC 公司的产品。此事一出，国内外媒体争相报道，有评论称：“美国人在美国替中国审贪官”、“美国司法部替中国反腐败”等。从此，“商业贿赂”开始进入中国民众的视线。这起长达十一年之久的贿赂案件，中国的执法机关竟然丝毫没有觉察！直到由美国人代为处罚，我们才觉察到商业贿赂已经渗透到卫生、基建、流通、政府采购等关乎国家民生的重要行业里。于是，国人汗颜、国家震怒,"商业贿赂"开始由违反行政法律的一种不正当竞争行为,上升到了政治高度,变成一种"深层次的腐败行为"。

随着反商业贿赂整治的深入,医药开始进行自查阶段,很多医院药事委员会已经停止了新药进院的审批,因此,目前处方新药在医院的推广是举步维艰,部分错失了国产药市场。

在不断变化的环境和政策调整下,将如何面对反商业贿赂、药品定价办法、药品招投标等不断变化的新形势,如何顺应形势的变化而变革其营销模式,已成为各医药企业面临的重大核心问题。

【能力培养与训练】

1. 训练营

组织学生到本地医院、医药公司市场部,以小组为单位,进行调研,了解和熟悉药品在医院销售的形式、程序和方法。

2. 训练目的

通过训练进一步巩固学生对药品在医院的销售形式、程序和方法的认识。

3. 训练要求

在教师指导下选择不同的医院和医药公司,分组收集不同医院药品的销售程序和方式方法、医药公司产品进入医院的方式方法,总结并撰写报告。

任务二　医药产品在医院的临床营销模式

教学目标

【任务构架】

对医护人员的营销模式→对药房工作人员的营销模式→对患者的营销模式。

【参考学时】

2 学时

【学习目标】

- 知识目标:了解和熟悉药品在医院的各种营销模式。
- 能力目标:熟练应用不同的营销模式于实践中。

【问题导入】

珍宝岛药业注射用血塞通的学术推广案例

基本药物制度的全面覆盖实施带来的是基层医药市场的跨越式增长。基层市场加速放量,使注射用三七制剂作为基本药物目录中治疗心脑血管疾病的主要品种,面临巨大的政策机遇。据悉,2009 年,我国心脑血管病药物市场规模达到 983 亿元,2007—2009 年年均复合增长率为 21.94%,高于整个医院用药年平均复合增长率(18.27%),尤其是中高端市场增长迅速。

作为在心脑血管中药制剂前 5 强的三七类制剂是最具有市场潜力的品种之一。但这类产品虽临床应用多年,却尚无学术领导者,无系统循证医学学术理论体系。注射用血塞通产品高端市场竞争激烈、产品差异化学术观点的支撑和宣传是加大医院开发率、提高医生和患者认可度的重要保证，珍宝岛前期有一定基础，但总体不足。

方式

跳出以往学术营销的框架，珍宝岛通过高端、低端立体学术营销组合策略，打造了一套“专业化立体学术推广”模式，从而推动处方药产品品牌销量的快速提升。

开展多中心临床试验、挖掘产品新的临床学术观点，并通过系列推广打造珍宝岛注射用血塞通三七制剂学术领导者品牌地位。

在专业杂志通过平面广告、有奖征文活动、高端专业学术媒体软性学术报道等实现高空学术支持体系，为各级学术会议、活动提供高端学术支持，解决产品学术认识，树立前沿学术品牌形象。

参加（国际级、国家级、省级）专业学术会议、承办各级学会专业学术会议，通过各级意见领袖进一步确立权威学术形象。

以大型“临床安全使用”公益培训、基层医疗机构学术会议等向各级医疗机构临床专家、医生宣传企业实力、产品优势、临床应用等信息，解决认知认可、正确使用的问题，建立处方习惯，树立企业和主导产品品牌形象。

具体执行

在血塞通产品学术研究中挖掘出新的宣传点和理论，确定新的学术观点，形成专家共识，占领学术制高点。同时，加大高低端专业学术媒体宣传和市场活动相结合，解决上至高端医院的专家、教授、医生，下抵乡镇的普通村医对珍宝岛注射用血塞通学术品牌的认知认可，增强产品综合竞争能力。

通过在《中华老年心血管病杂志》、《中华内科杂志》、《中西医结合心脑血管病杂志》上续发主导产品形象宣传平面广告，合作开展有奖征文活动，收集产品学术论文，为学术推广提供学术依据，助力学术推广，打造重点产品高端学术品牌形象。

以参加、承办国际级、国家级、省级专业学术会议并召开卫星会、邀请专家进行学术宣传讲解形式，并不断完善企业专家资源库。通过专业学术会议扩大企业、产品的学术影响力。

针对商业公司 VIP 客户、重点医院院长或学科带头人全年开展珍宝岛文化之旅 35 场，接待 VIP 专家现场指导和学术研讨近 1000 人。针对二级以上医院科室专家、医生召开区域学术会议、科室会、院内会。同时各级学术会议与高端学术宣传策略相结合，做好宣传推广的承接、落实工作，大力开展“核心基药产品”基层医疗机构科学使用学术会和大型“临床安全使用”公益培训，借助基层专业媒体宣传与会议联动实现推广落地。

效果

打造立体式学术营销组合战略：多中心临床试验＋新临床学术观点共识＋高空学术宣传＋专业学术会议学术品牌宣传＋专家学术代言＋全面高端低端各级学术会议承接＋大型“临床安全使用”公益培训＋品牌提示礼品＋国家继续医学教育项目，使得以省为单位的医院开发率迅速提高，重点省份重点目标医院开发率达 80%，单医院产出平均提升 20%以上。全年召开基层医疗机构学术会议 1000 场，培训基层医疗医生 20000 名。全年召开专业学术会议 20 场，覆盖专家 50000 名。全年共计召开各级学术会议近 3000 场，覆盖近 50000 名临床专家医生。由此，基层医疗机构对珍宝岛和注射用血塞通知晓率、认可率大幅提升，开发和销量均翻番。主导产品年度销量增长率达120%。分公司学术会议完成指标考核95%以上，参会客户满意率90%，极大地提高了企业学术形象和产品学术地位。

问题：

1. 珍宝岛药业注射用血塞通在医院市场的主要营销模式是什么？

2. 珍宝岛药业注射用血塞通的成功之处在于哪里？

【知识链接】

医院营销的工作方向是：以建立产品营销为主，关系营销为辅。如涉及相应科室较多，要根据自己的产品结构和资源，突出重要客户。

一、对医护人员的营销模式

当产品进入医院药房后，必须积极开展医生、护士、专家、教授的临床推介工作。与医生进行技术交流、沟通感情是重要手段。因为对方一般接受人在前，接受产品在后。谈话技巧会影响交谈效果，医生能否成为您的朋友对产品信任度会产生直接影响。

1. 一对一模式

这种方式是由医药销售人员与某个科室主任、医生、护士长、护士、专家、教授面对面的私下交流来实现的。药品销售人员事先备好工作证、产品说明书、产品样品、产品临床报告、产品宣传册、产品促销礼品等资料，这样进行交流时才会更方便。

2. 一对多模式

主要是指药品销售人员与在同一个办公室里的三五个医生或护士交谈的形式。在此场合下必须做到应付自如、遇乱不惊、运筹帷幄，掌握谈话的主动权。

3. 人员对科室模式

这种形式的特点是临床营销效果好，与医生、护士及医院行政领导建立业务关系也快，但营销成本较高。方法主要是，在药品刚进医院时，组织门诊、住院部相关科室的医务人员座谈，建立产品关系网络。

首先，药品销售人员找相关科室主任洽谈，取得产品信任后，请科室主任把门诊部坐诊医生和住院部医生组织到位，召开产品座谈会或业务交流会。同样的与护士长（对应科室）建立联系，请护士长组织（门诊部、住院部）护士前来座谈。医生代表要掌握确切的参会名单，时间、地点由科室主任安排。在座谈会前准备好公司证件（营业执照、产品合格证、生产许可证、产品荣誉证书等），另为每人准备一套产品资料（产品样品一盒、说明书、产品宣传册、产品临床报告书、促销产品），以及相应的会场细节等。

然后，组织若干名药品销售人员参加座谈会，员工应提前到达，清扫并布置会场，会前在入口处组织发放矿泉水和产品资料。药品销售人员可请科室主任和护士长在会前做一简要说明，如“希望大家多多交流，熟悉一下该产品作临床应用的特点，多推介一下该产品”之类。会议过程中，要注意保持温馨、和缓的气氛。座谈内容可分为公司简介（主要介绍公司的发展前景）、产品知识、临床报告（侧重于谈产品作用机理、用法用量）三个方面。会议过程中请科室主任、教授、护士长代表讲话。会议结束后，可以请各到会人员留下姓名、住址、电话，便于以后相互之间交流。

4. 企业对医院模式

药品进入医院药房后，可将所有相应科室(门诊、住院部)的医生(主任、教授、专家、主治医生、医师)和护士(护士长、护士)组织起来召开座谈会。这是促销规模较大、营销成本较高的一种方式。这种方式能够在短时间内打通医院上下环节，形成一种良好的关系网络，并迅速在该院树立公司、产品形象，让医院的领导及医务人员直接接受该公司和产品。

5. 企业对医疗系统模式

这是规模最大、辐射面最广、营销成本相当高的一种方式，要求在本区域医疗系统全部或已进货率极高的情况下举办。方法是选择一个公休时间，地点最好在医疗单位密集区，以公函形式邀请各医院的相关科室主任、医生(专家、教授、主治医生)、护士长、护士代表，召开座谈会。这种方式能够完善医生推介环节，建立医生网络，便于树立产品形象，促进销量增加。

二、对药房工作人员的营销模式

1. 一对一模式

这种座谈方式主要针对药剂科主任、采购人员、门诊和住院部药房的药房组长，由医药销售人员面对面交流。

2. 企业对药房促销

这种方式主要由药剂科主任组织门诊、住院部的全体药房人员参加，使药房与公司建立好关系网，打开“销量快车”之锁，提高公司和产品形象。

会议可以类似“药剂人员学习产品医学知识”形式举办。座谈会可按“公司对科室”的座谈形式进行，记录所有参会人员的姓名、住址、电话，便于会后联系。座谈会结束后，药品销售人员也可加强私下与药房人员交流，增加产品信任度，促进产品的销量。

三、对患者的营销模式

1. 对门诊患者模式

由药品销售人员发放产品宣传资料(患者使用)给相关患者，边发边宣传本医院有售，要求患者到科室开处方，同时可祝福患者。

2. 对住院患者模式

药品销售人员在住院部相关科室病房中，可先帮助患者，如帮患者倒水、扫地、叠被子、面对面讲故事和医学知识，然后再发放宣传资料，这样做患者更易于接受。同时，告诉患者该产品本医院有售，可找医务人员开处方。这种形式要求药品销售人员三、五次进入病房与患者交流，注重以情感人。

【能力培养与训练】

1. 训练营

组织学生到本地医院、医药公司市场部和销售部，以小组为单位，通过访谈法、观察法等方法进行调研，了解和熟悉药品在医院的不同营销模式以及销售技巧。

2. 训练目的

通过训练进一步巩固学生对不同模式的认识和理解。

3. 训练要求

在教师指导下选择不同的医院和医药公司，通过访谈法、观察法等方法了解药品在医院的不同的营销模式和销售技巧，撰写总结和心得。

任务三　药品销售人员的工作技巧

教学目标

【任务构架】

设定走访目标→准备推介工具→巧用样品→正确使用促销材料→医院拜访技巧。

【参考学时】

2 学时

【学习目标】

- 知识目标：理解和熟悉药品销售人员的销售技巧。
- 能力目标：掌握并熟练应用销售技巧。

【问题导入】

小周是一家医药公司负责医院市场开拓的一名业务员，入职不久，在开始工作的一段时日，意气风发、斗志昂扬，颇有一股干劲。然而，过了三个月后，小周总是愁眉不展，业绩表现平平，未见有改进起色。于是，小周咨询了公司富有经验的同事，诉说了自己的苦恼和困惑。他说他最担心拜访新客户，特别是初访，新客户往往就是避而不见或者就是在面谈两三分钟后表露出不耐烦的情形。听他说了这些，同事向他问了下面一些问题：

你明确地知道初次拜访客户的主要目的吗？

在见你的客户时你做了哪些细致的准备工作？

在见你的客户前，你通过别人了解过他的一些情况吗？

在初次见到你的客户时，你跟他说的前三句话是什么？

在与客户面谈的时间里，你发现是你说的话多，还是客户说的话多？

结果小周说，他说他明确地知道他初次拜访客户的主要目的就是了解客户是不是有使用他们公司产品的需求，当然他也做了一些简单的准备工作，如准备产品资料、名片等，不过，在见客户时他没有通过别人去了解过客户的情况，见到客户时的前三句话自然就是开门见山，报公司名称和自己的名字，介绍产品，然后问客户产品是否有进医院的可能。在与客户交谈时，小周说应该是自己说的话多，因为机不可失，时不再来。

问题：

1. 请分析小周为何总会失败？

2. 拜访医院客户，要做哪些工作？

3. 如果是你，你会如何去做？

【知识链接】

一、设定走访目标

药品销售人员应制订每月、每周的访问计划，然后再根据计划的内容制作每日拜访顾客计划表。访问顾客的计划，应在前一天制订好，最好养成就寝前制订计划的习惯。走访客户应考虑拜访的目的、理由、内容、时间、地点、面谈对象及拜访的方法。

二、准备推介工具

(1)皮包 包内东西要整理清楚，将产品目录和推销手册收集齐全，并放入订货单、送货单或接收单等。

(2)与顾客洽谈时必备的推销工具 如名片、客户名单、访问准备卡、价目表、电话本、身份证明书、介绍信、地图、产品说明书、资料袋、笔记本、医药企业证照等。

(3)促进销售的工具 如计算器、样品、相关报纸杂志、广告和报道材料、优惠折扣资料及其他宣传材料等。

三、巧用样品

样品虽是无偿提供，但要管好、用好及巧用，对企业及营销人员是十分必要的。

(1)发挥宣传作用 请医生将企业产品和产品手册摆放在桌上，患者排队候诊时可顺便翻看，能收到较好的宣传效果。

(2)扮演"礼品"角色，增进友情 把样品当礼品，要考虑场合、地点和人物，如果错用则得不偿失。

(3)让人人感知"她" 药品销售人员介绍自己的产品功能之优，疗效之奇特，而对方看不到样品，往往印象不深刻，效果不好。如果边拿样品边介绍，让顾客摸一摸、闻一闻、尝一尝、试一试，他们真正感知过，接受起来就容易。

(4)处理好"点"和"面"的关系 有些药品较贵，不宜见人就送，药品销售人员大多犯难。其实每种产品都有它的局限性和特点，分清主要与次要、点与面的关系，不必盲目"破费"。

总之，只要善于分析产品的特点，认真总结，巧用样品，每种样品都能挖掘出广阔的空间，尽可能地节省开发市场费用、节约营销成本等。

四、正确使用促销材料

药品销售人员拜访前应带好整套的促销材料，但不能直接把促销材料给医生，而必须做到边叙述边使用。

使用材料时应注意以下几点：①药品销售人员使用时，应一直拿在自己手上，并用钢笔指示重要部分给医生看，同时叙述。②药品销售人员应注意把无关的部分折起。③所有材料给医生之前，应该先用钢笔把重要部分标出来。④药品销售人员与医生谈完后，再将材料交给医生，注意不要在谈话之前递送。

五、医院拜访技巧

1.拜访前心理准备

拜访目的是让客户认可企业产品。医生们大多业务繁忙，能给的时间有限，为了充分利用这段时间，在进入医生办公室之前应当有十分明确的思路以表达你的希望。有经验的药品销售人员在开始约见之前往往在医生办公室外停留十分钟，这十分钟的准备时间在拜访中可以起到十分重要的作用。

2.拜访第一印象

(1)满足医生的需要是成功销售的前提　这意味着必须尽可能了解关于医生及其工作的情况。与护士保持稳固关系是十分有用的，因为她了解医生及其工作；医生桌上的陈列、书籍、期刊亦可提供一些信息；医生的行为、神态、谈话的速度与内容均为提供医生个性的线索。注意这些细节，从接近医生至要离开这段时间的观察，可以帮助了解医生的侧面。药品销售人员知道的线索越多，就越能了解其需要，满足其要求的机会也就越多。

(2)药品销售人员的着装原则　时间、地点和场合，是穿着打扮的三条准则，药品销售人员掌握了这三条准则，就能够和环境融为一体，易于建立与对方良好的关系。

不了解销售特点的人总是把“雪白的衬衣，笔挺的裤子再配上系得整整齐齐的领带”的西服作为销售人员的基本服装，其实，销售员根据产品和顾客等诸因素随时更换合适的着装，更能唤起对方的好感与共鸣，这样才能体现出恰如其分的礼貌。

当然，服装花哨，会给人一种轻浮、不可信任的感觉，所以药品销售人员的穿戴，应该从实际出发，力求整洁。对男性而言，白色是一种基调，整套服装颜色的搭配，最好是两三种，太多反而难以达到协调一致的效果；对女性来说，则应讲究花色的对比和款式的新颖，如能佩戴与年龄相当的饰品，效果或许会更好些。

销售人员与人接触，应注意每个细节。例如手帕，在正规场合，白手帕最合适。吸烟者，应经常刷牙，并洗掉手指上的黄斑；喜欢留长发和胡须者，特别应该保持整洁；女性的口红、香水及衣服，都应该考虑到实际场合。

总之，无论男、女销售人员，在服装穿着上都应避免与顾客服装的差异太大，应巧妙地根据时间、地点、场合的不同，穿戴不同的服装以获得良好的第一印象。

(3)拜访名片——自身形象的延伸　每个人都有自我延伸的心理，如何正确地利用医生的这种心理，在销售活动中十分重要。对待名片的方式不同，可以使已成的交易化为零，也可以使它变成一个庞大的数字，所以作为药品销售人员，严忌无视别人的名片。正确使用名片，应遵守以下几个规则：

①交换名片应站立。即使已经坐下，在交换时还是应该站起来。

②右手递出，双手接受。要自然地送到医生的胸前，但在接受医生的名片时，应十分恭敬地用双手接住。

③先给名片。药品销售人员应先把自己的名片给医生，以显示你的尊敬之情。

④边介绍边递出。“我是某某公司的×××。从今天开始由我负责这一区域的业务，还请多多给予指教。”切记，别忘了微笑！

⑤名片不要放在桌子上，亲手交接是一条准则。药品销售人员切勿把名片放在对方的桌上，同时，接受名片时也应该主动热情地接过来。

⑥接受名片不要马上收起。没有仔细地端详就迅速地收放入名片夹中，是极不礼貌的。时刻想到名片是自己和他人的化身，举止就会慎重。

3.如何使对方产生兴趣

大多数医生每天看见很多人(包括患者、同事、家人、其他企业药品销售人员)，他们连续不断地被信息包围着。那么,如何激发医生的兴趣呢?

(1)先让医生了解公司　应站在医生的角度去考虑,要从一个不熟悉的公司,特别是从一名素不相识的药品销售人员那里产生对产品的需求愿望是很难的。故药品销售人员应该让医生更多地了解公司。只有如此,才能打开销售之门。倘若只讲销售产品,一旦被拒绝,就不好意思再拜访了。

(2)尽量了解医生的现状　初访前,对医生的情况是陌生的。有关医生的一般情况,诸如坐诊时间、家庭成员、生日、业余爱好、处方习惯、个人收入等,只要肯花精力,是不难掌握的。弄清医生的个人资料是初次拜访的最大目的。

(3)让医生了解自己　当你想了解医生时,医生也在了解你。他想知道你公司的实力、你的信誉如何、产品的价格等,认识到这一点,你就会把握自己访问的态度、说话的方法。这里有两点需要注意:一是了解清楚谁是主要决策人。药品代表在拜访医生时,如果见不到可以拍板的人,说得再多也无用。此时,你应该弄清楚,到底谁是科室主任,是一个人,还是几个人共同决定。二是创造再访的机会。即使初访没有深谈,调查也不全面,但如能有意创造出一个再访的借口,也是一大收获。

【能力培养与训练】

1.训练营

根据上节学生完成的总结和心得,进一步让学生体会和理解其中的销售技巧。同时,设置不同情景,对学生进行分组,由每组完成相应的医院推销情景模拟。

2.训练目的

通过训练进一步巩固学生对药品推销技巧的认识,掌握和应用各种销售技巧。

3.训练要求

在教师指导下,在总结学习的基础上,完成不同的医院推销情景模拟。

【项目总结】

对医药营销人员而言,医院是一个特殊的市场,营销最主要的是实现充分的知识沟通和人际沟通。熟悉医院的药品销售模式,掌握良好的沟通技巧对于医药营销人员来讲非常重要。

【项目检测】

一、单选题

1.以下哪种模式与其他几个模式相比有一个明显的特色,就是事先把产品特征、优点及带给顾客的利益等列出来印在纸上或写在卡片上?（　　）

A.费比模式　　B.埃德帕模式　　C.爱达模式　　D.马斯洛模式

2.推销员在进行顾客筛选找到顾客后,要做的工作是（　　）

A.接近顾客　　B.推销前准备　　C.介绍产品　　D.把握心理状态

3.成交阶段最主要的目标是（　　）

A.作出让步　　B.庆贺达成协议

C.力求尽快达成协议　　D.场外交易

4. 推销员:“我可以给你特别优惠,再降价3%。”属于哪类成交法? ( )

A. 直接成交法 B. 优惠成交法 C. 机会成交法 D. 选择成交法

5. 顾客:“让我再想想,过几天答复你;我们要研究研究,有消息再通知你……”属于哪种异议? ( )

A. 时间异议 B. 需求异议 C. 产品异议 D. 权力异议

二、简答题

1. 与医生沟通的主要方式是什么?

2. 药品进入医院的主要环节有哪些?

【实训教学】

熟练掌握医院销售技巧

1. 实训目的

通过实训,要求学生能够掌握医院药品销售的程序和方法,并能掌握和应用药品的销售技巧,成功进行销售。

2. 实训内容

(1)选择目标医院的调研和分析。

(2)目标销售人群的调研和分析。

(3)制订销售计划和方法。

(4)进行现场推销。

3. 实训准备

学生先选择一个产品,熟悉和掌握该产品的特点。选择一家目标医院,调研了解该医院及各科室设置的情况,选择目标科室和人员,进行调研和分析,收集和整理相关的材料。

4. 实训材料

产品、医院和人员等方面的相关资料。

5. 实训步骤

第一步:根据小组分组,分配角色,确定分工;

第二步:列出各项目组的产品及产品自身的特点;

第三步:选择一家目标医院,分析该医院的结构设置和药品进入医院的程序和途径;

第四步:选择目标科室和人员,进行调研和分析;

第五步:制订销售计划,做好售前准备;

第六步:进行现场推销模拟;

第七步:教师及其他学生点评及评分。

6. 实训成果

现场推销情景模拟。

【参考文献】

[1]王麦成. 医药市场营销实务. 郑州:河南科学技术出版社,2007

[2]王进学. 新形势下中外企业处方药营销模式趋于融合. 中国营销传播网. http://www.emkt.com.cn/article/496/49658.html,2010年12月16日

[3]中国医药十大营销案例出炉　药企营销现新思路.搜狐健康.http://health.sohu.com/20110420/n306145003_1.shtml

（赵　静）

项目二　OTC销售

任务一　认识药店

教学目标

【任务构架】

零售药店终端的特点→我国零售药店的现状→零售药店的发展趋势。

【参考学时】

2 学时

【学习目标】

- 知识目标：了解零售药店终端的特点，熟悉我国零售药店的现状，了解零售药店的未来发展趋势。
- 能力目标：能够熟悉我国零售药店的特点和现状，指导并应用于实践。

【问题导入】

老百姓大药房全心全意四周年

从2001年10月27日到2005年10月27日，中国第一个真正的平价药房——老百姓大药房风风火火地走过了四个年头。事业如火，岁月如歌，在这不平凡的四年里，老百姓大药房从窄小的湘雅路走向全国，年销量从400万元到20亿元，成为了年销售额、发展速度、总营业面积、单店日均销售与净利润“六个全国第一”的龙头企业。平价大药房从老百姓的空前成功到行业内的纷纷克隆效仿，再到一批平价药房的凋敝与业内质疑声日起，老百姓大药房仍然一路高歌猛进，从“行业先锋”逐渐成为“行业龙头”，其炫目的快速发展轨迹背后，蕴藏着老百姓大药房四年来始终不渝的追求：一切为了老百姓。

以科学的发展观作指导

2001年10月，长沙湘雅店开业，老百姓大药房的诞生，对国内药品流通行业产生了颠覆式的影响。老百姓大药房利用市场手段打破垄断，为抵制医药购销行业的不正之风提供了新的思路。“老百姓”在药品零售终端进行变革，给上游的批发公司、医药代表和生产企业带来了巨大的冲击和震撼，推动了药品批发企业的加速组合与联合。“老百姓”直接从厂家拿到较低的价格，导致代理商无法代理，使代理商如何进行价格“缩水”面临新的选择。“老百姓”的做法使药品价格逐渐透明化，为打击药品流通体系中的不正当手段，整肃医药行业的不正之风作出了巨大的贡献，并促使了新的流通体系的建立。“老百姓”首创的药品超市模式引发了药品销售方式的变革。今年年初，成立了丰沃达医药物流(湖南)有限公司，完善了产业链。

以感恩之心回报社会

四年历程，“老百姓”每到一处，都深受老百姓的欢迎、政府大力支持、媒体朋友的关注。

四年历程，“老百姓”坚守信念，三个年度创下27.24亿元的销售总额，按“比国家核定零售价低45%”的比率算，“老百姓”三年直接让利消费者达到22.28亿元。

让更多人能买得起药，选择最适合自己的药，“老百姓”用行动宣告“一切为了老百姓”、宣传健康理念：每年举办老百姓健康主题公园系列活动、义务献血、为老区疾病缠身的状元郭锋筹款、爱心护考、给困难户发放捐助卡、给特殊儿童教育中心的孩子送去学习用品、为偏远地区卫生院捐款……社会责任已融入到的企业文化，把回报社会作为企业的责任和不懈的追求。

以“服务制胜”不断提升企业价值

除了低价的药品和销售服务，“老百姓”向顾客提供的更多的是知识服务，提倡合理用药。四年来，“老百姓”邀请各病种的专家组成专家团队，搜集、公布各种合理治疗方案等医药经济学研究成果；通过板报、企业报、企业网站、传单、健康小册子、专家讲座、免费咨询等各种各样的形式与载体，先后向2000万人次提供了免费的科普与培训。根据公司的研究中心发现，消费者进行“自我药疗”的比例越来越大。每年举办的健康主题公园活动全方位地提供健康服务，活动时间更是成为了老百姓的健康节日。

从“一切为了老百姓”到“为了一切老百姓”

作为平价药房的开创者，老百姓大药房湘雅店一开业，就体现出崭新业态的巨大优势：在购物环境的优化与购物的便利性方面，在品种齐全与规模方面，在自我药疗的科学用药与保健的指导方面，在缩短药品的流通环节降低虚高药价方面，在“一切为了老百姓”的企业文化与精细化服务方面等，使人耳目一新。在2001年底“看病难，吃药贵”社会普患“生病看医生恐慌症”的年代，老百姓大药房的诞生受到了空前的欢迎，消费者排着长队提着篮子买药，很多消费者从中获得了空前的实惠，一个月等于加了几百元的工资，真正实现了“一切为了老百姓”的企业价值追求。

湘雅店的成功与巨大顾客聚焦效应，引起了党和政府的关注，也成了异地消费者的期盼。中共湖南省常委、组织部长黄建国鼓励老百姓大药房：“不但要‘一切为了老百姓’，还要为了‘一切老百姓’，勇敢地走出长沙，走向全国。”很多如同武汉汉口陈国仁老人一样的消费者给老百姓大药房来信，“希望老百姓大药房开到我们家门口来，将实惠带给我们”。

为了服务更多的消费者，老百姓大药房走向了连锁经营之路。到2005年10月27日，老百姓大药房在全国12个省市开设了近70家门店，直接为近2000万消费者带来实惠与服务。

将自己的业务扩张做成一种社会呼声、一种社会福利，这在企业的经营中是很难见到的。老百姓大药房全国管理机构执行总裁石展告诉记者，她在新店开业时看到消费者如潮水般地涌来，尤其是一些老人握着她的手说“感谢老百姓大药房”时，她就找到了自己的价值、企业的价值，但她总是不断地告诫员工要更尽心尽力地为消费者服务。

从“低”在货架到“低”在产业链

低价是平价药房的特点，更是平价药房的品牌内蕴与追求。老百姓大药房从开业始，就创举性打出“比国家核定零售价格平均低45%”的降价大旗，利用大卖场、大流量、大采购的优势，拉低虚高药价，带动全国范围的药品大降价，形成了平价药房的冲击波。

为了确保所有门店多数药品都是真正的平价，老百姓大药房与上游经销商签订全国联采与最低价协议，与省公司、门店签订毛利控制协议，强制性规定门店整体毛利不能超过所定标准。将真正的实惠让利给消费者，否则将遭受最严厉的处分。老百姓大药房通过一系列措施真正控制了药价。

随着社会与行业的发展，为了进一步真正控制成本和降低价格，老百姓大药房经过几年的发展后，涉足医药物流与制药，成立了丰沃达医药物流有限公司，从源头上考虑与掌握消费者的利益。丰沃达医药物流有限公司从2月28日成立以来，各项业务顺利开展，销售额已突破5亿元，除辐射老百姓大药房外，还成为了医药物流有力的“新军”，确保老百姓大药房的价格优势、品种优势、服务优势从往日的卖场优势上升到了产业链控制优势，为药品的价格控制与消费者的利益提供了强有力的支撑。

从“价格让利”到“价值让利”

价格让利是最有效最直接的让利与实惠。老百姓大药房从开业的第一天起，就利用业态优势，撑起了降价大旗，实现了“价格让利”。时至今日，在“价格让利”之外，老百姓大药房根据人们自我药疗保健的需要，引领行业发展的趋势，在确保最大限度的“价格让利”外，开始了更深层次的“价值让利”。

免费测试血压、免费煎中药、免费吸氧等九大免费服务的推出，成为行业的效仿标准；24小时售药的开创，成为了国家关于药店立法的标准；执行药师的挂牌上岗与精心指导，为自我药疗提供了最重要的安全保障；高频率的社区医卫科普活动和公益文体活动，将身体健康与精神健康一起送进社区，让麻将远离，让笑声永驻；各种健康手册、用药指导的分发和企业报、网站“健康主题公园”的开设；健康银发大使活动的开展；等等。这一系列的措施与活动的开展，正如广州江南店一名张姓的消费者所说：“老百姓大药房带给我们的不只是价格的实惠，而是一种包含很大价值的服务。这样的药店不只是我们买药治病的去处，还是我们健康生活的地方。”

从“买得起药”的道德冲动到“健康事业”的价值追求

如果说创办老百姓大药房的初衷是谢子龙先生拥有一种“让更多的人吃得起药”的道德冲动与朴素的理想的话，这种理想在老百姓大药房自己的不断开店中和平价药房潮的冲击下，药价普遍下调，目的基本达成。然孜孜以求的谢子龙先生与他的老百姓大药房将眼光放在更远更适应社会发展的需求上。老百姓大药房希望有一个更加健康的市场、一个个更加健康的社区、一个个更加健康的消费者。为此，老百姓大药房在“善待消费者，善待供应商，善待员工”的基础上，希望与厂商、消费者、相关部门与组织，乃至其他药店一道，为光彩的共同的健康事业而奋斗。

问题：

1. 老百姓大药房的经营特点有哪些？

2. 老百姓大药房的营销策略和措施有哪些？

3. 其统帅的"灵魂或思想"是什么？它们体现了老百姓大药房什么样的经营理念和经营战略？

【知识链接】

零售药店和医疗系统并称为医药市场两大主要终端。

零售药店主要包括连锁药店，社会单体药店，挂靠以及各种各样的挂号药店，仓储式和各种各样的平价药房以及医院内的自费药房。同时，在一些地区已经取得医药零售资格的超市和卖场，也开始出现销售药品的行为。以上海为例，它在1999年实行在超市卖场里进行OTC产品售卖的试点，超市卖场的OTC产品现在甚至已经基本超过了药店的份额，达到了50%左右。随着零售业态越来越完善，越来越发达，也有很多的药店开始把自己的药柜搬进百货商场，想延伸跟客户的直接接触面，来获得更多的销售。

一、零售药店终端的特点

1. 以售带医

药品销售过程包含着诊治、释疑，营业员要在顾客的自诊过程中恰当地、准确地推荐和出售药品，当然如果营业员能懂点医药，能进一步帮助患者确诊所患之症，应选之药，则大多能成交。

2. 自诊选购

即患者知道自己得了什么病，或者重复购买一种药，故最终是患者自己决定买什么药。

3. 顾客重效用而轻价格

药品无价，购药首先考虑的因素是其疗效，疗效好即便价格贵点消费者也愿意购买，毕竟生命安全比钱更重要。

4. 准顾客多

踏进药店门槛的人大多数有购买意向，无病的人一般是不会进药店的，不像百货商场逛的人多，买的人少。

5. 专业知识要求

要求营业员具备一定的医药知识和识别顾客知识层次、病症、购买力的能力。

二、我国零售药店的现状

1. 药店的一般情况

我国零售药店数量大、规模小，分散、市场集中度低。随着医疗卫生体制改革的不断深入，近几年我国药店数目急剧扩张，2006年年底，全国已有零售药店总数近23万家；其中连锁零售企业1349家，连锁分店6.5万家，占全国总门店数(23万)的28%，大大低于美国的60%。

我国药店受政策环境影响较大。近年来，GSP、限售令、降价令、药品分类管理在一定程度上限制了我国药店的发展，受政策影响，我国零售市场增长幅度维持在14%～15%，其占全国药品销售总额的比重2005年约为38.5%，零售市场规模在不断扩大的同时，增长幅度有所下降。

外资的进入和国内其他行业对医药行业药店的经营，使不少药店面临生存或淘汰的严峻考验。2005年1月1日起我国允许外国企业从事全方位的销售服务，包括药品的采购、仓储配送、批发零售和售后服务等，这将会对我国传统的医药批发、零售运作模式产生重大的影响，我国医药商业企业将面临世界级巨头的挑战。目前，劝业超市、家乐福超市、天津商场等就申请了开展药品零售业务“店中店”模式的尝试经营，联华复星已经在联华超市中拥有 100 多家专柜和店中店。

2.经营业态及经营特点

药店虽然是出售药品的场所，但是由于药店的地理位置、主营品种、经营方式、性质、服务群体等的不同，药店之间存在着很大的差别，这种差别在药店的经营中得以充分体现，只有掌握了药店的定位特点，并采取有效的措施，药店的经营才能做得更好。

(1)根据地理位置分类

①社区性药店：药店位于居民区，主要的顾客为社区内的居民，消费群体相对固定。

②医院型药店：药店位于医院的附近，药店的顾客中有很大的一部分是在医院看病而外出购药者。

③商业中心型：药店位于繁华的商业中心或主干道上，人流量大，消费群体不固定，随机购买的比例大。

④店中店药店：药店位于商场或大型超市(普通商品)内，租用超市的部分营业面积，开展独立的药品销售工作。

(2)根据经营的主要品种分类

①常用药品药店：主要销售常用、知名的药品，药品的品种结构相对单一，药品的可选择性小。

②促销品专卖店：药店经营的主要品种为在当地进行广告宣传的药品、保健食品等，药店内多设置产品专柜，同时附带经营常用药品，但不作为主要经营的品种。

③处方药专卖店：药店销售的主要品种为当地热销的处方药，主要的顾客为持医院处方购买药品者，同时也经营常用药品。

④医疗器械专卖店：药店以销售医疗器械为主，附带经营常用的药品。

⑤专业型药店：药店主要为某种疾病的患者服务，所经营的药品也主要是这类患者所必需的药品，比如糖尿病药店。

⑥药妆店：以经营药品和美容化妆品为主，在发达国家较成熟，国内最有代表性的是深圳美信，它是中国第一家中美合资药妆店，但目前国内对此种模式的接受还非常有限。

(3)根据商品陈列的方式分类

①开架式药店：药店经营的商品中，除处方药外，其余的非处方药、非药品多采用开架式，以便于顾客选购，一般营业面积较大。

②柜台式药店：药店所经营的品种均陈列于柜台的内部，由营业员出示给顾客，供其挑选。

(4)根据药店的性质分类

①单体药店：以个人注册形式存在的药店，通常只有一家。

②连锁药店：以连锁形式存在的药店，在一个地区通常有很多家药店，甚至跨地区、跨省经营的药店。

(5)根据所有制的性质分类

①个人投资运作型(个体单店、连锁加盟)：由个人投资开办，或者独自注册，或者挂靠在

某一连锁企业下面，投资人负责药店经营，同时承担药店经营的风险。

②公司投资运作型（直营店）：由公司出资开办，委派人员负责经营管理，公司承担经营的风险。

（6）根据运作的方法分类

①平价大卖场：面积大（1000～2000 平方米），品种多（6000～8000 种），价格低（平均售价低 10%左右），品类杂（除药品外，尚有日化、保健品、日用品等）。

②超市型药店：借鉴超市的做法，开展药品经营，主要特点是品种丰富、价格便宜、开架销售、面积多在 300 平方米以上。

③便利店型药店：药店面积较小，工作人员少，提倡交易的便捷性。

3. 药店营销发展阶段

随着我国药店的发展商业大环境的变化，竞争不断加剧，消费者不断成熟，药店营销扮演的角色也经历了卖药品、卖健康、卖健康美丽三个阶段，并朝着卖健康便利的阶段变化。

1. 卖药品

此阶段药店的主要职责是向顾客提供必需的治疗性药品，从而达到治病救人的目的，作为配角存在于医疗卫生领域。

2. 卖健康

顺应时代的变化和顾客的需求，在原有的经营品种中，增加滋补品、保健品、医疗器械，引入预防保健功能，做到防病于未然。经营理念的变化使药店的经营范围也随之不断扩大，品种也逐渐丰富。

3. 卖健康美丽

在卖健康的基础上进一步将健身、美体、美容等功能引入到药店经营中来，并将化妆品、健身器材和用品作为药店的商品来出售。

4. 卖健康便利

在专业性的基础上，体现药店的服务本质，将多种便利服务措施引入到药店中来，从多方面满足顾客的实际需求，增加药店的人气，提高药店的经营额。

零售药店的多元化经营在美国等国外已经是一种普遍现象，由于我国人民对于传统药店的认识根深蒂固，药店的多元化经营还需要有一个逐步接受的过程，但激烈的竞争使得药店为了自身的生存和发展，已经开始朝这方面进行尝试和转变。如 2007 年春节期间，湖南怀化怀仁大药房就在其全国几百家连锁药店中开始尝试低价推出不少市面上热卖的春节礼品，吸引了不少人气。

三、零售药店的发展趋势

1. 药店管理规范化

国家在药品经营领域实行 GSP 认证，药品经营企业的严格依法经营使得药店的日常管理不断规范，同时规范化的管理也进一步减少了药品的损耗，提高了药店的工作效率。

2. 药店经营多元化与连锁化

在药店经营经历了从“卖药品”到“卖健康便利”的变化后，药店经营开始走多元化的道路，除药品外，多种非药品（保健食品、功能性食品、美容护肤品、保健器械、保健类书籍等）已经作为药店经营的品种在很多地方的药店出现，同时部分药店成立了健康中心开展健康服务。

俗话说“大树底下好乘凉”，由于连锁药店在价格、服务、整体形象等面的优势，单体药店纷纷加盟连锁药店，事实也证明连锁药店经营上具有竞争优势。但目前的连锁药店也存在规模小、区域性强以及重复建设的问题，后期药店连锁化发展势必朝大型化、全国性以及连锁企业整体数目减少的方向发展。

3. 药店规模大型化与社区化

一方面，随着竞争加剧，规模小的药店由于在品种、采购成本、价格等方面劣势而逐步淘汰，药店的规模逐渐走向大型化，新开张的药店往往动辄几百平方米甚至更大；另一方面，大型药店辐射范围之外的社区小药店因其不但具有大型药店不可替代的便利优势，而且有效地弥补了大型药店留下的市场空隙，近年也得到了较大的发展。药店规模的两极分化趋势越来越明显。

4. 药店模式超市化

随着超市这种经营方式在我国的逐步推广，人们已形成了开架、自由选购的销售习惯，药店为了顺应这种变化，也开始超市化经营，这种模式也得到了老百姓的认可，但目前我国的药店超市化经营还处于初级阶段，在管理方法和经营思路上还与国外的药品超市存在很大的差距。

5. 药店发展品牌化

百年老字号企业的青春焕发，说明了消费者对于品牌的认可，各地的药店为了培养顾客的忠诚度也纷纷将品牌化纳入发展的战略目标，各药店也因其显著特点为老百姓所认同，打造“百年药店”的品牌经营理念已经逐步深入人心。

6. 药店经营品种丰富化

当药店跨越单纯卖药后，其经营的品种也就越来越丰富，而这点也满足了人们健康产品一站式消费的需求。

7. 药店服务专业化

药店属于专业性强的经营企业，服务水平的好坏直接决定着企业发展前景，因而各药店纷纷开展员工的专业性培训，从而提高企业的整体服务水平，确保竞争优势，同时一些药店利用自身专业优势，根据消费者的需要开展一系列的专业药学服务，以此作为吸引顾客和培育顾客忠诚度的竞争利器。

【能力培养与训练】

1. 训练营

组织学生到单体和连锁药店、大型超市，通过实地调查和访谈等方式，了解零售药店的经营方式和特点，了解我国零售药店的现状。

2. 训练目的

通过训练进一步巩固学生对零售药店的经营方式和特点，以及我国零售药店的现状和未来趋势的认识和理解。

3. 训练要求

在教师指导下进行选题，分组收集不同药店的调研资料，分析并总结，撰写××药店经营状况分析报告。

任务二　零售药店营销管理实务

教学目标

【任务构架】

零售药店服务营销策略→零售药店终端的营业员培训→零售药店终端的卖场生动化→零售药店终端促销→零售药店会员制营销→零售药店处方药营销。

【参考学时】

2 学时

【学习目标】

- 知识目标：掌握零售药店的服务营销策略，掌握零售药店的人员和卖场的营销管理，掌握零售药店促销和会员制营销等方式，掌握零售药店处方药营销的方式。
- 能力目标：能够掌握零售药店的营销方式和管理实务，并能够熟练地将这些方式应用到实际中，会针对零售药店进行营销策划与管理。

【问题导入】

日本第四大连锁药店衫药局快速扩张的背后

从一家夫妻药店发展成 725 家门店，衫药局成立于 20 世纪 70 年代，是排名日本前四位的现代连锁药店。2010 年 2 月，衫药局年报显示，其自营店铺已达到 725 家门店，战略目标是到 2015 年，达到 1500 家门店，销售额达 5000 亿日元。

衫药局属于“专业型药店”，其着力点不是量贩卖场形式的药店，而是在咨询指导等待客服务方面。有时会为一位客人进行长达两个小时的健康咨询，因此销售管理费比较高，需要通过提高毛利率来创造利润。

衫药局历经三十多年的发展，从一家夫妻药店发展成拥有几百家门店的上市企业，实属不易。其企业经营的核心理念就是真正做到顾客至上，每个门店都紧密结合所在商圈社区，并且能在保留核心理念的前提下，不断地在药店业态、商品、服务、新技术等方面进行创新。

经营理念：为顾客提供有用的信息及建议，从而获得相应的收益

衫药局在其企业使命中阐述了领导者对其核心理念的总结：“我们只经营能真正让顾客每天安心，快乐，健康生活的商品；我们不光是销售商品，还为顾客提供有用的信息及建议，从而获得相应的收益。”

衫药局对如何实现上述使命作出了经营指南，认为成为顾客的最好伙伴就把门店建设成为社区中最好的药店，不仅在接待顾客方面要体现亲切、诚实，在商品的陈列布局时也要体现。例如顾客容易理解的药店内各种指示说明，设计优雅的购物环境、没有缺货的店铺运营，此外特别强调医药行业的专业性。所谓专业性就是被顾客信赖，具备对应任何问题的专业知识和技能以及让顾客满意的行动力和店铺管理力。

门店选址标准：主妇从对面行车线进出也方便

衫药局的门店定位是处理处方和进行社区医疗支援的“调剂并设型现代药店”，让顾客在家门口附近能够轻松得到服务的“经常就诊型药局”，不是通过廉价商品销售来提高进店人数，而是以真正能够给顾客健康的商品构成和价格战略为基本，提供调剂、服药指导及病历管理，为每个患者的健康顾问角色。

依据其紧密结合社区的门店定位，其主力门店的规模基本上是以150～200平方米的中等规模为主，以开车在10～15分钟距离的顾客为对象，有重点地选定客流大并容易出入的店址，比如住宅地区和商业设施内。负责开店选址的人员会经常从顾客视角来审视店址，会问自己“这里主妇从对面行车线进出也方便吗？”“如果顾客来买东西停车处足够宽广方便吗？”

创新业态：经营“强化化妆品”新业态

另外，衫药局于2006年3月在名古屋市开设了强化化妆品（也称药妆）的新业态“S-PLUS”型美容药妆店（Beauty Drug Store），主要开设在繁华商业中心，门店形象新潮、色彩明媚，店内在第一时间集中了最近受到关注的品种和新商品（包括丰富的医用化妆品、天然型化妆品、进口品牌化妆品），希望顾客成为美容的流行趋势领导者，门店内除了“美容顾问”以外，还有常驻的健康方面的专家“药剂师”，不仅为顾客解决美容方面的烦恼（如减肥、美白、成人粉刺、抗老化、让眼睛神采飞扬等），还可以咨询诊断身体方面的困惑，如“总有点疲倦”、“最近总睡不着”之类，“S-PLUS”的理念之一就是身体内部健康是影响女性皮肤状态、笑容、眼神美丽的源头。

专业服务：门店药剂师不少于三人，提供实时“健康天气预报”，积分和信用卡功能齐备的会员卡。

衫药局可以说是靠专业细致的服务起家的。每个门店的药剂师不少于三人，药剂师不涉及收款、装卸管理等，而是集中于OTC指导咨询和配药的工作上。门店内会专门开辟咨询室提供用药健康咨询以及各种医疗器械，供顾客进行诊断以密切掌握自己的健康状况。

此外，衫药局还根据社会环境的变化，不断提高服务水平和延伸服务内涵。2002年1月，衫药局开始进行与看护保险相关的家庭医疗服务，其药剂师根据医师的指示利用门店的无菌调剂室调制输液，送到患者家中，向患者或家属正确说明交换输液的方法。

2002年5月，衫药局开始规范化地提供听力障碍者的笔谈服务。2005年9月，和收费养老院开始合作，对当地的养老院进行药物疗法支援，衫药局的药剂师和医师巡诊同行，根据医师指示把药送到养老院老人起居室，对药的作用和使用方法进行说明。

由于日本信息、网络、通讯技术高度发达，衫药局的服务还从门店延伸到了网络和手机上，依靠衫药局提供的医药疾病方面的知识库和专家服务，顾客能够在网络上进行疾病的自我诊断以及药品中每种成分及作用的查询，还能得到与其健康密切相关的所谓“健康天气预报”，每个月为顾客提供健康杂志《H&B》（即“健康与美丽”之义），其内容密切结合气候节气，为顾客提供关于健康、美丽和生活方面的知识和信息。此外，由于日本的照相手机和QR码的广泛应用，顾客能够利用手机进行会员申请、购物和参加活动。

在竞争激烈的日本连锁药店界，如何吸引顾客来店并掌握顾客客层和消费动向至关重要。衫药局在开业后不久实施了购物金额的积分返回服务。刚开始是用台账进行管理,2001 年 9 月系统化后在全店导入了积分卡,顾客在门店里每买 100 日元的商品积 1 分,积满一定的分数后能够兑换礼品(礼品都是精心挑选过的,非常精美而且实用),按照积分数的等级不同,礼品价值也不断提高。积分卡只能吸引顾客但不能记录顾客的各种信息,为了更有效地跟踪客户信息并建立忠诚度,衫药局于 2005 年 10 月在全国 311 个店铺开始实施会员卡。会员卡具备原有的积分功能和信用卡功能,提高了顾客的购买便利性。利用广泛的客户资源,衫药局和日本国内的日航、旅行社、酒店等开展联合营销,给顾客提供各种高附加值的活动和服务,进一步提高了顾客满意度。

问题:

1. 衫药局综合运用了哪些营销策略?

2. 衫药局的营销创新和独特之处体现在哪些方面?

【知识链接】

随着我国国民经济的不断发展,社会整体市场逐步由卖方市场过渡到买方市场,医药零售终端市场也不例外,药店数量的急剧增加,市场竞争日趋激烈,药店要想生存和发展,就必须改变传统的经营模式,一切以市场为导向,以消费者为中心,以顾客满意为最终目标实施营销管理来吸引顾客和赢得竞争。

一、零售药店服务营销策略

关注客户需求、准确把握客户需求、追求卓越服务、不断进行服务理念创新已经成为当今制造业和服务业的共识,“服务制胜”被众多成功企业当做激烈市场竞争中取胜的法宝。譬如,我国的海尔公司依靠“星级服务”而成为家电业的老大,美国通用汽车公司(GM)65%的利润来源于服务,作为服务性行业医药零售市场终端的药店更应将服务作为竞争的基础策略。

为了有效地利用服务营销实现企业竞争的目的,零售药店应针对自己固有的特点注重服务市场的细分、服务差异化、有形化、标准化以及服务品牌、公关等问题的研究,以制定和实施科学的服务营销战略,保证企业竞争目标的实现。

二、零售药店终端的营业员培训

有调查结果表明,除了电视广告,药店店员对消费者购药的影响大于其他各种广告媒体。由于绝大多数患者对药品及其相关知识不懂或知之甚少,93%的消费者希望在购药时营业员给予指导,当营业员向消费者推荐某种药品时,约有 74%的消费者会接受营业员的意见。而在零售市场上,面对消费者更多的是药店营业员,营业员是企业与消费者之间的纽带。因此,培训合格的药店店员已成为激烈竞争中行之有效的营销策略和药店营销的基础。

但在药店的日常营销管理中,经常会发生药店的营业员不能主动向顾客推荐药品,有时则是顾客对营业员的推荐和指导不满意的情况。

营业员可能会因为以下原因不能主动向消费者推荐药品:不具备必要的专业知识,不能充分了解所推荐的药品,所以没有信心正确指导顾客购买使用;不了解该产品的生产企业情况,特别是企业人才、技术、资金以及管理等方面的情况;企业的医药代表与药店店员未建立良好的关系;对该企业药品的质量、疗效不了解,缺乏信任,很难在自己的脑海里形成良好的印象;等等。

同时，消费者由于各种原因不接受营业员推荐药品：如店员的专业知识不够，对所推荐的药品，患者不能明了；产品无品牌，企业无知名度；产品的价格偏高，不能承受，只好选择其他品牌；店员的服务态度和服务质量较差，很难与消费者交流；具有明显夸大其辞的宣传，引起了消费者的反感；等等。

要解决以上问题，药店就必须对营业员定期、不定期地针对以下内容进行强化培训：

(1)针对药店相关产品的企业介绍，可以放映介绍该企业情况的光盘、幻灯片或发放其他宣传资料。

(2)针对药店相关产品的品种及相关医学背景知识介绍。

(3)针对药店相关产品的说明：①新闻资料或一些故事；②产品功效与原理；③服用方法和周期；④适应人群和剂量；⑤消费者投诉处理、真假鉴别；⑥答消费者所经常提出的问题；⑦若干具体消费者使用反馈事例；等等。

(4)销售服务礼仪。

(5)医药销售技巧。

(6)其他药店营销管理知识。

三、零售药店终端的卖场生动化

卖场生动化是几乎所有国内外先进医药零售经营企业普遍重视的一种卖场营销推广手段，它对医药零售企业建立稳固的卖场链、巩固品牌基础、提升药品销售都是至关重要的，因为卖场生动化的推广效果比广告更直接、更富冲击力、更容易刺激销售。

1.卖场生动化的含义

所谓卖场生动化就是通过有效的药店环境规划、卖场气氛营造、药品陈列等手段使品牌药店所售药品在末端通路，即销售点更加能够吸引消费者光临，刺激消费者的购买欲望，最终促成消费者购买，实现整体销售的迅速提升。

2.卖场生动化的主要要素

一般说来，品牌药店卖场生动化的营造主要由以下八大要素组成：

(1)药品陈列方式　比较典型的例子是开架自选购药。这些药品陈列方式的改变使得药店与消费者之间更具互动性和亲和力，使消费者能够更快地以更为简单便捷的方式挑选自己所需的药品，而且让消费者感觉更为随意闲适。

(2)药品陈列架的位置　这是一个被许多品牌药店所忽略的问题。许多药店为了尽可能多地利用有限空间，陈列更多的药品，往往不顾忌消费者在购物时的感受，将货架陈列得密密匝匝。结果，除了前面几排货架以外，后面一些货架上陈列的药品往往由于取放不便或是不容易被发现而鲜有人问津。实际上，在设置药品陈列架的位置时，品牌药店应根据现有营业面积、场地形状、消费者一般行走规律等状况，合理设置货架的位置，使得药店布局既没有明显的视觉死角，又能充分利用营业面积。

(3)货架空间分配　指的是同类药品不同品牌在一定货架空间中所占绝对空间的大小。在货架空间分配上，许多零售药店同样犯了一个很明显的毛病，即：在货架空间分配上，缺乏管理概念，只是简单地把药品堆放在货架上。这将导致重复堆放，分类混乱等弊端。既浪费货架空间，又造成药品吸引力不够。因此，品牌药店在货架空间分配上，一定要导入清晰的货类管理概念，切忌犯下空间分配不合理的低级错误。

(4)药品包装信息　即药品包装的大小、色彩、内容等。在现实生活中，药品制造商为了充分吸引消费者的关注，一方面加强了对药店等零售终端陈列架的逐寸争夺，另一方面在药品外部视觉上，也下了相当大的工夫。如果药店对于自己所销售的主力产品在摆放方式、货架空间分配等方面加以合理配置的话，对于增强卖场气氛是很有帮助的。

(5)卖场环境设计　即药店在整体购物环境方面的营造。每家药店在卖场环境设计时，都应根据药店经营特色、卖场定位、药品种类、消费群层次、区域总体环境等，营造具有自身特色的卖场环境，包括色彩、照明、装修、货架形状、背景音乐、POP、灯箱、喷画、招贴等。卖场的环境在第一时间内影响到消费者的情绪，带给他们愉悦的过程享受，同时直接影响到他们的购买动机。

(6)人员推销　稍有规模的制药企业一般都会自己派遣或与品牌药店一起合作，在零售终端安排人员推销、导购。一个出色的导购人员其实是身兼数职的，他既是销售促进者，又是企业形象的代言人，还是消费者的老师和朋友，对于提高企业产品的终端响应能力、促进终端销售，起着十分重要的作用。但现实生活中，导购人员所起的作用十分有限，充其量只是一个产品的推介者而已，企业对他们的素质要求也比较低。实际上，导购人员是企业(产品)与消费群(卖场)之间最短促、最直接的沟通桥梁，从他们那里，企业可以获取来自卖场一线的、真正有价值的资料，也可以通过他们，向消费者直接传达有关企业及产品的信息，展示企业的品牌形象。

(7)零售促销活动　以多样化、高实效的零售促销活动吸引消费者，营造销售气氛和卖场人气。

(8)品牌药店的后续服务能力　它包括两个方面：物流管理能力及产品管理能力。物流管理能力指品牌药店的供货能力、运输能力、送货能力、服务能力的集成程度，它最终决定品牌药店的货类周转速度；产品管理能力指品牌药店对所销售的药品从售前、售中到售后整个过程的管理、控制能力。售前的询价、采购、定价、上架，售中的现场安排与管理，售后的送货、安装、维护等工作，都是药店产品管理能力的最终体现。如果药店在购物现场气氛的营造、后续服务能力的强化上多下一些工夫，必将有力地提升自己的终端响应力，直至获取相应的竞争优势。

3.实施卖场生动化的意义

(1)零售点是消费者决定购买的最后一个环节。

(2)零售点是展示品牌形象和价值最直观的体现。

(3)强大的广告，必须做到产品看得到、看得清、看着好的零售点配合。

(4)争夺占60%的那些在药店犹豫不决的消费者，使其下决心购买。

(5)最佳陈列位置、最大陈列空间、最佳宣传品、营业员的首推能增加20%～60%的销售。

(6)卖场生动化产生的口碑效应能对药店业绩产生巨大效力。

4.如何实施卖场生动化

药店运作卖场生动化的目标是强化售点广告，增加可见度，吸引消费者对企业和产品的注意力，提醒消费者到本药店购买产品，使消费者容易看到企业和产品。要达到这些目标，通过卖场生动化提升销量一般有如下几种手段：

(1)陈列展示生动化　陈列就是把药品有规律地集中展示给顾客，要考虑四个方面的内容——位置、外观、价格牌、产品的次序和比例。位置是强调药品要摆放在消费者流量最大、最先见到的位置上。外观指货架及其上边的产品应清洁、干净，及时补充新产品，撤换淘汰旧样品。应有明显的价格牌，所有陈列药品均要有价格标示，所有药品在不同的陈列设备中的价格均需一致。药品的次序及比例指主推产品及畅销新品必须占所有陈列空间70%的陈列面积，其他品牌则按销售量比例陈列，但要注意药品必须集中陈列、上下货架不同包装的品牌应对应。

(2)售点广告生动化　售点广告能提高售点的形象，把客户引进售点，同时也增加产品展示的吸引力、可见度。一般设在药店门前、终端附近或终端（药店内），以灯箱居多，用来树立品牌形象、吸引消费者的关注。广告生动化也要考虑四个方面的内容——位置、外观、选用、售点和买点的广告。位置指广告应张贴在最显眼的位置，如进门处、视平线处等以吸引消费者的注意力。外观指广告也代表了医药零售企业的形象，因此广告外观应干净、整洁。选用指广告品的种类很多，在选用时要注意销售什么产品配什么广告，这也是专业水准的一种表现。生动化是围绕着产品在售点和卖场内进行的，因此广告品必须张贴在售点和卖场内。总之，售点广告要做到：广告品必须贴于售点显眼地方，不可被其他物品遮盖；海报或商标贴纸必须贴于视线水平，不应太高或太低；更换及拆除已褪色或附有旧的广告标语的广告物；不应同时出现两个新旧广告攻势的广告品；当促销活动结束时，必须将广告品换除。

(3)药品货架陈列生动化　通过货架上药品有序陈列达到刺激顾客冲动购买欲望的目的，往往有价签、小型POP配合。

(4)柜台式药品陈列生动化　一般在药店柜台上陈列产品，可以成为吸引消费者注意力的焦点，容易激起消费者冲动购买欲。

(5)橱窗展示生动化　有产品艺术化陈列、展示卡、灯箱或霓虹灯等常用手段，主要目的是树立品牌形象、提升产品销售。但要注意，要有明确的主题，橱窗布置要有创意、简洁、高雅。

(6)营业员服饰与服务生动化　营业员的服务形象、服务语言以及服务方式等是药店与顾客联系的纽带，伴随着顾客的整个购买过程。再生动的环境布置如果缺少了营业员的热情和微笑，效果都会大打折扣；相反，在营业员销售服务过程中的微微一笑，双方都从这发自内心的微笑中增加了信任，融洽了气氛，同时也赢得了顾客的好感，成交的可能性就会大增。

四、零售药店终端促销

每逢年节以及药店自身的一些特殊意义日子，药店总要举行一系列的大型促销活动。在目前医药营销行业中，终端卖场促销是一种被广为应用、综合性较强、效果较好的促销方式。

1.终端卖场促销的定义

终端卖场促销是指以零售药店现场气氛为依托，综合病情诊断、病理知识咨询、赠品派送、礼品刺激等手段，针对目标消费者而开展的以促进非处方药品销售为目的的一系列相关活动。

2.终端卖场促销的形式

(1)服务促销　活动期间，聘请有执业许可证的医务人员，在店堂内进行义诊。让进店的目标消费者在药店里不花钱挂号，就可得到医生诊治。患者在明确自身病症的情况下，结合医生的指导，再去选购对症的药品。这种服务一方面可以使患者做到安全对症用药；另一方面可以降低患者的治病用药成本，因而深受消费者欢迎。同时也可以根据药店的实际情况开展诸如免费体检之类的活动。

(2)卖点促销　产品推销员以发放资料或现场讲解的方式,对药品的独特卖点进行介绍。卖点可以是剂型、功效,也可以是成分、价格,以吸引消费者。消费者获取了相关信息后,必然将该药品与同类产品进行综合比较,如果该药品确有优势,消费者自然会毫不犹豫地选择购买。

(3)利诱促销　利诱促销是指在消费者能以正常的价格获得药品时,又额外地免费获得药品或其他物品,让其感觉到在这种时候购买这种药品物超所值。

(4)广告促销　在一般人的印象中,媒体上发布的药品广告可以说到了狂轰滥炸的地步,但是药店的广告却很少见到。不过如今一些势力雄厚的药店广告也悄然亮相于电视、报纸、户外站牌等不同媒介,药店通过广告传播建立起与顾客的感情关联。常见的药店广告可以分为 DM 单广告(Direct-Mail、宣传单,通过邮政或者其他渠道直接投递到住户手中)、报纸广告、电视广告、电台广告、公交广告、互联网广告、冠名赞助类广告、手机短信广告等八大类。

五、零售药店会员制营销

会员制营销是一种深层次的关系营销,它的出现是市场激烈竞争的结果。在以人为本的社会背景下,会员制营销的出现,使消费者产生了一种强烈的归属感,拉近了消费者与药店的关系,因而受到了消费者的欢迎,而药店则期望借此留住稳定、忠实的消费群体,在进一步扩大销量的同时,通过会员反馈的信息发现自己的不足,及时调整营销策略。有专家断言,继价格战后,会员制大战将主导药品零售业的竞争,并引领药店竞争走向更高层次。

1.药店会员制营销的意义

(1)培养顾客忠诚度,提高药店美誉度　药品是特殊商品,其销售对象相对稳定,药店提供会员制度服务,可以锁定目标顾客群,保证拥有一定数量的客源,而且门店与顾客之间建立良好的关系,可使顾客产生归属感,从而培养顾客忠诚度,降低开发新顾客成本。药店推行会员制可使药店在顾客中的美誉度不断提高,同时也使药店的品牌逐步地树立。一个顾客持一个拥有高美誉度的品牌药店的会员卡,不仅能享受这个药店提供的特殊服务,而且使顾客自身拥有一种自豪感和归属感。顾客和药店的关系也就更为密切,从而成为该药店的忠诚顾客和宣传员。

(2)增加与供应商的谈判能力　会员数量增多,将会加大与供应商谈判的筹码,上柜费、报价等也有更大的空间,而且顾客越多,药店的规模效应也就越大,固定成本也就可以摊得越薄,可以使会员享有更优惠的价格折扣。

(3)以特色药学专业服务创立竞争优势　有的药店为每个会员建立健康档案,定期上门服务,并请专业医生为他们检查身体,提供贴身的“家庭医生”式服务。同时,药店不定期组织会员参加健康知识讲座,充分体现药店对会员的人文关怀,这将不断提高企业的美誉度,既牢牢留住老顾客,又带来大量新顾客,这也是与其他竞争对手差异化的体现。

(4)提供药店与顾客的沟通渠道　会员制可以促进顾客以会员的身份向药店提出要求,便于药店及时了解消费者的需求变化,为改进药店的经营和服务提供客观依据。

(5)会员制是药店提供满意服务的一种承诺　在大量的交易活动中,信任是靠信誉机制维持的。会员制的创立就基于信誉的信任,是基于长期合作关系而建立起来的信任,是药店对顾客提供高质量服务的一种承诺。

2.如何建设完善的会员制

(1)权责明确,保护隐私　药店应向会员提供会员手册或指南,清楚、详细地说明药店和会员双方的权利、义务,经过会员阅读并同意后,再办理入会手续,以避免事后发生异议或产生不必要的矛盾。药店要派专人对会员的信息进行收集和管理,不得泄漏会员的电话、电子邮箱和病症等。尤其是患者的病史可能涉及其隐私,药店应严格保密。

(2)分级管理,分类服务　由于消费者在收入和身体状况上存在差异,购买药品的频率、数量、选择的价位等也各不相同。药店在会员刚加入时,可让其成为初级会员,随着消费额度的增大、参加活动次数的增多,晋升为中级、高级、VIP 会员。不同等级的会员可享受不同层次的价格折扣和增值服务。分类是为了使服务向深度延伸,药店可以分析会员需求,将顾客细分成不同类别,以提供有针对性的服务。如根据患者所患疾病进行分类,为患有糖尿病的会员举办专业讲座,指导其预防和治疗等。

(3)提高服务质量,拓展服务渠道　目前,有些药店打着讲座、义诊的幌子卖药,让消费者极为反感。因此,药店在开展活动时必须保证内容的利民性、科学性和合法性,不能为了一时之利而损害药店信誉。药店可为会员建立"药历",详细记录会员的姓名、性别、年龄、电话、地址,以及所购药品的名称、日期和用药史等,并输入药店数据库。药店药师可根据"药历",定期以电话和回访的方式对会员进行用药指导,了解用药问题,监测药品潜在的不良反应,及时将不良反应上报给有关部门。当药店举办讲座等活动时,药店店员要及时通过电话或邮件的方式告知相关的会员。

(4)加强对外合作,推行联合会员制　药店可以和信誉好的超市、百货商店、美容院、健身中心、旅行社等联合实施会员制,实现会员信息共享,达到多赢的效果。也就是说,会员只需办一张卡就可享受不同企业提供的多种服务,全面提升生活质量。这种多家联合开展的会员制,比一家单独开展的会员制效果更好。

六、零售药店处方药营销

我国于 1999 年 6 月开始试行《处方药与非处方药分类管理办法》,但由于当时药品分类管理在我国尚处于起步阶段,对处方药监管采取的是"双轨制"的管理办法,即分期、分批公布必须凭处方购买的处方药类别品种,消费者在药店购买处方药,既可凭处方,也可不凭处方。直到 2005 年 12 月 31 日,国家食品药品监督管理局宣布取消处方药"双轨制"。从 2006 年起,我国全部处方药必须凭执业医师处方销售,在医师的指导下使用。这使得药店在同医院在处方药的市场争夺中更加处于不利的地位。

作为医药产品销售主体的处方药主要是通过医院直接销售,即使在定位为"专业药房"的零售药店,处方药销售也只占其销售总额的 30%左右。但处方药市场又是零售药店绝不能放弃的市场,随着零售药店在 OTC 市场竞争的不断加剧和销售利润率的不断下降,处方药销售相对较高的利润已成为药店生存和发展必不可少的基础之一,处方药营销不是可有可无,而是零售药店一个具体的经营问题,是关系到药店长远发展的战略问题。零售药店强化处方药营销管理可以从以下几个方面入手:

(1)发挥药师在处方药营销中的专业主导作用,提供丰富的专业药学服务,积极争取医院的处方分流。

(2)细化商圈,不求广而全,但求精而专,优化并丰富商品组合,满足消费者对处方药的一次性购齐需求,实现药店处方药营销的良性循环。

(3)合作多赢,建立处方药的复式学术推广体系,积极开展知识营销,将药店的处方药营销市场定位传递给消费者。药店可针对性地建立某种疾病或某类顾客群的俱乐部,不定期针对一些病源较广的疾病举办专题讲座或会议,也可与一些社区诊所联合营业等。

【能力培养与训练】

1. 训练营

组织学生到单体和连锁药店、大型超市,通过实地调查和访谈以及药店实践体验等方式,了解零售药店的营销策略与管理实务,学习和掌握药店营销策略与管理实务的相关技能。

2. 训练目的

通过训练进一步巩固学生对药店营销管理及营销策略的认识和理解,掌握药店营销管理的相关技能。

3. 训练要求

在教师指导下进行选题,分组收集不同药店的调研资料,分析并总结,撰写××药店营销管理分析报告。

任务三　医药代表药店营销实务

教学目标

【任务构架】

药店终端市场调查→零售药店终端拜访→零售药店终端推广会→零售药店终端拦截→医药深度分销。

【参考学时】

2 学时

【学习目标】

- 知识目标:掌握对药店终端进行销售拜访的相关知识和技能,掌握零售药店终端销售促销和销售的方式方法。
- 能力目标:掌握并熟练应用药店终端销售拜访的相关技能,掌握药店终端促销的方法并能熟练应用。

【问题导入】

“快克”畅销不衰之终端的深度开发与传播

“中国药店经营 2010 魅力药品榜”,众多品牌竞相角逐,最终海南亚洲制药生产的感冒药快克成功入选。之前,在 2005 年 6 月 23 日,海南亚洲制药生产的感冒药快克获得唯一感冒药类“中国驰名商标”。同时,在《人民日报》社主办,中国非处方药物协会等百余家权威行业协会协办,在 30 多个省、市消费者中组织的投票推选中,快克一举夺得“中国消费者感冒药满意首选品牌”称号。

在感冒药中,不乏销量大于快克的品种,为什么年销售额不足 4 亿元的快克能够获得中国驰名商标，而销售额大得多的其他品种却榜上无名？在众多光环下，快克的特色究竟何在？除了一直坚持的高品质、高标准和高质量之外，注重质量，注重品牌建设，通过品牌宣传树立良好的品牌形象，赢得美誉和忠诚之外，合理的价格，持续的广告宣传以及契合产品形象的品牌代言人的聘用之外，快克一直都非常注重和渠道实现共赢。多年来，快克充分重视渠道的价值，数十年来与渠道各级商业合作伙伴保持着诚信合作，并不断深化渠道传播，进行渠道的深度开发。这也成为快克的健康快速发展的一大助力。

携手终端：与各类药店灵活合作

当不少企业还停留在商务销售时，快克药业已认识到终端的重要性，不仅在打品牌方面下足工夫，且在跟药店终端合作时，也采取多种灵活的合作模式。尤其是近几年，快克根据终端业态发展的形势，敏锐地捕捉到与不同类型的药店终端合作的重要性，并建立了覆盖全国的终端销售队伍，对各类药店进行拜访维护。

为了保证终端药店的合理利润，保持终端销售快克的热情，快克进行了终端铺货、陈列、维价工作，通过签订不同类型的战略合作协议获取连锁企业的广泛支持。同时，还采用不同形式的会议和政策，全力支持人员覆盖尚未开发的终端。正是因为快克有着广泛的终端合作基础，才保障了其产品销售的持续增长和健康发展。

深化终端宣传教育

在感冒药市场中，竞争非常激烈，稍有疏忽，随时都有可能被竞争对手取代，所以，快克非常重视渠道的长期维护和加强对终端的深度宣传和教育。

“防治流感·中国行动”——针对经销商的强力宣传

采用央视十套《走近科学》栏目的形式来制作这套专题片，选择医药行业知名专家制作专题片。继专题片之后，又制作科普手册等相关的终端宣传物料。2007年8月18日，开展了“防治流感·中国行动”活动，邀请卫生部及其他机构的领导参加，同时，将快克的全国经销商会也放在一起同时召开，此时，快克全国经销商也是济济一堂。“防治流感·中国行动”在一片支持声中正式启动。这次活动，针对快克的经销商来说，都是一次很好的宣传活动。

针对消费者的深度传播

1.专题片广覆盖宣传。在专题片的使用上，快克很快与全国13家卫视达成共识，进行广范围的消费者产品知识宣传，让消费者充分认识和了解产品的优势和特点，同时，强有力广覆盖的宣传之后，快克的品牌更是深入人心。

2.进社区深化宣传。在多家社区开展公益活动，放映专题片、发送手册、张贴海报及赠送相关物料，进一步提高了社区居民对快克产品的知悉度和美誉度。

在营销方式上，快克一直在不断地创新自己的思路，开展更多样化、更差异化、更灵活的营销策略。如今，快克已然是中国感冒药市场的强者，一直牢牢地控制着感冒药市场占有率的制高点，快克品牌已深入人心。

问题：

1.快克的终端营销策略有哪些？

2.试谈谈你所了解的促使快克成功的其他营销策略？

【知识链接】

赢得了终端，就等于赢得了市场，这是众多医药企业近年来所形成的共识。零售药店作为医药市场终端的两大主体之一，已经成为医药商品，尤其是非处方药争夺的主战场。如何有效开发药店，如何以药店为平台实施医药商品营销，是每一位医药代表必须具备的基本能力素质。

一、药店终端市场调查

医药代表在具体开拓某一区域药店零售终端市场之前，必须首先对该区域的药店进行充分有效的市场调查，并据此建立翔实的药店档案资料是开展药店营销的前提和基础。

市场调查的主要内容包括：

(1)药店的详细地址、邮编、电话号码。

(2)药店的性质：国有、集体、个体私有、股份合作制或其他什么形式。

(3)药店的主要负责人、主要目标营业员、坐堂医生的姓名、喜好、联络方法等。

(4)药店的进货渠道、付款方式以及资信怎样。

(5)药店的经营规模，店堂营业面积、经营品种；是否连锁经营，经营状况如何，以及与本企业有关联的同类品种的各种情况。

(6)观察店堂内能否开展促销活动，哪一种促销活动形式最为适宜。

(7)了解店堂内有何终端促销用品，何种终端促销用品效果最好，药店对终端促销用品有何建议。

对以上七个方面的调查数据详细地分析、整理、归档，并对药店进行级别评定，可分为A、B、C三个等级，A级为当地有名的大药店和连锁药店；B级为规模相对较小，但生意较好的药店，一般为单体药店、商场、超市药品专柜、人口流动大的区域的中等药店；C级为那些生活区和郊区便民小药店、小诊所、小食杂店的便民药品点等。

二、零售药店终端拜访

在医药营销过程中，终端拜访是营销活动中很重要的一个环节，作为销售的基础工作，历来被众多的厂家所重视，可以说在厂家对销售人员的考核指标、业务培训，日常工作要求中终端拜访无一例外地被其列入主要和显目的位置，市场调查需要拜访客户、新品推广需要拜访客户、销售促进需要拜访客户、客情维护还是需要拜访客户，只要客户拜访成功，产品销售的其他相关工作也会随之水到渠成。

1.拜访方法

(1)开门见山，直述来意　初次和客户见面时，在对方没有接待其他拜访者的情况下，我们可用简短的话语直接将此次拜访的目的向对方说明：比如向对方介绍自己是哪个产品的生产厂家(代理商)；是来谈供货合作事宜，还是来开展促销活动；是来签订合同，还是查询销量；需要对方提供哪些方面的配合和支持；等等。

(2)突出自我，赢得注目　有时，我们一而再再而三地去拜访某一家公司，但对方却很少有人知道我们是哪个厂家的、业务员叫什么名字、与之在哪些产品上有过合作。此时，我们在拜访时必须想办法突出自己，赢得客户大多数人的关注。每次去拜访客户，首先要准备好足量的名片。除了需直接接触的关键人物联络之外，同样应该给采购经理、财务工作人员、销售经理、卖场营业人员甚至是仓库收发这些相关人员，都发放一张名片，以加强对方对自己的印象。其次，在发放产品目录或其他宣传资料时，有必要在显见的上方标明自己的姓名、联系电话等主要联络信息，并以不同色彩的笔迹加以突出；同时对客户强调说：只要您拨打这个电话，我们随时都可以为您服务。对于新客户，可以用已经操作成功的、销量较大的经营品种的名牌效应引起客户的关注，激发客户的兴趣。

(3)明辨身份，找准对象　如果我们多次拜访了同一家客户，却收效甚微：价格敲不定、协议谈不妥、促销不到位、销量不增长等。这时，我们就要反思：是否找对人了，即是否找到了对我们拜访目的实现有帮助的关键人物。

这就要求我们在拜访时必须处理好"握手"与"拥抱"的关系：与一般人员"握握手"不让对方感觉对他视而不见就行了；与关键、核心人物紧紧地"拥抱"在一起，建立起亲密关系。所以，对方的真实"身份"我们一定要搞清，他(她)到底是采购经理、销售经理、卖场经理、财务主管，还是一般的采购员、销售员、营业员、促销员。在不同的拜访目的的情况下对号入座去拜访不同职位(职务)的人。比如，要客户购进新品种，必须拜访采购人员；要客户支付货款，必须采购和财务人员一起找；要加大产品的推介力度，最好是找一线的销售和营业人员。

(4)宣传优势，诱之以利　商人重利。这个"利"字，包括两个层面的含义："公益"和"私利"，我们也可以简单地把它理解为"好处"，只要能给客户带来某一种好处，我们一定能为客户所接受。

首先，明确"公益"。这就要求我们必须有较强的介绍技巧，能将公司品种齐全、价格适中、服务周到、质量可靠、经营规范等能给客户带来暂时或长远利益的优势，对客户如数家珍，让他及他所在的公司感觉到与我们做生意，既放心又舒心，还有钱赚。这种"公益"我们要尽可能地让对方更多的人知晓，知晓的人越多，我们日后的拜访工作就越顺利，因为没有谁愿意怠慢给他们公司带来利润和商机的人。

其次，暗示"私利"。如今各行业在产品销售过程中，很多厂商针对购进、销售开票、终端促销等关键环节都配有形式多样的奖励或刺激；各级购、销人员对此也是心知肚明。因此，哪一家给他的"奖励"多，他自然就对哪一家前来拜访的人热情了。

(5)以点带面，各个击破　如果我们想找客户了解一下同类产品的相关信息，客户在介绍有关产品价格、销量、返利政策、促销力度等情况时往往闪烁其词甚至是避而不谈，以致我们根本无法调查到有关竞品的真实信息。这时我们要想击破这一道"统一战线"往往比较困难。所以，我们必须找到一个重点突破对象。比如，找一个年纪稍长或职位稍高在客户中较有威信的人，根据他的喜好，开展相应的公关活动，与之建立"私交"，让他把真相"告密"给我们。甚至还可以利用这个人的威信、口碑和推荐旁敲侧击，来感染、说服其他的人，以达到进货、收款、促销等其他的拜访目的。

(6)端正心态，永不言败　客户的拜访工作是一场几率战，很少能一次成功，也不可能一蹴而就、一劳永逸。销售代表们既要发扬"四千精神"：走千山万水、吃千辛万苦、说千言万语、想千方百计为拜访成功而努力付出；还要培养"都是我的错"最高心态境界："客户拒绝，是我的错，因为我缺乏推销技巧；因为我预见性不强；因为我无法为客户提供良好的服务……"为拜访失败而总结教训。只要能锻炼出对客户的拒绝"不害怕、不回避、不抱怨、不气馁"的"四不心态"，我们将离客户拜访的成功又近了一大步。

2.终端拜访的程序

(1)事先准备　终端拜访时首先应对上次拜访情况进行回顾:①上次拜访中的遗留问题(终端老板提出的问题、疑问);②销售目标回顾:上个月或上半个月的销量和这个月相比销量有什么变化,销量增长还是减少,调查、分析其原因;③确定行程:联系客户相关人员并确定时间;④资料准备:客户信息维护表,准备访问报告。

(2)店内检查

①店内整体观察:主要观察竞争对手情况,销量占整个商店前三名的同类产品;观察货架陈列、特殊陈列、客流量情况、各类活动情况(如促销、大型文艺活动);尤其是陈列外观吸引人的程度,包括我们的陈列、竞争对手陈列、销量好的保健品陈列;价格变动的幅度,时刻关心我们产品的价格、价格变动的原因是特价还是别人降价等;消费者对这些活动的反应等。

②分销的情况:主要检查店中是否有我们每一规格的产品单品,是否达到该类型商店的分销标准。

③产品摆放的位置:主要检查是否是显眼处;是否是人流比较多的地方;具体细节按产品位置摆放要求标准执行,产品摆放不理想的位置,需制订计划,落实到人及什么时间完成。

④价格检查:主要检查产品的价格是否在公司的价格变动幅度之中(检查分销商、直供批发商的出货价格以及终端零售价格);顾客能否容易找到每种产品的价格标签(有无价格签、价格签更改过或者价格签上有几个价格的情形);是否满足不同包装单包价格梯度要求。

⑤库存检查:主要检查每个规格是否有足够的货架库存(根据它的销量,确定安全库存),有没有过期或者快过期产品(帮助经销商检查库存,生产日期长的产品建议先发)。

⑥生动化陈列工具检查:主要检查展板、宣传海报、挂旗、灯箱等。

⑦促销检查:主要检查应该出现的促销活动是否在店中出现;促销的产品是否在该店中有分销;促销的产品是否有足够的库存;促销产品是否有按照规定进行货架陈列;促销产品是否在要求的范围之内;促销产品的价格是否在要求的范围之内;促销的资源(如赠品、费用)是否充足;促销人员是否按照要求来影响消费者,是否将促销信息传达给消费者;等等。

(3)调查整理

①清楚了解终端的进货渠道、进货价格、零售价格、历史月销量、进货周期和频率等。

②对调查的终端进行合理的分类。

③随时掌握终端需货信息,根据终端的月销量和进货周期,把终端进货信息收集起来,整理反映到经销商手中。

(4)计划要求

①对所管辖区的终端,绘制成终端分布图。

②制订每周走访终端的路线图,路线图要有起点和终点。

③根据终端销量等级,分级制订终端走访次数。

(5)制订任务

①根据所管辖区的终端每个月的真实销量和经销商发给终端的实际销量为依据,为经销商提供终端需货信息。

②对所管辖区的终端进行评估,把信用度、财务情况反馈给经销商,并和经销商一起探讨。

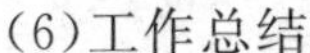

(6)工作总结

①一个星期要有一个终端小结,对终端走访的情况进行总结。要反映出终端出现的问题和疑难,需要怎样解决,拿出方案,需要什么支持。

②一个月有一个完整的总结。总结内容包括:所管辖区的进货渠道主要在哪个经销商、整个终端销量数据。

三、零售药店终端推广会

终端推广会是指为了让药店采购经理组织进货、让终端营业员了解并接受药品,快速扩大药品铺货率及上柜率,树立药品和企业在终端零售商中良好的品牌形象而展开的一系列宣传推广活动。

1.终端推广会召开的时机

推广会不是灵丹妙药,并不是每次都能提高销量,更不能挽救市场,只有在以下几种情况下方可考虑是否召开推广会。

(1)开拓新的渠道　首先企业要找到渠道的盲点(比如农村处方药市场),和经销商一起确定推广会的对象,在与经销商共同合作的情况下对新的客户召开推广会,拓宽渠道,挖掘潜力,达到厂商双赢。

(2)处理库存货物　这里的库存货物是指厂家(经销商)仓库中存有已停止生产或将要到有效期的产品,这些产品如果不变成人民币,将成为一堆废品。在这种情况下,可以召开分散式的推广会,主要召开对象为区域内销售量较大的零售终端,会上对上述产品给予一定的优惠政策,并在会后将优惠政策由厂家或经销商的业务员带给每一个零售终端,以求快速与消费者见面,立即消化。

(3)与竞品抢占市场　当收到竞品将进入某市场的信息后,为防止竞品抢占该市场份额,可以就单一品种及时召开促销推广会,以阻击对手。

(4)新产品上市　新产品上市初期,为迅速打入市场,进入渠道各个环节,让渠道成员了解、接受新产品,可以用推广会的方式达到目的。

(5)季节产品旺季来临时　当季节产品旺季来临时,为抢在竞品之前挤占零售药店资金,压进药店仓库,进入销售渠道,也可以对季节产品召开推广会。

2.终端推广会的指导方针

终端推广会一般是厂家与当地某一家一级经销商合作召开的,所以厂商的合作必须遵循以下十字方针:双赢、互信、协议、齐力、发展。

(1)双赢是原则　厂家通过推广会的召开,占领市场,拉近与二级批发商及零售商的距离,树立品牌形象,扩大销售。经销商通过推广会的召开,进一步组建、维护自己的下游网络,提升自己在业界的品牌,赚取一定的利润,所以,厂商双赢是推广会成功召开的原则。

(2)互信是保证　厂商之间的相互信任、通力合作是推广会成功的保证。

(3)协议是约束　达到推广会的预期目标,为控制费用、保证销量,厂商之间必须用协议来约束。

(4)齐力是行动　推广会并非只是厂家的事,只有和经销商的业务人员分工协作,才能保证推广会的到会人数,才能保证推广会的订货量。

(5)发展是目的　推广会的最终目的是厂商寻求共同的发展。

3.终端推广会的类型

(1)按会议规模分类　可分为小型、中型、大型三类。小型:针对县级城市范围内的终端客户,费用在1万元以内;中型:针对市级城市范围内的终端客户,费用在2万元以内;大型:针对省级市场范围内的终端客户,费用在2万元以上。

(2)按主办方式分类　可分为独办式、联办式和搭车式。

①独办式:由单个厂家(或经销商)针对目标药店召开促销推广会,优点是品牌宣传力度大、订货量大,缺点是费用高。

②联办式:由几个厂家(或经销商)联办一个针对目标药店的促销推广会。优点是费用相对较少,缺点是由于多家联办,与会者较多,品牌宣传力度不大,订货量不大。要注意的是联办厂家的产品不可类似、雷同。

③搭车式:由某一厂家牵头主办,其他厂家出少量会议资金顺便搭车。优点是费用很少,缺点是达不到品牌宣传的效果,订货量也会很小。

(3)按会议方式分类　可分为集中式推广和分散式推广。集中式推广即以经销商的名义把区域内的零售商召集上来,集中开会推广。分散式推广即经销商属下的区域业务负责人,把特定时期厂家举办的促销政策带到区域内的零售商,让零售商按促销相关政策订货,并当场享受所规定的优惠政策。

4.终端推广会的对象

推广会的对象按进货量大小可以分为两类:A类:大型连锁药店、平价大卖场、药店超市;B类:单体药店、社区药店;C类一般不邀请。

A类客户进货量较大,一直是各厂家召开推广会的主要对象,所以A类客户基本上被"宠坏",胃口很大。住宿、餐饮、礼品等质量标准稍差便觉不满意,影响进货,而且推广会的费用相对较高。

B类客户由于进货量小,所以较少被厂家邀请,一旦被邀,就会感到很高兴,对礼品、住宿、餐饮等质量标准要求也不会过高,推广会的费用相对较少。特别是A、B类客户同时参会时会造成会议上的促销奖励政策失去平衡:定高了,进货小的B类客户很难达到标准,失去订货的积极性;定低了,满足了B类客户,却降低了A类客户的标准,由于形成不了刺激,A类客户的进货量同样也不大。所以,请务必统一推广会对象,保证推广会的效果。

5.终端推广会的促销方式

(1)有奖销售　购一定金额的产品可以得到一份奖品,而再加一定金额就可以得到更好的奖品(要有一个递增的奖励政策,促使客户购买)。

(2)购货特别奖　购一定金额的老产品再购一定金额的新产品,就可以得到一份特别的奖励。

(3)幸运抽奖　凡现场购货达到一定金额可得到奖券一张,再达到一定金额又可以得到一张奖券(首先要有一个递增,其次抽奖的奖品要有吸引力,让人人都想要一等奖)。

(4)当日购货最高奖　在会议结束前,对本次会议重点推出的产品及时统计单份订单的最高销售量,并予以公布,通过主持人宣布再增加多少金额后最高购货奖将得到什么奖励。

6.终端推广会的奖品设置

(1)奖品设置原则

①合理性:多订多得,少订少得,不订不得(指奖品)。

②合情性：来者都有（指公司礼品）。

（2）奖品设置方法　奖品设置应当考虑点、线、面结合。点：高奖应占百分比是多少；线：中奖应占百分比是多少；面：低奖应占百分比是多少。

（3）奖品设置注意事项　抽奖活动的最高奖可以与当地总经销商商量内定；要避免重复设奖，造成费用浪费；礼品促销应避免不够或兑换时不是客户所需要的物品，从而产生客户意见；促销活动应一切利于调动客户的购货积极性。

7. 终端推广会运作步骤

（1）前期准备　首先根据药店分布情况，选择合作的经销商，确定促销推广对象。然后邀约促销推广对象，邀约方式有电话、邀请函、上门邀约等。邀约的信息必须全面准备，要把活动方式、赠品名称、奖励内容、产品名称、产品价格（包括优惠价格）及活动时间、地点说清楚。最后确定经销商参会人员及厂家参会人员，并就推广会上的工作内容进行分工；促销对象人员确定（姓名、单位名称、年龄、性别、人数等），以便礼品购置；确定活动的主持人、礼仪小姐等。要提前一天布置活动场景、设备调试及相关礼品的购置，条幅、吊旗的悬挂，会场四周、楼道贴上公司的宣传海报，会场里摆放易拉宝。将公司简介及相关资料（价目表、优惠政策、订货单、名片、产品三折页等）放在座位席。将公司产品陈列在会场里的入口处，奖品陈列在主席台醒目的地方，让客户关注。做好 VCD、电视机、投影仪、音响、话筒、电源、摸奖箱等相关设施的准备、调试。

（2）实际操作

①对参会人员进行登记、建档（姓名、电话、职务等）。

②用投影仪或电视播放企业形象及产品相关知识介绍的录像。

③业务人员与邀约对象进行分组座谈。

④主持人主持活动（相关人物讲话、有奖问答等）。

⑤签订购货合同，发放促销物品。

⑥会议结束发放纪念品。

8. 后续跟进

推广会结束后，需根据邀约对象的档案，季度定期进行回访，加深感情，及时了解客户需求，回访方式有电话、信函、上门拜访等。同时及时妥善处理售后问题，树立公司形象。

9. 注意事项

（1）关注促销信息是否能及时、准确送达到客户手中。

（2）把推广活动的娱乐性放在“聚餐”时间，避免“喧宾夺主”，影响业务洽谈订货的时间。

（3）事先应有预算费用明细表及管理发放制度，便于费用控制。

（4）服务质量，关注安排、接待工作是否有疏漏的地方。

（5）组织人员对会议现场、环境的布置及氛围营造。

（6）样品摆放要错落有致，做到立体、丰满、生动、突出。适当用些泡沫块支撑、铺垫及彩纸装饰。

（7）产品打字介绍（包含品质、特性、价格等）与产品说明书一道展示。

（8）保持礼品空盒总体摆放原则，但考虑到客户对产品实物了解的需要，可在每个品种里抽出一瓶、一板或一支等作为代表展示，避免产品丢失。

（9）奖品、礼品、样品及其他宣传物品（如易拉宝），需有专人管理、维护，责任落实到人、分工明确。

(10)做到着装整齐、用语礼貌、面貌精神、佩戴工作牌(缓带),接待主动热情。

(11)为消除经销商担心厂家通过推广会与零售商直接合作的顾虑,可以印制推广会专用名片。名片内容:如果您要进货,请找××医药公司,联系人×××,联系电话××××××。如果您需要产品服务,请找××集团,联系人(业务代表)×××,联系电话××××××。

10. 终端推广会的评估

一个综合性的会后评估可以总结整个推广会的利弊得失,为下次推广会及会后的跟踪活动提供宝贵的经验,为渠道的规范管理提供帮助。

(1)参会人员的评估　主要数据评估:邀请人数、签到表、就餐人数,分析内容评估:为什么有的客户被邀请了却没来;为什么有的客户来了但中途离开;为什么有的客户未被邀请却自己来了,然后在分析的基础上找出原因,找到更改的办法。

(2)产品的评估　根据已签的订货单分析为什么有的产品没有客户订货,为什么产品的订货量不大,是产品问题(质量、价格等),还是竞品问题(习惯用药),还是季节因素,据此找出潜在影响因素,解决问题,满足需求。

(3)对渠道的评估　根据推广会的签到表分析参会的客户都是哪些区域、哪类客户,为什么其他区域的客户没来,为什么农村处方药市场的客户没来,都是什么原因?同时通过分析,明确货物流向,找出渠道盲点,从而调整渠道结构,挖掘市场潜力。

四、零售药店终端拦截

终端卖场是医药营销渠道最后一环也是最重要的一环,终端销售甚至被誉为整个医药营销中的"临门一脚"。由于医药产品的特殊性和医药消费的专业性,终端卖场的购物环境对消费者的购买行为有着巨大的影响,正因为如此,终端拦截因其具有投入成本小而又成效显著的特点成为医药营销人员常用的竞争性营销手段。

1. 终端拦截的含义

终端拦截就是整合终端所有的广告、促销、产品、渠道等资源,并利用这些资源在顾客不断思考、反复比较分析的购买过程中来影响顾客选购意向的手段和方式。通俗点来说,就是"引、抢、围、逼",即影响和引导顾客的思路、从竞争对手那里抢顾客、以更多的产品信息来对顾客心理进行包围式的诱导,来强化顾客的选购意向、用各种手段促成顾客迅速成交。

2. 实施终端拦截的方式

在终端销售过程中,有以下十种常用的终端拦截策略:

(1)高空拦截　大家经常在媒体上会看到很多产品的促销广告,质量如何好,价格如何优惠等,这就是高空拦截,即利用电视、报纸等媒体在相应区域发布终端促销广告,使促销信息更先一步地传输给更多的消费者。一方面,高空拦截能充分起到先入为主效应,在消费者未到终端之前进行消费诱导和品牌灌输,同时也能避开终端竞争激烈、信息庞杂,消费者容易迷失选购方向的缺点,使消费者更容易、更清晰地记住该品牌的相关信息。高空拦截还能借媒体的辐射力在更广的范围内吸引更多的目标消费群。做好高空拦截,首先要考虑销售费用,其次高空广告策划的有效性,再者就是充分与终端配合的问题,比如说把广告报、样报在终端柜台放一些,这样会把终端与柜台联结起来,对消费者起到双重强化的效果,或者是在报纸广告上注明"凭此样报可到××柜台领取礼品或参加某项活动"等内容,这样做就巧妙地使高空拦截与终端“水乳交融”。

(2)源头拦截　源头拦截就是在目标消费群的生活区或工作区所进行产品宣传和促销拦截,有营销专家称该方式为终端的进一步延伸,也有人称之为“后终端”,因其更直接、最明了、更快捷、更有针对性,目前医药保健品和家电、家居类产品此招使用较多,效果也比较明显。

(3)阵前拦截　阵前拦截是指顾客从商场门口到柜台前的促销指引和宣传说服活动,这个过程是消费者登堂入室的过程,也是影响消费者的购买意向的重要阶段,因而阵前拦截也不可缺少。阵前拦截主要体现在商场的门口的形象广告牌、门口的促销活动、商场内的导购牌和广告牌等。大家会经常看到,在许多商场门口或者是门头等位置都会有很多相关产品的广告牌,有时还会挂巨幅,有时甚至连门前梯形台阶上也贴上厂家的广告,这些广告牌以醒目的形象给潜在消费者以强烈的视觉冲击,不过费用也比较高。

(4)联合拦截　在竞争激烈的终端,如被孤立或围攻,无疑是极其危险的,联合具有相关利益的品牌同步联合促销,达成统一战线,以提高终端竞争力的拦截方式就是联合拦截。常见的有三种形式,其一是与非同类且有相关利益的品牌进行的联合促销。其二是与同类但不同档次的品牌进行的联合,比如高价位的 A 品牌与中价位的 B 品牌联合,当顾客对 A 品牌多次讲解仍因价格高而兴趣不高时可顺带介绍一下 B 品牌,同样有类似情况时 B 品牌可顺带介绍一下 A 品牌,两者联合,各取所需,共同提高。其三是与同类同档次的竞争品牌联合。

(5)人员拦截　人员拦截是一项最基本的拦截方式,即通过促销员的认真观察、细心劝说来强化消费者的购买意向。作为厂家或商家都要重视促销员的培训,包括产品知识、促销技能和沟通技巧等,同时要制定合理的激励制度,经常加强与促销员的沟通,确保促销员的良好的心理状态。作为促销员本身,要学会“眼观六路、耳听八方”的技巧,比如从顾客进入商场同类产品柜台的时候,要远远观察顾客的反应,揣摩消费者的消费心理及对同类产品的反应,做到有的放矢;在顾客走近我产品柜台时,要想办法留住顾客尽可能多的时间,不能让顾客轻易走掉,时间越多胜算的把握就越大,比如如果带有小孩的话,要备个小气球等小礼品送给小孩,如果有老人的话,准备凳子让他坐等行为,争取其好感;在介绍产品时要注意察言观色,根据顾客反应应对以合适的促销技术。这些很多厂家或商家都有其系统的技巧,关键是如何培训促销员,指导其巧妙运用。

(6)产品拦截　如何在较短的时间内将产品的功能与特点充分展示给顾客,吸引顾客层层深入了解产品,这就要根据产品自身的特点研究一些产品自身的拦截技巧。生动化陈列指产品在展台、POP 的装饰下,巧妙摆放从而充分显示出产品的形象、功能与卖点等特点。美国有句广告格言,“卖牛排的关键是卖炸牛排的嗞嗞声”。这正是讲产品演示的重要性,多方位演示常用的原则有“能动则动起来,能体验就体验一下,能说话就放出声来”。

(7)POP 拦截　终端的 POP 布置对产品的销售能起到较好的促进作用。终端 POP 布置要做到:①看得见:平看:海报、台牌、灯箱、电视播放宣传片,仰看:横幅、吊旗,俯看:产品陈列;②摸得着:资料架、展架、展台、样品等;③听得到:促销员推荐、营业员介绍、电视播放宣传片等;④带得走:手提袋、单张宣传页、自印小报、促销小礼物等。这些 POP 的制作和布置要新颖、引人注目,要注意与产品和展柜的搭配,还要注意与竞争对手的差异化。POP 平时维护也是很重要,要对损坏的及时更换,也要根据不同的销售需要制作更换不同的内容。

(8)借势拦截　经销商场对品牌的重视度是体现品牌销售推力的重要方面,对产品的销售有直接且重要的影响,因此还要注意加强与商场客情的培养,取得所在商场有形或无形的支持,使产品在终端得到真正的主推。业务员或促销员等都要做好与商场人员的沟通与公关,不仅包括商场经理、主管、促销组长,甚至保安、杂工、清洁工、司机等,哪一个都不能忽视,通过客情培养,还能获得更多的上货优惠政策、更便宜的广告位等,为终端促销提供良好的人际环境。

(9)人气拦截　如果柜台边经常人头攒动,人气较旺,那会有更多的顾客受到吸引与感染使人气更旺,成交率更高。如何营造这样良好的气氛实现人气拦截,除了产品生动化陈列与演示、POP的充分应用外,一方面要从促销员着手,想办法吸引顾客在柜台逗留尽可能多的时间,而不是一闪而过;另一方面是策划一些调节气氛的小活动,如有奖知识问答、掷飞镖中大奖、摇转盘活动等。

(10)整合拦截　整合终端所有的广告、促销、产品、渠道等资源,综合实施人员拦截、地面拦截、高空拦截等多种拦截手段,影响顾客选购意向。因为随着促销竞争的加剧,单一的手段通常难以达到令人满意的效果,因此整合拦截成为当前最为常用的一种模式,同时这也是实施成本最高、对营销人员管理能力要求也最高的一种拦截模式。

以上十种终端拦截策略中,第一种、第二种和第三种是在终端之前采用的辅助终端销售的策略,第四种至第十种则是直接运用终端的促销战术。十种策略有的侧重于广告策划,有的侧重于促销活动,有的则侧重于客情培养或终端演示。运用终端拦截不能孤立地运用单个手段,要综合起来,充分利用各种广告、促销、人员、经销商等多种资源,集"天时地利人和于一体"。终端拦截是深度化分销的体现,其实质也就是终端细节化的较量,因此这些工作要做深做精做细,必须在实施前进行深入的调查、全面的分析,切忌生搬硬套,要根据市场竞争情况和自身情况,量体定做灵活的、创造性的终端促销战术,从而使拦截效果最大化。

五、医药深度分销

随着医药市场竞争不断加剧和医药营销渠道的扁平化,决胜终端,精耕渠道已经成为医药营销基本原则。深度分销作为企业对市场进行精细化运作的产物,近年逐渐得到业界的重视并成为医药营销发展的新趋势。

深度分销是对销售产品的零售终端和批发商通路各环节的一种系统运作模式。通过对目标市场区域划分,对销售通路中所有网点做到定区、定点、定人、定时细致化服务与管理,达到对市场产品销售情况、同类产品竞争状况、销售人员工作情况等全面管控,使公司产品在销售通路中有一定竞争优势。

深度分销的实质,是渠道各成员价值链条的有序、有效联接,以最终达到渠道的和谐、持续发展。深度分销的目标是要实现市场的无缝覆盖,使渠道各个环节都充盈自己的产品。实施深度分销可以使产品快速导入市场。

1.深度分销的特点

(1)销售渠道扁平化　它的基本模式是:制造商——一级经销商——终端销售点——消费者。它取消了传统批发模式的二批甚至三批、四批环节,提高了渠道效率,同时提高了终端的覆盖面和终端占有数量。

(2)厂商关系紧密化　深度分销使厂商利益和目标更加一致,厂商之间的关系由松散的利益关系转变为紧密型的战略伙伴关系,由简单的买卖关系转变为密切的管理与合作关系。

(3)渠道管理精细化　销售渠道的管理从传统的企业只重视总经销或一级批发商,忽视终端管理的粗放经营转变为加强各级渠道成员管理与沟通。

(4)渠道体系明晰化　销售渠道网络由原来简单的无序放射状分布,变成真正的密集型的网络分布,区域市场界限更加明显,分销商的市场范围由原来的放任式发展到明确区域精耕细作。

(5)市场秩序规范化　企业加强产品、价格、渠道和销售区域的管理,越区窜货和随意变动价格的现象得到抑制。

与一般分销模式相比,深度分销有许多优点,主要表现在以下几个方面:

(1)企业对渠道尤其是终端渠道的控制力增强　在传统的经销代理制模式中,由于渠道链过长,企业对二、三级和终端渠道的掌控能力差,渠道成员利润保障性不强,渠道对企业和产品的忠诚度不高,企业往往受到总经销或一级经销商的牵制。

(2)企业产品的分销能力提高　由于渠道层次缩短,物流速度提高,而且企业终端的掌控能力和辐射能力增强,使产品能够更加迅速、更加广泛地分销到终端市场。

(3)企业市场判断和决策能力增强　企业对渠道管理的深度化和精细化,对渠道成员能建立完整的客户资料数据库,进行直接的客户管理。同时企业对顾客的接触机会更多,更容易了解顾客对产品和服务的满意程度,从而发现顾客需求的变化趋势和自身的优势和不足,能够迅速调整思路和措施,提高营销效率。

(4)有利于建立市场壁垒　企业通过提高渠道掌控能力,通过终端形象建设和产品生动化,树立良好的品牌形象,培养和提高了顾客忠诚度并使忠诚顾客群体最大化,从而挤占和排斥竞争对手,提高竞争对手市场的进入难度。

【能力培养与训练】

在任务一和任务二完成的基础上,每小组以原调研的药店或超市为基础,分配角色进行针对药店的药品推销,完成情景模拟。

通过训练进一步巩固对药店推销技巧的理解和掌握,并能够熟练应用。

在教师指导下进行选题,分配角色进行针对药店的药品推销,完成情景模拟。

【项目总结】

• 我国药店终端市场经过几十年的发展和变迁,已经成为除医院之外最重要的医药零售终端,了解我国药店的现状和发展趋势是药店营销的前提和基础。

• 药店营销应立足于服务制胜,通过培训合格的营业员,实施卖场生动化、会员制营销和卖场终端促销等各种营销策略赢得竞争。

• 虽然政策使药店的处方药销售面临困境,但处方药营销仍然是不少药店盈利的支撑点,药店不能放弃处方药。

• 医药代表在对药店的营销操作实务中,首先要进行终端调研,并以此为基础开展终端拜访，在综合运用终端推广会、终端拦截、深度分销等策略的同时，配合药店搞好卖场生动化和卖场的终端促销。

【项目检测】

一、单选题

1. 以下哪个目标在销售计划中居于中心的地位？（　　）

A. 销售利润　B. 销售收入　C. 销售费用　D. 客户管理

2. 推销员在做好推销前准备之后，要做的工作是（　　）

A. 接近顾客　B. 顾客资格筛查　C. 介绍产品　D. 处理异议

3. 推销洽谈是一个循序渐进的过程，一般包括下面哪五个步骤？（　　）

A. 准备　开局　磋商　报价　成交　B. 准备　开局　报价　磋商　成交

C. 准备　报价　开局　磋商　成交　D. 准备　磋商　报价　开局　成交

4. 以下哪一项是推销成功的障碍？（　　）

A. 约见方式　B. 谈判技巧　C. 人员组织　D. 顾客异议

5. 推销员："如果您这时候不购买，之后活动结束就不会再有这样的优惠了。"属于（　　）

A. 直接成交法　B. 机会成交法　C. 激将成交法　D. 选择成交法

二、简答题

1. 简述我国医药零售药店的发展趋势。

2. 药店卖场生动化的主要内容包括哪些？

3. 结合自己亲身经历及所了解的生活实例，谈谈你对服务制胜的理解。

4. 结合自己及同学的医药消费经历并进一步查阅相关资料，试对医药终端拦截进行评价。

【实训教学】

OTC销售推广

通过实训，要求学生熟悉终端零售药店的特点和营销方式，掌握并熟练应用零售药店的推销技巧和终端推广技能。

（1）产品特点分析及消费人群的特征分析。

（2）背景药店的分析。

（3）针对背景药店的终端推广策划。

（4）针对药店人员的现场推销。

学生先收集产品的特点和主要消费人群的特征等相关的资料，每小组选择一家药店作为背景药店，收集背景药店的资料。

产品及药店等方面的相关资料。

第一步:列出各项目组的产品及产品自身的特点。

第二步:列出各组选择的药店的情况。

第三步:顾客筛选和分析,制订推广计划。

第四步:撰写推广计划书。

第五步:推广准备工作。

第六步:模拟现场推销场景。

推广策划书和现场模拟。

【参考文献】

[1]王麦成.医药市场营销实务.郑州:河南科学技术出版社,2007

[2]天天平价　处处真情——老百姓大药房全心全意四周年.腾讯网.http://news.qq.com/a/20051103/001562.htm,2005年11月3日

[3]日本第四大连锁药店衫药局快速扩张的背后.湖北日报

[4]毛建飞."快克"畅销不衰将深度开发终端.医药经济报

（赵　静）

项目三　医药销售管理

任务一　人员销售

教学目标

【任务构架】

人员销售的概念→人员销售的性质与特点→销售队伍的角色→人员销售的过程→人员销售和客户关系管理。

【参考学时】

2学时

【学习目标】

- 知识目标:了解人员销售的特点,了解销售队伍的角色,熟悉人员销售的过程与客户关系管理。
- 能力目标:熟练掌握人员销售的特点和过程并在实践中加以运用。

【问题导入】

某公司业务部有一位销售人员小王,是团队中年纪最小的,可是做销售却很有一

套。在销售最艰难的一个季度里，部门已完成的任务离指标还差很多，时间很快就到了，其他人手里的销售机会已经不可能让团队达到目标了。冥思苦想之际，只有小王发现了一个大订单。虽然他已经完成了自己的任务，但他还是当天就到新发现的客户那里。他开始逐一拜访客户，推销产品，一回生二回熟，渐渐地又认识了很多客户。

与客户熟悉之后，小王专门在下班前去拜访他们。因为他发现几个重要的客户是从外地调来的，下班之后没家可以回。谈完事，他就邀请客户去吃饭或者卡拉OK。不久，客户就与他成为无话不谈的朋友，以至于他已经不需要去见客户了，客户一下班就主动打电话给他，然后一起活动。他在客户中的朋友又引见了其他一些客户与销售代表认识。

很快，客户进入了招标阶段，安排各个厂家轮流进行交流，然后是商务谈判。小王请客户将自己的交流安排在第一个，这样就可以对客户进行"洗脑"，将自己的观念首先灌入客户的大脑，将与自己的商务谈判安排到最后一个，这样当这位销售代表进去谈判时，销售代表已经对竞争对手的承诺非常清楚。最后，他很顺利地赢了这个订单，这个订单是那个季度最大的订单，该部门也完成了任务。

由于较好地完成任务，公司部门负责人提拔小王成为主管，负责原销售团队。小王业绩很好，却是最年轻的，天生适合做销售，也具备了丰富的销售经验，但是否是一个好的销售主管呢？

小王很感性，冲动，不喜欢管理层的那些计划和会议。很快在工作中同事开始与他产生矛盾，纷纷投诉。为此，小王被部门负责人找来谈话。"这工作真不是人做的，天天在办公室里处理那些报表，什么事都找我，烦死我了。还不如以前那样和客户泡在一起好呢。"他也很不高兴，抱怨道："对了，我能不背部门的任务吗？虽然当主管加薪了，但我一算，好像奖金还少了，这工作真是出力不讨好啊！"

问题：

1. 小王是一位出色的推销人员，以小王为例，人员推销有哪些优势？
2. 销售人员的角色是什么？
3. 以小王为例，谈谈好的销售就能够成为好的销售主管吗？

【知识链接】

一、人员销售的概念

罗伯特·路易斯·斯蒂芬森(Robert Louis Stevenson)曾经说过："每个人都要靠卖些什么东西活着。"对于那些商业企业的销售团队，我们都非常熟悉，他们遍及世界，并将公司的产品和服务销售给顾客。人员销售是企业派销售人员直接同目标市场的顾客建立联系，传递信息，促进商品和服务销售的活动。这里所指的销售人员包括：销售人员、销售代表、客户经理、销售顾问、销售工程师、代理人、地区经理、市场代表、客户开发人员以及其他直接同消费者接触的销售人员。人员销售是整合营销传播的组成部分之一，是企业重要的促销手段。

二、人员销售的性质与特点

销售是世界上最古老的职业之一。现代的销售人员都是受过良好的教育和培训的专业人士。他们倾听客户的声音，评估客户的需要，通过公司的力量来解决客户的问题，从而建立和维系与客户之间的良好的长期关系。

销售人员(Salesperson)一词涵盖了非常广泛的职位。在一个极端，销售人员可能是一个营业员；在另外一个极端，则可能是一个交易创造者(Order Getter)，他的职位要求他创造性地对产品和服务进行销售。在这里，我们更关注有创造性的销售的含义，并关注组建和管理高效的销售队伍的过程。

人员销售是企业所有促销手段中唯一利用人员所进行的促销活动，因此它具有同其他促销手段所不同的显著特点。

(1)亲切感强　销售人员同顾客直接见面，便于交流感情，增强沟通，消除对立情绪，培养与顾客间的友好关系。

(2)说服力强　销售人员能当场示范，回答问题，解释疑虑，介绍使用方法，容易使顾客信服。

(3)灵活性强　销售人员能根据时间、场合、环境及顾客心理随时调整销售手法，有的放矢地开展销售，提高销售效果。

(4)反馈及时　销售人员能及时带回顾客的意见和建议，促使企业随时调整营销策略。

(5)竞争性强　销售人员在一定的利益机制驱动之下，相互间会展开竞争，从而能促使销售业绩不断上升。

人员销售的这些特点决定了其在顾客评估、决策、采取购买行为的阶段以及促使顾客对企业和产品建立长期信心方面发挥最有效的作用。

三、销售队伍的角色

人员销售是促销组合中的一种人际方式。广告包含同客户之间的单向的、非人员的沟通交流。相反，人员销售则在销售人员和个别顾客之间建立了双向的人际交流与沟通——无论是面对面，或是通过电话、影音、网络会议或者其他方式。人员推销在面对更为复杂的销售情况时往往比广告更为有效。销售人员通过对客户进行调查，更好地了解客户的问题，适时调整营销方案以配合每个客户的不同需要，并就销售条款进行协商。他们可以同客户的关键决策者建立起长期的个人关系。

人员推销的角色因公司而异。一些公司根本没有销售人员——比如那些仅仅通过邮寄目录销售的公司，或者那些通过生产企业的销售代表、销售代理或者经纪人进行销售的公司。然而在大多数公司，销售人员都起着非常重要的作用。像在华为科技或者 NEC 这样提供企业产品的公司，他们的销售人员就经常直接和客户一起工作。至于像海尔和雀巢这样的消费品公司，则主要通过中间商进行销售，消费者很少能看到公司的销售人员，甚至可能都意识不到他们的存在。然而，销售人员在幕后依然起着非常重要的作用。他们同公司的批发商和零售商一起工作，获得他们的支持并且帮助他们更有效地销售公司的产品。

销售人员在公司与顾客之间起到关键的纽带作用。许多情况下，销售人员同时为两个老板服务——买主和卖主。首先对于客户，他们是公司的代表。他们寻找与开发新的客户，并与他们就公司的产品和服务进行信息沟通。他们不断接触客户、推介产品、答询质疑，就价格和产品进行谈判并完成销售。此外，销售人员还提供客户服务并进行市场调研以及情报收集工作。

与此同时，销售人员又代表着客户，在公司内部维护消费者的利益并管理买卖双方的关系。销售人员接到顾客的想法并将这些想法反馈给公司内部可以处理这些问题的人。他们了解客户的需求并同公司内部的营销和非营销人员一起工作，以开发更大的客户价值。过去的观念认为：销售人员关心他们的销售额，而公司关心利润。但是现在的观点认为，销售人员不应该仅仅关心提高销售业绩，他们应该同公司的其他人员一起来创造客户满意度和公司利润。

四、人员销售的过程

大部分医药企业对人员销售采用顾客导向方法。即训练销售人员识别顾客的需求并设法找到解决方法。这种方法假设顾客的需求即意味着销售机会，顾客喜欢好的建议，并会忠于那些为顾客长期利益着想的销售人员。他们希望销售人员倾听他们关心的问题，了解他们的需求，并提供合适的产品和服务.

人员销售的过程主要包括以下七个步骤：寻找客户并确定其资格、准备工作、接触客户、演示与说明、处理疑义、达成交易、跟进与维持（见图 5-1）。

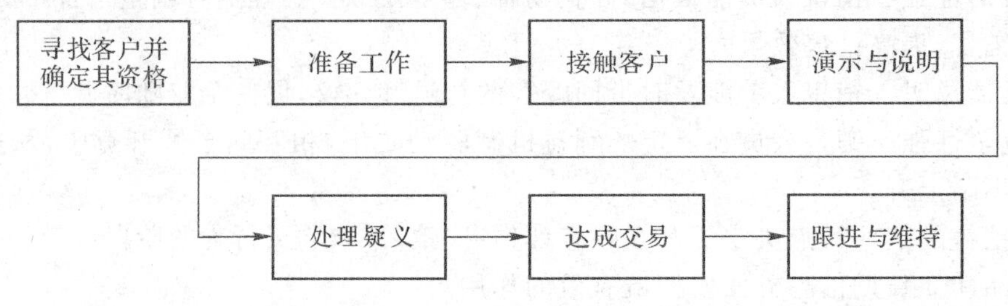

图 5-1　有效销售的主要步骤

1. 寻找客户并确定其资格

销售过程的第一步是寻找（Prospecting）——识别符合资格的潜在客户。接触正确的潜在客户对于销售的成功至关重要。

销售人员为了达成少量交易往往需要接触大量的潜在客户。尽管公司可能会提供一些客户，但是销售人员们还是需要一些技巧和关系网络来建立自己的客户群。他们可以通过过去的同学、朋友、同事以及现有的客户进行介绍，也可以自己发展介绍者的来源，比如供应商、经销商、没有竞争关系的销售人员等。他们可以通过电话目录或者网络来搜索潜在的客户并通过电话和直接邮件进行联络与追踪。或者他们也可以不经预约就到陌生的办公室进行拜访（我们通常会叫他们“不速之客”）。

销售人员还应该知道如何确定客户的资格——也就是说如何弄清楚哪些是好的客户并且剔除那些不好的客户。销售人员在寻找客户的过程中，可以通过潜在客户的财务能力、业务量、特殊需求、地理位置以及发展的可能性等来确定他们的资格。

2. 准备工作

在拜访之前，销售人员应该尽可能多地了解其潜在客户（包括他们的需要以及采购团队的构成）和他们的采购员（个性和购买风格等）。这个步骤被称为事前筹划（Preapproach）。销售人员可以参考一些标准的行业与在线资料和信息、向熟人或者其他人了解该公司的情况。销售人员应该确定拜访目标：可能是为了确定客户资格、为了收集信息或者是为了尽快达成交易。另外一项任务是要决定最佳的接触顾客的方式——人员拜访、电话还是信件。由于潜在客户的时间安排不同，最佳拜访时机也要列入考虑的范围。最后，销售人员应该确定对该客户的总体的销售战略。

3. 接触客户

在接触客户(Approach)的过程中，销售人员应该知道如何约见和问候客户，如何使双方的关系有一个良好的开始。这些包括销售人员的衣着、开场白以及后续讨论的问题。建立关系是一个关键的因素，销售人员必须在销售产品之前先推销自己。他们的开场白应该表现出建立一种良好关系的愿望。相同的语言、相似的文化价值观和感受有助于加强同购买者之间的沟通。开场白之后就应该是几个关于客户需要的问题或者是对公司的产品进行展示以吸引客户的注意力和好奇心。在销售过程的所有阶段，保持对客户的积极倾听都是十分重要的。

4. 演示与说明

在演示与说明(Presentation and Demonstration)这一步骤中，销售人员向客户讲解产品的“故事”、说明购买产品给客户带来的利益以及说明购买产品将如何解决客户的问题。

这个“需要—满足”的过程要求销售人员具有良好的倾听和解决问题的技能。“我觉得我自己更多的是一个……心理学家”，一位经验丰富的销售人员说，“我倾听客户的愿望、需要和问题，然后尽力去找出解决的办法。如果你不是一个好的倾听者，你将不可能拿到订单”。另外一个销售人员则建议说：“现在仅仅和客户保持良好的关系已经不够了，你还必须了解他们的问题和感受他们的痛苦。”采购者最不喜欢的是那些咄咄逼人、喜欢迟到、经常骗人、毫无准备或者没有条理的销售人员。而他们认为对于销售人员，最重要的特质包括富于同情心、善于倾听、忠诚可靠、有始有终。伟大的销售人员不仅知道如何销售，更重要的还在于他们知道如何倾听以及如何建立紧密的客户关系。

今天，先进的演示技术和工具可以对一个或者几个人进行小范围的多媒体演示。各种音像制品、CD、配有演示程序的笔记本电脑以及在线演示技术已经使产品演示说明不再是挂图那么单调和乏味了。

5. 处理疑义

在演示说明或者要求订购的过程中，客户总是有这样那样的问题和疑义。这些问题可能是逻辑上的，也可能是心理上的，而且客户经常并不把反对的意见直接提出来。在处理疑义(Handling Objections)的过程中，销售人员应该应用一些正面的方法来找出这些疑义所在；应该使客户清楚地将反对意见表达出来，将这些疑义看做是提供更多信息的机会，并且将这些疑义转化为顾客购买的原因。每个销售人员都应该受到这方面技能的培训。

6. 达成交易

在成功地处理了潜在客户的疑义之后，销售人员就要尽力达成交易。有些销售人员根本就不考虑如何达成交易(Closing)或者无法顺利达成交易。他们可能由于是缺乏自信，或者是对于要求订单感到不好意思，或者无法确定达成交易的最佳时机。销售人员必须懂得如何从客户那里识别可以达成交易的信号，包括客户的动作、语言、评论或者提出的问题。比如，客户的坐姿是上身前倾、频频点头表示赞同或者询问价格和付款条件等。届时，销售人员就可以使用各种达成交易的技巧，可以要求客户订货、重申一下协议的要点、帮忙填写订单、询问客户需要这种款式还是另外一种，或者告诉客户说如果不立即订购将会遭受什么样的损失。还可以提供给客户成交的特殊理由，如特价或者免费赠品。

如果销售人员希望达到客户满意和重复购买的目的，那么销售过程的最后一个步骤——跟进与维持(Follow-up)就是必不可少的。交易一旦达成，销售人员应该立即着手确定所有细节：交货日期、采购条款和其他的一些事项。当第一单货物交付以后，销售人员就应该安排一次跟进拜访以保证产品的质量和销售，并对客户提供适时的指导和帮助。这样的拜访还可以揭示出一些潜在的问题，可以使客户相信销售人员关心他们，并打消购买者在销售过程中可能产生的顾虑。

五、人员销售和客户关系管理

上面所描述的人员推销的基本原则是交易导向的——其目标是帮助销售人员完成同客户之间的特定交易。但在许多情况下，公司追求的不仅仅是销售：一旦公司找到了一个交易可能性极大并可能长期维系的客户，公司将会表明它拥有长期为该客户提供服务的能力并会建立一种互利的关系。在建立和维系长期客户关系的过程中，销售人员发挥了极为重要的作用。事实上，在像日本这样极为重视关系管理的国家中，销售人员的大部分时间都放在维系和服务现有客户上，而将较小部分的时间用于开发新客户。他们经常拜访客户，不仅仅是推销，而且聆听意见。由于日本的销售人员要亲手将发票送到重要客户的手中，日本东京的交通状况在每个月的第二周和第四周的周五都会变得更加拥挤。

一些大客户们喜欢那些同时销售很多配套产品和服务的供应商，他们可以将产品配送到不同的指定的地点，他们同客户的团队一起工作以改进产品和生产过程。对于这样的大客户来说，首次销售只是关系的一个开始。不幸的是很多公司都忽略了这一现实。他们通过许多彼此独立的销售人员来进行销售和达成交易，他们的技术人员可能不愿意花时间来培训客户，他们的工程、设计和制造人员可能会认为“我们的工作就是制造出好的产品，把它卖给顾客是销售人员的事情”。然而，有些公司则意识到了要赢得并维系客户，所需要的不仅仅是制造出好的产品或者是指导销售人员如何达成一项交易，还需要认真整合整个公司的力量，以在传递价值和创造满意度方面同重要客户建立起良好关系。

关系营销基于这样的前提：重要的顾客需要受到集中、持续的注意。好的销售人员在与大客户接洽过程中，当他们认为顾客可能要下订单时，所应做的事不仅仅是打电话。他们应该研究每位主要顾客并了解顾客的问题。经常打电话或者访问，协助顾客解决他们的问题并改善其业务，还要对顾客的个人生活加以关心。

【能力培养与训练】

学生以小组为单位，选择一个药品，针对某一目标医院或药店进行模拟销售。

通过训练进一步巩固学生对人员推销过程与技巧的认识，了解人员推销的特点和重要性。

在教师指导下进行选题，分组收集不同药品的资料，选择某一目标医院或药店，进行现场模拟销售。

任务二　销售人员的管理

教学目标

【任务构架】

销售人员的甄选→销售人员的培训→销售人员的日常管理→销售人员的激励。

【参考学时】

2 学时

【学习目标】

- 知识目标:了解销售人员甄选的程序和方法,掌握对销售人员培训的内容,掌握和熟悉对销售人员的日常管理和激励的方式方法。
- 能力目标:掌握如何对销售人员进行甄选和培训并能够运用于实践。能够对销售人员进行日常管理,应用激励的方法对销售人员进行有效激励。

【问题导入】

言而无信,两败俱伤

忙了整整一年,年终结算,有一位年轻的业务人员按原定计划,他可以拿到三万块钱的销售提成,这位业务人员美滋滋地盘算着,这下可热热闹闹地过个好年。当他要求公司兑现时,却发现老板支支吾吾,一会儿说公司资金周转困难,一会儿说提成比例的百分点算错了,始终不愿马上兑现给这位年轻的业务人员,刚巧在这时,公司有一笔货款要他去收,差不多也是三万块左右。这位业务员,一不做二不休,把钱收了,拒而不交。于是他和老板由原来的争吵,最后双双动起了拳头,并闹到了派出所。最后的情况可想而知,这位年轻的业务人员因私自侵吞公司的货款,按照有关法律条例,被法院判了有期徒刑,而这位说话不算话的老板,也让客户和他的员工纷纷远离他,公司的生意一落千丈,很快就倒闭了。

另一位业务人员和他的公司有签订各项工作合约,按照规定他也拿到了相应的销售提成。当然在这一年走南闯北的酸甜苦辣没有人会了解,为了销售公司的产品付出了多少的牺牲也不会有人知道,也没有人关心。当他在财务会计那里拿完应得的销售提成的同时,又向老板递上了一份辞职报告。老板非常惊讶,我该给的钱一分钱没少,说话是算数的啊,为什么会辞职呢?人往高处走,水往低处流。当老板问他为啥要离开公司时,这位业务人员回答,我通过一年来独立的操作市场,我已经学到了丰富的销售与市场的管理经验,为公司销售了几百万的产品,同时公司也给了我相应的报酬。但是现在有一家我认为非常好的公司,要我去做经理,因为我现在完全可以独立操作了,我相信我会做得很好,因为那个公司非常有前程,而且薪金也比现在高。所以我选择辞职。一个对公司业务流程非常熟悉的业务人员的离开对公司来说是个损失,可怕的是他手头有一批忠实可靠的客户也随他一起加入了对手的竞争行列。

管理技巧,感人留人

有一个三十多岁的业务人员,为了销售公司的产品,整整一年没有回过家。到了年底,回到了公司,他创造了全公司销售第一,获得了销售冠军的称号,他非常高兴。按照公司销售提成比例的规定,他也应该得到三万元。而庆祝会开完后,他却只拿到一万块钱的销售提成,此时他十分恼怒,准备找老板谈谈,大干一场,然后拍桌子走人。就在这时,老板约他去吃年饭。当他匆匆忙忙赶到酒店时,一下子傻眼了,在酒店的包厢里,除他一年没见的父母亲和他的妻儿,没有旁人。老板笑呵呵地说道:"来来来,辛苦辛苦,好好吃一顿团圆饭吧。"然后对他的父母亲说道:"感谢两位老人,为公司培养出这样优秀的人才,我代表公司向二老表示深深的敬意!送一万块给你们过个好年吧。"又对他的妻子和孩子说道:"对不起你们,公司对你们关心不够,这一万块是给你们的,是要奖励你们,因为你们有一个好丈夫和一个伟大的父亲,就是陪你们的时间太少了!"这时,这位业务员再也忍不住了,哭着说道:"老板!你放心,明年我一定还是最优秀的!"

问题:

1. 前两个案例中,老板对业务人员的管理问题出在哪里?

2. 从第三个案例中,你得到了哪些启发?

【知识链接】

销售人员在外直接面对激烈的市场竞争,对内肩负着销售企业产品、实现企业产品价值的重任,在其各自负责的销售区域内,是公司的首席代表,也是与顾客联系的友好使者,这些因素使得他们在公司内外受到普遍的关注,也使他们的工作更具有重要性和特殊性。而销售工作的性质决定了销售员通常是独当一面,独自一个人在公司外工作,部门经理乃至公司高层领导不便对其作具体指导。公司应在放手让销售人员外出开拓市场,为他们的工作提供种种便利条件的同时,也必须加强与规范对销售人员的管理。

销售人员管理的工作主要包括甄选、培训、日常管理与激励。

一、销售人员的甄选

选拔优秀的销售人员对于企业开拓市场、赢得利润至关重要,如果好的销售人才被竞争者挖走,那么对企业是双重的损失。如果选拔失误,企业不仅不能期望该销售员创造良好的销售业绩,对企业发展作出贡献,而且还可能对企业的形象和声誉造成损害。企业甄选销售人员,可以选自企业内部,也可对外公开招聘。从企业内部选拔,由于被选人员已经具备企业产品技术知识,对企业的经营状况、营销目标及策略均有所了解,可以减少培训时间与内容,能迅速增强销售力量。

甄选程序通常由应征人员先填写应征表格,包括年龄、性别、受教育程度、健康状况、工作经历、本人特长、联络方法等基本项目,据以判断是否符合事先决定的候选人的基本条件,然后进行面试。面试可由企业销售经理、人事负责人和资深销售员主持,以考察应试人的语言能力、仪表风度、销售态度、临场应变能力、健康状况及所具有知识的深度和广度等。

除此之外,还可辅之以心理测验的方法。心理测验的基本类型和内容如下:

1. 能力测验

其用以了解一个人全心全力从事一项工作的结果怎样,也称最佳工作表现测验,既包括语言的运用和归纳的能力、理解力、解决难题的能力等智力方面的测验，也包括知觉能力、反应灵敏度、稳定性及控制能力等特殊资质方面的测验。

2.性格测验

其用以了解应试人员在未来的销售工作中将如何做他每天的工作，也称典型工作表现测验，包括对工作条件、待遇、晋升等的看法与意见的态度测验，以及个性测验和兴趣测验。

3.成就测验

其用以了解一个人对某一工作或某项问题所掌握知识的多少。因为每项工作都需要特殊技巧，需要不同的知识，企业认为必要时应设计特殊的测验项目。

二、销售人员的培训

对新选拔来的销售人员要认真地加以培训，才可以胜任企业的代表从事销售工作。即使是原有的销售人员，也应定期组织集训，以掌握企业新的营销计划、营销策略和新产品相关的知识。

销售人员培训的目标是：以一定的成本获得最大的销售量；稳定销售队伍，降低销售人员的流动率；建立良好的公共关系，提高公关能力。在这种总目标下，还要根据销售人员的任务或销售工作中出现的问题，确定培训项目，作为每一阶段培训的特殊目标。

对销售人员的培训，要根据培训目标、参加培训人员的原有水平和企业的营销策略等拟定培训计划，确定培训的具体内容。培训的内容一般包括：

1.产品资料

这是销售训练的基础。销售人员必须对本企业的产品有彻底的认识，在推荐、介绍产品时，才能取得顾客的信任。销售人员应了解产品的特性、功能、使用方法、制造程序、生产成本及利润情况。

2.企业资料

熟悉企业的发展历史、组织结构、经营方法、财务制度、营销目标和策略，主要产品的销售情况、价格及策略，运输、安装和服务的政策与程序，能尽快地消除新招聘人员的陌生感，提高销售人员的销售信心。

3.市场资料

市场资料包括消费者地区分布及经济状况，消费者购买动机与购买习惯，影响消费者购买的有关因素，用户所喜欢的产品形态，企业在市场竞争中所处的地位等。

4.竞争资料

竞争对手的销售战略及新产品开发情况，竞争产品的特点、性能、成本、利润、使用方法及与本企业产品的比较分析。

5.销售技巧

介绍销售程序和责任，讲授销售实务，进行销售实践训练（示范、演示、观察等），分析和把握顾客心理等。

6.交易知识

介绍记账、使用支票、提款、汇款、计算利息等一般银行业务知识，有关分期付款、寄售等办法的知识等。

对销售员培训的方法可以分为集体培训与个别培训。集体培训的方法有专题演讲与示范教学，按学习纲要进行考试与测评，分组研讨，职位演练，角色模拟训练等。个别培训方法有在职训练,个别谈话,函授课程,各种书面资料,利用视听辅教器材等。

三、销售人员的日常管理

为了避免销售人员工作范围的重叠或疏漏,必须对销售人员进行科学而周密的分工。如企业产品差别不大且技术性能不强,销售人员的分工可采用地区分工法,即按产品销售的区域市场,把销售人员分为若干小组,每个小组负责向一个地区市场销售企业不同种类的产品。如企业产品有显著差异而且技术专业性强,销售人员的分工则可以采取产品分工法:即根据企业产品的不同类别,将销售人员相应地分成若干小组,各自完成一类产品的销售任务。此外,还可按顾客的不同类型或综合上述几种因素对销售人员进行分工。

对销售人员的管理可采取的具体措施有:

其作用是具体解释或示范销售产品的方法以指导销售工作。

定期召开公司、地区、大区及全国性的会议,以加强对销售人员的指导和管理,同时增进销售人员之间的联系和友谊。

用定期编制业务简报、内部刊物或不定期发出信函等方式,向销售人员通报情况,并加强与他们的联系。

企业规定销售人员填写销售报告和销售记录,可按日、周、月汇报销售工作情况及市场行情。

四、销售人员的激励

企业销售目标的实现有赖于销售人员积极努力的工作,如果销售人员的主动性、创造性得到充分的调动,就能创造良好的销售业绩。对于大多数销售人员来说,经常给予表彰和激励是非常必要的。从主观上来说,绝大多数人的本性是追求舒适轻松的工作和生活,而回避需要付出艰苦努力的劳动。只有给予物质的或精神的激励,人们才能克服与生俱来的惰性,克服种种困难,满腔热情地投入工作。从客观上来说,销售工作的性质使得销售人员常年奔波在外,脱离企业、同事和家人,极易产生孤独感;销售工作的时间没有规律,会对销售人员的身心健康产生不利影响;销售工作竞争性很强,销售人员常常和竞争对手直接接触,时时感受到竞争的压力;销售人员在工作中被顾客拒绝是常有的事,即使付出艰苦的努力也不一定能得到订单,经常受到挫败会使他们的自信心受到伤害。管理部门应当充分认识销售工作的特殊性,经常不断地给予销售人员激励,才能使销售人员保持旺盛的工作热情。另外,销售人员经常出差,不能很好地照顾家庭,可能引起家庭矛盾或导致婚姻危机,销售人员个人也会被身体健康状况或债务等多方面问题所困扰。销售管理部门也应注意到这方面问题,采取妥善的方法激励销售人员克服困难。

激励销售人员的措施必须具有科学性和合理性,否则将会产生副作用,不仅起不到调动、鼓舞销售人员工作积极性的作用,相反还会挫伤其原有的工作热情。销售管理部门在对销售人员进行激励时，应当根据企业、产品、销售地区、销售环境和销售人员的不同情况制定出合理的激励方案。其所应遵循的原则有：

(1)公平合理　指所制定的奖励标准和所给予的奖赏必须公平合理。奖励的标准必须恰当，过高或过低都会缺乏驱动力。应考虑销售人员工作条件的不同和付出努力的差别给予的奖赏。

(2)明确公开　销售管理部门实行奖励的有关规定必须很明确，并公开宣布，让销售人员充分了解和掌握奖励目标和奖励方法，促使他们自觉地为实现目标而努力。否则，就不可能产生积极的效果。

(3)及时兑现　对销售人员的奖励，应当按预先的规定，一旦达到奖励目标就兑现许诺，使达标者及时得到奖赏。如果拖延奖励时间，给销售人员造成开空头支票的感觉，将会严重打击他们的积极性。

建立合理的报酬制度，对于调动销售人员的积极性和主动性，保证销售目标的实现，有着重要意义。销售人员的工作能力、工作经验和完成任务的情况是确定报酬的基本依据。企业付给销售人员的报酬主要有以下三种形式：

(1)薪金制　即给销售人员固定的报酬。这种制度简便易行，可简化管理部门的工作。销售人员也因收入稳定而有安全感，不必担心没有销售业务时影响个人收入。但这种制度缺少对销售人员激励的动力，容易形成吃“大锅饭”的局面。

(2)佣金制　即企业按销售人员实现的销售量或利润的大小支付相应的报酬。这种制度比薪金制更具刺激性，可以使销售人员充分地发挥自己的才能，管理部门也可根据不同的产品和销售任务更灵活、更有针对性地运用激励的手段。但这种制度不能保障企业对销售人员的有效控制，销售人员往往不愿接受非销售性工作，而且常常出现为追逐自身经济利益而忽视企业长远利益的现象。

(3)薪金加奖励制　即企业在给销售人员固定薪金的同时又给不定额的奖金。这种形式实际是上述两种形式的结合，一般来讲，它兼有薪金制和佣金制的优点，既能保障管理部门对销售人员的有效控制，又能起到激励刺激的作用。但这种形式实行起来较为复杂，增加了管理部门的工作难度。由于这种制度比较有效，目前越来越多的企业趋向于采用这种方式。

管理部门可以根据企业自身情况和内部人员状况灵活地运用多种激励销售人员的方法，以便激发销售人员的潜能，保证销售目标的实现，促进企业的发展。具体地说，激励销售人员的方法主要有以下几种：

(1)目标激励法　企业首先建立一些重要的销售目标，如销售数量指标，规定销售员一定时期内访问顾客的次数，订货单位平均批量增加额等。这样使销售人员感觉工作有奔头、有乐趣，体会到自己的价值与责任，从而增加了努力上进的动力，使企业的目标变成了销售人员的自觉行动。采用这种方法，必须将目标与报酬紧密联系起来，达到目标就及时给予兑现。

(2)强化激励法　强化激励法有两种方式：一是正强化，对销售人员的业绩与发展给予肯定和奖赏；二是负强化，对销售人员的消极怠工和不正确行为给予否定和惩罚。通过奖惩分明，奖勤罚懒，激励销售人员不断地努力。

(3)反馈激励法　销售管理部门定期把上一阶段各项销售指标的完成情况、考核成绩及时反馈给销售人员，以此增强他们的工作信心和成就感。

(4)销售竞赛　管理部门根据企业经营、市场和销售人员的具体状况组织多种销售竞赛，激励销售人员作出比平常更大的努力创造良好业绩，促进销售任务的完成。

【能力培养与训练】

1. 训练营

组织学生到医药公司市场部和销售部进行调研，了解企业销售部门的运作方式和管理方式，并进一步尝试分析其合理性及有无改进的地方。

2. 训练目的

通过训练进一步巩固学生对销售人员管理相关知识的理解和认识。

3. 训练要求

在教师指导下进行选题，分组调研和收集不同企业的销售人员管理的资料，撰写××企业销售人员管理分析报告。

任务三　销售绩效管理

教学目标

【任务构架】

销售量→销售额→销售费用→销售利润→销售效率。

【参考学时】

2 学时

【学习目标】

- 知识目标：了解和掌握销售绩效管理的相关知识。
- 能力目标：能够应用销售绩效管理的相关知识并能够运用于实践，指导实践。

【问题导入】

案例一

永盛药业有限责任公司营销系统采取底薪加提成的方式对销售员的业绩进行激励。一般的做法是，底薪是固定不变的，公司根据销售业绩(销售量)对各个区域按照事先定好的提成比例提取报酬，这部分报酬包括销售人员的销售费用。区域内的销售员按照一定的比例提取报酬，区域总提成的20%归区域经理掌管。数字下达后，由区域经理按照规定进行分配，区域经理要把每个销售人员应得的数字报给营销公司财务部，营销总经理签字批准后，由财务部发放到销售人员的账户上。2006 年 12 月底，总经理发现广西片区经理一凡报上来的数据有些问题，就把一凡找来问明情况。一凡认为 12 月份小兵的业绩非常突出，一个人就可以拿到 20000 多元的提成，而其他人则只拿到 5000 多元的提成，个别人还只能得到 2000 多元。一凡认为，这里面存在着不公平的因素，每个人每天都在努力工作，小兵所管辖区域的时间较长，网络比较成熟，他所得到的提成并不能反映他的真实付出，应该减少小兵的提成比例。

问题：

1. 你认为一凡减少小兵提成比例的做法对吗？为什么？

2. 如果你是总经理，你将采取什么措施？

案例二

某医药企业的销售部门按行政区划将全国划分成不同的销售区域，每年年初向销售区域总经理下达其所辖销区的年度销售计划。销区奖金总额根据该销区的年度销售总额的一定比例提取。每个业务人员的奖金也与其所负责区域的销售额挂钩。如果销区完不成销售计划，无论什么原因，销区所有人员的奖金都会受到很大影响。

为了提高自己的销售量，业务人员在向批发商销售产品的时候，往往向客户承诺一些难以实现的优惠条件，比如批发商进货达到一定量时给予高额返利，向批发商或者专卖店提供进行统一形象装修的补贴等。同时，为了扩大自己的销售额，除了开拓自己负责的区域以外，许多销区还向相邻销区的经销商以优惠条件批发产品，以至于最后各销区之间互相抢占对方地盘。

刚开始时，这种做法的确提高了企业的销售额，企业也因此在一些地方的市场占有率得以大幅度提高，销区经理和业务人员的奖金收入在业内达到了中高水平。但是两三年以后，这种做法的弊端就开始暴露出来。一方面，许多经销商发现该企业的业务人员不守信用，令他们蒙受了很大损失，纷纷停止从这家企业进货；另一方面，由于各销区之间互相冲货愈演愈烈，严重影响了企业的整体市场策略。最后，企业的整体销售业绩开始下滑。

问题：

该公司的销售部门的业绩指标设置是否合理？为什么？

【知识链接】

销售绩效管理是指企业或销售人员对一定时期内销售工作的状况进行衡量、检查、评定和估价。其目的在于总结经验和教训，进一步制订新的销售计划，改进销售工作，以取得更好的销售业绩。

销售绩效的评估是现代销售技术的一个重要组成部分。现代销售技术和传统销售技术的一个重要区别就是强调销售的科学性。运用科学的方法和手段对销售计划的执行情况和销售工作绩效进行分析和评估，不仅是人事决策的重要参考指标，也是对企业政策与计划的评核，通过绩效评估可以找出销售工作成功和失败的原因，较快地提高销售人员的工作能力和销售绩效。

销售人员的销售业绩可以通过销售量、销售额、销售费用、销售利润和销售效率等几个方面来进行评估。

一、销售量

销售量是销售绩效评估的主要内容之一，销售人员销售出去的产品越多，其销售成绩就越大。

要正确评估销售量，首先要对销售量的范围进行准确的界定，确定销售量所包含的内容，运用统一的统计口径。销售量是指企业或销售人员在一定时期内实际销售出去的产品数量。它包括合同供货方式和现货供货方式，已售出的产品数量以及尚未到合同交货期提前在报告期内交货的预交产品数量，但要扣除销售退回的产品数量。其次，要运用一定的方法考察销售量的变化，准确地评价销售人员的工作业绩，如通过对产品销售计划完成情况、不同品种的销售量、对新老用户的销售量等情况进行考察，进一步分析其原因以及销售量和市场占有率的变化发展趋势等。

二、销售额

销售额是以价值形式反映产品销售情况，既考虑产品数量也考虑产品价格。在评估销售额时，应先根据各销售产品的不同价格和销售量计算出区域或销售人员、各种产品、不同消费者群或销售对象的销售额，累加求出总的销售收入，再依据一定的方法进行比较分析。

表 5-1　销售额增长状况分析表

年　份	公司销售额(百万元)	行业销售额(百万元)	市场占有率
2004	18	120	15.00%
2005	16	120	13.33%
2006	15	115	13.04%

表 5-2　区域销售额分析

区　域	市场指数	销售目标(百万元)	实际销售(百万元)	实际/目标(%)	偏差(万元)
1	27.8%	4.8	5.0	104.2	+0.2
2	33.3%	5.9	6.0	101.7	+0.1
3	38.9%	7.3	7.0	95.9	−0.3
总计	100.0%	18.0	18.0	100	0.0

从上表可以看出区域 3 业绩最差，区域 1 业绩最好。区域分析也可用以评估销售人员，但评估后应进一步分析区域或销售人员未达成目标的原因，是潜在的消费者少，区域设计不合理，还是竞争对手太强，或是销售人员素质差，进而提出改进的措施，改善销售业绩。

表 5-3　产品销售分析

产　品	配额(百万元)	实际销售额(百万元)	实际/配额(%)	偏差(万元)
A	3.5	4.0	114.3	+0.5
B	7.8	6.5	83.3	−0.3
C	6.7	7.5	111.9	+0.8
总　计	18.0	18.0	100	0.0

表 5-4　消费者群销售额分析

消费者类型	目标(百万元)	销售额(百万元)	实际值/目标值(%)	偏差(万元)
1	3.0	3.4	113.3	+0.4
2	7.0	6.7	95.7	-0.3
3	2.7	3.2	118.5	+0.5
4	5.3	4.7	88.7	-0.6
总　计	18.0	18.0	100	0.0

三、销售费用

销售费用是在销售产品过程中所发生的费用。考核销售人员为了完成销售任务所支出的费用情况,可以及时发现费用开支中的问题,有利于把费用控制在预算范围内,提高费用使用效率。进行销售费用评估常用的指标有:

其指一定时期内销售费用与销售额的比例。销售费用包括与产品销售活动紧密相关的成本、费用开支,如销售项目可行性调研的费用、有关资料的印刷费和广告费、交通费、通讯费、业务招待费、展销场地租赁费等。

其指一定时期内销售人员实际支出的销售费用与计划核定的销售费用限额之间的比例。它反映销售费用节约或超支的程度。

费用的评估,可以按总费用或各分类费用结合各类别的费用配额进行比较分析。

四、销售利润

销售利润是销售成果的集中体现。将销售收入与销售成本和费用进行比较,就可以看出销售人员为企业创造的利润的多少。在分析销售利润时,不仅要分析销售利润的计划完成情况,而且要进一步分析其变化的原因,分析不同因素如销售量、产品价格、销售成本和销售结构等对销售利润的影响,以便于及时发现问题,提出改进的措施。利润的评估也可以按总利润及各分类利润进行分析。利润评估可以加强高利润区域、高利润产品、高利润消费者群的工作,保证公司利润的实现。毛利目标实现情况考核公式为:

毛利目标达成率=实现毛利额/毛利额目标

五、销售效率

评估销售效率可以更全面地评价销售人员的工作程度和效果,把握销售人员之间存在的差距,并通过奖勤罚懒,提高销售人员的工作努力程度,促进销售工作。

评估销售效率的指标主要有:配额完成率、用户访问完成率、销售人员人均销售额、销售费用降低率、订单平均订货量、订货合同完成率等。

销售配额完成率反映销售人员对计划或定额销售任务的实际完成情况。公式为:

销售配额完成率=实际完成销售量/计划销售量或配额销售量×100%

2. 销售人员人均销售额

这是衡量销售部门平均工作成绩的指标。销售人员了解人均销售额，就可以将自己的销售成果与之对照分析，更好地激励自己努力销售，赶超平均水平。公式为：

销售人员人均销售额＝一定时期内商品销售总额/销售人员总人数

3. 用户访问完成率

其指一定时期内销售人员访问顾客的实际次数与计划规定的次数的比例。考核销售人员的用户访问完成率可以从销售活动过程上来衡量销售人员的工作努力程度。公式为：

用户访问完成率＝实际访问用户次数/计划访问用户次数×100％

（或＝实际访问用户数/计划访问用户数×100％）

4. 订单平均订货量（额）

其指一定时期内获得的订单或合同订货量（额）与订单或合同总数的比值。这一指标可以衡量销售人员所获取的订单的数量与质量。公式为：

订单平均订货量（额）＝订单订货总量（额）/订单总份数

5. 订货合同完成率

订货合同完成率又称为履约率，它主要是衡量订货合同的执行情况，通过对订货合同完成率的高低来评价销售员的工作效率和质量。公式为：

订货合同完成率＝合同期交货数/合同期订单数×100％

其中：合同期交货数＝实际交货数－（合同期欠交数＋合同期超交数）

此外，还有一些销售绩效考核的内容及公式，如：

每天平均访问户数＝访问户数/日数

每户平均成交额＝成交额/成交户数

现金回收率＝回收现金/成交额

应收账款回收率＝收回账款数额/应收账款总额

每户平均访问费用＝访问费用/访问户数

平均每次访问销售额＝成交额/访问户数

【能力培养与训练】

1. 训练营

在本项目任务二完成的基础上，在对企业的销售部门运作方式和管理方式了解的基础上，调研和分析该企业销售人员绩效管理的方式，并通过网络调研结合访谈等方式，了解新形势下医药公司销售部门管理的新动向。

2. 训练目的

通过训练进一步巩固学生对销售人员绩效管理的认识和理解，了解新形势下医药公司销售人员管理的新动向。

3. 训练要求

在教师指导下进行选题，分组收集不同医药企业的人员绩效管理的资料，撰写××企业销售人员绩效管理分析报告。

【项目总结】

- 如果销售管理或销售人员的精细化管理不首先从对销售人员“人性”的精细化管理开

始，一切的专业销售技巧与方法都是虚设！所以，我们从销售人员的角色定位、销售过程开始，来研究销售人员的管理。

• 在这个意义上，我们提出首先是销售管理者必须对自己的管理作用进行反思与改造，才会带领出一支高绩效、高素质、高战斗力的销售队伍。其规则是：必须先从销售人员的人性根源出发，解放销售人员的心灵中的“愿意”因子（心），对销售目标产生认同，并进行激励，通过对销售过程的职业化训练（脑），进而养成高效率的日常作业习惯（力），这就是销售人员管理的核心内容。我们称之为“心—脑—力”三点一线式销售人员管理模式。

【项目检测】

一、单选题

1. 销售管理的核心是什么？（　　）

A. 销售人员　B. 销售活动　C. 销售绩效　D. 销售目标

2. 销售人员绩效评估中的定量评估，内容不包括（　　）

A. 产出指标　B. 投入指标　C. 技术指标　D. 比率指标

3. 在销售过程中，销售人员必须坚持以什么为中心？（　　）

A. 利润　B. 企业　C. 产品　D. 顾客

4. 以下哪一项不是绩效指标？（　　）

A. 数量　B. 质量　C. 成本　D. 销售额

5. 在对销售人员绩效评估的过程中，属于定性评估的指标是（　　）

A. 市场份额　B. 销售访问次数　C. 费用比率　D. 顾客关系

二、简答题

1. 人员销售为什么对医药营销具备特别重要的意义？

2. 营销绩效管理的基本原则是什么？

3. 怎样认识销售后勤的重要性？

【实训教学】

企业销售管理实操

1. 实训目的

通过实训，要求学生能够掌握人员销售的特点，销售队伍的管理、激励以及绩效管理方面的知识和能力。

2. 实训内容

(1)分小组虚拟一家医药企业和产品，为企业设置销售部门，设置目标市场和销售对象等。

(2)为小组学生分配角色，并制定销售管理方案。

(3)日常运转，进行销售管理，并最终评估管理效果。

3. 实训准备

学生以市场中某企业和产品为原型，先设置虚拟企业、产品和市场，收集并设置企业、产品和市场的基本情况。

企业、产品及市场等方面的相关资料。

第一步：分小组虚拟一家医药企业，为企业设置销售部门，设置目标市场和销售对象等；
第二步：为小组学生分配角色，其中包括销售人员、销售对象（医生或药店店员）；
第三步：为该销售部门制定管理方案，包括日常管理、培训、激励与绩效管理等；
第四步：由销售人员执行销售，确定费用等日常业务；
第五步：执行销售管理；
第六步：对管理效果进行评估，形成总结。

××企业销售部门管理情况总结。

【参考文献】

[1]王麦成.医药市场营销实务.郑州：河南科学技术出版社，2007
[2]言而无信，两败俱伤.河北经济日报.2010年11月2日

（赵　静）